面向“十二五”高等院校应用型人才培养规划教材

人力资源管理理论与实务

文建秀 主 编
陈 强 副主编
康晓卿 廖 嵘 李晓毅 张丽平 参 编

Human Resource Management: Theory and Practice

中国铁道出版社
CHINA RAILWAY PUBLISHING HOUSE

图书在版编目（CIP）数据

人力资源管理理论与实务 / 文建秀主编．—北京：中国铁道出版社，2012.8

面向“十二五”高等院校应用型人才培养规划教材

ISBN 978-7-113-14873-7

Ⅰ.①人…　Ⅱ.①文…　Ⅲ.①人力资源管理—高等学校—教材　Ⅳ.①F241

中国版本图书馆 CIP 数据核字（2012）第 166388 号

书　　名： 面向“十二五”高等院校应用型人才培养规划教材
人力资源管理理论与实务

作　　者： 文建秀　主编

策　　划： 张丽娜　　　**读者热线：** 400-668-0820

责任编辑： 张丽娜　贾淑媛　　　**特邀编辑：** 赵　瑗

封面设计： 刘　颖

责任校对： 张玉华

责任印制： 李　佳

出版发行： 中国铁道出版社（100054，北京市西城区右安门西街 8 号）

网　　址： http://www.51eds.com

印　　刷： 北京市昌平开拓印刷厂

版　　次： 2012 年 8 月第 1 版　　2012 年 8 月第 1 次印刷

开　　本： 787 mm×1 092 mm　1/16　**印张：** 18.5　**字数：** 448 千

印　　数： 1～4 000 册

书　　号： ISBN 978-7-113-14873-7

定　　价： 39.00 元

面向“十二五”高等院校应用型人才培养规划教材编审委员会

主任委员

李维安　东北财经大学校长

教育部工商管理专业教学指导委员会副主任委员

副主任委员（按姓氏汉语拼音为序）

安　忠	天津理工大学	管理学院教授
长　青	内蒙古工业大学	经济管理学院院长
陈爱祖	河北科技大学	经济管理学院教授
崔会保	山东理工大学	商学院副院长
董　原	兰州商学院	工商管理学院院长
关晓光	燕山大学	经济管理学院教授
李长青	内蒙古工业大学	教授委员会主任
李　健	天津理工大学	管理学院副院长
李向波	天津工业大学	管理学院教授
李永周	武汉科技大学	管理学院副院长
梁毅刚	石家庄铁道大学	经济管理学院院长
刘邦凡	燕山大学	文法学院院长
刘　岗	山东圣翰财贸职业学院	副校长
刘家顺	河北联合大学	经济学院院长
刘　克	长春工业大学	管理学院副院长
刘　树	中国地质大学长城学院	经济系主任
吕荣杰	河北工业大学	管理学院党委书记
孟　越	沈阳理工大学	经济管理学院副院长
苗雨君	齐齐哈尔大学	经济与管理学院副院长
彭诗金	郑州轻工业学院	经济与管理学院院长
乔　梅	长春大学	管理学院副院长

前言

 Preface

人力资源管理在现代企业管理中的作用越来越受到关注，因此如何将理论与实践有机结合起来，这也成为人力资源管理专业教育中备受重视的一个领域。随着现代企业发展的需要，国内高等学校纷纷在借鉴国外理论和管理模式的基础上逐渐向本土化方向转化，人才培养的模式也成为不同类型高等学校致力突破的一个焦点。当前，应用型人才的培养模式已经逐渐成为许多高校探索的方向之一。与之相适应的配套教材纷纷出台，国内学者和专家在此方面的研究成果也是百花齐放，百家争鸣。

人力资源管理是一门理论知识和实务技术交叉构成的应用性学科，从专业的性质来看，不仅要求在理念上善于接纳和创新，而且也需要在实践上善于操作和运用。本书立足于应用型人才培养的目标，在编写中注重理论与实际的结合、教学与应用的结合，对人力资源管理的主要理论、工作方法和操作流程进行了系统的介绍，包括国内企业的一些人力资源管理的成功经验，内容丰富，新颖实用。在编写过程中，本书着重突出人力资源管理的工作方法、操作流程和实际运作，对它们进行详细的阐述和分析，并通过公式、图表、实务指南、个案分析和实训设计加以进一步的指导和演练，以便读者深入理解和掌握。

在编写中，我们力求在吸收和借鉴国内外人力资源管理理论和成果的同时，充分考虑和结合应用型专业人才培养的特点和实际情况，使本书具有教学指导和应用指南的价值。为了有效地展现当代人力资源管理的理论和实践探索，编者借鉴和参考了大量已有的研究成果，在此特向有关作者表示深深的谢意。

本书的编写主要由重庆科技学院人力资源管理教学团队的部分成员和重庆大学的相关教师完成，其中重庆科技学院文建秀担任主编，陈强担任副主编，各章执笔人分别是：廖嵘编写第1章；康晓卿编写第2章、第4章；文建秀编写第3章、第6章；陈强编写第5章、第7章；张丽平编写第8章；李晓毅编写第9章。在编写的过程中，各位老师辛勤耕耘，为本书的最终形成倾注了大量的心血，编者在此向他们表示诚挚的谢意。与此同时，本书的编写也得到了中国铁道出版社的全力支持，也在此表示衷心的感谢。

由于编者水平有限，书中难免有疏漏和不足之处，尤其在实务操作的环节，于时效性上可能会有一定的偏差，理论分析与实务的结合上有可能出现灵活度不够的情况，敬请各位专家和读者批评指正。

编　者

教学建议

教学目的

本教材是人力资源管理专业的核心课程。课程的任务是使学生了解和掌握人力资源管理的基本理论与方法，培养学生充分运用所学理论分析和解决企业实际问题的综合能力。

人力资源管理是一门理论和实践性很强的综合课程，要求学生在学习本课程前应具备管理学、企业管理等方面的知识，同时教学过程要求学生通过案例分析、角色扮演等亲验式的教学方法切实掌握人力资源管理的相关技能。

本课程的先修课程为《管理学》《普通心理学》《企业管理》等，后续课程为《组织设计与工作分析》《绩效管理》《薪酬管理》等。

选课建议

本课程是作为人力资源管理专业必修课开设，由于不同学校的学制不同，在开设过程中课时的分配各有差异。作为专业课是根据 48 学时安排的(其中包含课内实务操作环节课时)，选修课则安排的是 32 学时(实务操作课外执行)，每章内容标注的课时安排仅作参考，不同专业方向可据需要做适当调整。

课时分布建议

教学内容	学习要点	课时安排		案例使用建议
		专业	选修	
第 1 章　人力资源管理概论	1. 人力资源的概念及基本特征 2. 人力资源和人力资本的区别和联系 3. 人力资源管理的概念、目标和基本功能 4. 人力资源管理的外部环境和内部环境	6	2	章后案例
第 2 章　人力资源规划	1. 人力资源规划的定义、内容、作用以及与战略的关系 2. 人力资源规划的基本程序 3. 人力资源需求预测以及人力资源供给预测的主要方法 4. 人力资源规划在人力资源管理实践中的实务操作	6	2	章后案例
第 3 章　工作分析	1. 工作分析的概念及相关术语 2. 工作分析的原则 3. 工作分析的流程及主要方法 4. 工作设计与工作分析	6	4	章后案例

续表

<table>
<tr><th rowspan="2">教学内容</th><th rowspan="2">学习要点</th><th colspan="2">课时安排</th><th rowspan="2">案例使用建议</th></tr>
<tr><th>专业</th><th>选修</th></tr>
<tr><td>第 4 章　招聘与录用</td><td>1. 人员招聘的目标和原则
2. 招聘录用工作的一般程序
3. 内部招聘和外部招聘的利弊
4. 选拔录用的程序
5. 人员测试与面试技术的使用</td><td>6</td><td>4</td><td>章后案例</td></tr>
<tr><td>第 5 章　员工培训与开发</td><td>1. 培训与开发的含义、培训对企业的重要作用、培训的基本程序
2. 培训需求产生的根源、培训需求调查的方法
3. 培训计划的内容、培训实施的常见方法及其优缺点
4. 培训评估的含义、培训评估的主要理论模型</td><td>4</td><td>4</td><td>章后案例</td></tr>
<tr><td>第 6 章　绩效管理</td><td>1. 绩效与绩效管理的概念
2. 绩效管理与绩效考核的联系与区别
3. 绩效管理的流程
4. 绩效考核方法及其特点</td><td>6</td><td>4</td><td>章后案例</td></tr>
<tr><td>第 7 章　员工薪酬与福利</td><td>1. 薪酬的基本构成与含义
2. 薪酬管理的原则、薪酬管理的功能、薪酬管理的主要内容、主要的薪酬体系及其含义
3. 薪酬调查的操作步骤、薪酬定位的策略
4. 岗位价值评估的意义、岗位价值评估常见方法及其优缺点、岗位价值评估的操作步骤
5. 福利的含义、常见福利项及其含义</td><td>6</td><td>4</td><td>章后案例</td></tr>
<tr><td>第 8 章　职业生涯管理</td><td>1. 职业生涯和职业生涯管理的概念及相关术语
2. 职业生涯管理的相关理论
3. 组织职业生涯管理的主要内容
4. 组织职业生涯管理实务操作</td><td>4</td><td>4</td><td>章后案例</td></tr>
<tr><td>第 9 章　员工关系管理</td><td>1. 员工关系及其影响因素
2. 员工关系管理及其作用
3. 劳动关系管理中的劳动合同以及劳动争议处理
4. 员工纪律管理、员工冲突管理、员工申诉的流程
5. 员工满意度管理</td><td>4</td><td>4</td><td>章后案例</td></tr>
<tr><td>课时总计</td><td></td><td>48</td><td>32</td><td></td></tr>
</table>

目录

人力资源管理理论与实务

Contents

第 1 章 人力资源管理概论

本章学习要点

- 人力资源的概念及基本特征
- 人力资源和人力资本的区别和联系
- 人力资源管理的概念、目标和基本功能
- 人力资源管理的外部环境和内部环境

引入案例

第二次世界大战中的胜利者——苏军和美军的行为

第二次世界大战中，德国战败，作为胜利者的苏军和美军在德国各自取得了所需的战利品。苏联人把几火车的机器、设备和仪器运回国；而美国人则派飞机接走了众多德国著名的专家、学者以及各种出色的技术人员。若干年后，当那些机器设备在苏联成为废铁的时候，去了美国的德国专家们则帮助美国创造了令人赞叹的经济成就。

（资料来源：作者根据相关资料整理）

经过半个多世纪的实践证明，人力资源是社会经济发展最为重要而稀缺的资源之一这一观念，不仅得到了普遍的认同，而且也为一些国家，尤其是西方经济发达国家的发展经验所证实。人力资源管理实践及其理论逐渐为大多数组织所接受，并且发展成为管理学的一个重要的分支学科，引起了企业界和学术界越来越多的关注。

1.1 人力资源

人们对人力资源和人力资源管理的认识是随着时代的发展而变化的。知识经济时代，人力资源的重要性凸显，人力资源管理随之备受关注，逐步从一般的职能管理走向战略管理。

1.1.1 人力资源的概念

根据《辞海》，资源是“资财的来源”。它泛指社会财富的源泉，指给人们带来新的使用价值和价值的客观存在物，是组织赖以存在和发展的基础。按来源的不同，资源可分为两大类：一类是来自于自然界的物质，可称为自然资源；另一类是来自于人类自身的知识和体力，可称为人力资源。人力资源是生产活动中最活跃的因素，是一切资源中最重要的资源。由于该资源具有特殊的重要性，往往被经济学家称为第一资源。

知识链接 1-1

我们目前所理解的人力资源概念，是由管理大师彼得·德鲁克(Peter F. Drucker)1954 年在其名著《管理实践》中首先正式提出并明确界定的，德鲁克通过这一概念表达传统“人事”所不能表达的意思。他认为，与其他资源相比，人力资源是一种特殊的资源，它必须通过有效的激励机制才能充分发挥作用，并为组织带来经济价值。

在我国，最早使用“人力资源”概念的文献是毛泽东于 1956 年为《中国农村社会主义高潮》所写的按语。在按语中，他写道：“中国的妇女是一种伟大的人力资源，必须发掘这种资源，为建设一个社会主义中国而奋斗。”

20 世纪 60 年代以后，随着西奥多·舒尔茨(Theodore Schultz)人力资本理论的提出，人力资源的概念更加深入人心，对人力资源的研究也越来越多。

关于什么是人力资源，学术界尚存在不同的认识和看法。根据研究的角度不同，可以将这些定义分为两大类。

第一类主要是从能力的角度来解释人力资源的含义，持这种观点的人占了较多的比例。例如：

(1)所谓人力资源，是指能够推动整个经济和社会发展的劳动者的能力，即处在劳动年龄的已直接投入建设和尚未投入建设的人口的能力。①

(2)伊凡·伯格(Ivan Berg)认为，人力资源是人类可用于生产或提供各种服务的活力、技能和知识。

(3)所谓人力资源，是指包含在人体内的一种生产能力，它是表现在劳动者的身上、以劳动者的数量和质量表示的资源，对经济起着生产性的作用，并且是企业经营中最活跃、最积极的生产要素。②

(4)人力资源是指社会组织内部全部劳动人口中蕴涵的劳动能力的总和。③

(5)所谓人力资源，是指劳动过程中可以直接投入的体力、智力、心力总和及其形成的基础素质，包括知识、技能、经验、品性与态度等身心素质。④

(6)彼得·德鲁克认为，人力资源是指企业员工天然拥有并自主支配使用的协调力、融合力、判断力和想象力。

第二类主要是从人的角度来解释人力资源的含义，例如：

(1)人力资源是指一定社会区域内所有具有劳动能力的适龄劳动人口和超过劳动年龄的

① 张德．人力资源开发与管理．清华大学出版社，2007.

② 朱舟．人力资源管理教程．上海财经大学出版社，2001.

③ 陆国泰．人力资源管理．高等教育出版社，2000.

④ 萧鸣政．人力资源管理．中央广播电视大学出版社，2001.

人口的总和。[①]

(2)内贝尔·埃利斯(Nabil Elias)、雷西斯·列科(Rensis Lakere)等认为，人力资源是企业内部成员及外部的顾客等人员，可以为企业提供直接或潜在服务及有利于企业实现预期经营效益的人员的总和。

(3)人力资源是指能够推动社会和经济发展的具有智力和体力劳动能力的人的总称。[②]

在这诸多定义中，从能力的角度出发来理解人力资源的含义更接近于它的本质。因为资源是指财富形成的来源，而人对财富形成能起贡献作用的不是别的方面，正是人所具有的知识、经验、技能、体能等能力，从这个意义上，人力资源的本质是能力，人只不过是一个载体而已。

综上所述，所谓人力资源就是人所具有的对价值创造起贡献作用并且能够被组织所利用的体力和脑力的总和，是指生产过程中，可以直接投入的体力、智力、心力总和及其形成的基础要素，包括知识、技能、经验、品性与态度等身心素质。

第一，人力资源的本质是人所具有的智力和体力的总和，可以统称为劳动能力；

第二，这一能力要能对财富的创造起贡献作用，成为财富形成的来源；

第三，这一能力还要能够被组织所利用，这里的"组织"大到一个国家、地区，小到一个企业、单位或部门。

为了准确地理解和把握人力资源的内涵，有必要了解人力资源的相关概念以及相互关系。

(1)人口资源是指一个国家或地区所拥有的人口总量，主要表现为人口的数量。是一个最基本的底数，劳动力资源、人力资源、人才资源等都来源于这个最基本的资源中。

(2)劳动力资源是一个国家或地区具有的劳动力人口的总称，是人口资源中拥有劳动能力的那部分人，通常是16～60岁的人口群体。这一人口群体必须具备从事体力劳动或脑力劳动的能力。它偏重的是数量概念。

(3)人才资源是指一个国家或地区具有较强的管理能力、研究能力、创造能力和专门技术能力的人们的总和。主要突出质量概念，是人力资源中较杰出、较优秀的那部分人。一个国家、地区或组织综合实力的高低，往往取决于这部分人员的多寡和能力的发挥程度。

应当说，这几个概念的关注重点不同，人口资源、劳动力资源倾向于数量概念，人才资源则表明的是质量概念，而人力资源则包含了数量和质量概念，不仅要求具有劳动能力，而且要有健康地、创造性的劳动，能推动社会的发展和人类的进步。这几个概念在数量上存在着一种包含关系，如图1.1所示。

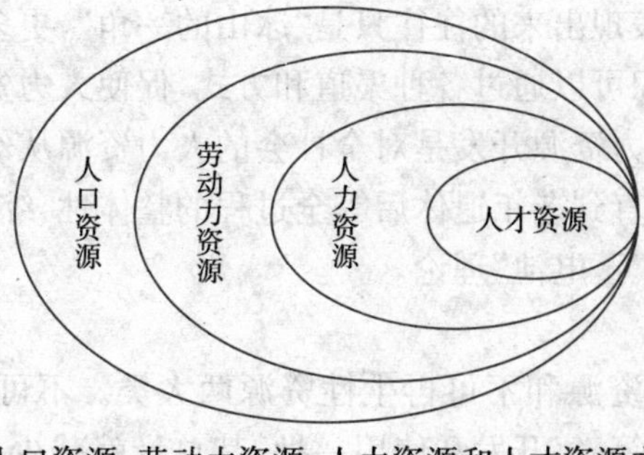

图1.1　人口资源、劳动力资源、人力资源和人才资源之间的关系

① 朱舟．人力资源管理教程．上海财经大学出版社，2001.

② 陈远敦，陈全明．人力资源开发与管理．中国统计出版社，1995.

1.1.2 人力资源的特征

人力资源是一种特殊而又重要的资源，是各种生产力要素中最具有活力和弹性的部分，同其他资源相比较，呈现出以下特征：

1. 生物性

与其他任何资源不同，人力资源属于人类自身所有，存在人体之中，是以人为载体的，是有生命的"活"的资源，必然会与人的自然生理特征、基因遗传等相联系，表现出一定的生物性。

2. 能动性

能动性是人力资源一个根本的性质，体现了人力资源同其他资源的最根本区别。人力资源的能动性主要体现在以下四个方面：一是自我开发。人通过接受不同形式的教育或主动学习，转变态度、增加知识、提高技能，从而使自己的素质得到提高，以获得更强的工作能力。二是自主择业。人是社会生产和生活的主体，有择业的自主权，每个人都可以按照自己的意愿、目的、特长和爱好自由地选择职业，进行职业生涯规划。三是积极劳动。人在劳动过程中，发挥聪明才智，利用自己掌握的知识和技能主动地认识、利用和改造自然，使之为人类服务，达到人类的既定目的。四是支配资源。人在生产活动中始终处于主体地位，是支配其他资源的主导因素。由于人力资源具有主观能动性，能够有目的、有意识、富有创造性地主动利用其他资源去推动社会和经济的发展，因而在社会发展和经济建设中发挥主导作用，而其他资源则处于被动的地位。

3. 时效性

人力资源是一种具有生命的资源，它的形成、开发和使用都要受到时间的限制。作为生物有机体的人有其生命的周期，每个人均要经过幼年期、青壮年期和老年期。由于每个时期人的体能和智能的不同，其各个时期的劳动能力各不相同，因而这种资源在各个时期可利用的程度也不相同。从个人成长的角度来看，人才的培养也有幼稚期、成长期、成熟期和退化期的过程，相应地，其使用则需经历培训期、试用期、最佳试用期和淘汰期的过程。因此，必须研究人力资源运动的内在规律，使人力资源的形成、开发、配置和使用等处于一种动态的平衡之中，从而更好地发挥人力资源的效用。

4. 持续性

和物质资源的一次性开发不同，人力资源的使用过程同时也是开发过程，而且这种开发过程是具有持续性的。人力资源开发的持续性表明了这样一个基本的假设：人力资源具有多种潜在的素质，他们在工作中表现出来的往往只是"冰山的一角"，更多的能力由于缺乏适当的使用环境而被压抑。因此，组织可以通过各种渠道和方式，促使人力资源的素质能力能在使用中被不断地开发出来，而且，人力资源开发是对全社会的人力资源从幼儿开始的教育到成年后的使用、调配、继续教育、管理，直到老年退休后等全过程的整体性、综合性、全面性的持续行为过程。这又被称为人力资源的"蓄电池"理论。

5. 再生性

经济资源分为可再生性资源和不可再生性资源两大类。不可再生性资源最典型的是矿藏，如煤矿、金矿、铁矿、石油等，每开发和使用一批，其总量就减少一批，不可凭借自身机制恢复。可再生性资源，如森林，在开发和使用后，只要保持必要的条件，可以再生从而保持资源总体的数量。人力资源是一种可再生性资源，它基于人口的再生产和劳动力的再生产，通过人口总体内个体的不断替换和"劳动力消耗—劳动力生产—劳动力再消耗—劳动力再生产"的过程得以实现。当然，人力资源的再生性不同于一般生物资源的再生性，除了受生物规律支配外，还要受人的意识支配，受人类活动的影响和新技术革命的制约。

6. 社会性

人力资源的社会性是指人力资源的每一个个体，其作用的发挥不是单一性的，很大程度上，社会环境、文化特征、组织结构等各方面都会对人力资源产生直接或间接的影响。因为人是不可能脱离社会存活的，不可避免地要受政治、经济、文化、教育等方面的影响，不可避免地要受周围人的影响（尤其是个人所属群体的影响），不可避免地要受自己的社会背景、文化背景的影响。这就要求人力资源管理要注重团队建设，注重人与人、人与群体、人与社会的关系及利益的协调与整合，倡导团队精神和社会责任感。

7. 双重性

人力资源的双重性主要是指生产性和消费性。人力资源的生产性强调其首先是物质财富的创造者，而且是有条件的创造；而人力资源的消费性则强调人力资源的保持与维持需要消费一定量的物质财富，并且是无条件的消费。两者是相辅相成的。生产性能够创造出物质财富，为人类的生存和发展提供条件；消费性则能够为人力资源的维持和发展创造条件，推动社会生产的进一步发展。同时，消费性也是人力资源本身的生产和再生产的条件，如能够维持人的生计、满足需要、提供教育与培训。当生产性大于消费性时，整个社会就会向前发展。

1.1.3　人力资源与人力资本

人力资本是与人力资源密切相关的一个重要概念。西方发达国家的人力资源开发是以"人力资本"理论为依据的，这一理论体系的历史发展进程显示出，在西方经济现代化进程中，人们对人力资源及其作用的认识在不断深化。

"人力资本"概念是美国经济学家、哈佛大学教授沃尔什（J. R. Walsh）于1935年在论文《人力资本观》中首次正式阐述的。从20世纪50年代末到60年代，西方的人力资本理论开始形成，并获得较大的发展。人力资本理论的创始人是美国芝加哥大学教授西奥多·舒尔茨，他在1960年出任美国经济学会会长时，发表了《人力资本投资》的就职演说，该演说精辟地阐述了人力资本的观点。舒尔茨认为，人力资本是通过对人力资源投资而体现在劳动者身上的体力、智力和技能，是另一种形态的资本，与物质资本共同构成了国民财富，而这种资本的有形形态就是人力资源。这种理论突破了只有厂房、机器等物质资源才是资本的概念，把国家、地区和企业在教育、保健、人口、迁移等方面投资形成的人之能力的提高和生命周期的延长也看做资本的一种形态。当代经济学家普遍接受了舒尔茨的观点。他们认为，土地、厂房、机器、资金等已经不再是国家、地区和企业致富的唯一源泉，人力资源才是企业和国家发展之根本。

人力资源和人力资本是既有联系又有区别的两个概念。

人力资源和人力资本都是以人为基础而产生的概念，研究的对象都是人所具有的脑力和体力，从这点看两者是一致的。而且，现代人力资源理论大都是以人力资本理论为根据的；人力资本理论是人力资源理论的重点内容和基础部分；人力资源经济活动及其收益的核算是基于人力资本理论进行的；两者都是在研究人力作为生产要素在经济增长和经济发展中的重要作用时产生的。

虽然这两个概念有着密切的联系，但就其内涵和本质而言，两者具有明显的区别。人力资源是针对经济管理和经济运营来说的；而人力资本是针对经济增值和经济贡献来说的。人力资源是劳动者将作为自己拥有的能力投入劳动生产过程，并以此产生出一定的工作能力，创造出一定的工作成果；而人力资本是劳动者将作为自己拥有的无形资产投入企业经营活动，并以此索取一定的劳动报酬与经济利益。虽然同是劳动者身上具备的能力，作为人力资源，它是一种经济运营中的力量基础，是一种工具或资料，能够带来或创造经济效益，是创造经济价值的源泉，但作为人力资本，它是一种经济效益分配的依据，是一种经济投资的股份，是一种由其他资本投资转化而得到的结果。

具体来讲，人力资源与人力资本有以下区别①：

1. 概念的范围不同

人力资源包括自然性人力资源和资本性人力资源。自然性人力资源是指未经任何开发的遗传素质与个体；资本性人力资源是指经过教育、培训、健康与迁移等投资而形成的人力资源。人力资本是指所投入的物质资本在人身上所凝结的人力资源，是可以投入经济活动并带来新价值的资本性人力资源。人力资本存在于人力资源之中。

2. 研究角度和关注的重点不同

人力资本是通过投资形成的存在于人体中的资本形式，是形成人的脑力和体力的物质资本在人身上的价值凝结，是从成本收益的角度来研究人在经济增长中的作用，关注的重点是收益问题，即投资能否带来收益以及带来多少收益的问题。人力资源则不同，它将人作为财富的来源来看待，是从投入产出的角度来研究人对经济发展的作用，关注的重点是产出问题，即人力资源对经济发展的贡献有多大，对经济发展的推动力有多强。

3. 性质不同

众所周知，资源是存量的概念，而资本则是兼有存量和流量的一个概念，人力资源和人力资本也同样如此。人力资源是指一定时间、一定空间内人所具有的对价值创造起贡献作用并且能够被组织所利用的体力和脑力的总和。而人力资本，如果从生产活动的角度看，往往是与流量核算相联系的，表现为经验的不断累积、技能的不断增进、产出量的不断变化和体能的不断损耗；如果从投资活动的角度看，又与存量核算相联系，表现为投入到教育培训、迁移和健康等方面的资本在人身上的凝结。

个案分析 1-1　　人才的价值

1923 年，美国福特公司有一台大型电机发生故障，公司所有工程技术人员都未能修好。只好请来一个人，这个人叫斯坦曼，他原来是德国的工程技术人员，流落到美国后，一家小厂的老板看中了他的才能并雇用了他。此人身材矮小，衣着邋遢，许多人瞧不起他。福特问他几天能修好这台电机，他说三天，而且只用一把小铁锤、一支粉笔就可以了。

他在这台大型电机旁边搭了帐篷住了下来，白天，他围着电机转悠，东看看，西敲敲；晚上，他就睡到电机旁。到了第三天，人们见他还不拆电机，不禁怀疑起来，便质问其何时动手修电机，他却慢条斯理地说：别着急，今晚即可见分晓。

当天晚上，他爬到电机顶上，在电机的一个部位画了一条线作为记号，然后对福特公司的技术人员说："打开电机，把作记号的地方的线圈减少 16 圈，故障就可以排除"。技术人员半信半疑地拆开，按他所说操作后，电机果然修复正常了。

① 董克用．人力资源管理概论．中国人民大学出版社，2008：13－14.

这时，他提出要酬金1万美元，福特的工作人员一片哗然："你不过画了一个圆圈，怎么值1万美元？"但他却理直气壮地说："画一条线只要1美元，但要知道这条线往哪里画，却要9 999美元。"福特非常爽快地给了他1万美元。

福特非常欣赏这个人，希望他能到福特公司来。但这个德国人说，原来的公司对我很好，我不能见利忘义。福特说，我把你所在的整个公司都买过来就是了。为了一个人把整个公司都买过来了，可见福特是多么重视人才。从此，福特公司重视信誉、善用人才的名声大振，不少人才慕名而来，几年以后，福特公司就成为世界知名的大企业了。

1.2 人力资源管理

随着市场竞争的加剧，人才的获取、开发、维持和激励，即人力资源管理变得越来越重要，它成为支撑组织核心能力和竞争优势的重要力量。因此，我们每一个人都应该学习一些人力资源管理方面的理论、技术和方法，对自己今后的发展产生益处。

1.2.1 人力资源管理的概念

1. 人力资源管理的含义

人力资源管理作为组织的一种职能性管理活动的提出，最早源于工业关系和社会学家怀特·巴克(E. Wight Bakke)于1958年发表的《人力资源功能》一书，该书首次将人力资源管理作为管理的普通职能来加以讨论。巴克主要从七个方面说明为什么人力资源管理职能超出了人事或工业关系经理的工作范围，具体包括：人力资源管理职能必须适应一定的标准，即"理解、保持、开发、雇用或有效地利用及使这些资源成为整个工作的一个整体"；人力资源管理必须要在任何组织活动开始前加以实施；人力资源管理职能的目标是使企业所有员工有效地工作和取得最大的发展机会，并利用他们所有与工作相关的技能，从而使工作达到更高的效率；人力资源管理职能不仅包括和人事劳动相关的薪酬和福利，还包括企业中人们之间的工作关系；人力资源管理职能和组织中各个层次的人员都息息相关，甚至包括首席执行官(Chief Executive officer，CEO)；人力资源管理职能必须通过组织中负责监督他人的每一个成员来实现，直线管理者在期望、控制和协调等活动方面承担着基本的人力资源职能；人力资源管理的结果所关注的一定是企业和员工根本利益的同时实现。

随着人力资源管理理论和实践的不断发展，当代人力资源管理的各种流派不断产生，众多国内外学者从人力资源管理的目的、过程、主体等方面阐释此概念。

综合国内外学者对人力资源管理概念界定的各种不同观点，所谓人力资源管理，就是指运用现代化的科学方法，对与一定物力相结合的人力进行合理的培训、组织和调配，使人力、物力经常保持最佳比例，同时对人的思想、心理和行为进行恰当的诱导、控制和协调，充分发挥人的主观能动性，使人尽其才，事得其人，人事相宜，以实现组织目标。

人力资源管理可以分为宏观和微观两个层次。宏观人力资源管理是指一个国家或地区范围内，对全社会的各个阶层、各种类型的从业人员，从招工、录用、培训、使用、升迁、调配直至退休的全过程管理。是指一个国家或地区通过制定一系列政策、法律、法规，为人力资源的形成、开发利用提供条件，对人力资源开发利用加以协调。如我国的计划生育和人口的规划管理、教育规划管理、职业定向指导、职业技术培训、人力资源的宏观就业与调配、劳动与社会保障等，就是我国进行宏观人力资源管理的具体体现。微观人力资源管理是指一个组织对其所拥有的人力资源进行开发和利用的管理，如何使组织员工的劳动潜力向劳动效率的转化，包括规划、招聘录用、岗位配备、绩效考核、薪酬支付等过程。

以上基本概念可以理解为：

(1)人力资源管理并不直接管理社会劳动过程，并不是简单地对人和事进行管理，而是对社会劳动过程中的人和事之间的相互关系进行管理，是谋求社会劳动过程中人与事、人与人、人与组织的相互适应，做到人尽其才。

(2)人力资源管理是通过组织、协调、控制、监督等手段进行的。组织就是在知人、识事的基础上，根据因事择人的原则，使人和事结合起来；协调就是根据人与事各自的变化发展及时地调整他们之间的关系，保持人事相宜的良好状态；控制就是采用行政的、组织的、思想的种种办法，来防止人与事、人与人、人与组织关系的对抗；监督就是对组织、协调、控制人力资源活动的监察。整个监督要对人力资源的管理过程公开化，增加透明度，做到人力资源管理法制化，依法管理。

(3)人力资源管理是一个动态的管理过程。它不是使人消极地、被动地适应工作，而是要根据每个人的能力特点和水平，把人安排在一个恰当的岗位上，人尽其才。为此，要采用科学的方法和手段，准确测评人的能力和水平。所以，人力资源管理不是一个消极的、静态的管理过程，而是一个积极的、动态的管理过程。

2. 人力资源管理与传统人事管理的差异

现代人力资源管理(Human Resources Management，HRM)是在 20 世纪 70～80 年代异军突起的，相对于传统人事管理(personnel management 或 personnel administration)的一套新型的管理理念、系统和方法。

传统的人事管理早期主要是人事档案管理，如记录员工的进出、工资晋升、职务升降、岗位变动以及奖惩等情况。此后，人事管理又发展了一种被称之为“反映性管理”的职能，如员工工伤、出现劳动纠纷等可以通过“反映”得到解决。但是，人事管理在很长的一段时期仍然处于一种被动性的和缺乏灵活的管理模式下，它至多停留在“反映”的程度上。随着知识经济的兴起，一些有识之士越来越认识到员工对于组织兴衰存亡的决定性作用，逐步确立了“以人为本”的管理指导思想，针对人事管理传统模式的被动性、缺乏灵活性的弊端，纷纷对人事管理作出较大变革，代之以人力资源管理的新模式。

人力资源管理取代传统人事管理是人事管理发展史上的一次质的飞跃，两者的区别主要体现在以下几个方面(见表 1.1)。

表 1.1　人力资源管理与传统人事管理的区别

	人力资源管理	传统人事管理
环境	全球——组织外部	国内——组织内部
管理导向	注重过程	注重成果
管理视角	视人力为资源	视人力为成本
管理机构	决策层主导	执行层主导
管理性质	战略性	事务性与操作性

续表

	人力资源管理	传统人事管理
与其他部门关系	合作关系	职能式
管理人员	通才	专家
管理实践	集中于群体——范围广泛	集中于个人——范围狭窄
管理活动性质	主动开发型	被动反应型
管理焦点	强调人与事统一发展的人力资源开发	以事为中心的绩效考核
管理对象	劳资双方	员工
管理深度	更注重开发员工的潜在才能	注重管好现有人员
管理方案	变化的、挑战的	例行的
劳动关系	平等的、和谐的	从属的、对立的

由表1.1可以看出，传统人事管理是以"事"为中心，注重的是控制与管理人，属于行政事务式的管理方式；而现代人力资源管理以"人"为核心，把人作为活的资源来加以开发，强调人与事相宜，事与职匹配，使人、事、职能取得最大化的效益。总之，现代人力资源管理较传统人事管理更具有战略性和主动性，更适合当今组织的管理模式和发展趋势。

1.2.2 人力资源管理的目标

人力资源管理是现代组织的管理核心，不断提高人力资源的管理水平，实现人力资源的管理目标与任务，是保持和提高组织竞争力的重要保证。

具体来讲，人力资源管理的目标如下：

1. 取得最大的使用价值

人力资源管理的首要目标，就是用科学方法使人与事做适当的配合，发挥最有效的人力作用，即"人与事配合，事得其人，人尽其才"，取得人力资源最大的使用价值。20世纪80年代初，美国通用电气公司CEO杰克·韦尔奇曾提出这样的口号："人，是我们最重要的资产，只要适当地投入并善加利用，就能给企业带来几倍甚至是几十倍的利润。"

在人力资源方面，就是通过合理的开发和管理，实现人力资源的精干和高效。我国劳动人事制度的改革，其根本目标就在于此。具体化即为

人的使用价值最大化＝人的有效技能最大地发挥

人的有效技能＝人的劳动技能×适用率×发挥率×有效率

其中：

适用率＝适用技能/拥有技能(即是否用其所长)

发挥率＝耗用技能/适用技能(即干劲如何)

有效率＝有效技能/耗用技能(即效果如何)

因此，要使组织员工使用价值最大化，其努力方向就是提高适用率、发挥率和有效率。

2. 最大限度发挥人的主观能动性

罗伯特·塔克指出："强迫手段能够带来的只是接受命令的被动服从而已，只有当人们被真正地说服了，认识到政策的正确性，他们才会主动地、全力以赴地支持。"被动的服从所带来的结果只能是低效，甚至无效。只有"主动地支持"，才能充分发挥人的主动性和创造性，从而获得高效益。可见，发挥人的主观能动性也是人力资源管理的一个十分重要的目标和任务。

3. 培养全面发展的人

人类社会的发展，最终目的都是落实到人——一切为了人本身的发展。因此，教育与培训在人力资源的开发管理中的地位越来越高。教育不仅是通过社会生产力的一种方法，而且是造就全面发展的人的唯一方法。

随着市场经济的深化，国家民族间的竞争、企业间的竞争，透过产品的质量、价格和服务竞争的层层迷雾，我们看到的是不同国家、不同民族、不同组织之间人力资源的竞争。因此，无论是国家领导人，还是企业家，均把培养高素质的人当做首要任务。

1.2.3 人力资源管理的内容及基本功能

为了实现这些目标，人力资源管理要由一系列相互有内部联系的活动构成。这些人力资源管理活动包括一系列的过程和方面，是执行人力资源管理基本职能的过程。

1. 人力资源管理的内容

人力资源管理是从人力资源的角度确保组织战略的实现，通过对人及与人相关的事的管理活动来提高组织的绩效。组织中"人及与人相关的事"是一个很宽的范畴，所以人力资源管理工作的范围很广、内容很庞杂，主要包括人力资源规划、工作分析、招聘与录用、培训与开发、绩效管理、薪酬管理、职业生涯管理、员工关系管理等方面，如图 1.2 所示。

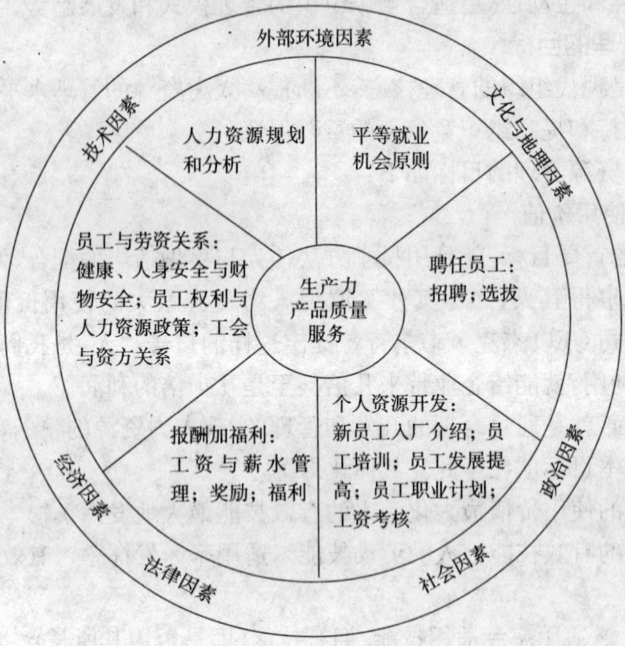

图 1.2 人力资源管理工作内容

(1)人力资源规划。这是根据组织的发展战略和经营计划，评估组织的人力资源现状及其发展趋势，收集和分析人力资源供求信息和资料，预测人力资源供求的发展趋势，制定人力资源使用、培训与发展规划。人力资源规划处于整个人力资源管理活动的统筹阶段，为人力资源管理的其他活动制定了目标、原则和方法，其科学性、准确性直接关系着人力资源管理工作的成效。

(2)工作分析。工作分析是确定工作内容、性质及完成工作所需技能、责任和知识的系统过程。这是人力资源管理中的一项重要工作，包括两部分的活动：一是对组织内各职位所要从事的工作内容和承担的工作职责进行清晰的界定；二是确定各职位所要求的任职资格，如学历、专业、年龄、技能、工作经验、工作能力以及工作态度等。工作分析的结果一般体现为职位说明书。

(3)招聘与录用。人员招聘与录用是指按照组织经营战略规划和人力资源规划的要求，把优秀、合适的人才招聘进组织，把合适的人放在合适的岗位。组织能否招聘和甄选到满足工作需要的人才，直接关系到组织的生存和发展。这一内容包括招聘和录用两部分：招聘是指通过各种途径发布招聘信息，将应聘者吸引过来；录用则是指从应聘者中挑选出符合要求的人选。

(4)员工培训与发展。任何组织都是在一个不断变动的经济技术环境中生存和发展的，员工的知识、技能和工作态度必须要与这种不断变动的外部环境相适应，知识需要不断更新，技能需要不断提高。这就需要对员工进行各种形式的培训。这一内容包括建立培训体系，确定培训的需求和计划，组织实施培训过程以及对培训效果进行反馈总结等活动。

(5)绩效管理。绩效管理是通过有效的体系综合地管理组织绩效。绩效管理的中心目标是发挥员工的积极性和创造力，挖掘员工的潜力，并将组织战略目标的实现与员工个体的职业生涯发展有机结合起来，在提高组织绩效的同时实现员工的个人发展和价值。绩效管理是现代人力资源管理的重要内容和核心职能之一，包括制订绩效计划、进行绩效考核以及实施绩效沟通等活动。其中，绩效考核是员工培训、晋升、分配计酬等人事决策的重要依据，是绩效管理的核心环节。

(6)薪酬管理。薪酬管理是人力资源管理的重要组成部分，而且常常是最受重视的部分，因为薪酬的分配不公会导致人心混乱，从而极大地影响甚至打击人们的积极性。薪酬管理是组织吸引和留住人才，激励员工努力工作，发挥人力资源效能的最有力的杠杆之一。这一内容所要进行的活动有：确定薪酬的机构和水平，实施工作评价，制定福利和其他待遇的标准以及进行薪酬的测算和发放等。

(7)职业生涯管理。职业生涯管理是建立在有组织的员工职业生涯规划和发展基础上的。一方面，它正确识别员工的能力和技能，引导员工的职业发展，加强和提高组织进行人力资源管理和开发活动的准确性，增强员工在工作场所的适应能力和竞争能力；另一方面，有效的职业生涯管理活动又能通过员工的努力提高组织的获利能力和水平，最终结果是达到组织与员工的双赢。个人的职业和组织的需要并不是冲突的，组织通过职业生涯规划与管理，使组织和员工的需要都能得到满足。

(8)员工关系管理。员工关系管理是人力资源管理的一项重要内容，融洽、和谐的员工关系，将会在团队中形成互相帮助、协调开展工作的良好氛围，从而促进团队整体工作效率的提高。因而，一个组织的员工关系是否健康和融洽，直接关系到人力资源管理活动能否有效开展，直接关系到组织的人力资源能否正常发挥作用。员工关系管理的内容涉及组织整个组织文化和人力资源管理体系的构建，主要有劳动关系管理、员工人际关系管理、沟通管理、员工情况管理、企业文化建设、服务与支持、员工关系管理培训等内容。

2. 人力资源管理的基本功能

人力资源管理的基本功能是指它自身所具备或应该具备的作用，这种作用并不是相对其他事物而言的，而是具有一定的独立性，反映了人力资源管理自身的属性。

从人力资源管理的内容，可以总结出人力资源管理的五项基本功能：吸引与获取、整合与认同、开发与发展、使用与激励及评价与调整。

(1)吸引与获取。为了实现目标，组织总是持续不断地招聘自己需要的人员，补充“新鲜血液”，组织为了开辟新的生产线、扩大组织规模、兼并其他企业等都对人力资源提出了新的需求。人力资源部门必须帮助组织吸引和获得所需要的各类适合的人力资源。此外，即使不进行组织扩张，人员也会有“自然磨损”，如退休、退职、病退、辞退、死亡等，也需要人员的补充。具体而言，主要包括人力资源规划、职务分析、员工招聘和录用。它是组织整个人力资源管理活动的基础。

(2)整合与认同。建立并维持有效的工作关系，包括组织文化的传播、信息沟通、人际关系和谐、矛盾冲突的处理和调解等内容。这一职能旨在使组织内部个体、群体目标、行为、态度趋同于组织的要求和理念，使彼此之间形成高度的合作与协调，建设具有整体优势的团队和组织，发挥人力资源的集体优势，提高组织的生产力和效益。

(3)开发与发展。这是提高员工能力的重要手段。它是指组织培养与提高员工的素质与技能，充分发掘他们的潜能，有效地发挥员工的才干和能力的一系列活动。开发活动的主要环节包括组织和个人开发计划的制订、新员工的引导和业务培训、员工职业生涯的设计、继续教育、员工有效使用以及工作丰富化。通过人力资源开发与培训，进一步培养与提高员工的知识和技能水平，挖掘员工的潜在能力，最大限度地实现其个人的价值和人力资源对组织的贡献率。

(4)使用与激励。它是指对员工为组织所作出的贡献而给予奖励的过程，是人力资源管理的激励、凝聚和导引职能。包括制定公平合理的薪酬、提供福利、经济性和非经济性报酬的分配、各种物质和精神激励物的运用。通过这样一系列活动可以提高员工的知识、技巧、能力等，还可以使员工对工作的条件和环境感到满意，提高员工的工作满意度，增强员工为组织目标而奋斗的决心，提高其劳动积极性和劳动生产率。

(5)评价与调整。评价即是对工作内容、工作表现以及人事政策的服从情况作出观察、鉴定和考核其绩效。评价的目的是改善员工的绩效，加强他们的工作技能，包括指导员工进行有效的工作行为并分派员工接受最恰当的培训。在评价的基础上，以考评结果为依据，对员工实行合理、公平的动态管理，如晋升、调动、奖惩、离退和解雇等。

应当以一种系统的观点来看待人力资源管理的各项内容和基本功能，它们之间并不是彼此割裂、孤立存在的，而是相互联系、相互影响，共同形成了一个有机的系统。人力资源管理基本功能之间的相互关系如图 1.3 所示。系统中任何一部分的变化，都会引起其他部分的反应。例如，采用新的技术，就需要吸引和录用一批符合新工作要求的员工，相应的，招聘策略会有所变化，随之，培训内容、培训标准、奖酬政策都要相应变化。认识到这一点，可以使我们全面、系统地分析和处理有关问题，而避免仅仅把目光局限在问题的本身。应强调指出，履行人力资源管理任务和职能，绝非单纯的人力资源管理部门的事情，组织的上层、中层、基层管理者，都负有相应的责任和职能。

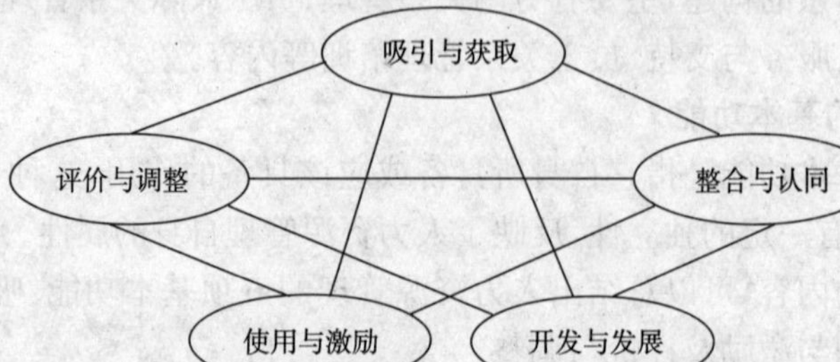

图 1.3　人力资源管理基本功能之间的相互关系

1.2.4　人力资源管理的意义

一切资源中，人力资源是第一宝贵的，自然成了现代管理的核心。不断提高人力资源开发与管理的水平，不仅是当前发展经济、提高竞争力的需要，也是一个国家、一个民族、一个地区、一个单位长期兴旺发达的重要保证，更是一个现代人充分开发自身潜能、适应社会、改造社会的重要措施。

人力资源管理的意义可以从三个层面，即个人、组织、国家来加以理解。

1. 人力资源管理对个人的发展具有重要的价值和意义

作为管理活动的重要部分，人力资源管理活动的主要任务是，一方面，努力为组织获取、使用、发展和留住优秀的或高绩效的人才，以保证组织各项工作的顺利完成；另一方面，要通过有效的制度安排和人事政策实施，为组织的人才成长提供广阔的空间。

正如前文所述，人力资源管理的根本目标是为了培养全面发展的人，因此，无论任何组织，其人力资源管理都力图发挥以下作用：识人，辨别员工的职业需求、动机、兴趣、个性等特征，是人力资源管理的基础和出发点。选人，以实现公平、公开、竞争、择优为人才选用目标，通过一系列制度安排和技术手段，有目的地从各类人员中选择、任用、晋升优秀人才。用人，恰当地使用组织人才，唯才是举，人尽其才，才尽其用，为此，组织应设计职位分类、职位评价、人事任用、绩效评估、职务升降、奖励惩戒等环节。育人，即通过职业生涯发展管理、员工的培训和终身继续教育，不断开发和培养人力资源，激发员工潜力。留人，尊重人才、爱惜人才，建立、完善人才的保障、激励、发展机制，留住组织所需要的各类人才，留人是对上述几项人事管理机制和管理实现成效的综合评价。总之，人力资源管理不是“管人”，而是识人、选人、用人、育人、留人，如图1.4所示。可见，高效的人力资源管理对个人的成长与发展具有积极作用。

图1.4　人力资源管理模型图

> **实务指南 1-1　　工作生活质量的11个方面**
>
> (1)劳动报酬。
> (2)人际沟通。
> (3)工作的安全性。
> (4)员工的工作时间。
> (5)工作紧张程度。
> (6)参与有关决策的程度。
> (7)工作的民主性。
> (8)利润分享。
> (9)退休金权利。
> (10)公司改善员工福利计划。
> (11)优化工作环境。

总之，人力资源管理对个人的潜能开发、技能提高、适应社会、融入组织、创造价值、奉献社会的问题都具有积极意义。

2. 人力资源管理对组织的生存与发展至关重要

现代管理大师彼得·德鲁克曾经说过：“企业只有一项真正的资源——人。”IBM公司创始人托马斯·沃森也曾说：“你可以接管我的工厂，烧掉我的厂房，但只要留下我的员工，我就可以重建IBM公司。”可见，人力资源是组织生存和发展的关键资源。

(1)人力资源管理是增强组织竞争力的根本途径。随着世界经济全球化和知识经济时代的到来，人在价值创造过程的作用越来越突出，组织的生存和发展越来越依赖于人的因素，而非物或资本的因素。组织之间的竞争力归根到底取决于自己所拥有的人力资源状况、组织对这些人力资源的利用开发及管理的程度和水平。而要实现组织内人力资源状况的改善，提高组织人力资源的竞争力，加强人力资源管理是根本途径：通过人力资源的职业生涯规划，促进员工个人目标和组织目标的一致；通过教育、培训、激励和考核，提高组织员工的素质；通过招聘、选拔、分配和合理使用人力资源，促进组织效益的提高。

(2)人力资源管理是提高组织经济效益的重要保证。组织发展的基本目标就是要提高自身的经济效益。而要提高经济效益，就必须合理配置组织的各种资源，争取发挥每种资源的最大作用。在资本、技术和物资等各种资源的配置中，人力资源的合理配置至关重要。而人力资源的合理配置主要取决于人力资源管理的水平。只有合理组织了人力资源，不断协调人力资源之间、人力资源与其他资源之间的关系，并在空间和时间上使人力资源同其他资源形成最优的配置，才能减少劳动消耗，提高组织经济效益。

(3)人力资源管理是促使员工个人目标和组织目标保持一致的最佳手段。人力资源管理的结果，就组织而言，是组织的生产率提高和组织竞争力的增加，就员工而言，则是工作生活质量的提高与工作满意感的增加。但员工个人目标和组织目标经常是不一致的，这会导致组织效率的损失。因此，必须在员工的个人目标和组织目标的协调上下工夫。通过充分调动员工的工作热情和工作积极性，努力提高员工对组织的忠诚度和凝聚力，较好地实现员工的个人目标，来确保组织的长远发展和长期利益，并最终最大限度地实现组织和个人的双赢。

实践证明，人力资源管理是组织存在和发展的前提、基础和保证。松下电器是世界著名的家用电器公司，它的成功与其重视人力资源管理和开发是密不可分的。公司制订了长期的人才培养计划，加强对员工的教育训练，努力培养人才，挖掘人的潜力。难怪其创始人松下幸之助经常对职工说："到外面去，如果人家问你：'你们企业生产什么？'你应回答说：'松下电器企业是造就人才的，也是生产电器产品的，但首先是造就人才的。'"

实务指南 1-2　人力资源管理对组织发展的作用

1. 人力资源管理是组织战略管理的重要组成部分。
2. 科学化的人力资源管理是推动组织发展的基本动力。
3. 现代化的人力资源管理能够使组织赢得人才。
4. 要获得人才并留住人才，必须要有良好的人力资源管理。

3. 人力资源管理对国家的发展和强大起决定性作用

正如开篇引入的案例所言，美国作为全球经济最发达国家的一个成功经验，就是高度重视人力资源的开发与管理。历史也雄辩地证明，一个国家社会经济的迅速发展、民族的振兴、国力的增长，固然与自然资源、人口规模、历史遗产等密切相关，但起决定性作用的仍然是人力资源及其开发。比如，第二次世界大战后日本迅速重新崛起，战败后的德国成为世界经济强国，亚洲"四小龙"实现经济的腾飞，等等，这些实例都充分说明，注重开发利用人力资源就能自立于世界民族之林。

知识链接1-2　　美国对人力资源开发与管理的高度重视

美国一向重视人才开发，并以吸引外籍人才著称，在当今世界科技人才的竞争能力上排名榜首。早在20世纪30～40年代，欧洲两千多位著名科学家背井离乡，逃避德国纳粹分子的迫害，美国就以优越的工作条件和生活环境吸引他们迁居美国。这批科学家中，有德国科学家"相对论之父"爱因斯坦、德国物理学家弗兰克·贝蒂、意大利核物理学家恩利克·费米，等等。第二次世界大战结束时，美国派飞机接走大批专家，其中包括曾在纳粹德国陆军实验站负责研制VZ火箭的专家冯·布劳恩及120多名火箭专家。此后，如20世纪60年代初古巴革命，1968年苏军进驻捷克斯洛伐克，20世纪90年代初苏联解体等，美国都趁机接纳了大批科学家。据统计，第二次世界大战后的20年间，美国接受的各国高科技人才达40多万名，至今仍以每年万名的速度递增。据美国科学基金会的调查，美国50%以上的高科技公司中，外籍科学家和工程师占公司科技人员总数的90%，在美国加州"硅谷"工作的高级工程师和科研人员33%以上是外国人，从事高级科研工作的工程学博士后研究生中66%是外国人。世界上第一颗原子弹就是依靠外籍科学家研制成功的。1969年，美国用"土星"V型火箭实现了"阿波罗"载人登月计划，就是在德国火箭专家冯·布劳恩领导下获得成功的。外籍人才为美国的社会、经济、文化的繁荣和发展作出了重要贡献。

1.3　人力资源管理的环境

环境是组织确定人力资源政策、制定人力资源方案，实施人力资源管理的各个环节中都必须纳入考虑的因素，因为任何事物都有自己生存、发展、衰亡的环境，人力资源管理作为组织管理的核心的、战略的生命之本，也势必受到内外环境的影响。因此，如何利用有利的环境因素，规避不利的环境因素，把环境因素与本组织的人力资源管理制度有机结合，形成独特的、高效的人力资源管理机制，这对提升组织的竞争力至关重要。

所谓人力资源管理环境，主要指能够对人力资源管理活动产生影响的各种因素的总和。人力资源管理的环境包括很多具体的内容，凡是在组织外部同时又能对组织的人力资源管理活动产生影响的因素都在这个范围之内，因此，对于不同的组织而言，其具体的环境是不同的。从组织系统的角度，我们可以把人力资源管理环境分为外部和内部两个方面。

1.3.1　人力资源管理的外部环境

人力资源的充分开发与科学管理需要良好的政治、经济、社会、文化环境，人力资源管理活动离不开组织的外部环境。组织的外部环境是指组织人力资源开发与管理实施的外在条件，因为这些影响因素都处于组织的范围以外，所以组织并不能直接地控制和影响它们，大多数情况下只能根据外部环境的状况以及变化来采取相应的措施。

影响人力资源管理活动有效实施的外部环境因素主要包括：政治因素、经济因素、法律因素、文化因素、科学技术因素、竞争者和客户因素及国际因素等。

1. 政治因素

人力资源管理是一种社会行为，而一定的社会行为是在一定的政治现实中发生的，因此，政治环境是人力资源管理活动必须考量的一个重要因素。影响人力资源开发和管理的政治因素主要包括:一国的政治环境、政治管理方式以及政府的方针政策、政治民主化进程,如机会均等、择业自由、人格尊重、言论自由等。不同的政治因素对人力资源管理的作用方式是不同的。

(1)政治环境的影响。政治环境主要是指政治局面的稳定性。一个国家稳定的政治制度、和谐的社会生活、丰厚的人力资源,是市场经济条件下企业发展壮大的非常重要的外部因素。假如政治环境动荡不安,必然会导致企业无法正常地运转,进而危及企业的存在。从目前的国际形势来看,也是如此,凡是政局混乱或者战乱不断的国家,企业的状况都非常糟糕。企业的发展状况必定会影响到其自身的人力资源管理,而它的逆命题同样是成立的,发展良好的企业可以给人力资源管理活动提供相对较大的空间和较多的支持,状况不佳的企业在进行人力资源管理活动时就会受到很多制约。中国的富强、社会的稳定,为企业有效的人力资源管理提供了必要的政治条件,这有力地表明了政治环境对人力资源管理活动的重要影响。

(2)政府管理方式和方针政策的影响。政府管理方式侧重指政府对企业的管理方式;政府方针政策是指政府制定的与企业有关的方针政策。与政治环境相比,政府管理方式和方针政策的作用方式相对就要直接一些,因为它们都是针对企业而言的,能够直接影响甚至决定企业人力资源管理的很多活动。

在市场经济条件下,企业的人力资源管理需要政府管理方式和方针政策具有连贯性和延续性,不宜经常发生变化,以减少企业内部人力资源管理活动的波动,提高人力资源管理的效果,从而也有利于企业的经营发展。例如,如果政府比较频繁地改动社会保险的缴费比例,企业就必须相应地经常调整自己的其他支出,以保证社会保险费用的足额缴纳,这样就会影响企业整体经营规划的实施;而且,由于社会保险关系到每个员工的切身利益,假如经常变动必定也会影响员工的满意度。同时,政府制定的人力资源管理相关政策也会对企业的人力资源管理活动产生一定的引导性和支配性。

(3)工会的影响。工会是为了和资方交涉而使员工结合在一起的一个团体。由于工人在劳动力市场中处于相对劣势地位,为了保护自己的权益,他们就组成了代表自己利益的组织——工会。也就是说,工会是代表劳动者的利益,平衡雇主、雇员的经济实力,以提高工资和改善劳动条件为斗争目的。

工会的活动对人力资源管理活动也有着较为重要的影响力。在大多数国家,工会已经发展成为一种不容忽视的政治力量,在某些国家,工会甚至有了自己的政党。一方面,工会通过自己的努力,可以影响政府相关政策和法律的制定;另一方面,工会通过不同层次的劳资协商和集体谈判,可以影响或者参与组织的人力资源管理相关决策,从而对组织的人力资源管理活动产生影响。而且为了维护劳动者的利益,工会除了联合起来与资方进行集体谈判这一核心作用外,还扮演更为复杂的角色,它在公众中、政府机构中和政党中寻求同情,因此工会具有一定的政治特性。所以,组织不妨发挥工会的作用,使工会成为自己人力资源管理的同盟者而不是对抗者。

例如,在新加坡,成立了由政府、劳方(即工会)和资方三方代表(各占 1/3)组成的全国工资理事会,通过一年一度的谈判,制定全国性的工资制度。谈判时,劳资双方根据上一年度国内经济发展状况、通货膨胀因素以及劳资双方的要求等因素,分别提出本年度工资的指导原则和建议。全国工资理事会的指导原则上报政府总理,经批准后以政府公报的形式公布,有效期为本年 7 月 1 日至下一年 6 月 30 日。全国工资理事会的指导原则没有法律效力,也不属于行政命令，但是，因其权威性而被公营企业、私营企业的雇主和雇员在谈判时普遍接受。

作为一个宏观的影响因素，政治因素不具体干涉组织的具体运作，但是却掌握着社会发展的总体规划权力。与人力资源管理问题相关的政治因素有：

- 执政党的地位及其变化；
- 执政党与其他政党的关系及其变化；
- 执政党的纲领性文件及其变化；
- 执政党的统战政策；
- 公民参与政治的途径及其变化；
- 公民参与政治的程度及其变化（机会均等、择业自主、言论自由、人格尊重等方面的进展情况）；
- 政府的合法性状况及其变化；
- 政府的税收政策及其变化；
- 政府关于建立特区、开发区等优惠政策及其变化；
- 政府的民族制度、政策及其变化；
- 政府的教育制度、政策及其变化；
- 政府的计划生育政策及其变化；
- 政府的环保标准等政策及其变化；
- 政府的社会保障政策及其变化；
- 政府选人、用人的政策倾向及其变化；
- 中央政府与地方政府的集权与分权关系及其变化；
- 政府对地方团体主义、地方垄断主义的政策倾向；
- 政府对各种费用的征管状况（范围、方法、程序、态度等）；
- 工会的活动、决策及其变化。

2. 经济因素

作为经济活动实体，企业本身就是一个经济性的组织，因此，与政治因素相比，经济因素对人力资源管理活动的影响会更加直接。一个地区、国家乃至全球的经济状况对人力资源管理的影响很大，包括：经济体制、经济发展水平、经济发展态势、就业状况、利率、通货膨胀水平、税收政策、股市行情等。这类因素主要会影响组织对人力资源管理活动的经济投入、人力资源规模、结构以及人员的工资、福利、待遇方案等。

（1）经济体制的影响。经济体制的不同会造成人力资源管理的方式也不同。在计划经济体制下，企业是政府的附属物，基本上没有决定权和控制权，很多事务都受政府政策的限制，企业行为就是政府职能的延伸。人力资源也同样如此，人力资源管理的很多决策都是由政府作出，包括人员的招聘、薪酬的水平、工资的分配等，企业要做的就是执行政府的政策和上级指示，相应的，企业人力资源管理方式也相对比较简单，只需要按照统一的规定进行事务性的操作即可。而市场经济体制则不同，在这种体制下企业拥有了相对独立的自主权，政府对企业只是进行宏观调控，而不是直接干预企业的决策。与之相适应，人力资源管理的方式也发生了变化，政府不再统一制定各种具体的制度和规定，企业可以根据内外部的各种因素，结合自己的实际情况自行对人力资源进行统一配置，对人力资源管理政策进行调整，并自行做出决策。

（2）经济发展状况和劳动力市场状况的影响。如果说，经济体制是人力资源管理的外生变量，在市场趋向完善，经济快速发展的今天，经济发展状况和劳动力市场状况已成为人力资源管理的内生变量。比如，企业的人力资源规划就需要考量社会经济状况的影响。人力资源规划就是要对人力资源的需求和供给做出预测。而对人力资源预测需求的时候需要综合考虑多方面因素，其中很重要的一个因素就是企业未来的前景，如果预测企业会不断发展壮大，人力资源的需求就要相应增加，反之则要相应减少。而企业未来的前景是和整个经济的发展状况紧密联系在一起的，两者具有很强的正相关关系。

再比如，在进行招聘录用、辞退解雇等其他人力资源管理的职能活动时，也需要考虑到经济发展以及劳动力市场的状况。例如，在经济快速增长时期，一般来说，劳动力市场会比较紧张，招聘录用新员工的难度相应会有所增加，这时如果企业解雇或辞退员工，空缺职位就不易填补，会影响企业的正常运转，因此在这种情况下，企业进行解雇或辞退时就应当比较谨慎。

此外，劳动力市场的变化是组织薪酬管理必须面对的重要因素。当相关职位的劳动力供给小于需求时，这些职位的薪酬水平就会增加；相反，当供给大于需求时，薪酬水平相应的就会降低。近年来，由于技术工人的相对短缺，企业为了招聘到所需的人员就必须支付相对较高的工资，我国技术工人特别是高级技术工人工资水平的不断上涨，说明了劳动力市场状况对具体薪酬水平的影响。

劳动力市场是组织获取人力资源的源泉。但由于我国区域经济发展水平存在很大差异，因而也就导致了教育水平的差异，从而使得我国人才素质结构有很大的差异，人才分布呈现明显的区域化，受教育程度也不均衡。因此，为了尽可能准确地估计和预测所需人员的方向和获得所需人员的可能性，组织的人力资源管理者必须了解：

①人口及劳动力队伍的文化水平构成，尤其是受过高中以上教育的人口及劳动力(包括在校学生)的数量、年龄构成及地区分布情况；

②专业技术人才队伍的数量、发展速度，培养及获得渠道，专业技术人才的学历、年龄及专业构成，专业技术人才的地区及行业分布情况；

③管理人才的供给状况，培养及获得渠道等。

3. 法律因素

现代社会是法治社会，法律的权威性正不断影响着人力资源管理的各项活动。尤其是随着依法治国理念的不断深入，法律因素的影响也日益加深。从某种意义上讲，组织的人力资源管理的大量事务就是法律事务。例如，各国公务员的地位就是法律规定的，从招募任用到薪酬事务管理都必然有相应的法律规章可循。可见，任何组织的人力资源管理活动都必须是在法律所允许的范围内进行。其次，有些法律不是惩处性的，而是规制性的，即法律的目的是规范和引导社会行为，保证必要的正义，这些法律必然要规范组织的行为，例如，组织在制定人力资源战略中就必须考虑到组织成员的社会基本福利、保险以及其他法律规定的必须执行的方面。无疑，相关法规给组织的人力资源管理增加了难度，提出了更高要求。在越来越完善的法制环境下，制定既符合法律要求，又符合本组织利益和既定发展目标的人力资源管理措施，就成为人力资源管理者急需考虑的问题。

目前，世界上大多数国家都制定了相关的法律来对本国的人力资源管理进行最基本的行为规范。例如，在美国，企业开展人力资源管理活动时，就要遵守《职业安全与健康法案》《就业年龄歧视法案》《员工测谎保护法》和《公平劳动标准法案》等一系列法律规定。

在我国，人力资源管理法律体系经历了一个逐步发展和完善的过程。1949 年新中国成立以后，主要是通过《中华人民共和国宪法》对劳动问题作出明文规定，并且长期以来采用行政机制代替法律手段来协调和管理劳动关系，从而导致劳动方面的法律、法规一直处于不规范、不完善的状态。

从我国目前的情况来看，能起到强制性行为约束作用的，除了立法机关颁布的法律外，国务院及其各部门所制定的具有法律效力的法规、规定、条例等也在这个范围之内。在我国，影响组织人力资源管理活动的法律有很多，其主体是《中华人民共和国劳动法》(以下简称《劳动法》)。我国的《劳动法》于 1994 年 7 月 5 日颁布，自 1995 年 1 月 1 日起施行，整个劳动法典共有十三章，内容几乎涉及人力资源管理的各个方面，包括招聘录用、男女平等、劳动安全和卫生、工资待遇、社会保险和福利、辞退解雇、培训开发等。

2008 年，给中国带来组织最大的外部环境变化是新的《中华人民共和国劳动合同法》(以下简称《劳动合同法》)。它的制定和颁布，标志着我国有了一部较为完善的规范劳动合同关系的法律。《劳动合同法》内容体系完整，符合我国现阶段劳动关系发展变化的新形势，为更好地帮助解决劳资关系问题提供了法律条文的操作依据。与以往实施的法律相比，新《劳动合同法》在适用范围、员工参与组织规章制度决策、使用期、事实劳动关系、劳动合同期限、解除劳动合同、裁员、经济补偿金等诸多方面，都作了更为严格的法律规范。它对置身于中国的所有企业都产生了极大的影响。

涉及人力资源管理的法律法规环境主要可以归纳为以下几个方面：

(1)综合性规章。如《关于贯彻执行〈中华人民共和国劳动法〉若干问题的意见》《外商投资企业劳动管理规定》和《违反〈中华人民共和国劳动法〉行政处罚办法》等。

(2)劳动合同和集体合同。主要涉及劳动合同的订立、变更、解除等法律与政策规定。如《违反和解除劳动合同的经济补偿办法》《企业经济性裁减人员规定》《违反〈劳动法〉有关劳动合同规定的赔偿办法》《关于实行劳动合同制度若干问题的通知》《关于企业职工流动若干问题的通知》《集体合同规定》《关于加强集体合同审核管理工作的通知》等。

(3)工资。即工资支付、工资水准、最低工资的政策与法律规定。如《工资支付暂行规定》《对〈工资支付暂行规定〉有关问题的补充规定》《关于实施最低工资保障制度的通知》《股份有限公司劳动管理规定》《外商投资企业工资收入管理暂行办法》等。

(4)工作时间和劳动保护。即有关每日工作时间、每周工作时间、每周工作天数、加班、休息以及相关劳动保护等方面的政策与法规。如《〈国务院关于职工工作时间的规定〉的实施办法》《关于企业实行不定时工资制和综合计算工时制的审核办法》《重大事故隐患管理规定》《企业职工劳动安全卫生教育管理规定》《未成年工特殊保护规定》等。

(5)促进就业和职业培训。主要是关于职业指导、各类职业培训的政策与法律规定。如《就业登记规定》《职业指导规定》《就业训练规定》《职业培训实体管理规定》《企业职工培训规定》等。

(6)社会保险与福利。涉及员工的住房、医疗、失业、生育等方面的政策与法规。如《失业保险条例》《企业职工生育保险试行办法》《企业职工患病或非因工负伤医疗期规定》《企业职工工伤试行办法》《关于加强企业职工社会保险基金投资管理的暂行规定》等。

政府政策与法律法规除了以上的规定外，还强调劳动安全与卫生。政策与法律法规要求用人单位建立完善的劳动保护制度，严格执行劳动安全规程，切实保障劳动者在工作过程中的人身安全。

近年来，国际社会还特别强调人力资源管理的企业社会责任（Corporate Social Responsibility），这对人力资源管理又提出了巨大的挑战。企业社会责任强调，社会责任是企业必须承担的一种义务，企业在创造利润、对股东利益负责的同时，还要承担对员工、对社会和环境的社会责任，即内部福利与社区共生、可持续发展，包括遵守商业道德、生产安全、职业健康、保护劳动者的合法权益、节约资源等。在欧美发达国家中，1997 年发布的社会道德责任标准（Social Accountability 8000，SA8000）已经成为社会公认的企业行为准则。SA8000 关注的是员工的生存和工作环境的质量。近年在欧美国内舆论和非政府组织的压力下，跨国公司纷纷以 SA8000 为蓝本，制定自己的企业社会责任守则，在组织年度报告和公司宣传册中关于道德责任的陈述逐年增多，这都表明，管理与社会责任相结合的需求日益增大。专家们认为，SA8000 是 ISO 9000、ISO 14000 之后出现的又一个重要的国际性标准；通过 SA8000 认证将成为国际市场竞争中的又一重要武器。因此，有远见的组织者应未雨绸缪，及早检查本组织是否履行了公认的社会责任，在组织运行过程中是否有违背社会公德的行为，是否切实保障了职工的正当权益，以把握先机，迎接新一轮的世界性的挑战。

知识链接 1-3　　**SA8000 的主要内容涉及的规范性要求**

①童工（Child Labour）；②强迫性劳工（Forced Labour）；③健康与安全（Health & Safety）；④组织工会的自由与集体谈判的权利（Freedom of Association and Right to collective Bargaining）；⑤歧视（Discrimination）；⑥惩戒性措施（Disciplinazy Practices）；⑦工作时间（Working Hours）；⑧工资（Compensation）；⑨管理体系（Management Systems）。

4. 文化因素

无论从宏观角度还是微观角度来讲，文化因素无疑都对人力资源管理具有重要的影响，主要表现为两个方面：第一，人力资源来自于一定的社会文化环境中，他们所具有的一定价值观和行为准则，会促使人力资源管理选择特定的模式；第二，文化会较大程度地影响着人力资源管理者的思维倾向，管理者接受与形成的社会意识形态、价值观，会作用于人力资源管理的过程和活动。

同时，由于不同国家、地区、组织的文化存在着一定的差异，导致其成员的思维方式和行为方式也不完全相同，因此会对人力资源管理产生重要的影响。组织在进行人力资源开发与管理的时候，不得不面临这些因文化背景差异造成的行为差异，而使得管理活动复杂、难度加大。因此，人力资源管理者在实施管理的同时必须把成员所处的文化背景纳入考虑。

关于不同的文化传统下人力资源管理的不同模式，日裔美籍学者威廉·G. 奥奇（William G. Ouchi）进行了深入研究，他从 1973 年开始对美国企业和日本企业的管理方式进行全面的比较研究，在此基础上总结出了两国企业管理模式特别是人力资源管理模式的特点。他将美国的企业称为 A 型组织，将日本的企业称为 J 型组织，并且从七个维度对比了两种组织在管理方面的差异。尽管美国和日本皆为资本主义制度，都搞市场经济，但两国在人力资源管理上差别甚大，如表 1.2 所示。

表 1.2　美国企业和日本企业的管理差异[①]

维度	A型组织	J型组织
雇用制度	短期雇用制	终身雇用制
员工的考核与晋升	注重工作业绩的考核,考核期相对较短,晋升比较迅速,多看重能力	注重工作态度和工作能力的考核,考核期相对较长,晋升比较缓慢,多看重资历
员工的培训与发展	提供的培训相对较少,注重专才的培养	提供的培训相对较多,注重通才的培养
决策机制	个人决策制	集体决策制
责任制度	强调个人承担责任	强调员工共同承担责任
控制机制	严格的控制,规章制度比较多	松散的控制
员工关系	人际关系比较冷淡	人际关系比较浓重

美日两国企业在人力资源管理方面的不同主要是由文化的差异造成的。美国由于国家历史较短,没有经过封建社会就直接进入了资本主义社会,而且人口以移民为主,人和人相互的关系比较松散,人们多是依靠自已的努力而生存下来的,因此整个国家的个人主义文化传统比较浓重,崇尚奋斗,注重结果。因此,美国是个人主义的资本主义,其人力资源的特点是"契约人","按契约办事"是美国人的通行原则。相应地,在人力资源开发与管理上,实行的是自由雇用制,这是一种个人之间高度竞争的"压力型"劳动制度。而日本则不同,日本由于民族单一、经历了长期封建社会的洗礼,人们的血缘、人情意识根深蒂固,加之国家的地域狭小、资源匮乏,必须依靠集体的互助才能生存,这就形成了以集体主义为主导的文化传统。相应地,在人力资源开发与管理上,日本实行的是终身雇用制,这是一种个人之间密切合作的"吸力型"劳动制度。从表 1.2 的比较可以看出,美日两国在人力资源管理上的差异,就其主导方面而言,是东西方文化差异的集中表现,都无法主观地从根本上加以改变。我国有着五千年的文化传统,深受儒家文化的影响,如何纵观历史,联系现实,探索以文化为导向的人力资源管理模式需要付出更多的努力。

5. 科学技术因素

科学技术环境包括科学与技术的发展水平,以及科学技术作为新的知识或技术手段被社会广泛应用的程度。随着现代科学技术的迅猛发展,会使现有的工作发生根本性变化,技术和产品更新周期越来越短,导致现有的工作岗位不可避免地被不断淘汰,而要求新技术、新知识、新技能的新工作岗位不断出现。因此,科技的快速进步给人力资源管理带来的最具挑战性的领域是有效的开发和培训员工,使之跟上迅速发展的技术变化。又如,科学技术的发展节约了大量的人力,这就要求组织在做未来人力资源规划的时候,一定要考虑到科技进步所减少的劳动力数量。由此可见,现代科学技术的发展迅速地改变着组织的人力资源管理活动,并给现代人力资源管理提出了新的挑战。而从本质上来说,在市场经济条件下,技术进步对经济发展的影响,就是组织对新技术开发的投入、采用和扩散,是人力资源价值的集中体现。而新技术的快速扩散,会给组织带来竞争优势,也能扩大人力资源的供需平台,增强人才流动。因此,人力

① 王勇,曹彦平. 人力资源管理概论. 武汉理工大学出版社,2006:42.

资源管理和发展的导入，使人力资源体现的技术正在越来越成为组织生存和发展的关键因素。

6. 竞争者和客户因素

在新经济时代，组织与组织之间的竞争日益激烈，而所有竞争归根到底是人才的竞争。在某种意义上甚至可以说，人力资源竞争的成败将决定组织竞争的成败。正因如此，各组织对人力资源，尤其是关键性人力资源的争夺已趋于白热化。在这种背景下，为了在激烈的市场竞争中保持自己的核心竞争力，组织的人力资源管理水平就必须不断提高。同时，还要高度关注竞争对手的人力资源管理政策。

实际上，客户也是人力资源管理外部环境中一个必须考虑的重要因素。在买方市场条件下，客户就是上帝，客户常常要求高质量的产品和售后服务，因此，组织中的人力资源应该有能力提供优质的商品和服务。而这些都对组织的人力资源管理提出了更高的要求，包括提供和增加员工的培训机会，优化其学习与成长的环境和条件，完善考核、报酬体系等问题，提高员工的工作积极性和主动性，从而更好地为客户服务。

7. 国际因素

在全球化趋势不断增强的今天，各国之间的相互关系日益密切，人力资源管理的外部环境逐渐扩大，国际因素随着世界一体化的不断深入和发展而变得更加重要。我国在加入世界贸易组织（World Trade Organization，WTO）之后，国际化对组织的影响更为显著。人力资源管理的外部环境因素已经不再局限于一国的范围，而应当从全球的范围来进行分析，必须将国际政治、经济、文化的现状和趋势考虑进去。例如，随着跨国企业的不断涌入，企业的竞争者就不仅有国内的公司，而且还包括那些国际性的公司；又如，伴随着世界经济的全球化，经济发展状况和劳动力市场状况的影响也扩展到了世界范围；此外，世界范围内的移民流动日益频繁，这也是在新形势下必须关注的一个重要因素。国外移民是弥补国内人力资源结构性不足的重要途径，他们能够带来不同的专业技术、战略文化，这就要求我们更好地规范国外移民管理，保障国外移民的正当合法权利，开发其人力资源价值为我国做积极贡献。

总体来说，经济全球化的趋势不断加强，各国不断加强交流和合作，各种文化相互碰撞、相互融合，组织的人力资源管理因此也必须具有国际眼光。对于组织而言，不仅会遇到自身利用全球人力资源的问题，还会涉及与其他组织内多样化人员进行交流协作的问题，这与组织全球化的程度、法律经济文化方面的差异、全球化管理人才的供需、多元化员工的管理等有着密切关系，需要组织进行关注。

1.3.2 人力资源管理的内部环境

任何组织的人力资源管理活动都源自于组织自身的基础，因此，在关注组织外部环境诸多因素的同时，也要考虑组织自身因素的影响，使人力资源管理活动落脚于组织自身，既不可以固守组织自身的缺点，又不可以盲目追随外部环境的潮流发展。相对外部环境而言，内部环境的各种因素都处于组织的范围之内，因此，组织能够直接控制和影响它们。

人力资源管理内部环境，是指在组织系统之内能够对人力资源管理活动产生影响的各种因素。人力资源管理的内部环境因素包括两个层次：一是整体方面的组织战略和组织结构；二是具体的人力资源管理活动的主体。其中，组织发展战略与组织结构和人力资源管理的关系极为密切。人力资源管理应与组织的发展战略和组织结构相符合、相匹配。在组织中，行使人力资源管理活动的基本职能不仅仅是人力资源管理部门的专职，它还广泛地涉及组织中的各个方面和层次。一般来讲，人力资源管理活动的执行者主要由组织的领导者、人事机构和直线管理人员共同组成。领导者的观念决定了组织行为中对人力资源的重视程度；人事机构的人员为人力资源的吸收、保留、使用、培养与发展提供服务和保障；直线管理人员是人力资源的真正使用者，人力资源的价值、作用与地位在直线管理过程中得以充分的体现。

人力资源管理活动面对的组织内部环境因素主要包括以下几个方面：

1. 组织的发展战略

发展战略作为组织经营发展的纲领，人力资源管理也必须配合其实施。表1.3列举了组织战略决策与人力资源管理活动的关系。

表1.3　组织战略决策与人力资源管理活动的关系

组织战略决策	对人力资源管理活动的要求
添设新生产设备	对职工培训，使其掌握新操作技术
建成新厂	部分职工调往新厂；就地招聘与选拔新职工；组织职工培训
采用低成本竞争策略	调整奖酬制度；对职工进行教育，使其了解实行新措施的理由；组织技术培训，使其掌握新的节料、节能、增效技术
产品打出国界，销往海外市场	选拔和培训海外销售人员；调整奖酬制度使其适应海外情况
兼并其他企业以实现扩展目标	在被兼并企业原有职工中进行选择、留用、培训，安置剩余人员；调整奖酬系统，使标准统一

2. 组织结构

组织结构设计必须以组织战略目标和步骤为依据，为完成战略目标和实现战略步骤服务，并随着战略的变化而变化。组织结构的变化也会影响到人力资源管理的变化；同时，又需要人力资源管理的支持。

例如，信息化组织趋势和计算机辅助生产的应用，减少了对无技能和少技能生产员工的需求，就业模式将发生变化，短期合同和兼职员工的比例会增加。

另外，新型的"网络组织"对传统组织的管理也提出挑战。组织将精力集中到长项任务，而把其他任务委托给能更快、更好地完成或成本更低的公司。网络中的某家公司可以只做产品的研究和设计，另一家公司负责实施或制造，第三家公司负责分销，这样能增大专业化程度和鼓励创新。由于一些功能从组织中分离出去，在规划和协调方面所用时间和精力也会减少，极大地提高了工作效率。

3. 工作群体

群体是多数组织开展工作的基本单位。具有多个特征，比如心理上的认知性、行为上的联系性、利益上的依存性、目标上的共同性、结合上的组织性等。对工作群体的组织和管理是提高生产效率的一个重要途径，员工和与之相配合的工作伙伴所结成的人际关系的好坏，会直接影响员工工作效率的高低。团队是工作群体的一种。在组织工作团队的过程中，人力资源管理起着极为重要的作用，例如，为配合团队发展的需要，对团队成员的激励和奖酬要采取以团队绩效为基础的激励措施，对团队成员的培训教育方案也要从培养跨职能、跨专业人才的需要出发。

工作群体的构成不同，群体的行为就不同，导致对其进行的管理方式也就不同。比如，新一代的员工群体(指20世纪80～90年代出生的新员工)出现了一些典型的工作价值观和行为特征，如更加直接地追求个人价值的快速实现，对物质的追求更加直接和现实，也更加容易因为报酬水平的差异而跳槽，对于制度规则的敬畏感降低，不愿意接受严格规则的约束等，显然，新员工群体的新的工作价值观和行为特征对于组织的人力资源管理造成的影响将是颠覆性的，必须要针对这些新的特征和变化调整人力资源管理活动。

4. 领导者

领导者的权威观、团体因素、下级特征、组织因素共同决定了领导行为，而领导方式和行为会较大程度地影响人力资源管理活动的各个方面。比如，领导行为会影响员工的行为，不仅影响到员工的满足度，而且影响到员工的激励深度，也影响到员工的劳动态度（出勤率、人员流动率）和劳动效果（劳动生产率），从而影响人力资源管理的最终结果。又如，领导者对人力资源管理的认知，将对人力资源管理制度规划起着关键的决定性的影响。如果领导者对人力资源管理的认同度不高，总以为人力资源管理部门只是个招聘的部门，忽视了其重要的战略地位，所带来的处理人力资源管理内容就不同了，比如，组织设计、岗位分析、胜任力素质模型、人力规划、招聘、培训、绩效管理、薪酬福利、人事制度手册、企业文化、任职资格、职业生涯、员工手册等的内容就不同了。

领导者在组织中常常扮演不同的角色。众所周知，他既是组织的建立者、计划的制订者，也是行动的指挥者和过程的监督者。但除此之外，领导者一方面还要学会扮演企业文化的构造者、倡导者和贯彻者，为企业文化及价值观的树立和传承保驾护航；另一方面成为员工职业发展的辅助者，发掘员工的优势，为员工提供发展空间。

5. 员工

员工是组织最重要的资源。每个员工都是具有各自工作需要、价值观和态度的个体，重视员工首先要尊重他们、关心他们，满足他们各个方面的需要。员工需求是人力资源工作的导向之一，人力资源管理活动始终要围绕满足员工需求而努力。人力资源管理的管理对象是具有个人价值观和责任观的人，不同地区的不同人，其价值观和责任观是不一样的，有效的人力资源管理者必须能够客观对待员工的价值观和责任观，尊重个人选择，并因势利导。

此外，员工素质也是一个影响组织人力资源管理的重要因素。员工的素质包括敬业精神、专业知识、经验技能、心理素质等多个方面。总的来说，员工素质高，便于组织采取现代化的人力资源管理模式、政策和手段，否则，再好的管理方式，如果员工素质不高，也不利于推行（当然，人力资源管理本身又会反过来影响员工素质，如招聘、培训、考核、激励等手段都会影响员工的素质及其提高）。例如，全员人力资源管理模式作为现代一种民主的、参与式的管理模式，它要求员工有相当的素质和能力参与到组织的人力资源管理过程中来，如果员工素质不高是不足以支持这一管理体系的。

6. 组织文化

组织文化是组织内部环境的综合表现。组织文化是指组织在长期的共同生产经营过程中形成的，为组织多数成员所共同遵循的最高目标、基本信念、价值标准和行为规范。企业的组织文化又称企业文化。一个企业的价值观及其基本管理制度构成了企业文化的主体内容。

组织文化是一种无形的影响成员思维方法和行为方式的力量，贯穿于组织的全部活动，影响组织的全部工作，决定组织中全体成员的精神面貌和整个组织的素质、行为和竞争能力。例如，一个有良好沟通意识和机制的组织，其岗位与岗位之间、部门与部门之间的协作就变得容易，人力资源的团队管理更加科学合理。再如，一个有着强调学习、强调职业成长文化的组织，其员工培训工作能更好地展开并能取得更好的效益。可见，成功的组织文化具有很强的凝聚力，有助于在组织员工中形成向心力，从而对组织的高速持续发展产生有利的影响。因此，有人把企业文化称为“企业之魂、动力之源”。

个案分析 1-2　企业文化的魅力

一个朋友谈起自己在日本的一次遭遇，颇为感慨。某天，他开车去超市买东西，出来时看见一位日本老人正在帮他擦车。最初以为这位老人是“擦车族”(主动擦车谋生之人)。但细看却发现有些蹊跷，因为这位老人西装革履，并且擦车用的还是手帕。朋友不觉好奇：“老人家，您为什么帮我擦车啊?”这位日本老人非常严肃地回答：“我是日本丰田公司的退休员工，我不能容忍在我眼皮下有如此脏的车。”听完，朋友大为震惊，一个已退休十几年的员工偶尔在街上看到自己以前公司的产品，竟有如此深厚的感情。由此可见，丰田公司在他心目中的地位是多么高，丰田公司对他的影响是多么大，更何况现在还尚留的在岗员工呢?

这就是企业文化的魅力。日本企业在第二次世界大战后之所以腾飞，其中一个重要原因是在于日本企业重视企业文化建设，重视员工的归属感与满足感，重视团队合作精神的培养。企业文化是员工工作的动力源泉，是现代人力资源管理有效开展的基础和底蕴。

总之，在组织战略指导下，以组织结构为依托的组织内部环境是人力资源管理活动赖以存在的基础。组织的发展战略、组织结构、工作群体、领导者、员工、组织文化等各个因素构成的组织综合环境，在人力资源的决策和管理工作中起着关键的作用，同时也构成了人力资源管理活动的主体。

实务指南 1-3　公司目标是影响人力资源管理的重要内部因素

有两家公司，各自都有主要的基本目标。A公司的目标是在技术进步方面成为行业的先驱，它通过开发新产品和运用新工艺促进公司成长；而B公司的目标是保持稳健的成长，不冒任何风险。

围绕公司目标，A公司需要一个有创造性的环境。为促进技术发展，开发新产品，A公司必须招聘到高技能并有创造性的员工，因此，需要关注劳动力的培训和开发。同时，为留住和激发拥有最高生产效率的员工，还需要设计一个有效的报酬方案。

而B公司由于鼓励不冒风险，只有在同行业另一家公司的产品或工艺已经占领市场后，B公司才设法改变自己。所以，绝大多数重要决策都由组织中的较高层管理者决定。这样，公司基层管理人员的培养就不会得到重视。而且，富有创新精神和魄力的人可能不太愿意去B公司工作。

通过比较表明，人力资源经理必须清楚地了解本公司的目标。

综上所述，我们可以从中分析人力资源管理环境的性质，它表现为以下特点：第一，复杂性。人力资源管理的环境因素极为广泛，无所不包，既有物质的，也有精神的；既有有形的，也有无形的；既有外在的，也有内在的；既有直接的，也有间接的。第二，变动性。人力资源管理的环境因素随着时间、空间以及其他因素的变化而变化。第三，差异性。每个组织的人力资源管理面对的环境都是不同的，有其自身的独特性。第四，综合性。人力资源管理活动是多种环境因素综合作用的结果。组织外部的环境和条件是外因，而组织的内部环境和条件是内因，内外部的诸种因素相辅相成，影响人力资源管理活动的质量和水平。

由于人力资源管理的环境因素构成极其广泛而复杂，这就要求现代人力资源管理者必须重视对组织内外环境变化的分析，通过深入的研究，掌握环境要素的一系列特点，把握有利的因素，克服消极的因素，使人力资源管理制度充分体现和反映组织自身的环境、性质和特点，注重管理制度的不断变革和创新，使人力资源管理活动永远充满活力。

复习思考题

1. 人力资源的含义是什么？
2. 人力资源有哪些基本特征？为什么应重视人力资源开发？
3. 人力资源和人力资本是一种什么关系？
4. 如何理解传统人事管理与现代人力资源管理的异同？
5. 人力资源管理的基本内容包括哪些？它们之间存在何种关系？
6. 人力资源管理的外部、内部环境主要由哪些部分构成？在新的时代背景下它们有何变化？它们是如何影响人力资源管理的？

案例分析

D集团在短短5年之内由一家手工作坊发展成为国内著名的食品制造商，企业最初从来不订什么计划，缺人了，就现去人才市场招聘。企业日益正规后，开始每年年初订计划：收入多少、利润多少、产量多少、员工定编人数多少等，人数少的可以新招聘，人数超编的就要求减人，一般在年初招聘新员工。可是，因为一年中不时的有人升职、有人平调、有人降职、有人辞职，年初又有编制限制不能多招，而且人力资源部也不知道应当多招多少人或者招什么样的人，结果人力资源经理一年到头的往人才市场跑。

近来由于3名高级技术工人退休，2名跳槽，生产线立即瘫痪，集团总经理召开紧急会议，命令人力资源经理3天之内招到合适的人员顶替空缺，恢复生产。人力资源经理两个晚上没睡觉，频繁奔走于全国各地人才市场和面试现场之间，最后勉强招到2名已经退休的高级技术工人，使生产线重新开始了运转。人力资源经理刚刚喘口气，地区经理又打电话给他说自己的公司已经超编了，不能接收前几天分过去的5名大学生，人力资源经理不由怒气冲冲地说："是你自己说缺人，我才招来的，现在你又不要了！"地区经理说："是啊，我两个月前缺人，你现在才给我，现在早就不缺了。"人力资源经理分辩道："招人也是需要时间的，我又不是孙悟空，你一说缺人，我就变出一个给你？"……

（资料来源：作者根据相关资料整理）

思考题：

1. 该集团人力资源管理中的最大问题是什么？

2. 在人力资源管理中，如何有效避免该集团出现的问题？

实训设计

一、实训项目

对某企业或组织人力资源管理的总体情况和环境因素进行调查。

二、实训目的

通过本次实训，使学生对人力资源管理的整体过程有一个感性的了解，进一步了解影响人力资源管理的环境因素，从而激发学生学习本课程的积极性。

三、实训要求

1. 要求学生掌握人力资源管理的主要内容、基本职能以及环境因素等基本理论，做好实训前的知识准备，如搜集理论依据、相关的书籍、真实案例等。

2. 要求学生运用所学知识，结合调研对象的背景资料，全面评估人力资源管理的内外部环境因素，分析在环境因素的影响下，该组织的人力资源管理中值得肯定的做法有哪些，应当改进的方面有哪些。

(1)影响该组织人力资源管理的环境因素主要有哪些？

(2)这些环境因素的相互关系如何？是否相互补充并且相互一致？

(3)这些环境因素是如何影响人力资源的政策和措施的？

(4)该组织的人力资源管理是否与政治、经济、法律、文化环境、组织目标以及组织结构等广泛的环境因素相融合？

(5)如何对环境因素进行调整以适应人力资源策略？同时，又要如何调整人力资源策略以适应环境因素，从而使与环境因素相适应的人力资源管理能更好地发挥效力？

3. 要求每个小组除了完成实训报告以外，还要将本门课程的调研材料、实训成果、成绩、重要的过程和事件记录在一个本子上，最终形成一套较完整的实训资料。

4. 要求教师在实训过程中做好组织工作，给予必要的、合理的指导，使学生加深对理论知识的理解，提高实际的分析能力、操作能力。

5. 方法与步骤要求。

(1)将学生分成若干小组，5～8人为一组。

(2)到本校人力资源管理部门进行调研访谈；或者各小组经讨论后，选择本地具有代表性的企业或组织作为调查对象，收集该组织人力资源管理的相关资料。

(3)在教师的指导下制定访谈提纲或调查问卷。

(4)深入到调研对象的人力资源部门进行访问调查，了解其人力资源管理的总体内容和过程，重点了解影响其人力资源管理的环境因素。

(5)对该组织的人力资源管理环境的相关数据和材料进行整理、统计。

(6)每组学生根据访问调查获得的资料和相关的理论书籍，结合调研对象的人力资源管理现状，列出影响该组织人力资源管理的具体环境因素及其特点。

(7)鼓励每组学生积极思考，以小组为单位进行充分的分析和讨论，并在小组内部形成统一的结论或观点，同时形成 PowerPoint 文件。

(8)由小组的代表在全班陈述本组的调研成果，演示 PowerPoint 文件(每组代表的陈述时间为 15 分钟左右)，并且进行答辩，回答老师、同学提出的问题，广泛交流，集思广益。

(9)教师对各种观点进行分析、归纳和总结提炼，提出指导意见，帮助学生完善自己的结论。

(10)各个小组根据讨论的结果撰写实训报告。(要求报告要素完整，包括调查时间、地点、目的、方法、分工、具体内容以及本次实训的收获体会等)

第2章　人力资源规划

本章学习要点

- 人力资源规划的定义、内容、作用以及与战略的关系
- 人力资源规划的基本程序
- 人力资源需求预测以及人力资源供给预测的主要方法
- 人力资源规划在人力资源管理实践中的实务操作

引入案例

企业成长与人才难题

1. 基本情况

TC公司是一家具有一定规模的民营房地产企业。从公司的发展历史来看，1996年公司创建时仅有50万元资金和5位员工。1998年，公司开始进入快速发展时期。当时，公司创办人凭着对市场的敏感果断决定投资征地。准确的判断、广阔的市场、成功的运作给公司带来了较高的回报和巨大的动力，公司开始加大力度进行商品房的开发。随后的几年，公司开发的一些楼盘项目都有较好的销售业绩。随着公司规模的迅速扩大，过去原有的五个部门增加为十个部门，人员也发展到现在的150多人，资产规模1亿多元。

然而，近几年随着该地区房地产市场化运作的加速，万科、香港汇达等数十家实力雄厚的企业纷纷进入该地区。与这些公司相比，TC公司的竞争优势在于低成本的土地开发，但是在管理、销售以及人力资源方面都存在着明显的不足。另外，随着竞争对手的进入，该地区的房地产开发迅速升温，众多的楼盘都在较短的时间内推出，销售价格也在逐渐降低，这直接影响到了TC公司固守的价格优势防线。

与此对应的是随着人员的增加，诸多的管理问题也频频出现。员工们开始有了不少的抱怨，公司总经理也开始觉得自己对公司的管理、驾驭越来越吃力。他觉察到，虽然公司提出了明确的战略规划，但却总不能落实，“追究责任的时候，好像大家都有责任，每次都是大伙一块自我批评一顿后，下次的规划依然不能落实”。回忆公司初创的那两年，他感到大家特别团结，事实上，公司在发展初期的很多困难就是依靠员工的团结和凝聚力渡过的。但是现在，员工内

部已经出现小利益团体，各部门甚至同部门的管理人员都经常各自为政，意见不一。让他颇感困惑的还有，一方面公司觉得员工的整体素质较低，另一方面员工对薪酬又不满，抱怨没有公平的考核体系。

通过冷静分析，公司管理者认识到："在若干资源中最为稀缺的是人力资源。我们地区仅有两所普通高校，较高素质的人力资源相对匮乏，外部人力资源的提供是一个困难。"不解决人力资源及其管理问题，公司的发展必然受阻。

市场竞争的日益激烈、人力资源的不足以及出现的越来越多的管理问题等，都在考验着公司总经理和他的房地产公司。为此，公司决定请专业管理咨询人士来作进一步的诊断。

2. 诊断分析

咨询顾问到公司后，通过问卷调查了解到，大多数员工对于公司的人力资源工作不满，主要表现在以下几个方面：

首先，是人力资源规划功能的缺失。缺少基于战略思考的人员分析、预测、调整的动态规划，造成公司"用人找不到，找到了用不好，想换动不了"的现象。

其次，是公司薪酬结构不合理。公司在创业初期人员的薪酬都是由总经理亲自定，因此，薪酬没有明确的标准，总经理只是根据讨价还价的结果来决定薪酬的多少，人治行为严重。随着部门的增加，岗位的增多，薪酬的发放变得越发混乱，薪酬结构只有基本工资和奖金，基本工资标准不一致无法体现公平性，而奖金更是由老总说了算，造成奖金"发也众多人不满，不发更多人不满"的现象。

另外，公司缺乏考核体系。公司在创业初期主要依靠家族成员的自觉性工作，没有任何考核依据。然而，随着企业人员的增加，管理变得复杂，工作性质也变得难以界定，对于不同人员多角度的考察，通过考评来择优淘劣就成了必不可少的工作。

3. 人力资源管理建议

基于这些问题，咨询顾问在充分了解事实的基础上，对公司人力资源管理提出了若干咨询建议，并从人力资源规划的角度提出了解决方案。

一是进行人力资源规划。在现有公司战略的基础上对现有人员的素质、能力进行分析，并对未来所需人员进行预测，制订出人员引进、替换、培养的计划，通过有效的规划来降低人力成本。

二是进行薪酬体系的设计。咨询顾问根据公司的企业特性，在"公平薪酬，拉开差距，公证考评"的原则下，将公司人员按职系进行划分，划分出4～5个职系，从不同的员工中选取代表对岗位的重要性进行打分，通过"薪点评价"的方法得出岗位重要性排序。

三是进行考核体系的设计。咨询顾问根据现有的管理水平，设计传统的"三态"考核方法和平衡记分卡结合使用的新模式。在考核的方法上采用对于业绩、态度、能力的考核，并在指标建立上揉进平衡记分卡的指标模式。

4. 人力资源规划方案

人力资源顾问及公司高层都认为，在建立合理的人力资源管理体系前进行人力资源规划是必要的步骤。在对公司进行人力资源规划时，咨询顾问结合公司资料及发放问卷的反馈结果，设计出规划流程，基本分为四个步骤：

第一步，是通过整理分析人力资源档案，列出现有人员的结构数据并初步分析问题。

第二步，是在了解现有人员情况的基础上对企业的人员需求进行预测分析，对公司各重要职位进行整体评估，并将没有替代人员的岗位进行统计。

第三步，是对内外部供给进行预测分析。分析结果显示，未来2～3年内公司要实现其战略目标，需要有人力资源总监、财务总监、人力资源中心、企管监督中心、财务中心、置业部、物业管理部、项目策划部8个部门的12个重要职位。其中，中高级管理和技术人员难以供给，因此需要通过外部引进与内部培养相结合的方式进行。

第四步，是在经过综合平衡后制订措施和计划。在对公司的人员进行供求分析后，咨询顾问对分析结果进行了综合平衡，其目的是检查分析结果与现实之间的差距，并对特殊情况进行柔性处理。

（资料来源：作者根据相关资料整理）

从本案例可以看出人力资源规划是建立合理的人力资源管理体系的必要步骤。案例中的情况说明了在对公司进行人力资源规划时，一定要结合公司资料进行分析，按照人力资源规划基本程序分步进行。本案例也引发如下思考：为什么要做人力资源规划？如何进行专业人力资源规划？怎样对企业人员进行需求预测分析？怎样对内外部供给进行预测分析？等等。

2.1 人力资源规划概述

人力资源规划是人力资源管理的一项基础性工作。不断变化着的内部和外部环境必然会使企业定期进行员工的流入、流出。为保证企业在需要的时候及时得到各种需要的人才，企业在发展过程中要有与其战略目标相适应的人力资源配置。人力资源规划则是实现这一目的的重要手段。尽管不同的人对人力资源规划的认识不同，但对其最终目标的认识是基本一致的，即为了组织和工作者的利益，最有效地利用人才，形成高效率——高士气——高效率的良性循环，确保组织的战略目标的实现。

2.1.1 人力资源规划的概念

人力资源规划是人力资源管理的前身。随着人力资源管理理念的发展，人力资源规划的定义、内容和作用也在不断发生变化。

1. 人力资源规划的定义

人力资源规划是根据组织的战略目标，科学预测组织在未来环境变化中人力资源的供给与需求状况，制定必要的人力资源获取、利用、保持和开发策略，确保组织对人力资源在数量上和质量上的需求，使组织和个人获得长远利益。

从这个定义我们可以看到：

(1)人力资源规划是以组织的战略目标为依据的，当组织的战略目标发生变化时，人力资源规划也随之发生变化。因此也可以说，组织的战略目标是人力资源规划的基础。

(2)组织外部环境中政治的、经济的、法律的、技术的、文化的等一系列因素处于不断的变化之中，这使得组织的战略目标也处于不断的变化与调整之中，组织战略目标的变化则必将引起组织内外人力资源供需的变化，人力资源规划就是要对人力资源供需状况进行分析预测，以确保组织在近期、中期和长期的对人力资源的需求。

(3)一个组织应制定必要的人力资源政策的措施，以确保组织对人力资源需求的如期实现。政策要正确而明晰，如对涉及内部人员调动补缺、晋升或降职、外部招聘、开发培训及奖惩等要有切实可行的措施保证，否则就无法确保组织人力资源规划的实现。

(4)人力资源规划要使组织和个体都得到长期的利益。即组织在拟定人力资源规划时要创造良好的条件,充分发挥组织中每个人的主观能动性,使每个人提高自己的绩效状态,进而提高组织的效率,使组织的目标得以充分实现。与此同时,也要注意组织中每个人在物质、精神和业务发展等方面的需求,并帮助他们在实现组织目标的同时实现个人的目标。这两者必须兼顾,否则就无法吸引、招聘到组织所需的人才,也难留住本组织内已有的人才。

2. 人力资源规划的层次

人力资源决策应该成为更广泛的企业规划架构的一个有机组成部分,而人力资源规划正是架设在更广泛的企业规划与具体人力资源活动之间的一座桥梁。一般而言,人力资源规划可以在企业的五个层面上发挥影响作用。

(1)环境层面。企业的人力资源管理决策会对其周围的环境产生特定的影响,也会在不同程度上影响企业在社会上的地位和声望。

①直接影响。企业的人力资源管理决策可以直接影响到企业的生产安全性、公共关系、劳动法规的执行、就业等情况,进而影响政府对企业的评定等级、社区的态度和看法等战略环境。

②间接影响。一般情况下,企业的人力资源管理决策对企业财务指标的影响要相对弱一些,但有关研究结果表明,金融市场会对公司的人力资源管理决策作出反应,进而间接地影响一些财务指标如股票价格、证券评级等。

(2)企业层面。一般来说,企业是指整个企业。但在大型企业或分权化企业中,人力资源规划的企业层面也可以是一个部门、一个地区、一个利润中心或一个分公司。在企业中,人力资源经理是其他部门的业务伙伴,他们必须考虑公司的盈亏,并与制定战略者相互配合。人力资源规划在企业层面上的影响,主要包括企业结构、企业文化、管理理念、利润、市场份额、产品和服务质量等。将人力资源规划与企业的战略目标相结合,可以促进两者的相互配合与融合,以利于企业目标的实现。

(3)人力资源管理部门层面。人力资源管理部门层面主要指人力资源管理部门自身的工作规划,这一层面的规划在确立人力资源战略的基础上把企业的整体目标转化为人力资源部门具体活动的目标。它包括的主要活动有:人力资源管理部门如何为企业的业务发展服务,将使用多少资源,要达到的目的和努力的方向等。例如,在一年之内对高层管理人员进行两次管理技能培训;在半年内实施一个招聘规划;通过设计相应的政策来鼓励员工提前退休,以降低成本等。

(4)人力资源数量层面。一旦人力资源部门层次的计划制订以后,接下来的工作就是考虑企业所使用人力资源的数量及其任用的问题。人力资源数量层面的规划主要是如何把适宜数量、类型的员工在适宜的时间安排到适宜的岗位上。主要决策包括对人力资源的供需预测和缺口弥补等。

(5)具体的人力资源管理活动层面。这一层面的规划是人力资源管理的行动计划,即把人力资源规划具体转化为特定的人力资源管理活动,包括确定实施什么活动及其特征、范围等。其中,员工数量、活动成本、活动结果、活动影响范围以及受益或效用等,都属于人力资源管理活动层面的规划范围。

2.1.2 人力资源规划与企业战略、企业生命周期的关系

企业人力资源规划的主要目标和任务,是为了获得和保持企业在未来一个相当长时期内的市场竞争优势,其关注的焦点是未来变化的环境给企业所带来的一系列人力资源问题,实质

是一种有关人的战略性风险决策，是关于企业人力资源管理总体行动的思路和方案。企业战略和企业生命周期决定着人力资源规划的制定和实施。

1. 人力资源规划与企业规划的关系

人力资源规划不能脱离企业规划独自运行，它必须与企业规划相协调，企业的规划往往会制约着人力资源规划。同时，人力资源规划的目的也是为企业的其他规划服务的，两者有着密切的联系，表现如图 2.1 所示。

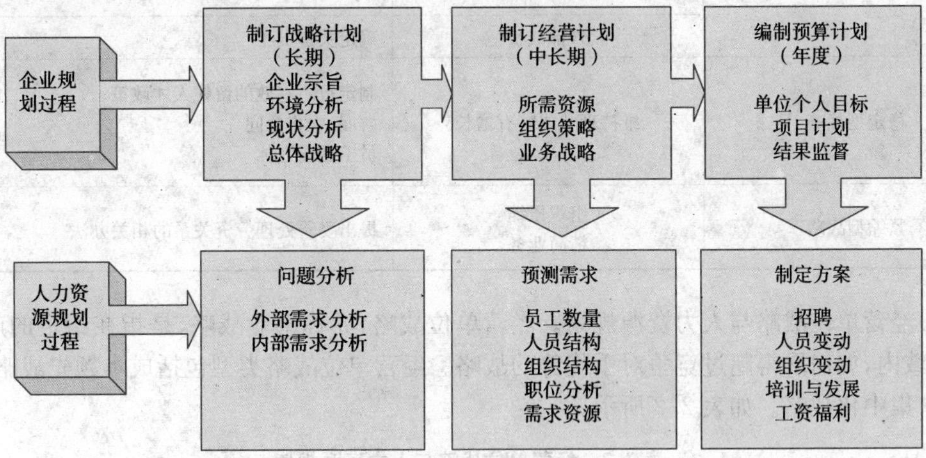

图 2.1 人力资源规划与企业规划的关系

2. 人力资源规划与企业战略

企业战略是指企业根据环境的变化、本身的资源和实力选择适合的经营领域和产品，形成自己的核心竞争力。企业战略目标是在企业使命和企业功能定位的基础上制定的，为了保证总目标的实现，须将其层层分解，形成企业的战略目标体系。人力资源规划的目标存在于企业的战略目标体系中，它是实现企业总体战略目标的保证。因而，制定人力资源规划，必须对企业战略进行研究，坚持以企业发展为指导。人力资源规划与企业战略的关系如图 2.2 所示。

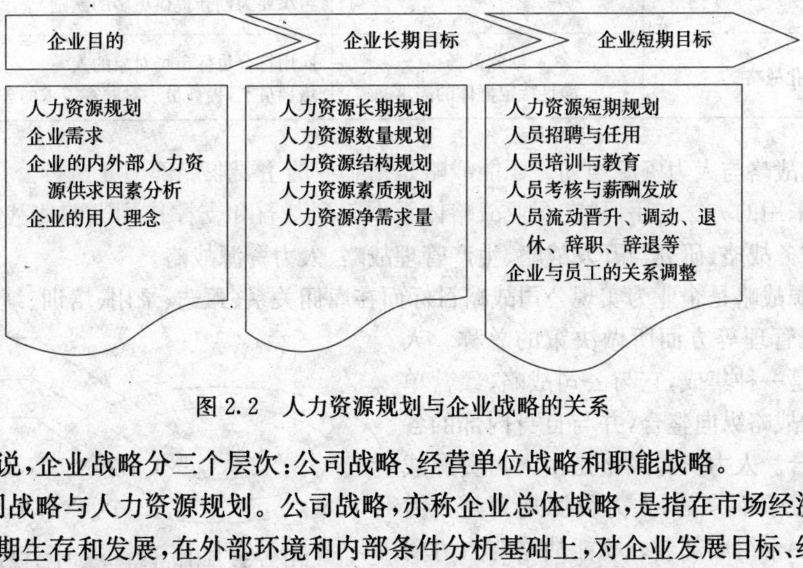

图 2.2 人力资源规划与企业战略的关系

一般地说，企业战略分三个层次：公司战略、经营单位战略和职能战略。

(1)公司战略与人力资源规划。公司战略，亦称企业总体战略，是指在市场经济条件下，企业为谋求长期生存和发展，在外部环境和内部条件分析基础上，对企业发展目标、经营方向、重大经营方针和实施步骤做出的长远、系统和全局的谋划。公司战略类型包括发展型战略、稳定型战略、紧缩型战略。如表 2.1 所示。

表 2.1　公司战略与人力资源规划

战略类型	战略重点	人力资源规划面对的主要问题
发展型战略	内部成长	及时招聘、雇用和培训新员工 为现有员工的晋升和发展提供机会 提出企业快速增长时期的绩效标准
	外部成长	确定关键员工
稳定型战略	维持现状或略有增长	制定行之有效的留住人才政策 解雇、中止合同 员工提前退休
紧缩型战略	组织压缩 精简业务	提出妥善处理劳资关系的相关办法

(2)经营单位战略与人力资源规划。经营单位战略，亦称事业战略，是指在给定的产品或市场领域内，如何取得超过竞争对手优势的战略。经营单位战略类型包括成本领先战略、差异化战略、集中化战略。如表 2.2 所示。

表 2.2　经营单位战略与人力资源规划

战略类型	战略重点	人力资源规划面对的主要问题
成本领先战略	效率 稳定性 成本控制 增长	实行以内部晋升为主的体制 培训现有员工技能 为生产和控制进行员工及工作专业化 加大外部招聘比重
差异化战略	创新 差异化	为获得竞争优势而雇佣和培训员工 拥有权责宽广的、柔性的工作与员工 组织要为创新提供更多的激励
集中化战略	细分市场 满足特定群体的需求	雇用符合目标市场对象的人 培训员工，提高员工对顾客需求的理解

(3)职能战略与人力资源规划。职能战略是指企业的主要职能部门在执行公司战略、经营单位战略时采用的方法与手段，在企业战略体系中起到基石和支撑作用。职能战略包括市场营销战略、财务战略、研究与开发战略、生产管理战略、人力资源战略。

人力资源战略是企业为实现公司战略目标而在雇佣关系、甄选、录用、培训、绩效、薪酬、激励、职业生涯管理等方面所做决策的总称。人力资源战略是一种集成，它与公司战略、经营单位战略、职能战略纵向整合，并与自身内部的各环节横向整合。人力资源战略是由人力资源战略管理方法发展而来的，人力资源规划是人力资源战略的一个组成部分。职能战略与人力资源规划图如图 2.3 所示。

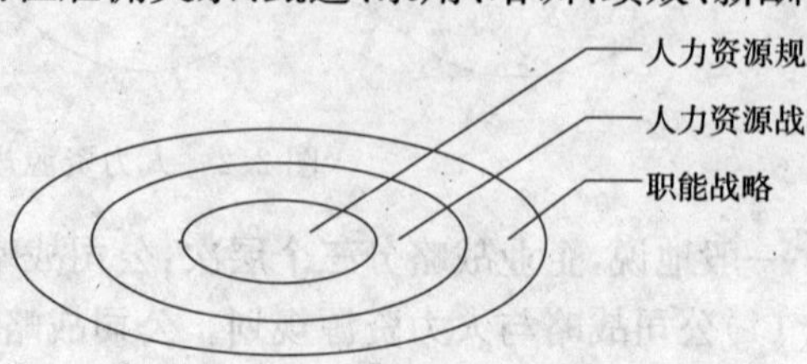

图 2.3　职能战略与人力资源规划

3. 人力资源规划与企业生命周期

企业在成长生命周期中所处的发展阶段不同，其人力资源规划的策略与关注的重点也会不同(见图 2.4)。

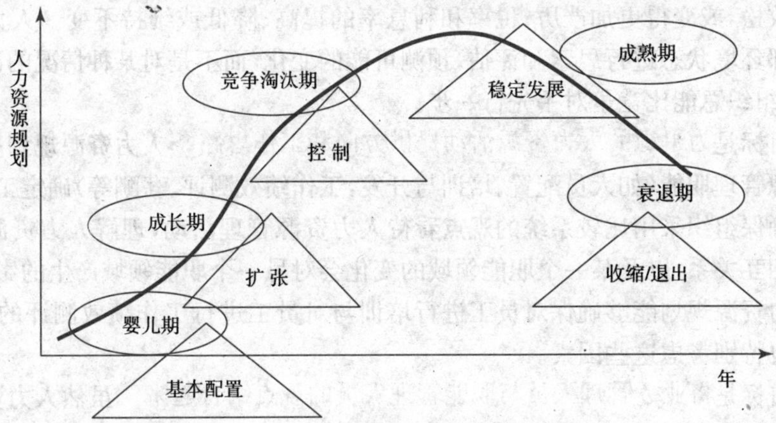

图 2.4 人力资源规划与企业生命周期

(1)婴儿期。处于婴儿期时，企业的人力资源规划基本上维持业务拓展所需的基本配置，总体业务量和业务效益预测不确定，对基本配置人员素质的要求大于人员数量的要求。

(2)成长期。在成长时期，企业由于需要大量的人员而导致总体人力资源供不应求，此时的人力资源规划关注人员数量多于人员素质。

(3)竞争淘汰期。在竞争淘汰期，企业将人力资源规划的重点放在关键部门与人员身上，一方面根据不断变化的企业发展战略，合理地调整企业内部人力资源配置结构和严格控制人工成本；另一方面又注重对员工的培训和员工能力的提高。

(4)成熟期。在企业稳定，其发展达到一定的规模，企业所面临的首要问题则是如何合理地控制预测的风险，使其适应新的市场需求与新技术的要求，此时的企业人力资源规划是质量与数量并重。

(5)衰退期。在衰退期，企业的人力资源规划需要考虑合理减员(或裁员)，一方面需要保留企业的核心骨干员工；另一方面通过尽量采用负面影响小的方式，合理、合法地裁减企业的冗余人员。

2.1.3 人力资源规划的目标与框架图

1. 人力资源规划的目标

人力资源规划有 5 个主要目标。

第一个目标是要防止人员配置过剩或不足。如果拥有过多的员工，组织就会因工资成本过高而损失经营效益；如果员工过少，又会由于组织不能满足现有顾客需求而导致销售收入降低。而且由于人员配置不足而不能满足市场对现有产品或服务需求，还会导致未来顾客的流失，将潜在的顾客推到竞争对手那里。人力资源规划不仅有助于保证组织经营效益的提高，而且有助于及时满足顾客需求。

第二个目标是要保证组织在适当时间、地点有适当数量的且具有必备技能的员工。组织必须从技能、工作习惯、个性特征、招募时间等方面预计其所需要的员工类型，这样才能招聘到最适宜的员工。在此基础上，对他们进行充分的培训，才能使员工在组织需要的时候产生最高的工作绩效。

第三个目标是要确保组织对外部环境变化做出及时并且适当的反应。人力资源规划在客观上要求决策者全面考虑外部环境中各个相关领域里的各类情形，例如，国内经济可能增长或继续停滞或收缩；本行业可能保持现状，或竞争变得更加激烈或竞争态势趋缓；政府规制约束可能不变或放松，或变得更加严厉；税率和利息率的提高、降低或维持不变。人力资源规划促使组织对外部环境状态进行思索和评估，预测可能的变化，而不是对某种情况的出现做出被动反应，这将使组织总能比竞争对手先行一步。

第四个目标是为组织的人力资源活动提供方向和工作思路。人力资源规划一方面为其他各种人力资源管理职能（如人员配置、培训与开发，工作绩效测评、薪酬等）确定工作方向；另一方面它还能确保组织采用比较系统的观点看待人力资源管理活动，理解人力资源管理和组织战略之间的相互关系，以及某一个职能领域的变化会对另一个职能领域产生的影响。例如，一个科学的人力资源规划能够确保对员工进行培训与对员工进行工作绩效测评的一致，并且在薪酬决定中也特别考虑这些因素。

第五个目标是将业务管理人员与职能管理人员的观点结合起来。虽然人力资源规划通常由企业人力资源部发起和进行编制，但它也需要组织中其他部门管理人员的参与协作。人力资源部的领导未必会比一个具体部门的负责人更了解其所负责的那个领域的情况。人力资源部与其他管理人员之间的沟通，是确保人力资源规划质量的基础。企业人力资源部必须安排业务管理人员参与规划过程，但在安排他们参与人力资源规划过程的时候，要充分考虑其业务专长和既定的工作职责。

2. 人力资源规划框架图

图 2.5 从总体上描述了人力资源规划与组织目标、战略之间的关系。人力资源规划的出发点是从组织目标和战略开始的。在对影响人力资源供求的外部与内部环境和内部条件进行评估的基础上做出预测。对组织内部人力资源评估的重点在于拥有充足准确的信息，这些信息可以通过人力资源信息系统提供。

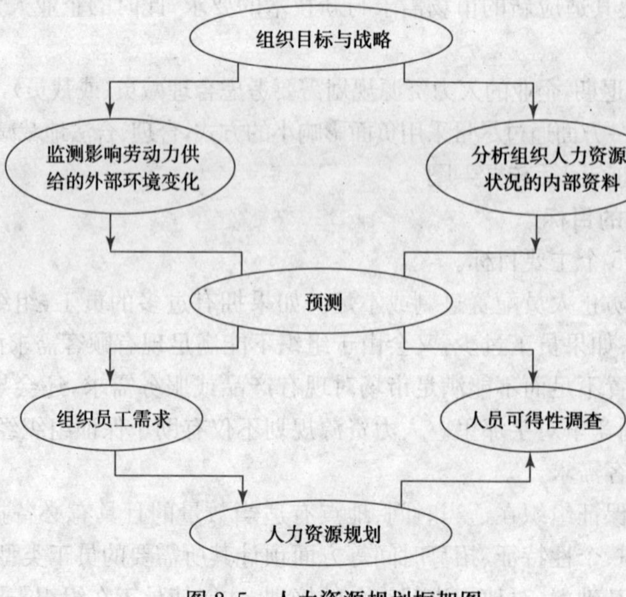

图 2.5　人力资源规划框架图

2.1.4　人力资源规划的内容

人力资源规划包括两个层次，即总体规划与各项业务计划(见表 2.3)。人力资源总体规划是有关计划期内人力资源开发利用的总目标、总政策、实施步骤及总预算的安排。人力资源各业务计划包括人员补充计划、培训开发计划、人员分配计划、人员晋升计划、工资奖励计划、劳动关系计划、退休解聘计划等，是总体规划的展开和具体化。

表 2.3　总体规划与各项业务计划

规划项目		具体内容
总体规划		依据企业发展战略规划，通过建立人力资源信息系统，预测人力资源供给和需求状况，采取措施平衡人力资源的供给和需求
各项业务计划	人员补充计划	制定需补充人员的数量、类型、层次，拟定人员任职资格，拟招募地区、形式及甄选方法
	培训开发计划	拟定重点培训项目。有关培训时间、培训对象、培训教师、培训方式、培训效果的保证以及与工资、奖励、晋升制度的联系
	人员分配计划	规划部门编制，拟定各职位人员任职资格，做到人适其位，并规定工作轮换的范围与时间以及轮换人选等
	人员晋升计划	建立后备管理人员梯队，规划员工职业发展方向，确定晋升比例和标准，以及未提升人员的安置
	工资奖励计划	进行薪资调查和内部工作评价，拟定工资制度，奖励政策及绩效考核指标
	劳动关系计划	为了提高员工满意度，加强沟通，实行全员参与管理，建立合理化建议制度等
	退休解聘计划	退休政策及解聘程序，制定退休解聘规定，拟定退休解聘人选

2.1.5　人力资源规划的作用

任何企业的发展都离不开优秀的人才和人力资源的有效配置。如何为企业寻找合适的人才，留住人才，培养人才，为组织保持强劲竞争力提供可持续的人才支持，是人力资源管理部门面临的重要任务。人力资源管理部门对企业发展提供的战略性支持，主要体现在人力资源规划方面。人力资源规划是一项系统的战略工程，它以企业战略为指导，以深入分析企业内外部条件、全面核查现有人力资源为基础，以预测组织未来对人员的需求为切入点，内容基本涵盖了人力资源的各项管理工作。在人力资源管理部门的工作中，人力资源规划最具战略性和积极的应变性。组织发展战略及目标、任务、计划的制定与人力资源战略的制定紧密相连。因此，人力资源规划在企业人力资源管理工作中具有重要作用。

1. 人力资源规划是企业制定战略目标的重要依据

任何企业在制定战略目标时，首先需要考虑的是组织内拥有的以及可以挖掘的人力资源。一套切实可行的人力资源规划，有助于企业管理层全面深入了解企业内部人力资源的配置状况，进而科学合理地确定企业的战略目标。

2. 人力资源规划是企业满足组织发展对人力资源需求的重要保障

企业内部和外部环境是在不断变化的，任何企业的生存与发展都受到内部和外部环境的制约。在日趋激烈的市场竞争环境中，企业如果不能事先对内部的人力资源状况进行系统分析，并采取有效措施，则很可能受到人力资源不足或过剩的困扰。普通员工的短缺，企业可以在短时间内从劳动力市场上招聘，也可以通过对现有员工进行有目的的培训以满足工作需要。

但是，当企业经营中面临中高级管理人员和专业性较强的技术人员短缺问题时，则完全不同，因此，必须未雨绸缪。

3. 人力资源规划能使企业有效控制人工成本

企业的人工成本中最大的支出是工资，而工资总额在很大程度上取决于企业中的人员分布状况。人员分布状况是指企业中的人员在不同职务、不同级别上的数量状况。当企业处于发展初期时，低层职位的人员工多，人工成本相对便宜。随着企业的发展，人员职位水平上升，工资成本增加。在没有人力资源规划的情况下，未来的人工成本是未知的，难免会出现成本上升、效益下降的趋势。因此，根据人力资源规划中所做的预测，有计划地调整人员分布状况，把人工成本控制在合理支付范围内，是十分重要的。

4. 人力资源规划有助于满足员工需求和调动员工的积极性

人力资源规划展示了企业内部未来的发展机会，使员工能充分了解自己的哪些需求可以得到满足以及满足的程度。如果员工明确了那些可以实现的个人目标，就会去努力追求，在工作中表现出积极性、主动性、创造性。否则，在前途和利益未知的情况下，员工就会表现出干劲不足，甚至有能力的员工还会采取另谋高就的方法实现自我价值。如果有能力的员工流失过多，就会削弱企业实力，降低士气，从而进一步加速员工流失，使企业的发展陷入恶性循环。

2.1.6 人力资源规划分析框架

随着企业所处环境、企业战略与战术等的变化，人力资源规划的具体目标也在不断变化。因此，制定人力资源规划不仅要了解企业现状，更要认清企业所处环境的变化趋势和企业发展的方向与目标。人力资源规划分析框架如图 2.6 所示。

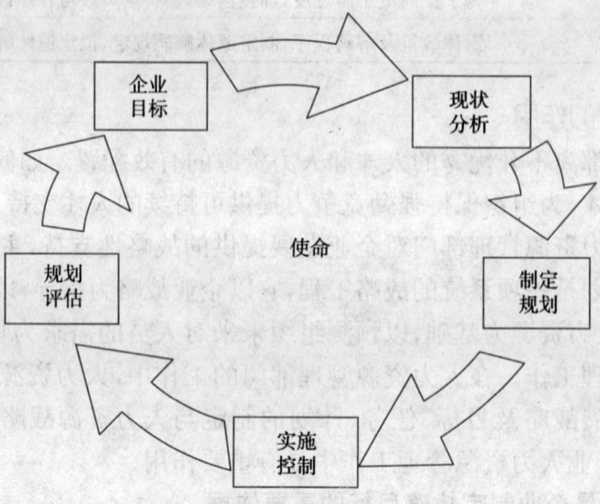

图 2.6 人力资源规划分析框架

1. 明确企业战略目标

企业战略目标是在企业使命和企业功能定位的基础上制定的。人力资源规划的目标存在于企业战略目标体系中，是企业总体战略目标实现的保证。

(1)企业制定人力资源规划的前提，是要有明确而清晰的经营战略规划和核心业务规划，要有较为完备的管理信息系统和较为完整的历史数据等。

(2)企业人力资源规划的质量取决于企业的决策者对企业战略目标明确的程度、企业结构、财务预算和生产规划等因素。

2. 企业人力资源现状分析

在明确企业战略目标之后，就要对企业内部的人力资源现状进行盘点。人力资源盘点既是对企业内部资源进行了解的过程，也是找到与实现企业战略目标之间差距的主要途径。只有通过对所收集到的人力资源信息进行分析，才能了解哪些因素是影响制定企业人力资源发展规划的重要因素。

3. 制定企业人力资源规划

在对企业人力资源现状进行分析的基础上，需要对人力资源的需求和供给情况进行对比，通过分析人员的数量、质量、结构及均衡状况，得出企业不同发展阶段的人员净需求量，并据此制定企业的人力资源规划。企业可以根据需要制定不同层次的人力资源规划。

4. 人力资源规划的控制与评估

在人力资源规划的实施过程中，规划与现实可能存在偏差，为了保证人力资源规划能够正确实施，并及时应付规划实施过程中出现的意外情况，需要对人力资源规划的实施进行控制。人力资源规划付诸实施后，要根据实施的结果对其进行评估。通过反馈评估结果，不但可以发现规划的问题所在，而且在必要时还可以对人力资源规划进行修正，以提高规划的有效性。

2.2 人力资源需求预测

人力资源需求预测就是估算未来需要的员工数量和能力组合，它是公司编制人力资源规划的核心和前提，其直接依据是公司战略规划和年度预算。

2.2.1 影响人力资源需求的因素

企业对人力资源的需求受到诸多因素的影响，其中，市场对企业产品的需求是最重要、最根本的。从总体上看，影响企业人力资源的需求因素可以归结为两大类：

1. 企业内部因素

(1)企业规模的变化。企业经营规模的扩大或缩小会使企业对人力资源数量的需求随之增加或减少。

(2)经营方向变化、规模不变。在经营方向发生变化、但企业的规模不变时，对人力资源的需求在数量上不一定发生变化，但人力资源的结构会随之改变。因为不同的经营领域需要具有不同技能的员工。

(3)企业规模与经营方向都发生变化。在这种情况下，对人力资源数需求的数量和结构会都会发生变化。

(4)技术与管理的变化。企业引进新的生产技术或管理水平的升级，一方面，会因为劳动生产率的提高而使企业所需要的员工数量减少；另一方面，会对管理和技术人员在素质上提出更高要求。

(5)人员流动比率。人员流动比率是指由于辞职、解聘或合同期满后终止合同等原因引起的职位空缺规模。人员流动比率的大小及这一比率的内部结构状况，会对企业的人力资源需求产生直接影响。

2. 企业外部因素

影响人力资源需求的外部因素主要包括政治与法律、经济、技术、竞争者、社会文化、行业竞争态势等。外部因素的影响多是间接影响，并通过内部因素而起作用。例如，经济环境的变化会影响企业的规模和经营方向，技术环境的变化会影响企业的技术水平等，从而间接地影响到企业的人力资源需求。

(1)政治与法律。政治、法律因素虽然容易预测，但是对企业的真正影响却难以确定。比如国家的一项法规从颁布到执行有一段滞后期，在此期间很难不折不扣地执行。然而这些因素对人力资源需求的影响有时却很明显，比如国家制定了扶持高科技产业的政策，就会导致企业对计算机信息类人才需求的增加。

(2)经济环境。经济环境包括未来的社会经济发展状况、经济体制的改革进程等，虽然经济因素对人力资源需求的影响较大，但是可测性较差，只能据此作一些宏观层面的分析。

(3)技术。技术革新，尤其是以生物、新材料、信息技术等为代表的技术革命对社会经济生活的各方面都产生了巨大影响，它既会直接影响企业人力资源的需求，也会通过人们对企业产品或服务需求的改变对企业人力资源需求产生间接影响。

(4)竞争者。竞争者一直是影响企业人员需求的一个重要因素。一方面，竞争者之间可能相互争夺人才，直接影响企业的人力资源配置和需求；另一方面，竞争对手的易变性，导致社会对企业产品或劳动力需求的变化，这种变化必然引起企业人力资源需求的变化。

2.2.2 人力资源需求的预测方法

一般来说，人力资源需求的预测方法可分为两大类，定性分析预测法和定量分析预测法。

1. 定性分析预测法

(1)经验预测法。经验预测法是用以往的经验来推测未来的人员需求，即根据每一产品增量估算劳动力的相应增量。此种方法完全依靠管理者的个人经验和能力，所以预测结果的准确性不能保证，不同管理者的预测可能有所偏差。因而，可以通过多人综合预测或查阅历史记录等方法提高预测的准确度。经验预测法只适合于一定时期内企业的发展状况比较稳定的小型企业。对于新的职务，或者工作方式发生了较大变化的职务，不适合使用经验预测法。

(2)现状预测法。现状预测法是假定当前的生产规模、生产技术不变，人力资源状况稳定，现有的企业中职位设置和人员配置是恰当的，并且没有职位空缺，所以不存在人员总数的扩充。人员的需求完全取决于人员的退休、离职等情况的发生。因此，现状预测法就相当于对人员退休、离职等情况的预测。在具体实践中，通过对历史资料的统计和比例分析，可以更为准确地预测离职的人数。现状规划法适合稳定企业中的中、短期人力资源预测。

(3)德尔菲法。德尔菲(Delphi)法是 20 世纪 40 年代末从美国兰德公司的思想库中首先发展出来的。这种方法是指要求在某一领域的一些专家或有经验的管理人员对某一问题进行预测并最终达成一致意见的结构化方法，又称为专家预测法。

> 实务指南 2-1　**德尔菲法操作要点**
>
> 德尔菲法适合于技术型企业的长期人力资源预测。相关领域的技术专家由于把握技术发展的趋势，所以能更加容易地对该领域产品研发的各阶段技术人员投入分配和各类产品或项目工作量的预估以及对各类人员在各阶段的效率基线、质量基线状况做出预测。

为了增加预测的可信度，可以采取二次讨论法。在第一次讨论中，各专家独立拿出自己对技术发展的预测方案，管理人员将这些方案进行整理，编写成企业的技术发展方案。第二次讨论主要是根据企业的技术发展方案来进行人力资源预测。这种方法适合于没有历史数据的企业的预测。

(4)分合性预测法。分合性预测法是一种比较常用的预测方法，它采用先分后合的预测方法。首先，企业要求下属各个部门、单位根据各自生产任务、技术设备等的变化情况先对本单位未来各种人员的需求进行预测。然后，在此基础上，把下属各部门的预测数进行综合平衡，从而预测出整个企业未来某一时刻内各种人员的需求总数。这种方法要求管理者与下属能够有效的配合，因此，会受到各层管理人员阅历、知识的限制，很难对长期需求做出准确预测，比较适用于中期需求预测。

2. 定量分析预测法

定量分析预测法是运用统计学或计算机模拟的方法，对某些生产要素基础上所需的人力资源规模的大小，通过数学模型对真实情况进行描述，建立适合企业人力资源规划的模型。根据模型确定各生产要素增长率和人员数量增长率之间的关系，这样就可以通过企业未来的发展规划来预测人员数量增长率。它适合于大、中型企业的宏观人力资源预测，尤其是对人力资源的总规模进行预测。

(1)劳动定额法。劳动定额法是根据劳动者单位时间内应完成的工作量和企业计划的任务总量推出所需要的人力资源数量。具体的公式是

$$N=W/Q$$

式中　N——人力资源需求量；

W——计划内任务完成总量；

Q——企业现行定额。

(2)比例分析法。比例分析法是一种趋势分析法，它是对企业过去五年或者更长时间中的员工雇用变化情况进行分析，然后以此为依据来预测企业未来人员需求的技术，这一方法假设企业的人力资源需求量和某一因素成比例关系。以产量为例，假设产量和人力资源需求量之间的关系为

$$Y_t/M_t=Y_0/M_0$$

式中　Y_t——未来 t 时刻的产出水平；

M_t——要预测的未来 t 时刻的人员需求量；

Y_0——目前的产出水平；

M_0——目前的人员实际需求量。

根据以上假设，可以得出未来 t 时刻的人员需求量 M_t 为

$$M_t= M_0(Y_t/ Y_0)$$

(3)回归分析法。回归分析法是依据事物发展变化的因果关系来预测事物未来的发展趋势，在人力资源需求预测中主要通过建立人员需求与其影响因素之间的函数关系，从影响因素的变化推知人员需求的变化。根据人力资源需求影响因素的个数分为一元回归分析法和多元回归分析法。同时，依据自变量与因变量的关系可分为线性回归和非线性回归。在此，本节仅

讨论一元线性回归分析法和多元线性回归分析法。

实务指南 2-2　　**一元线性回归分析法示例**

假设某医院的护士需求随医院病床的变化而变化，且两者是线性关系，可以采用一元线性回归分析法来预测人力资源的需求，如表 2.4 所示。

表 2.4　某医院历年病床数与护士人数表

时间(年)	2001	2002	2003	2004	2005	2006	2007
病床数(x)	170	255	288	338	400	560	700
护士人数(y)	10	15	18	21	25	35	43(预测)

假设医院所需的护士数(y)随病床数(x)的变化而变化，两者间是线性关系，则可表示为：$y=a+bx$(其中 a，b 是待定值，它们表示 y 与 x 的关系)。

其中：

$$b=\frac{\sum_{i=1}^{n}(x_i-\overline{x})(y_i-\overline{y})}{\sum_{i=1}^{n}(x_i-\overline{x})^2}\qquad a=\overline{y}-b\frac{\sum_{i=1}^{n}x_i}{n}$$

$$\overline{x}=\frac{\sum_{i=1}^{n}x_i}{n}\qquad \overline{y}=\frac{\sum_{i=1}^{n}y_i}{n}$$

得 $b=0.06$，$a=-0.13$，故 $y=-0.13+0.06x$。

由此可预测 2007 年所需的护士人数为 43 人。

多元线性回归分析法示例

在实际中，往往是多种因素共同决定企业人力资源需求量，而且这些因素与人力资源需求量呈线性关系。该方法是利用多个变量大量的历史统计数据，分析寻找变量之间统计意义上的相互关系，用以预测变量未来趋势的一种方法。

回归分析模型如下：

$$Y=a_0+a_1X_1+a_2X_2+\cdots+a_qX_n$$

式中　$X_1,X_2,\cdots,X_n$——选取的相关变量；

$a_0,a_1,a_2,\cdots,a_n$——回归方程系数。

回归分析的优点是其理论方法比较成熟且便于利用历史数据，在目前企业人力资源规划中适合以年为单位来预测总量的变化。但由于很多企业的历史统计数据时间短、样本少，该方法的应用受到一定的局限性。

(4)计算机模拟法。该方法是人力资源需求预测各种方法中最为复杂的一种方法，也是相对比较准确的方法。这种方法是在计算机中运用复杂的数学模型对在各种情况下企业人员的数量和配置运转情况进行模拟测试，从模拟测试中预测出各种人力资源需求的方案，以供企业选择。计算机模拟法需要系统软件的开发，目前，此方法还有待进一步发展。

2.3　人力资源供给预测

在进行了人力资源需求预测之后，就应开始对人力资源供给进行预测，即估计在未来一段时间企业可获得的人力资源的数量和类型。人力资源供给预测同人力资源需求预测一样，是人力资源规划的重要环节，但它与人力资源需求预测存在重要差别：需求预测只研究企业内部需求，而供给预测则包括两个方面：企业内部人力资源供给预测和企业外部人力资源供给预测。

2.3.1　企业内部人力资源供给预测

虽然企业人力资源供给来自企业内部和企业外部两个方面，但是，企业内部人力资源供给通常是企业人力资源的主要来源，所以，为了满足企业未来对人力资源的需求，应该先从企业内部着手，充分挖掘现有人力资源的潜力，通过内部的人员选拔来补充未来可能出现的空缺职位或新增职位。

1. 对企业内部选拔办法的评价

从企业内部选拔合适的人员来满足企业的人力资源需求，具有明显的优势：

(1)从选拔的有效性和可信度来看，管理者和员工之间的信息是对称的，不存在“逆向选择”(员工为了入选而夸大长处，弱化缺点)问题，或“道德风险”问题。因为内部员工的历史资料有案可查，管理者对其工作态度、素质能力及发展潜能等方面有比较准确的认识和把握。

(2)从企业文化角度来分析，员工与企业在同一个目标基础上形成的共同价值观和行为规范，体现了员工和企业的集体责任及整体关系。员工在企业中工作过较长一段时间，已融入到企业文化之中，视企业为他们的事业和命运的共同体，认同企业的价值观念和行为规范，因而对企业的忠诚度较高。

(3)从企业的运行效率来看，现有的员工更容易接受指挥和领导，易于沟通和协调，易于消除摩擦，易于贯彻执行方针决策，易于发挥企业效能。

(4)从激励方面来分析，内部选拔能够给员工提供一系列晋升机会，使员工与企业同步成长，容易鼓舞员工士气，形成积极进取、追求成功的氛围，以实现美好的愿景。

但是，内部选拔的不足之处也是不容忽视的。例如，内部员工的竞争可能影响企业的内部团结；企业内的“近亲繁殖”“长官意志”等现象，可能不利于个体创新；领导的好恶可能导致优秀人才外流或被埋没；也可能出现“裙带关系”，滋生企业中的“小帮派”“小团体”等不良倾向，从而削弱企业的效能。

2. 影响企业内部人力资源供给的因素

企业必须清楚自己内部的劳动力状况，特别是员工的构成和多样性，否则，就无法制定切合实际的人力资源政策和活动项目，从而无法实现理想的员工构成和多样性。对内部环境的分析，可以帮助企业预测已有员工的损失数量和吸引新员工的数量。

(1)企业战略。从内部劳动力市场来看，企业的战略选择会影响人力资源的供给，而对其可供给量的预测则是以当前在职人员为基础的。

例如，当企业准备实施收缩战略时，超过50岁的员工要考虑提前退休。结果，公司发现有大批高、中级经理年龄均在50岁以上，如果这样做，将会使企业失去大批有经验的管理人员。相反，如果企业实施扩张战略(如兼并战略)，为了将经营理念导入新的企业，母公司往往会派出大量的高级管理人员。这时,母公司管理人员的可供给量将直接影响该战略的实施。

(2)组织结构。随着企业纵向管理层次的减少,员工沿层级升迁的机会也在减少,这时横向职位的变动将受到越来越多的重视。例如,在采用直线职能结构的企业中,职位提升往往都是单向的。在事业部制或矩阵式的企业中,事业迁升阶梯变成了多维框架,既有上升,也有大量水平调动,有时还有向下调整的情况。当新技术出现或自动化程度提高时,劳动密集型企业的一般劳动力将出现过剩;相反,技术型生产人员和研发人员的供给则会减少。

(3)企业人员流动率。在收集和分析有关内部劳动力供应数据时,企业内部人员流动率将对劳动力供给产生很大影响。企业人员的流动率可以根据历史数据与人力资源管理经验来预测,通过分析规划期内可能流出和注入的人数与相应类型及企业内部劳动力市场的变动情况(如晋升、降职、调动等),可以判断未来某个时点或时期企业内部可提供的人力资源数量。

3. 企业内部人力资源供给预测方法

(1)人员接续计划。人员接续计划可以预测企业中具体岗位的人力资源供给,避免人员流动带来的损失。人力资源接续计划的过程是:首先,通过工作分析,明确工作岗位对员工的要求,确定岗位需要的人数;其次,根据绩效评估和经验预测,确定哪些员工能够达到工作要求、哪些员工可以晋升、哪些员工需要培训、哪些员工需要被淘汰;最后,根据以上数据,企业就可以确定该岗位上合适的人员补充。人员接续模型如图 2.7 所示。

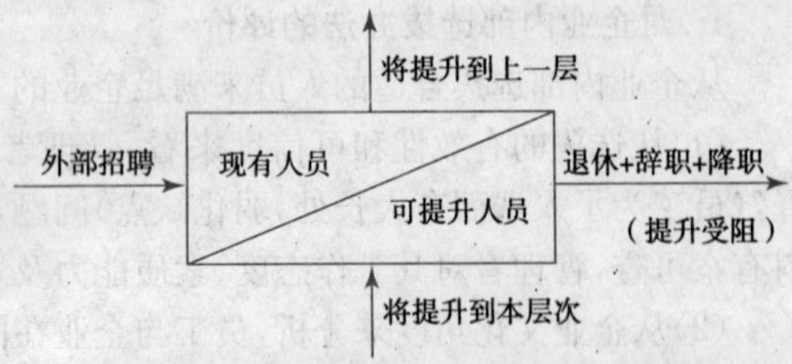

图 2.7　人员接续模型

制订人员接续计划,可以避免企业人力资源供给中断的风险。通过人员接续计划,有利于建立后续人才储备梯队,并根据职位要求提早进行相关培训,这样,既培养了后备人才,又有效避免了企业人力资源供给的风险。

(2)管理人员晋升计划。管理人员晋升计划是预测企业内部管理人员供给的一种简单有效的方法。制订该计划的步骤如下:

第一步,确定计划范围,即确定管理人员晋升计划包括的管理岗位;

第二步,确定各个管理岗位上的可能的接替人选;

第三步,评价各位接替人员的当前绩效和提升潜力。根据评价结果,当前绩效可划分为"优秀""令人满意"和"需要改进"三个级别;提升潜力可划分为"可以提升""需要培训"和"有问题"三个级别;

第四步,确定接替人选。在确定接替人选时,要将个人目标与组织目标结合起来,这就是说,企业从组织目标出发根据评价结果所做的人事安排,应尽可能与接替人员的个人目标相吻合,以使之能尽快胜任从事的工作。

具体的管理人员晋升模型如图 2.8 所示。

通过管理人员晋升计划,能优先提拔培养企业的内部人员,为企业的内部人才的成长提供一个良好的发展平台,同时,也有助于确保企业有足够合格的管理人员供给,为企业的持久发展提供了保障。

(3)马尔可夫模型。马尔可夫模型是一种定量分析预测企业内部人力资源供给的方法。它是根据企业内从事某项工作的人员转移的历史数据,计算未来某一时期该项工作的人员转

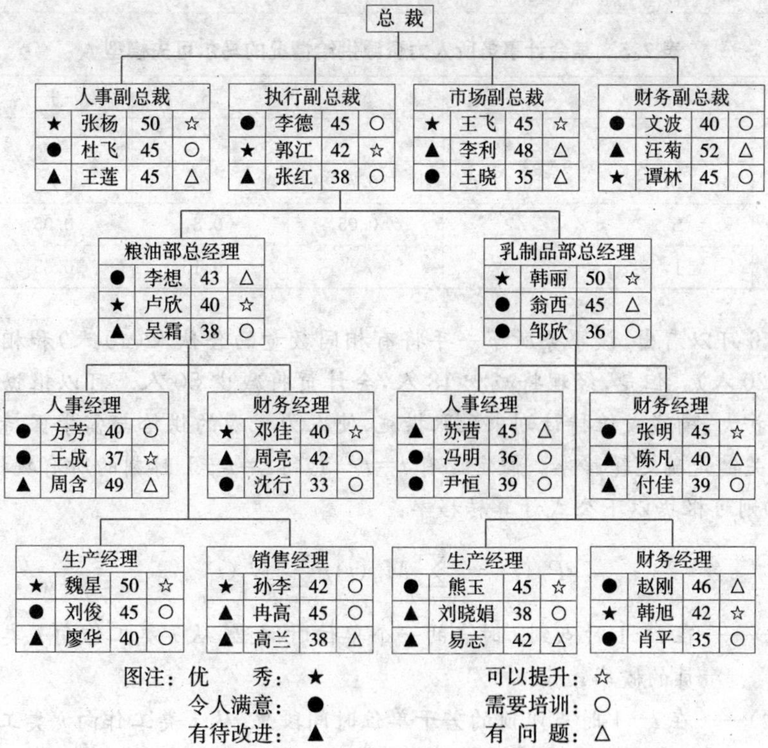

图 2.8　管理人员晋升模型

移的概率，或者说是根据人员转移概率的历史平均值，据此来预测企业内从事该项工作的人力资源供给。如果给定各类工作的初始人数、转移概率和补充进来的人数，那么各类工作在未来某一时期的人员供给数就可以根据以下公式来预测。

$$N_j(t)=\sum N_{i(t-1)}\cdot P_{ij}+R_j(t)$$

式中　$N_j(t)$——时刻 t 时，j 类工作的人数；

P_{ij}——员工在 $t-1$ 时刻到 t 时刻时间段，从 i 类工作向 j 类工作转移的概率；

$R_j(t)$——在时间 $(t-1,t)$ 内，j 类工作所补充的人数；

$i,j=1,2,3,\cdots,k$，（k 为工作分类数）。

实务指南 2-3　　马尔可夫模型示型

某会计事务所有四类人员：合伙人(P)、经理(M)、高级会计师(S)、会计员(J)。其初始人数和转移矩阵见表 2.5。该表表明，在任何一年里，有 80%的合伙人仍留在该所，20%的合伙人退出；有 70%的经理仍在原职，10%的经理成为合伙人，20%的经理离开；有 5%的高级会计师升为经理，80%的高级会计师仍在原职，5%的高级会计师降为会计员，10%的高级会计师外流；有 15%的会计员晋升为高级会计师，有 65%的会计员留在原职，有 20%的会计员另谋他职。用这些历史数据来代表每类人员转移流动的转移率，可以推算出人员变动情况。即起始时刻每一类人员的数量与每一类人员的转移率相乘，然后纵向相加，就可以得到下一年的各类人员的供给量。

表 2.5　某会计事务所人力资源供给情况的马尔可夫模型 A

初始人数	四类人员	P	M	S	J	离职
40	P	0.8	/	/	/	0.2
80	M	0.1	0.7	/	/	0.2
120	S	/	0.05	0.8	0.05	0.1
160	J	/	/	0.15	0.65	0.2

从表 2.6 可以看出，该事务所下一年将有相同数量的合伙人(40 人)和相同数量的高级会计师(120 人)。但是，经理将减少 18 人，会计员将减少 50 人。可以根据这些数据和正常的人员扩大、缩减或维持计划来采取措施，使人力资源的供给与需求保持平衡。马尔可夫模型的关键是确定转移率。假定已有 $t=t-T$ 到 $t=t-1$ 时刻的所有数据(T 为大于 1 的自然数)则可根据以下公式计算转移率：

$$P_{ij}(t)=\sum_{t=t-T}^{t-1}M_{ij}(t)/\sum_{t=t-T}^{t-1}N_i(t)$$

式中　$P_{ij}(t)$——在 $t-1$ 时点到 t 时点的一个单位时间里，从 i 类工作向 j 类工作转移人员的概率；

$M_{ij}(t)$——在 $t-1$ 时点以前的若干单位时间段里，从 i 类工作向 j 类工作转移人员的数量；

$N_i(t)$——在 $t-1$ 时点以前的若干单位时间段里，第 i 类人员的初始数量。

$i,j=1、2、3、\cdots、k$，k 为工作分类数。

表 2.6　某会计事务所人力资源供给情况的马尔可夫模型 B

初始人数	P	M	S	J	离职
40	32	0	0	0	8
80	8	56	0	0	16
120	0	6	96	6	12
160	0	0	24	104	32
合计	40	62	120	110	68

2.3.2　企业外部人力资源供给预测

任何企业都不可避免要面对招聘和录用新员工的问题。无论是由于生产规模的扩大，还是由于劳动力的自然减员，企业都需要从劳动力市场上获得必要的人员补充或扩充企业的员工队伍。因此，对企业外部的人力资源供给进行预测是一项不可缺少的工作。

1. 对外部招聘的评价

虽然从外部招聘人力资源只是从内部选拔人力资源来满足企业对人力资源需求的一个补充方法。但是，外部招聘也有其独特的优势：

一是新员工会带来不同的价值观以及新观点、新思路、新方法。从外部引入的优秀技术人才、营销专家和管理专家，他们会给组织带来新的“技术知识”“客户群体”和“管理技能”等，这是企业因人力资源的引入而新增加的巨大财富。

二是外聘人才可以在无形中给企业原有员工施加压力，使其形成危机意识，能激发出他们的斗志和潜能，共同促进企业的发展。

三是外部挑选的余地很大，使企业能招聘到许多优秀人才，尤其是一些稀缺的复合型人才。这样，不仅可以使企业节省大量内部培养和培训的费用，而且有助于促进各类人才的合理流动。

四是外部招聘也是一种有效的信息交流方式，企业可以借此树立积极改革、锐意进取的良好形象。

当然，外部招聘也不可避免地存在着不足。例如，由于信息不对称，往往造成筛选难度大、成本高，甚至会出现“逆向选择”；外部招聘的员工需要花费一定时间来进行培训和定位；可能挫伤有上进心的内部员工的积极性和自信心；可能引发内、外部员工的冲突等。

2. 影响企业外部人力资源供给的因素

影响企业外部人力资源供给的因素是多种多样的，在进行人力资源外部供给预测时主要应考虑以下四个方面因素：

(1)宏观经济形势。宏观经济形势越好，失业率越低，劳动力供给越紧张，企业招聘越困难；宏观经济形势越差，失业率越高，劳动力供给越充足，企业招聘越容易。

(2)人口状况。人口状况是影响企业外部人力资源供给的重要因素，主要包括两个方面：一是人口总量和人力资源率。人口总量和人力资源率决定了人力资源供给总量。人口总量越大、人力资源率越高，人力资源供给越充足；二是人力资源的总体构成。主要包括人力资源的年龄、性别、教育、技能、经验等，该因素决定了在不同的层次与类别上可以提供的人力资源的数量与质量。

(3)劳动力市场的状况。劳动力市场是劳动力供给者寻找工作和劳动力需求者寻找雇员的场所。它主要从以下六个方面来影响人力资源的供给：一是劳动力供应的数量；二是劳动力供应的质量；三是劳动力职业选择中的价值取向；四是当地经济发展的现状与前景；五是雇主提供的工作岗位数量与层次；六是雇主提供的工作地点、工资和福利等。

(4)政府的政策法规。政府的政策法规是影响企业外部人力资源供给不可忽视的一个因素。各地政府为了各自经济的发展，为了保护本地劳动力的就业机会，都会颁布一些相关的政策法规。例如，不准歧视妇女就业；保护残疾人就业；严禁雇用童工；员工安全保护法规；从事危险工种保护条例等。

3. 外部人力资源供给的来源与预测方法

企业外部人力资源供给的来源主要包括各类学校毕业生、转业退伍军人、其他企业流出人员和失业人员等。随着社会主义市场经济体制的确立与不断完善，各地劳动行政主管部门建立了许多劳动力中介机构，这些机构经常向社会发布劳动力供求信息，这些信息是企业预测外部劳动力供给的重要依据。具体预测方法：

(1)市场调查法。市场调查法是企业人力资源管理人员通过市场调查，并在掌握第一手劳动力市场信息资料的基础上，经过分析和推算，预测劳动力市场的发展规律和未来趋势的一类方法。它不仅要调查企业所在地域的人力资源供给情况，还要调查同行业或同地区对企业人力资源的需求情况。

①文献研究法。人力资源预测的信息收集可以通过对国家的统计数字或者有关权威机构

的统计资料等各种渠道进行。例如，通过互联网、各类经济信息报刊、国家和地区的统计资料、市场行情资料以及产品目录大会等文献资料，可以了解市场的一般情况。

②直接调查法。企业就自己所关注的人力资源状况对调查对象进行询问或要求对方填写询问表以取得答案。例如，通过对应聘人员和在岗人员进行调查分析，得出未来人力资源供给状况的估计。

③通过企业本身积累的资料进行调查。许多企业积累了本企业内部人力资本供给和外部人力资源供给等方面的大量统计资料，而且资料数据比较准确，查阅比较方便。

④经验法。企业依靠有经验的市场调查或市场研究人员对市场进行直接观察，从而判断出市场状况的一种方法。

⑤会议调查法。通过各种各样的会议收集市场信息，也是一种行之有效的市场调查方法。

(2)相关因素预测法。相关因素预测法是通过调查和分析，找出影响劳动力市场供给的各种因素，分析各种因素对劳动力市场发展变化的作用方向和影响程度，从而预测未来劳动力市场的发展规律和趋势。影响外部劳动力供给的相关因素很多，通常要对主要因素进行分析，这些因素包括行业状况、行业整体劳动生产率等。其计算方法与人力资源需求预测中的回归分析法相同。

2.4 人力资源供求的综合平衡

人力资源供求平衡是企业人力资源规划的目的，人力资源供求预测是为制定具体的供求平衡规划而服务的。

2.4.1 人力资源供需平衡分析

人力资源供需平衡分析的主要任务，是根据供需预测的结果，判断和计算某一时期企业人力资源供求失衡的方向和数量，并将其作为企业制定具体人力资源管理活动的依据。供需分析的整个过程如图 2.9 所示。

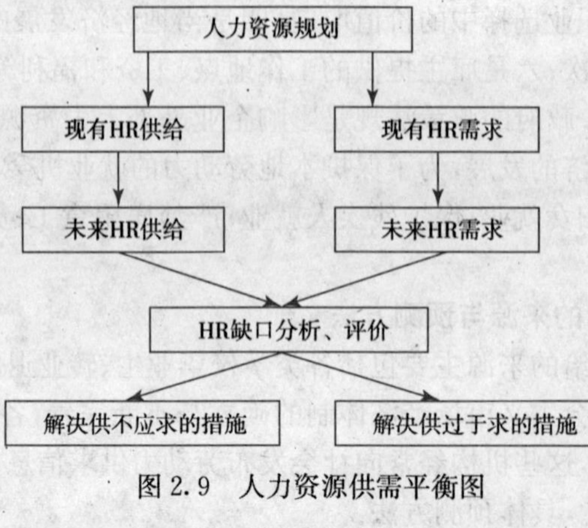

图 2.9 人力资源供需平衡图

2.4.2 人力资源供需失衡的调整

企业人力资源供给和需求完全平衡几乎是不可能的，即使在供需总量上达到了平衡，往往也会在层次和结构上出现不平衡。可见在企业发展中，人力资源供需不平衡是常态，而平衡只是暂时的。

结构性失衡是企业人力资源供需关系中较为普遍的一种现象，在企业的稳定发展状况中表现得尤为突出。所以，人力资源供需分析比较的结果为企业制定有关的人力资源管理政策和措施提供了依据。企业在人力资源供需预测的基础上，制定相应的政策和措施，以实现人力资源的综合平衡。

企业人力资源供求共有三种可能：人力资源供求总量平衡，结构不平衡；人力资源供不应求；人力资源供大于求。

1. 企业人力资源总量平衡，结构不平衡的措施

人力资源结构不平衡是指企业内某些职位的人员过剩，而另一些职位的人员短缺。对人力资源结构不平衡的调整，应根据具体的情况制定针对性较强的各种业务计划，如晋升计划、培训计划等。

(1)通过企业内部人员的晋升和调任，以满足空缺职位对人力资源的需求。

(2)对于供过于求的普通人力资源，可以有针对性地对其进行培训，在提高他们的知识和技能的基础上，将其补充到空缺的岗位上。

(3)招聘与裁员并举。即一方面要从外部招聘企业急需的人员；另一方面对企业内的冗员进行必要的裁减。

2. 企业人力资源供不应求的措施

预测企业的人力资源未来可能发生短缺时，可根据具体情况选择下列不同方案以解决不足。

(1)将符合条件，而又处于相对富余状态的人员调往空缺职位。

(2)如果高技术人才出现短缺，拟订培训与晋升计划，当企业内部无法满足时，再拟订外部招聘计划。

(3)如果短缺现象不严重，且本企业员工又愿意延长工作时间，则可根据劳动法的有关规定，制订延长工时适当增加超时工作报酬计划。这只是一种短期应急措施。

(4)重新设计工作以提高员工的工作效率，形成机器替代人力资源的格局。

(5)制订聘用非全日制临时用工计划。

(6)制订聘用全日制临时用工计划。

(7)制订招聘政策，向企业外进行招聘。

3. 企业人力资源供大于求的措施

(1)依法永久性辞退那些劳动态度差、技术水平低、劳动纪律观念不强的职工。

(2)关闭或临时关闭一些不赢利的分厂或车间，撤并某些臃肿的机构。

(3)鼓励提前退休或内退。

(4)加强培训工作，提高员工的整体素质。

(5)加强培训，使员工掌握多种技能，拨出部分资金支持员工转岗，从事第三产业等。

(6)减少员工的工作时间，随之降低工资水平。

(7)由两个或两个以上的员工分担一个岗位的工作，并相应减少工资。

2.5 人力资源规划的编制

人力资源管理的各种职能，如招聘、任用、培训发展、绩效评估、薪酬规划和劳资关系是连贯性的，而不是各自独立和分散的。因此，在高度竞争的市场环境中，企业必须通过适当的人力资源规划，使得企业全部人力资源得到合理的整合，这样才能充分发挥企业的综合竞争力。

2.5.1 人力资源规划编制的四个阶段

在确定了制定人力资源规划的任务、指导思想和原则的基础上，人力资源规划的制定与实施大体可分为四个阶段：收集研究相关信息阶段、人力资源供求预测阶段、总体规划与业务规划制定阶段、人力资源规划执行阶段，如图 2.10 所示。

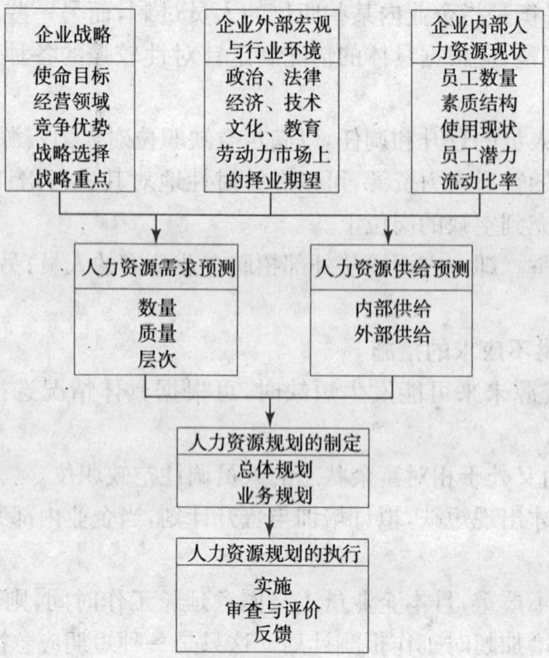

图 2.10 人力资源规划制定与实施的四个阶段

1. 收集研究相关信息阶段

信息资料是制定人力资源规划的依据。一般情况下，与制定人力资源规划有关信息资料主要包括 3 个方面内容：

(1)企业战略。由于人力资源规划是战略性人力资源规划，因此，搞清楚企业的战略是制定人力资源规划的前提。企业的经营战略主要包括：企业使命与战略目标、经营领域、竞争优势力、战略选择、战略重点。这些因素的不同组合会对人力资源规划提出不同的要求。因此，制定人力资源规划时，必须要收集并深入研究与企业战略相关的信息。

(2)企业外部环境。企业的人力资源规划必然会受到企业外部环境的制约。例如：相关的政治与法律、经济、人口、社会文化、教育等环境，劳动力市场的供求状况，劳动力的择业期望等。随着知识经济时代的到来，市场变化愈加迅速，产品生命周期越来越短，消费者的偏好日趋多元化，导致企业面临的外部环境越来越难以预测，这对人力资源管理工作，特别是对战略性的人力资源规划提出了更高的要求。如何使企业的人力资源规划既能适应外部环境变化导致的人力资源需求变化，又能摆脱传统的人力资源管理框架造成人力成本过高的缺陷，已成为战略性人力资源规划所面临的一个重要问题。因此，对企业外部环境进行细致、深入的分析，是提高人力资源规划质量的重要环节。

(3)企业内部人力资源现状。分析企业现有的人力资源状况是制定人力资源规划的基础。要实现企业的战略目标，首先应对企业的人力资源现状进行调查研究，即对现有人力资源的数量、素质结构、使用状况、员工潜力、流动比率等进行全面地统计和科学地分析。在此基础上，不仅要找出现有人力资源与企业发展要求的差距，而且还要找出如何通过充分挖掘现有的人力资源潜力来满足企业发展需要的途径。

2. 人力资源供求预测阶段

在收集和研究了相关信息之后，就要选择合适的预测方法，对人力资源的供求进行预测。预测的目的，是要掌握企业对各类人力资源在数量和质量上的需求，以及能满足需求的企业内、外部人力资源供给情况，得出人力资源的净需求数据。在进行供给预测时，内部供给预测是重点，外部供给预测应侧重于关键人员。人力资源供求预测具有较强的技术性，是人力资源规划中的重要组成部分。

3. 总体规划与业务规划制定阶段

在收集研究相关信息和人力资源供求预测基础上，要制定出与企业战略相吻合或基本一致的人力资源规划的目标。这一目标分"硬性"目标和"软性"目标两种。"硬性"目标是指:企业的人力资本的总量、一线员工占全部员工的比例、人员年龄结构、学历层次、职称比例等一些可以用定量来表达的目标。"软性"目标是指:员工满意度、员工成熟度、员工岗位的适合度、经理人或领导者素质与形象提升程度、组织效能的提高程度、企业文化建设目标等不宜量化的目标。提出的人力资源规划的目标，需要取得企业高层领导者的认同和支持。

人力资源规划的制定工作，包括人力资源总体规划的制定和各项业务计划的制定。供求预测的结果是制定人力资源总体规划和各项业务规划的一项重要依据。对供不应求和供大于求的情况应分别在规划采取不同的政策和措施，使人力资源达到供求平衡。同时应注意各项业务规划的相互关系，以确保它们之间的衔接与平衡。

4. 人力资源规划执行阶段

执行人力资源规划是人力资源规划的最后一项工作。主要包括三个方面:实施、审查与评价、反馈。

(1)实施。实施是人力资源规划执行中最重要的步骤。实施前要做好充分的准备工作，实施时应严格按照规划进行，并设置完备的监督和控制机制，以确保人力资源规划实施的顺利进行。

(2)审查与评价。当人力资源规划实施结束后，并不意味着对人力资源规划执行完毕。接下来，对人力资源规划进行综合的审查和评价也是必不可少的。通过对人力资源规划的审查，可以调整企业有关人力资源方面的项目及其预算，控制人力资源成本;可以听取管理人员和员工对人力资源管理工作的意见，充分调动广大管理人员和员工参与人力资源管理的积极性，以利于调整人力资源规划和改进人力资源管理。在经济发达国家的大企业中，人力资源规划的审查工作通常是由人力资源管理委员会完成的。该委员会由一位副总裁、人力资源部经理以及若干专家和员工代表组成。委员会的职责是定期检查各项人力资源政策的执行情况，并对相关目标和政策的修订提出修改意见，交董事会审批。这一做法值得我国企业借鉴。

对人力资源规划的评价，可以采用比较法:实际招聘人数与预测需求人数的比较;劳动生产率实际提高水平与预测提高水平的比较;实际的执行方案与规划的执行方案的比较;实际的人员流动率与预测的人员流动率的比较；实施行动方案后的实际结果与预测结果的比较；劳动力的实际成本与预算成本的比较；行动方案的实际成本与预算成本的比较。

在比较过程中，以上各项目内部之间的差距越小，说明人力资源规划越合理。

(3)反馈。对审查与评价的结果进行及时的反馈是实行人力资源规划不可缺少的步骤。通过反馈，可以知道原规划的不足之处。通过对总体规划与各项业务计划进行动态的跟踪与修改，使其更符合实际，能更好地促进企业战略目标的实现。

2.5.2 人力资源规划的编制

从广义上来说，人力资源规划编制的目的是配合企业的整体经营战略，以确保企业人力资源得以有效运用。

每个企业编制的人力资源规划各不相同，一般来说，一份完整的企业人力资源规划包括人力资源总体规划和人力资源具体业务规划。

1. 人力资源总体规划的制定

虽然各个企业的人力资源规划不尽相同，但是典型的人力资源总体规划应该包括以下基本内容，如表 2.7 所示。

表 2.7 人力资源规划范本

人力资源总体规划
1. 规划的时间段：
2. 规划的原则：
3. 目前情景分析：
4. 未来情景分析：
5. 具体内容： 执行时间 负责人 检查人 检查日期 预算 (1) (2) (3) (4) …
6. 规划的制定者：
7. 规划的制定时间：

(1)规划的时间段。确定规划期的长短，并具体写明开始时间和结束时间。人力资源总体规划属于战略性的长期规划，其规划的时间段通常为 3 年或 3 年以上。

(2)规划的原则。确定规划的目标应遵循以下原则：

①规划的目标要与企业整体目标紧密联系起来，因为人力资源规划是企业整体规划的有机组成部分，所以，人力资源规划的目标必须服从于企业整体目标；

②规划要具体明确，不要泛泛而谈；

③规划要简明扼要，以便于理解和记忆。

(3)目前情景分析。主要是指在收集信息的基础上，对企业现有的人力资源状况进行分析，作为制定人力资源规划的依据。

(4)未来情景分析。主要指在收集信息的基础上，在规划的时间段内，预测企业未来的人力资源供求状况，进一步指明制定人力资源规划的依据。

(5)具体内容。这是人力资源规划的关键部分。具体内容要表达得十分具体，比如进行招聘时，不要仅写：招聘人员，而要详细写明：××公司招聘××位××人才。

每一方面都要包括以下几项内容：

①执行时间。写明从执行开始和执行结束的具体日期，例如，2006年7月1日至2009年7月1日。

②负责人。即负责执行该具体项目的人员，例如，人力资源部经理赵丹女士。

③检查人。即负责检查该项目执行情况的人员，例如，人力资源管理副总裁林峰先生。

④检查日期。写明具体的检查日期与时间，例如，2006年7月1日上午8时。

⑤预算。写明每项内容的具体预算，例如，人民币贰拾万元整。

(6)规划的制定者。人力资源规划的制定者既可以是人力资源部，也可以是其他人员。例如，高层管理人员、其他职能部门管理人员及人力资源专家等。同时，既可以是一个人，也可以是一个群体。

(7)规划制定的时间。是指规划正式确定的日期，例如，董事会通过的日期、总经理批准的日期、总经理工作会议通过的日期等。

2. 人力资源具体业务规划的编制

人力资源具体业务规划包括人力资源招聘与任用规划、培训规划、薪酬福利规划以及人员流动规划等。

(1)招聘与任用规划。人力资源是企业中最重要的资源。当人力资源需求确定之后，就应该根据企业的需要，选择合适的途径和方法，积极吸引人才。然而，如何选用适当的人员担任适当的工作，也是人力资源管理中的重要一环，尤其是在现代企业竞争激烈的情况下，对人才的任用更为重要。

①招聘规划。招聘规划随人力资源需求的不同而不同，但其基本要求都是要达到人与事的配合，即因事设人，而不是因人设事。具体而言，招聘规划的内容大致可有如下几项：

a. 针对未来业务发展的需要及企业所处环境的变化，预测未来所需的不同类型的人力资源。

b. 将a项的结果与现期状况相比较。确定需要补充人员的数量、素质、类别及年龄等招聘标准，并拟订预算。

c. 确定需要补充的人才来源。若招聘职位较高，可适当放宽招聘的地区范围，若招聘基层员工，则一般在企业附近的地区招聘，以提高企业员工工作的稳定性。

d. 拟订补充人员的起点待遇。

e. 拟订人员招聘广告和招聘方式。

f. 明确完成挑选、录用工作的具体时间期限。

②任用规划。人力资源规划不仅要满足未来人力的需要，更应该对现有人力做充分的运用。任用规划的总目标是为了实现人才结构的优化和绩效的改善。编制人员任用规划的具体步骤如下：各部门编制人才使用计划；编制岗位任职条件；拟订职务轮换的范围和时间。

(2)培训规划。企业的培训规划是为企业长期、中期、短期所需要弥补的空缺职位事先准备合适的人力资源而制定的培训规划安排。其目标是为了提高人力资源素质，改善人力资源管理的绩效。

为了制定一个正确和全面的人力资源培训规划，在规划过程中可以按照以下步骤进行：

①建立企业员工培训领导机构。企业每年能够用于人力资源培训的投资是有限的，因此，需要建立一个培训规划制定和执行的领导机构，协调各个部门完成人力资源培训工作。该领导小组长一般由企业最高管理层中负责人力资源工作的总经理担任。

②对员工培训需求进行调查，根据企业人力资源发展总体规划要求和员工及部门的申请，按照各个培训项目的轻重缓急进行资源分配，优先满足重点培训项目对人力、物力和财力的需要。

③根据员工的培训需求确定培训人员的类型与数量。

④确定培训方式和培训时间的安排。

⑤培训效果的考核。一般来说，对员工进行培训之后还要对培训的效果进行评估，一个企业如果不能正确地评价其培训方案和效果，就难以准确判断培训方案是否有效，培训项目是否达到了预期的目的。因而，要对培训项目的规划方案和效果进行有效的评价。评价指标包括培训的投入预算、人员脱产培训的损失预算等。

(3)薪酬福利规划。企业人力资源薪酬福利规划应该能够根据员工的劳动付出给予相应的报偿，尤其是在知识经济时代，企业的发展在很大程度上取决于员工的创新精神能否得到充分的发挥。而员工的创新才干能否充分发挥，在很大程度上又取决于员工能否从自己的创新中获得相应的回报，因此企业的人力资源薪酬福利规划要有利于激励企业员工创新精神和潜力的发挥。在制定企业人力资源薪酬福利时，可以按照以下步骤进行：

①在对薪酬进行外部和内部调查的基础上，确定薪酬福利报偿对象、数量和报偿时间。

②分析薪酬福利规划与生产率的关系。根据报偿对象，分析不同的报偿方案对劳动生产率的影响，以选择最佳的规划方案与水平。

③结合步骤①和步骤②，根据各种规划方式对企业员工劳动生产率的影响、创新能力和劳动积极性的激励作用，确定企业应该采取的规划方案。

④对规划方案的评价，在规划中必须明确各种不同的规划对象所采取的报偿方式、报偿费用支出、规划后预计可以产生的效果和评价指标。主要分析企业所采取的各种规划方案对企业经营发展各方面的影响，例如对劳动生产率、技术创新能力、企业销售活动等方面的影响。

(4)人员流动规划。一般而言，企业内的人员流动主要包括人才接替与提升、降职及退休解聘等。其运用是否合理得当，将会直接影响企业的整体士气与活动。

①人才接替与提升。人才接替与提升的目标是为了保持一定数量的后备力量，改善人才结构。实施人才接替与提升的具体步骤如下：拟订后备人才的选拔标准和资格；制订后备力量的岗位轮换计划；确定后备力量培训的需要；备力量提升比例与提升计划的安排；后末提升资深人员的安置；填报职务变动引起的工资福利变化预算表。

②降职。一般而言，降职的发生往往是基于下列原因：

a. 由于企业内外部环境的变化，企业可能采取降职的措施来适应企业战略的调整。

b. 由于员工违规或工作绩效不佳，但还不至于被解雇，则可以考虑以降职手段对员工进行惩罚。

c. 由于在员工晋升或调动任用后，经过一段时间的试用，发现其能力或资力不能胜任工作的要求，为了弥补以前不当的任用，则以此措施予以补救。

考虑到降职的负面影响较大，如可能引起被降职员工的不满而引起若干防卫性、破坏性及报复性的行为，所以对降职应该慎重考虑。

③退休解聘。退休解聘的实质是为企业建立起淘汰退出机制，其目标是为了降低劳务成本、提高生产效率。现在很多企业已经打破了以前的“铁饭碗”或是终生雇用制，但依然存在大量冗余人员。很多员工只要进了企业，如果不是主动辞职或是犯了重大错误，一般不会被这些企业辞退。造成这种现象的一个重要原因就是企业只设计了向上的晋升通道，而忽略了向下的退出通道，而在人力资源规划中退休解雇就是为了弥补这一漏洞而设计的。如目前已有很多企业采用的末位淘汰制就是基于这种理念引导下的管理措施。实施退休解聘的具体步骤如下：

a. 编制退休解聘计划。

b. 总结当前退休和解聘政策已取得的经验。

c. 制定退休和解聘的政策措施。

d. 制定退休和解聘的工作程序。

e. 退休、解聘人员的安置费或重置费预算。

实务指南 2-4　　编写人力资源规划的注意事项

在编写人力资源规划时，要注意防止人力资源管理中可能会遇到的风险，比如优秀员工被猎头公司相中、新的人力政策导致员工情绪不满、内部提升遇到阻力、外部招聘失败等。这些潜在的风险有些甚至会影响到公司的正常运作，甚至造成致命的打击。规避这些风险是人力资源部的一项重要职责，在编写人力资源规划时要结合公司实际，综合职务分析和员工情绪调查表，提出可能存在的各种风险及应对办法，尽可能减少风险带来的损失。

复习思考题

1. 简述人力资源规划的含义及内容。
2. 简述人力资源规划的作用。
3. 人力资源规划的基本程序有哪些？
4. 德尔菲法的基本思路是什么？
5. 人力资源供给与需求的预测方法分别有哪些？

案例分析

李宁公司的人力资源战略

李宁牌创建于 1990 年，十余年间，李宁公司由最初单一的运动服装发展到拥有运动服装、运动鞋、运动器材等多个产品系列的专业化体育用品公司。目前，“李宁”产品结构日趋完善，“李宁”在中国体育用品行业中已位居举足轻重的领先地位。

2002 年底，李宁公司做出了战略选择，确定了公司走体育专业化的战略发展道路。要实现体育专业化的发展战略，首先需要的资源便是企业人力资源。而体育用品行业是一个快速发展的新兴行业，缺少大量的专业管理人才，行业的人才大环境，成为制约李宁公司人才引进的“瓶颈”。公司从长远出发，决定在企业内部快速培养人才，通过解决问题的根本来保障企业战略的长久实现。

2004 年 1 月，李宁公司成立了“学习与发展中心”，通过组织上的保障，把“在企业内部快速培养人才(Learning Development Center，LDC)”这一中心提到公司的重要位置，来为企业战略实现作后勤保障。

在李宁公司，LDC 把自己作为一个组织来看待，LDC 的使命是系统提高公司核心能力，培育出体育用品行业的国际化专业团队，它将公司全体人员都作为 LDC 的客户，为每一位员工提供技能提升和发展的服务是它的主要任务之一。LDC 通过五个方面，帮助员工学习：

(1)从公司的角度，持续系统提升公司核心能力，支持公司战略目标的实现。

(2)从团队的角度，选拔和培养核心人才，培育国际化的经营管理团队。

(3)从文化的角度，创建持续创新的组织文化氛围。

(4)从员工的角度，持续提升和发展员工能力，不断增值，拓宽职业发展空间。

(5)从行业的角度，成为中国体育用品行业管理的标杆，促进行业的发展。

其中，提拔和培养核心人才，培养国际化的经营管理团队是 LDC 工作的重中之重。李宁公司对员工和对经理的要求都集中体现在胜任力模型上。此模型是基于四个维度推导产生出来的：第一是公司三年的战略和未来远景的分析。第二是公司的核心价值观，公司所倡导的文化。第三是根据公司内部优秀经理和关键岗位优秀人员的行为特质表现，通过与他们的访谈提炼出来的。第四是瞄准国际标杆公司，看他们在员工行为和领导行为方面有什么样的特质来推导。由这四个维度总结出了李宁公司的十二项资质，也就是分别针对全体员工和领导层的要求，并由此建立了李宁公司的胜任力模型。

1. 两大胜任模型

第一项，核心资质模型，是公司全体员工必须具备的个人素质和综合能力特征，要求李宁公司每一位员工都应该具备。核心资质与体育精神密切联系，包括职业诚信、应变能力、追求卓越、团队合作与沟通能力五项。

第二项，领导力资质模型，是公司领导层必须具备的个人素质和综合能力特征。包括战略思考、商业意识、创新能力、结果导向、发展员工、决策能力和影响力七项。

2. 有效的人才测评体系

LDC 根据领导力资质模型中的邀请，集中采用了 360 度问卷的方式。因为通过 360 度反馈，首先可以获得多层面人员对自己素质能力、工作作风、风格、工作绩效等方面的反馈意见，较全面地了解有关个人工作情况的信息，以作为制订改善计划、个人未来职业生涯及能力发展的参考；其次通过 360 度反馈信息与自评结果的比较，让被测评人看到差异，引导他分析差异的原因。因为人的认知往往是会有偏差的，并且忽高忽低，那么通过这种忽高忽低的反应和别人看法上的差异就可以为被测评人提供反思的依据；另外 360 度反馈方式也为公司内部管理、团队开放式的沟通和互动创造了一个平台、一个机会。李宁公司组织培训、培养的特色就是充分地开放和充分地交流，360 度反馈都是公开、面对面的，甚至会根据得出的报告进行面对面的讨论。

另一个角度就是运用人才评测的PDP工具，目前在行业内还有采用DISK工具，这些都是很好的工具。PDP工具最大的好处就是使被测评人一方面可以更好地、生动地了解自己是什么样的行为风格、特质；另一方面还可以快速地了解他的同事、伙伴、他的团队，整体上的特质是什么样的。同时会有建议的参考数据。李宁公司一方面用这个工具来测评，一方面在选拔人才时，在组建、调整、匹配一个经理的管理团队时都可以用这个工具来做测评。另外，李宁公司在2005年就开始大规模使用PDP工具，对公司所有的管理者都采用此工具进行测评，连续、长期地测评每一个时间节点。这样，拿到不同的数据，一个经理，他会看到他在组织发展过程中自己风格特质的变化。

3. 针对全体员工——人才盘点

每年的四五月份期间，我们会根据公司所有员工与他们直接经理访谈之后的结果，将他们划分为3个区间，一是前20%的，根据二八原则，他们就是核心员工。对核心人才，公司有特殊的培养计划，他们是公司后备人才培养计划的对象，薪酬福利上也会有所调整，更多地向他们倾斜。

还有最后5%～10%的员工，这些人员将会退出计划，一方面我们会人性化地给他们一个观察期，告知他并给他一个改善的缓冲，在此期间如果他能够调整他的业绩、行为、技能、态度等，结果还符合这个岗位要求的话，我们会在下一个年度续签劳动合同。否则恐怕就要离开公司。对中间这一区间的员工，就进入到正常劳动合同续签、薪酬调整。

4. 针对性的人才培养计划——管理层人才梯度培养计划

通过创建胜任力模型，明确了公司对经理和员工的要求，以及基于这些要求做好了各种测评。

在此基础之上，李宁公司树立了人才梯度培养计划。

李宁公司学习了惠普、IBM、摩托罗拉，这些公司是将绩效管理与领导力开发有机地结合在一起，做得很好的公司，被誉为“优秀管理者培养的摇篮”。又借鉴了快速消费品公司——高露洁公司、国内优秀的联想和华为的人才培养体系，树立了领导力培养的三年构想。

5. 核心人才——TOP2008人才发展流程

李宁公司学习了IBM的“人才快车”，参照其计划，拟订了李宁公司的TOP2008年人才发展流程。是基于选择人、培养人、评估人、用人、保留及衡量等一系列的流程展开的。对不同的人设立不同的课程体系。

针对全体员工——IDP人才发展计划：

对员工的培养，采用IDP发展计划。根据测评结果，和一段时间内是否有改进来树立个人发展计划。主要通过经理和员工双方面谈、沟通等方式产生。

（资料来源：由作者根据相关资料整理）

思考题：

1. 李宁公司的人力资源战略都体现在哪些方面？
2. 你对李宁公司的人力资源管理战略是如何看待的？
3. 如果你是李宁公司的人力资源经理，你如何确定李宁公司的人力资源规划？

实训设计

一、实训项目

1. 调查当地一家或几家企业，分析该企业各部门的职责并画出组织结构图。

2. 调查当地某一行业的人力资源供需状况，并形成分析报告。

3. 选择当地一家企业或者某一组织，为其进行人力资源规划。

二、实训目的

通过本次演练，熟悉人力资源规划的主要内容，掌握人力资源规划的基本程序以及编写技巧。

三、实训要求

1. 4～5 人一组，选一人为组长，负责协调与分工。

2. 可以讨论，也可以上网查资料，作业成果以书面形式提交，并签上小组成员名字。

3. 时间：以课外为主、课堂指导结合。

学习参考

某公司人力资源规划范例

以下是某公司人力资源部 2006 年度人力资源规划的一个较为完整的人力资源编制。该编制主要由人员配置规划、人员招聘规划、人员培训规划、人员接替与晋升规划、绩效考核调整规划及人力资源预算六个部分组成。

1. 人员配置规划

根据公司 2006 年发展规划和经营目标，人力资源部协同各部门制定了公司 2006 年的岗位设置与人员配置。公司分为 7 个部门，其岗位与人员明细配置如下：

(1)最高管理层(5 人)。总经理 1 名、人力资源总监 1 名、财务总监 1 名、营销总监 1 名、技术总监 1 名。

(2)人力资源部(4 人)。人力资源部经理 1 名、招聘专干 1 名、培训专干 1 名、薪酬师 1 名。

(3)财务部(4 人)。财务部经理 1 名、会计 2 名、出纳 1 名。

(4)营销部(32 人)。营销经理 2 名、客服科长 1 名、销售科长 5 名、文员 1 名、销售代表 23 名。

(5)研发部(5 人)。研发经理 1 名、研发助理 4 名。

(6)生产部(38 人)。生产经理 1 名、车间主任 3 名、技术助理 5 名、生产工人 29 名。

(7)行政后勤部(8 人)。行政后勤部经理 1 名、行政助理 1 名、行政文员 2 名、前台接待 2 名、司机 2 名。其中，人力资源总监负责人力资源部与行政后勤部，财务总监负责财务部，营销总监负责营销部，技术总监负责研发部与生产部。

2. 人员招聘规划

根据人员配置规划，公司人员总数量应为 96 人，但根据人力资源部的统计，到目前为止公司只有83人,还需要新招聘13人。

(1)招聘需求。据以上统计,具体职位与人数分别为:招聘专干1名、销售代表7名、研发助理2名、技术助理1名、行政文员1名、司机1名。

(2)招聘方式。采用校园招聘与社会招聘相结合的方式,对象包括专干、销售代表和研发助理。

(3)招聘策略。校园招聘主要通过参加校园招聘会、在学校举办招聘讲座、发布招聘海报、学校网上发布招聘信息四种形式;社会招聘主要通过《华商报》刊登招聘广告、前程无忧网上发布信息、参加人才交流会三种形式。

(4)招聘人事政策。

①本科生:试用期3个月,试用期工资1 200元,转正后待遇2 000元,其中基本工资1 500元、住房补贴200元、社会保障300元(养老保险、医疗保险、住房公积金等)。

②研究生:试用期3个月,试用期工资2 000元,转正后待遇3 600元,其中基本工资2 800元、住房补贴200元、社会保障600元(养老保险、医疗保险、住房公积金等)。这些人员成为公司骨干后,可享有公司股份。

3. 人员培训规划

由于公司正处于快速扩张期,需要对招聘的员工进行培训才能符合公司业务快速增长的需要。2006年公司的培训计划按照不同层次分别制订,力求做到培训内容与实际需要相一致。

(1)中层管理者培训。

培训对象:中层干部

培训方式:脱产与半脱产相结合

培训方法:外请教师讲授、自学、实习

培训内容:①公司理财、企业财务状况分析(内训,3月份)

②MBA课程进修班(全体部门主管,每星期六全天,4月份开始)

③人力资源管理(内训,6月份)

④市场营销(内训,6月份)

⑤激励理论及其应用(内训,8月份)

(2)普通员工培训。

培训对象:普通员工

培训方式:半脱产

培训方法:教师讲授

培训内容:①新员工上岗培训(随时)

②礼仪规范(全体员工,内训,4月)

③ISO质量认证体系(生产部,内训,6月)

④计算机操作(自愿报名,内训,7月)

⑤专题讲座:现代企业制度

公司发展介绍

公司系列产品

员工职业生涯规划

4. 人员接替与晋升规划

2006 年拟晋升 A 类干部 1 人,B 类干部 7 人,C 类干部 13 人。

(1)技术人员与服务人员晋升规划。开发专业技术职位系列和服务职位系列的晋升管理办法,使得每一个岗位的人员都能有自己的上升空间。

可申请行政管理职位的员工包括:高级管理人员(各级经理人员)、营销管理人员、财务人员、行政管理及支持人员等。公司在半年和年终考核结束后,结合总公司的相关政策和他们的业务考试情况,确定晋升人员比例。

可申请服务系列的员工包括:客服科、行政后勤部等。公司在半年和年终考核结束后,根据公司总体规划和一定的比例,确定部门级职位及以下各级服务系列的晋升比例和名额。

(2)制定关键岗位接班人计划。将 B 类以上管理岗位及专业技术系列享受 B 类以上待遇的岗位,设定第一接班人(马上可晋升的人员)和第二接班人(在 1～2 年内可以晋升的人员)。

5. 绩效考核调整规划

在以前员工的考核方法基础上,2006 年,绩效考核方法将做以下调整。

(1)完善考评沟通制度,由直接上级在每月考评结束时进行考评沟通。

(2)将个人的考核结果同薪酬挂钩。

(3)不同部门、不同层次的人员实行灵活的考核方法。

6. 人力资源预算

(1)招聘费用预算。

①招聘讲座费用:计划本科生和研究生各四所学校,共 8 次。每次费用 300 元,预算 2 400元。

②交流会费用:参加交流会 4 次,每次平均 400 元,共计 1 600 元。

③宣传费:2 000 元。

④媒体广告费:6 000 元。

(2)培训费用。2005 年的实际培训费用约为 3.5 万元,按 20%递增,预计今年培训费用约为 4.2 万元。

(3)社会保障金。2005 年社会保障金共交纳 8 万元,按 20%递增,预计今年社会保障金总额为 9.6 万元。

(资料来源:李剑. 人力资源管理实务必备手册. 北京:中国言实出版社,2000)

第3章 工作分析

本章学习要点

- 工作分析的概念及相关术语
- 工作分析的原则
- 工作分析的流程及主要方法
- 工作设计与工作分析

引入案例

“小王，我真不知道你到底需要什么样的机械操作工？”高尔夫机械制造有限公司人力资源部经理老陈说道，“我已经送去了4个人给你面试，这4个人都基本上符合所需岗位说明书的要求，可是，你却将他们全部拒之门外。”

“符合岗位说明书的要求？”小王颇为惊讶地回答道，“我要找的是那种一录用，就能够直接上手做事的人；而你送给我的人，都不能够胜任实际操作工作，并不是我所要找的人。再者，我根本就没看见你所说的什么岗位说明书。”

闻听此言，老陈二话没说，为小王拿来岗位说明书。当他们将岗位说明书与现实所需岗位逐条加以对照时，才发现问题之所在：原来这些岗位说明书已经严重地脱离实际，也就是说，岗位说明书没有将实际工作中的变动写进去。例如，岗位说明书要求从业人员具备旧式钻探机的工作经验，而实际工作却已经采用了应用最新技术的数控机床。因此，工人们为了更有效地使用新机器，必须具备更多的数学和计算机知识。在听完小王描述机械操作工作所需的技能以及从业人员需要履行的职责后，老陈喜形于色地说道：“我想我们现在能够写出一份准确描述该项工作的岗位说明书，并且用这份岗位说明书作为指导，一定能够找到你所需要的合适人选。我坚信，只要我们的工作更加紧密地配合，上述那种不愉快的事情，绝不会再发生了。”

（资料来源：作者根据相关资料整理）

显然，岗位说明书是人员选拔和任用的重要依据。案例中的情况说明了实际工作已经发生了变化，而“工作分析”却没有顺势而为，致使岗位说明书形同虚设，由于对操作工人的任用条件和实际要求不符，直接导致招聘进来的员工无法胜任工作，可能导致设备闲置，成本加大。本案例也引发如下思考：为什么要做工作分析？如何进行工作分析？何时做工作分析？等等。

3.1 工作分析概述

工作分析是一项巨大而复杂的基础性工作，是在对组织中一切问题进行深刻了解的基础上进行的，它所产生的结果可以在组织人力资源规划、招聘录用、绩效管理、员工培训、薪酬设计等多个领域应用。

3.1.1 工作分析的基本含义

国外学者对工作分析(Job analysis)的定义有许多。如蒂芬和麦格米克(Tiffin & McCormick，1965)认为：从广义上说，工作分析是针对某种目的，通过某种手段来收集和分析工作相关的公众信息的过程。高培德和阿特齐森(Ghorpade & Atchison，1980)从应用的角度出发，认为工作分析是组织的一项管理活动，它旨在通过收集、分析、综合整理有关工作方面的信息，为组织计划、组织设计、人力资源管理和其他管理职能提供基础性服务。格雷·戴斯勒(Gary Dessler，1996)从工作分析的具体目的出发，认为工作分析就是与此相关的一道程序，通过这一程序，我们可以确定某一工作的任务和性质是什么，以及哪些类型的人(从技能和经验的角度)适合被雇用者来从事这一工作。

国内学者对于工作分析的定义也有不少的界定，如付亚和、孙健敏认为，工作分析是指采用科学的方法或技术全面了解一项工作或提取关于一项工作的全面信息的活动。萧鸣政认为，工作分析是分析者采用科学的手段与技术，对每个同类岗位工作的结构因素及其相互关系，进行分解，比较与综合，确定该岗位的工作要素特点、性质与要求的过程。

总的来说，工作分析是工作信息提取的情报手段，通过工作分析，提供有关工作的全面信息，以便对组织进行有效地管理。

工作分析有广义和狭义之分。广义的工作分析包括组织分析、机构分析和岗位分析三个层次，而狭义的工作分析就是指岗位分析，本书重点讨论的就是后者。工作分析的主要目的就是为了解决 8 个重要而又基础的问题，即通常所说的 7W1H：

Who：谁从事此项工作，责任人是谁，对人员的学历与文化程度、专业知识与技能、经验及职业化素质等资格要求。

What：雇员要完成的工作任务当中，哪些是属于体力劳动的范畴、哪些又是属于脑力劳动的范畴。

Whom：为谁做，即顾客是谁。这里的顾客不仅指外部的客户，也可以是企业内部的员工，包括与从事该工作有直接关系的人，如直接上级、下级、同事和客户等。

Why：为什么做，即工作对该岗位工作者的意义所在。

When：工作任务要求在什么时间完成。

Where：工作的地点、环境等。

What qualifications：从事这项工作的雇员应该具备的资质条件。

How：如何从事此项工作，即工作程序、规范以及为从事该工作所需要的权利。

> **知识链接3-1　　工作分析的思想渊源**
>
> (1)一般认为工作分析的思想与活动,最早起源于社会分工。在世界史中,最早论述分工问题的是中国古代政治家管仲,至今有2700年的历史。大约在公元前700年,管仲就提出了著名的四民分业定居论,主张将国人划分为士、农、工、商四大行业,并按专业聚居固定区域。
>
> (2)公元前4世纪,古希腊哲学家柏拉图在其著作《理想国》中,以苏格拉底与学生的对话形式,详细论述了社会职业的分工:一个国家有三类人,供养者、卫国者和治国者。他认为特定的工人从事特定工作的社会分工方法,将大大提高社会生产率,可以为社会做出更大的贡献。
>
> (3)英国古典经济学体系的建立者亚当·斯密分析了分工与国家财富之间的关系。他认为,分工极大地促进了社会的发展,人们认识到由不同的人共同完成一项事业的重要性,而且由最适合的人来完成其中相应的工作可以极大地提高效率。
>
> (4)历史上第一次进行大规模工作分析活动的是德国的丹尼斯·狄德罗。在1747年,他为德国一家翻译协会编撰一部百科全书的过程中做了大量的调查研究,这其实就是一次工作分析的过程。

3.1.2　工作分析中的相关术语

(1)工作要素(Job Elements):是指工作中不能再继续分解的最小活动单位,工作要素是形成职责的信息来源和分析基础,并不直接体现于职位说明书之中。如接听电话。

(2)任务(Task):是指为了达成某种目的而进行的一系列工作要素,是职位分析的基本单位,任务可以由一个或多个工作要素组成,并且它常常是对工作职责的进一步分解。如回答客户的电话咨询。

(3)职责(Responsibility):是指个体担负一项或多项相互联系的任务集合。如打字员的职责包括打字、校对、简单维修等任务。

(4)职位(Position):是指承担一系列工作职责的某一任职者所对应的组织位置,它是组织的基本构成单位,职位与任职者是一一对应的。如销售部副经理张阳。

(5)职务(Job):是指组织中承担相同或相似职责或工作内容的若干职位的总和。与职位不同,职务与职员并非一一对应,一个职务可能有几个人分担。如销售部副经理。

(6)职业(Occupation):职业是一个更为广泛的概念,它是指在不同的组织中从事相似活动的一系列职务。职业的概念有着较大的时间跨度,处在不同时期,从事相似工作活动的人都可以被认为是同样的职业。如老师、工程师、工人、司机等都属于职业。

(7)职系(Position Series):指职责繁简难易、轻重大小及所需资格条件不同,工作性质大体相似的所有职位集合。简言之,一个职系就是一种专职业,如大学里的助教、讲师、副教授、教授就是一个职系。

(8)职组(Position Group):指若干性质相似的职系组成的集合,也叫职群。它是工作分类中的一个辅助划分,并非工作评价中不可缺少的因素。我国现有27个职组43个职系。

(9)职级(Position Class):指同一职系中工作内容、难易程度、责任大小及任职条件十分相似的所有职位集合。如中学一级教师与小学高级教师属于同一职级,中学一级语文教师与一级英语教师也属同一职级。

(10)职等(Position Grade):指不同职系之间,职责的繁简难易、轻重及任职条件要求充分相似的所有职位的集合,即职级的归纳。如大学讲师与研究所的助理研究员以及工厂的工程师,均属于同一职等。职级的划分在于进行同一性质工作程度差异的区分,形成职级系列;而职等的划分则是在于寻求不同性质工作之间程度差异的比较或比较的共同点。

工作分析中的相关术语的关系如图 3.1 所示的示例。

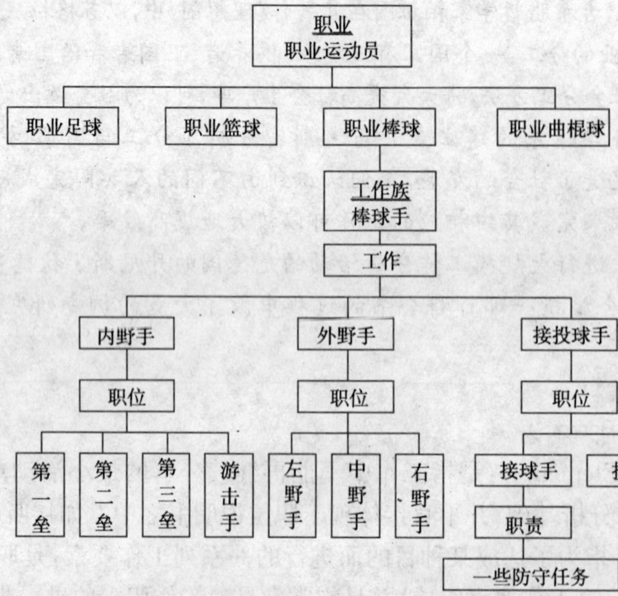

图 3.1 工作分析相关术语的关系示例

知识链接 3-2

我国部分职系、职组、职级、职等之间的关系及相关内容如表 3.1 所示。

表 3.1 我国部分职系、职组、职级、职等之间的关系及相关内容

职组	职等 / 职级 / 职系	Ⅴ	Ⅳ	Ⅲ	Ⅱ	Ⅰ
		员级	助级	中级	副高职	正高职
高等教育	教师		助教	讲师	副教授	教授
	科研人员		助理工程师	工程师	高级工程师	
	实验人员	实验员	助理实验师	实验师	高级实验师	
	图书、资料、档案	管理员	助理馆员	馆员	副研究馆员	研究馆员

续表

职组	职系＼职级＼职等	Ⅴ 员级	Ⅳ 助级	Ⅲ 中级	Ⅱ 副高职	Ⅰ 正高职
科学研究	研究人员		研究实习员	助理研究员	副研究员	研究员
医疗卫生	医疗、保健、预防	医士	医师	主治医师	副主任医师	主任医师
	护理	护士	护师	主管护师	副主任护师	主任护师
	药剂	药士	药师	主管药师	副主任药师	主任药师
	其他	技士	技师	主管技师	副主任技师	主任技师
企业	工程技术	技术员	助理工程师	工程师	高级工程师	正高工
	会计	会计员	助理会计师	会计师	高级工程师	
	统计	统计员	助理统计师	统计师	高级统计师	
	管理	经济员	助理经济师	经济师	高级经济师	
农业	农业技术人员	农业技术员	助理农艺师	农艺师	高级农艺师	
新闻	记者		助理记者	记者	主任记者	高级记者
	广播电视播音	三级播音员	二级播音员	一级播音员	主任播音指导	播音指导
出版	编辑		助理编辑	编辑	副编审	编审
	技术编辑	技术设计员	助理技术编辑	技术编辑		
	校对	三级校对	二级校对	一级校对		

3.1.3 工作分析的流程

1. 工作分析的原则

为了提高工作分析研究的科学性、合理性，在组织实施中应注意遵循以下原则：

(1)系统原则。任何一个完美的组织、单位都是相对独立的系统。在对某一职务进行分析时，要注意该职务与其他职务的关系，从总体上把握该职务的特征及时对人员的要求。

(2)动态原则。工作分析的结果不是一成不变的。要根据战略意图、环境的变化、业务的调整，经常性地对工作分析的结果进行调整。工作分析是一项常规性的工作。

(3)目的原则。在工作分析中，要明确工作分析的目的。根据工作分析的目的，注意工作分析的侧重点不一样。比如，工作分析是为了明确工作职责，那么分析的重点在于工作范围、工作职能、工作任务的划分；如果工作分析的目的在于选聘人才，那么重点在于任职资料界定；如果目的在于决定薪酬的标准，那么重点在于工作责任、工作量、工作环境、工作条件等因素的界定等。

(4)参与原则。工作分析尽管是由人力资源都来主持开展的工作。但它需要各级管理人员与员工的广泛参与，尤其要高层管理者加以重视，业务部门的大力配合才得以成功。

(5)经济原则。工作分析需要投入成本——时间、人力、物力、财力。是一项非常费心费力费钱的事情，它涉及企业组织中各个方面。因此，本着经济性原则，正确选择工作分析的方法就很重要。

(6)岗位原则。工作分析的出发点是从岗位出发，是分析岗位的内容、性质、关系、环境及人员胜任特征，完成这个岗位工作的从业人员需具备什么样的资格与条件。而不是分析在岗的人员如何如何。否则，会产生社会赞许行为与防御心理等不利于工作分析结果的问题。

(7)应用原则。应用原则是指工作分析的结果、工作描述与工作规范，一旦形成职务说明书后，管理者就应该把它应用于企业管理的各个方面。无论是人员招聘、选拔培训，还是考核、激励都须严格按工作说明书的要求来做。

2. 工作分析的流程

工作分析进行之前，首先要明确工作分析目的，即工作分析的目的是什么？它的结果做什么用？其次要界定工作分析的范围，是所有的职位都做呢？还是关键岗位做？是技术岗位还是管理岗位？在此基础上，运用不同的分析工具了解背景材料，比如企业的组织图、工作流程图、设计图、考核表、人事记录表、职务分类标准、岗薪等级、培训手册。然后，由受过工作分析训练的人事主管或专业人士对材料、信息进行整理、分析、研究来编写工作描述与工作规范，形成职务说明书。当然，最后形成的职务说明书需进行审核和及时的反馈，以供实践需要进行相应调整。整个流程如图 3.2 所示。

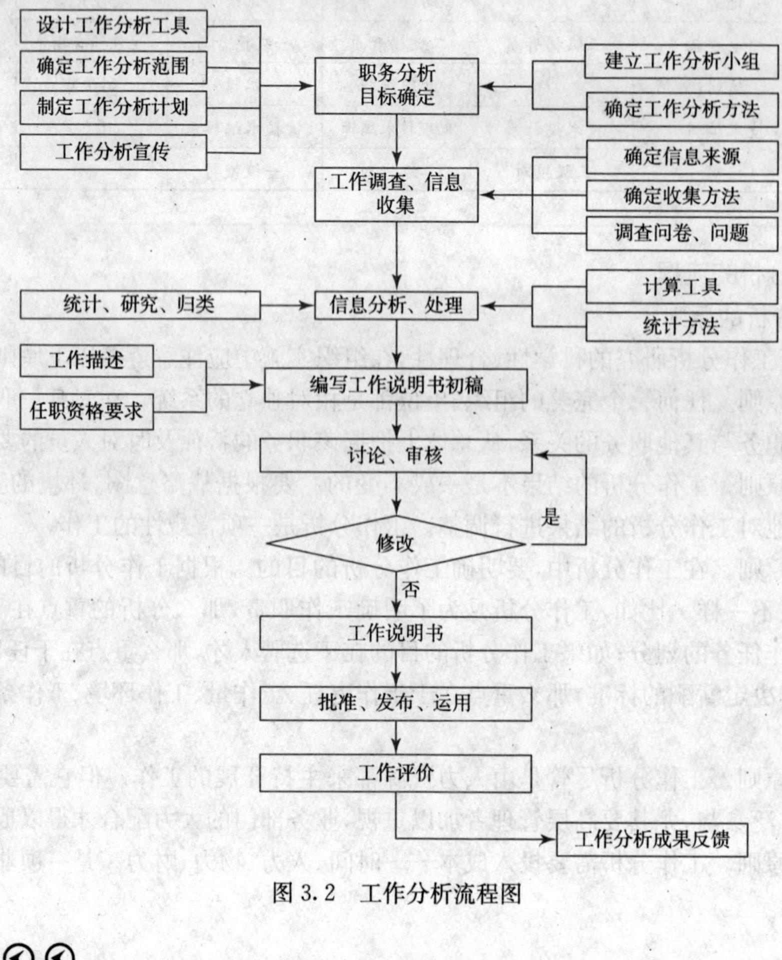

图 3.2　工作分析流程图

实务指南3-1　工作分析的时机选择

(1)建立新组织或产生新部门、新工作。

(2)组织变革或引进新流程、新技术导致工作发生变化。

(3)组织的战略计划或者工作目标得不到有效地实施。

(4)组织管理体系、业务流程运行不畅。

(5)其他人力资源管理工作(如招聘、培训、考核、薪酬等)缺乏信息基础。

(1)准备阶段。岗位分析首先要收集和研究有关工作机构的一般情况,确定每一工作岗位在组织机构中的位置。为此,分析人员通常从组织结构和工作程序图入手调查,工作程序图可以帮助分析人员了解工作过程。不过,依靠工作程序图或组织结构图确定工作岗位之间的职能关系和明确各项任务的目的,经常可能是不完全的。因而还需要有其他一些资料的补充。包括工作说明书、操作和培训手册、其他有关的规则或领导的要求。

本阶段的主要任务包括:组织诊断并成立工作分析小组;确定工作分析的目标与重点;制定总体实施方案;收集分析有关的背景资料;选择信息收集的方法。具体工作如下:

①明确工作分析的意义、目的、方法、步骤。

②向有关人员宣传、解释。

③与工作分析有关的工作员工建立良好的人际关系,并使他们做好心理准备。

④以精简、高效为原则组成工作小组。

⑤确定调查和分析对象的样本,同时考虑样本的代表性。

⑥把各项工作分解成若干工作元素和环节,确定工作的基本难度。

实务指南3-2　工作分析过程中高层管理者的支持

工作分析是一项复杂的系统工程,不是人力资源部门独自的工作,必须获得高层管理人员的认可和支持。高层管理者负责战略指导,领导工作分析的工作,这样组织中各层面的人员才有可能积极投入到工作分析中,一旦在实施过程中出现分歧或是冲突时,高层管理者出面协调将有助于工作分析效率的提升。

(2)调查阶段。本阶段的主要任务是对整个工作过程、工作环境、工作内容和工作人员等主要方面作一个全面的调查。具体工作如下:

①编制各种调查问卷和提纲。

②灵活运用各种调查方法,如面谈法、问卷法、观察法、参与法、实验法、关键事件法等。

③广泛收集有关工作的特征以及需要的各种数据。

④重点收集工作人员必需的特征信息。

⑤要求被调查的员工对各种工作特征和工作人员特征的重要性和发生频率等作出等级评定。

(3)分析阶段。本阶段的主要任务是对有关工作特征和工作人员特征的调查结果进行深入全面的分析。具体工作如下:

①仔细审核收集到的各种信息。

②创造性地分析、发现有关工作和工作人员的关键成分。

③归纳、总结出工作分析的必需资料和要素。

(4)完成阶段。本阶段的任务就是根据规范和信息编制“工作描述”和“任职资格”。形成职务说明书初稿，再经相关人员进行讨论、审核后确认形成正稿并予以运用。

(5)应用反馈阶段。本阶段往往被大多数组织所忽视，工作分析作为人力资源管理的基本工具，要随着时间，环境的变化进行调整，是一个经常不断循环与提高修正的过程。具体包括：将职务说明书的应用于招聘、培训、绩效考核、薪酬管理等实际工作中，注意收集应用时的反馈信息；诊断分析反馈信息，不断调整完善职务说明书，做好总结工作，为后续工作分析提供经验与指导。

3.1.4 工作分析在人力资源管理中的地位与作用

个案分析 3-1

美国的 AMCO 钢铁公司，以往在聘用新的钢铁工人后，通常在从事永久性的职务前，会把这些新进人员暂时放在一般的劳工群中。由于新聘用的可能会被安排从事一般劳工群中的任何一项工作，所以每个求职者在被雇用时必须符合各种工作的要求。这种做法为 AMCO 公司带来了一个难题，因为公司并不知道一般劳工群中每项工作的特定资格，所以也就无法评估工作申请者是否能符合刚开始进来后第一份暂时性工作的专业要求。万一雇用不适合的人员担任此一职务，AMCO 就会面临生产力下降或意外灾害增加的可能。

为了解决这个问题，AMCO 于是制定了一般劳工群中，每一项工作需要的必备条件，再依这些条件对工作申请进行筛选。只有那些通过每一项考试的申请者，才会被视为完全合格而被录用。

工作分析在这个选取的过程中扮演着关键性的角色，每一项在一般的劳工群中的工作，都经由公司人力资源专业人员的分析，目的在于分析与每项工作有关的活动和任务，以便决定能够胜任该项工作的人员所需要的条件(如力气、平衡感、灵活度等)。人力资源专业人员首先是借由观察工人的执行工作，再征询其督导者来获得这些所需要的资讯，最后经筛选确定需要施行哪些测验以便测量这些工作技巧。

为了确定这些测验的价值或结果，AMCO 把这些测验项目先在现有的员工中施行，然后再将测验高分者与低分者与其工作绩效进行比较。AMCO 发现测试成绩好的人，其实际的工作绩效要比测验成绩差的人好很多，测验成绩高者完成的工作几乎是成绩差者的两倍。这个发现让 AMCO 公司能够在测验的过程中，评估工作申请者未来能够提供的生产力。后来该公司的实践表明，通过测验的每位员工每年可以为公司增加 4 900 美元的价值，也就是说，一个经由测验挑选出来的工人，可以预期比没有过经过考试的人每年多生产 4 900 美元的产品。而 AMCO 公司每年大约要雇用 2 000 人的新进钢铁工人，或者可以这样说，因为经由这项测验，每年为公司增加了约 1 000 万美元的产品价值。

这项测验计划所带来的成功，要归功于这些测验中测量了一些重要的工作技能，而工作分析为这些测量所得的信息奠下了根基。也充分说明了工作分析在整个人力资源管理系统中的基础性作用(见图3.3)。

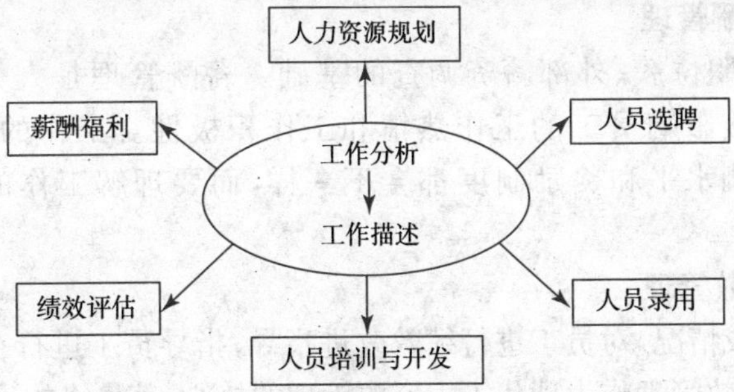

图3.3　工作分析的地位和作用①

1. 工作分析与人力资源规划

解决组织发展过程中"人"与"工作"相互适应的关系,需要通过组织内现有工作信息的了解,以及预测组织未来工作可能发生的变化,制定人员的补充规划、晋升规划、人员配置与调整规划、培训与开发规划、报酬规划等。工作分析将为这些工作信息的获取提供快速的途径。

2. 工作分析与人员的甄选、录用

通过工作分析可以有效解决进入组织中人员质量的问题。工作分析的信息可以为其提供工作执行人员的任职资格,求职者的信息提取内容,考试、面试及心理测验的内容,设计人员录用效度的检验,求职咨询,个人职业发展展望等。我们到底需要什么样的人?我们又将如何从大量的求职者中挑选出我们所需要的人才呢?这就需要我们对职位工作的内容和执行这些工作的人员所应具备的任职资格有清晰的了解,需要我们根据这些任职要求对甄选工具(包括笔试、面试、心理测验及无领导小组讨论等)进行有效的设计,而职位说明书能够直接提供职位的工作内容和任职资格。

3. 工作分析与培训开发

员工的培训与开发解决的是任职者的知识、技能和素质与职位相互匹配的问题。但到底应该培训开发什么?是不是大家都盲目去上MBA或请专家、讲师来讲课就是培训与开发?上MBA也要有个选择,到底哪些职位需要MBA的知识?请专家、讲师来讲课能够开阔人的视野,但所讲的东西是否正是员工所短缺的知识和技能,是否能够有效的提高员工的工作绩效?一般意义上的培训很难回答以上的问题。因此我们需要根据职位说明书对任职者的要求,有针对性的对员工短缺的知识、技能和能力素质进行培训与开发,才能做到有的放矢,从而有效的提高员工的工作能力。

4. 工作分析与职位评价

工作分析为工作的相对重要性提供客观依据,工作分析越详尽,职位评价结果的可靠性越强,以此确定的职位相对价值越准确。职位评价是对组织内所有的职位的相对价值进行比较的一个过程,职位评价是薪酬管理的重要基础。但如何进行职位评价呢?不能凭空说这个职位的价值比那个职位价值大,而必须从工作内容本身出发,以职位的工作对组织的贡献来评价

① 付亚和．工作分析．复旦大学出版社,2011.

其价值的大小。职位说明书为职位评价提供了客观的依据，工作分析越详尽，职位评价结果的可靠性越强，以此确定的职位相对价值越准确。

5. 工作分析与薪酬管理

工作分析是确定职位簇、外部薪资调查的基础。薪酬管理是人力资源管理中最为重要的激励手段，它直接影响员工的工作热情和工作积极性。工作的性质不同，其激励手段是有区别的，其薪酬水平和奖励制度都会不一样，而要理解工作的性质显然离不开职位说明书。

6. 工作分析与绩效管理

确定员工绩效完成情况，对员工进行绩效改进指导，指导员工进行在职培训执行指导，进行职业生涯指导等，绩效管理作为现代人力资源管理的核心，其最终的追求是员工和组织绩效的提升，这也是人力资源管理的最终目标。然而在绩效管理体系中，首要的就是确定绩效标准。绩效标准确定的是否合理，将影响整个绩效管理体系。但是如何确定绩效指标和标准呢？我们同样离不开对工作的深入理解。

7. 工作分析与职业生涯规划

职业生涯规划针对员工个人的发展方向和工作兴趣，为员工提供了职业发展的通道。工作说明书提供了工作的内容和任职资格，对能力素质也提出要求，为员工的职业发展提供客观的、可供遵循的轨迹。员工可以根据自身发展目标，结合自身的素质特长，清晰规划自己的发展渠道。

8. 工作分析与公平管理

公平管理是确保管理所使用信息的客观性、完整性、准确性，避免用人方面的不正之风，克服晋升、考核、培训、薪酬等方面的管理的盲目性和主观性；有效地进行合同管理；客观、公正地处理劳动关系和解决劳动纠纷与争议等；工作的可比价值；晋升与流动路线等。

3.2 工作分析的基本方法

3.2.1 问卷调查法

问卷调查法就是根据岗位分析的目的、内容等，事先设计一套岗位调查问卷，由被调查者填写，再将问卷加以汇总，从中找出有代表性的回答，形成对岗位分析的描述信息。问卷调查的关键是问卷设计，问卷有开放型和封闭型两种形式。开放型：由被调查者根据问题自由回答。封闭型：调查者事先设计好答案选项，由被调查者选择确认。表 3.1 是调查问卷的一个范例。

问卷调查法的具体实施步骤如下：

1. 问卷设计

问卷调查的首要工作就是根据职位分析的目的用途，设计个性化的调查问卷。问卷设计时应思考问卷所含项目、阅读难度、填写难度、问卷长度等。表 3.2 所示为员工工作分析调查问卷范例

表 3.2 员工工作分析调查问卷范例

<table>
<tr><td>姓名</td><td></td><td>职称</td><td></td><td>现任职务(工作)</td><td></td><td>工龄</td><td></td></tr>
<tr><td>性别</td><td></td><td>部门</td><td></td><td>直接上级</td><td></td><td>进入公司时间</td><td></td></tr>
<tr><td>年龄</td><td></td><td>学历</td><td></td><td>月平均收入</td><td></td><td>从事本工作时间</td><td></td></tr>
<tr><td>工作的时间要求</td><td colspan="7">1. 正常的工作时间每日(　)时到(　)时结束。
2. 每日午休时间为(　)小时,(　%)可以保证。
3. 每周平均加班时间为(　)小时。
4. 实际上下班时间是否随业务情况经常发生变化(总是,有时是,偶尔是,否)。
5. 所从事的工作是否忙闲不均(是,否)。
6. 若忙闲不均,最常发生在哪段时间(　)。
7. 每周外出时间占正常工作时间的(　%)。
8. 外地出差情况每月平均(　)次,每次平均需要(　)天。
9. 本地外出情况平均每周(　)次,每次平均需要(　)天。
10. 外地出差时所使用的交通工具按使用频率排序:
11. 本地外出时所使用的交通工具按使用频率排序:
12. 其他需要补充的问题:</td></tr>
<tr><td>工作目标</td><td colspan="3">主要目标:
1.
2.
3.</td><td colspan="4">其他目标:
1.
2.
3.</td></tr>
<tr><td>工作概要</td><td colspan="7">用简练的语言描述一下您所从事的工作:</td></tr>
<tr><td rowspan="2">工作活动程序</td><td>名称</td><td colspan="3">程序</td><td colspan="3">依据</td></tr>
<tr><td></td><td colspan="3"></td><td colspan="3"></td></tr>
<tr><td rowspan="3">工作活动内容</td><td rowspan="2">名称</td><td rowspan="2">结果</td><td rowspan="2" colspan="2">占全部工作时间的百分比(%)</td><td colspan="3">权限</td></tr>
<tr><td>承办</td><td>需报审</td><td>全权负责</td></tr>
<tr><td></td><td></td><td colspan="2"></td><td></td><td></td><td></td></tr>
<tr><td rowspan="4">失误的影响</td><td>经济损失</td><td>1.
2.
3.</td><td colspan="2"></td><td colspan="3" rowspan="4">说明:
1　2　3　4　5
轻　较轻　一般　较重　重</td></tr>
<tr><td>公司形象损害</td><td>1.
2.
3.</td><td colspan="2"></td></tr>
<tr><td>经营管理损害</td><td>1.
2.
3.</td><td colspan="2"></td></tr>
<tr><td>其他损害
(请注明)</td><td>1.
2.</td><td colspan="2"></td></tr>
</table>

续表

<table>
<tr><td>失误的影响</td><td>若您的工作出现失误,会发生下列哪种情况?
1. 不影响其他人工作的正常进行。
2. 只影响本部门内少数人。
3. 影响整个部门。
4. 影响其他几个部门。
5. 影响整个公司。</td><td>说明:
如出现多种情况,请按影响程度由高到低依次把编号填写在下面括号中。
(　　　　　　　　　)</td></tr>
<tr><td>内部接触</td><td>1. 在工作中不与其他人接触。　(　　)
2. 只与本部门内几个同事接触。　(　　)
3. 需要与其他部门的人员接触。　(　　)
4. 需要与其他部门的部分领导接触。　(　　)
5. 需要同所有部门的领导接触。　(　　)</td><td>将频繁程度等级填入左边括号中。
偶尔　经常　非常频繁
1　2　3　4　5</td></tr>
<tr><td>外部接触</td><td>1. 不与本公司以外的人员接触。　(　　)
2. 与其他公司的人员接触。　(　　)
3. 与其他公司的人员和政府机构接触。　(　　)
4. 与其他公司、政府机构、外商接触。　(　　)</td><td>将频繁程度等级填入左边括号中。
偶尔　经常　非常频繁
1　2　3　4　5</td></tr>
<tr><td rowspan="2">监督</td><td colspan="2">1. 直接和间接监督的人员数量。　(　　)
2. 被监督的管理人员数量。　(　　)
3. 直接监督人员的层次:一般职工、基层领导、中层领导、高层领导。　(　　)</td></tr>
<tr><td colspan="2">1. 只对自己负责。
2. 对职工有监督指导的责任。
3. 对职工有分配工作、监督指导的责任。
4. 对职工有分配工作、监督指导和考核的责任。</td></tr>
<tr><td rowspan="4">工作的基本特征</td><td colspan="2">1. 不需对自己的工作结果负责。
2. 仅对自己的工作结果负责。
3. 对整个部门负责。
4. 对自己的部门和相关部门负责。
5. 对整个公司负责。</td></tr>
<tr><td colspan="2">1. 在工作中时常做些小的决定,一般不影响其他人。
2. 在工作中时常做一些决定,对有关人员有些影响。
3. 在工作中时常做一些决定,对整个部门有影响,但一般不影响其他部门。
4. 在工作中时常做一些大的决定,对自己部门和相关部门有影响。
5. 在工作中要做重大决定,对整个公司有重大影响。</td></tr>
<tr><td colspan="2">1. 有关工作的程序和方法均由上级详细规定,遇到问题时可随时请示上级解决,工作结果须报上级审核。
2. 分配工作时上级仅提示要点,工作中上级并不时常指导,但遇困难时仍可直接或间接请示上级,工作结果仅由上级大概审核。
3. 分配任务时上级只说明要达到的任务或目标,工作的方法和程序均由自己决定,工作结果仅受上级原则审核。</td></tr>
<tr><td>在工作中您所接触到的信息经常是:
1. 原始的、未经加工处理的信息。
2. 经过初步加工的信息。
3. 经过高度综合的信息。</td><td>说明:
如出现多种情况,请按“经常”的程度由高到低依次填写在下面括号中。
(　　　　　　　　　)</td></tr>
</table>

续表

<table>
<tr><td rowspan="4">工作的基本特征</td><td>在您做决定时一般依据以下哪种资料：
1. 事实资料。
2. 事实资料和背景资料。
3. 事实资料、背景资料和模糊的相关资料。
4. 事实资料、背景资料、模糊的相关资料和难以确定是否相关的资料。</td><td>说明：
如出现多种情况，请按“依据”的程度由高到低依次填写在下面括号中。
（　　　　　　）</td></tr>
<tr><td>在工作中，您需要做计划的程度：
1. 在工作中无须做计划。
2. 在工作中需要做一些小的计划。
3. 在工作中需要做部门计划。
4. 在工作中需要做公司整体计划。</td><td>说明：
如出现多种情况，请按“做计划”的程度由高到低依次填写在下面括号中。
（　　　　　　）</td></tr>
<tr><td>在您的工作中接触资料的公开性程度：
1. 在工作中所接触的资料均属公开性资料。
2. 在工作中所接触的资料属于不可向外公开的资料。
3. 在工作中所接触的资料属于机密资料。
4. 在工作中所接触的资料属于公司高度机密，仅对少数高层领导公开。</td><td>说明：
如出现多种情况，请按“公开性”的程度由高到低依次填写在下面括号中。
（　　　　　　）</td></tr>
<tr><td colspan="2">您在工作中所使用的资料属于哪几种，使用的比例约为多少？
1. 语文的　　（　　　　%）
2. 符号的　　（　　　　%）
3. 文字的　　（　　　　%）
4. 形象的　　（　　　　%）
5. 行为的　　（　　　　%）</td></tr>
<tr><td rowspan="10">工作压力</td><td colspan="2">1. 在每天工作中是否经常要迅速做出决定？
A. 没有　B. 很少　C. 偶尔　D. 许多　E. 非常频繁</td></tr>
<tr><td colspan="2">2. 您手头的工作是否经常被打断？
A. 没有　B. 很少　C. 偶尔　D. 许多　E. 非常频繁</td></tr>
<tr><td colspan="2">3. 您的工作是否经常需要注意细节？
A. 没有　B. 很少　C. 偶尔　D. 许多　E. 非常频繁</td></tr>
<tr><td colspan="2">4. 您所处理的各项任务彼此是否相关？
A. 完全不相关　B. 部分不相关　C. 一半相关　D. 大部分相关　E. 完全相关</td></tr>
<tr><td colspan="2">5. 在工作中是否要求高度的精力集中，如果是，占工作总时间的比重大约是多少？
A. 20%　B. 40%　C. 60%　D. 80%　E. 100%</td></tr>
<tr><td colspan="2">6. 在您的工作中是否需要运用不同方面的专业知识和技能？
A. 否　B. 很少　C. 有一些　D. 较多　E. 非常多</td></tr>
<tr><td colspan="2">7. 在工作中是否存在一些令人不愉快、不舒服的感觉(非人为的)？
A. 没有　B. 有一点　C. 能明显感觉到　D. 较多　E. 非常多</td></tr>
<tr><td colspan="2">8. 在工作中是否需要灵活地处理问题？
A. 不需要　B. 很少　C. 有时　D. 较多　E. 非常多</td></tr>
<tr><td colspan="2">9. 您的工作是否需要创造性？
A. 不需要　B. 很少　C. 有时　D. 较多　E. 非常多</td></tr>
<tr><td colspan="2">10. 您在履行工作职责时是否有与职工发生冲突的可能？
A. 否　B. 很可能</td></tr>
</table>

续表

<table>
<tr><td rowspan="20">任职资格要求</td><td>1. 您常起草或撰写的文件资料有哪些？</td><td>等级</td><td>频率</td></tr>
<tr><td>(1)通知、便条、备忘录
(2)简报
(3)信函
(4)汇报文件或报告
(5)总结
(6)公司文件
(7)研究报告
(8)合同或法律文件
(9)其他</td><td></td><td>说明：
1 2 3 4 5
极少 偶尔 不太经常 经常 非常经常</td></tr>
<tr><td>2. 您常用的数学知识</td><td>等级</td><td>频率</td></tr>
<tr><td>(1)整数加减
(2)四则运算
(3)乘方、开方、指数
(4)计算机程序
(5)其他</td><td></td><td>1 2 3 4 5
极少 偶尔 不太经常 经常 非常经常</td></tr>
<tr><td colspan="3">3. 学历要求</td></tr>
<tr><td colspan="3">初中 高中 职业高中 大学专科 大学本科 硕士 博士</td></tr>
<tr><td colspan="3">4. 为顺利履行工作职责，应进行哪些方面的培训？需要多少时间？</td></tr>
<tr><td>培训科目</td><td>培训内容</td><td>最低培训时间(月)</td></tr>
<tr><td></td><td></td><td></td></tr>
<tr><td colspan="3">5. 一个刚刚开始的人，要多长时间才能基本胜任您所从事的工作？</td></tr>
<tr><td colspan="3"></td></tr>
<tr><td colspan="3">6. 为了顺利履行您所从事的工作，需具备哪些方面的工作经历？约多少年？</td></tr>
<tr><td colspan="2">工作经历要求</td><td>最低时间要求</td></tr>
<tr><td colspan="2"></td><td></td></tr>
<tr><td colspan="3">7. 在工作中您觉得最困难的事情是什么？您通常是怎样处理的？</td></tr>
<tr><td colspan="2">困难的事情：</td><td>处理方法：</td></tr>
<tr><td colspan="3">8. 您所从事的工作有何体力方面的要求？
1 2 3 4 5
轻 较轻 一般 较重 重</td></tr>
<tr><td>9. 其他能力要求</td><td>等级</td><td>需求程度</td></tr>
<tr><td>(1)领导能力
(2)指导能力
(3)激励能力
(4)授权能力
(5)创新能力
(6)计划能力
(7)资源分配能力
(8)管理能力
(9)组织人事能力</td><td></td><td>说明：
1 2 3 4 5
低 较低 一般 较高 高</td></tr>
</table>

续表

<table>
<tr><td>任职资格要求</td><td colspan="3">(10)时间管理能力
(11)人际关系能力
(12)协调能力
(13)群体能力
(14)谈判能力
(15)冲突管理能力
(16)说服能力
(17)公关能力
(18)表达能力
(19)公关写作能力
(20)倾听敏感能力
(21)信息管理能力
(22)分析能力
(23)判断、决策能力
(24)实施能力
(25)其他</td></tr>
<tr><td></td><td colspan="3">10. 请您详细填写从事工作所需的各种知识和要求程度</td></tr>
<tr><td></td><td>知识内容</td><td>等级</td><td>需求程度</td></tr>
<tr><td></td><td>如:计算机知识</td><td>4</td><td>说明:
1　2　3　4　5
低　较低　一般　较高　高</td></tr>
<tr><td rowspan="3">考核</td><td colspan="3">对于所从事的工作,你认为应从哪些角度进行考核?基本标准是什么?</td></tr>
<tr><td colspan="2">考核角度</td><td>考核基本标准</td></tr>
<tr><td colspan="2"></td><td></td></tr>
<tr><td rowspan="3">建议</td><td colspan="3">您认为您从事的工作有哪些不合理的地方?应如何改善?</td></tr>
<tr><td colspan="2">不合理处</td><td>改进建议</td></tr>
<tr><td colspan="2"></td><td></td></tr>
<tr><td rowspan="2">备注</td><td colspan="3">您还有哪些需要说明的问题?</td></tr>
<tr><td colspan="3">直接上级确认符合事实后,签字:
(如不符合,请说明并更正)</td></tr>
</table>

(资料来源:www. chinahrd. net)

实务指南 3-3　设计问卷时要做到

(1)提问要准确;

(2)问卷表格要精练;

(3)语言通俗易懂,问题不可晦涩难懂;

(4)问卷表前面要有指导语;

(5)激发被调查人兴趣的问题放在前面,问题排列要有逻辑。

2. 问卷发放

进行岗位分析问卷发放时，应该先集合各部门各级主管进行说明，说明内容有岗位分析目的、岗位分析问卷填答方法，并清楚告知此次活动的进行不会影响到员工权益，确定各主管都明白如何进行后，由主管辅导下属进行岗位分析问卷的填答。

3. 填写说明与解释

虽然在岗位分析问卷填答前有过详细的说明，也进行了问题解答，但是还可能有许多问题产生，因此，在此期间必须注意各部室的填写状况，并予以协助。

4. 问卷回收及整理

对于回收的问卷，首先必须检查是否填写完整，并仔细查看是否有不清楚、重叠或冲突之处，若有，便由岗位分析与人力资源主管进行讨论，以确认资料收集的正确性。

如果事先已请填写者将内容转换成计算机档案，则工作分析员只需以原档案进行修改即可，不需再花费许多时间将问卷内容转换成计算机文书文件，且只要资料确认无误，即可完成职务说明书的撰写。

目前问卷法被广泛运用，国外的组织行为专家和人力资源管理专家研究出了多种科学的，也很庞大的问卷调查方法。其中比较著名的有：职位分析调查问卷(PAQ)、管理工作分析问卷(MPAQ)和功能性工作分析问卷(FJA)等。

问卷法的优点表现在：由于收集信息量比较大且速度快，容易得到所需资料，节省时间和费用，抽样样本量可以较大，资料可以数量化，通过计算机处理数据。缺点主要是：设计调查表花费时间、人力和物力，成本高，被调查者可能不认真反映真实情况，影响资料的质量。

3.2.2 访谈法

访谈法是访谈人员就某一岗位与访谈对象，按事先拟订好的访谈提纲进行交流和讨论。访谈对象包括：该职位的任职者；对工作较为熟悉的直接主管人员；与该职位工作联系比较密切的工作人员；任职者的下属。为了保证访谈效果，一般要事先设计访谈提纲，事先交给访谈者准备。

访谈法与问卷法有很强的互补性，两种方法可以综合运用从而取得较好的效果。

实务指南 3-4　**访谈时应注意的原则**

(1)明确面谈的意义。

(2)建立融洽的气氛。

(3)准备完整的问题表格。

(4)要求按工作重要性程度排列。

(5)面谈结果让任职者及其上司审阅修订。

访谈法有明显的优点：可获得完全的工作资料以免去员工填写工作说明书的麻烦；可进一步使员工和管理者沟通观念，获取谅解和信任；可以不拘形式，问题内容较有弹性，又可随时补充和反问，收集方式简单。其缺点是：信息可能受到扭曲——因受访者怀疑分析者的动机、无意误解、或分析者访谈技巧不佳等因素而造成信息的扭曲；分析项目繁杂，费时又费钱；占去员工工作时间，妨碍生产。

实务指南3-5　访谈提纲范例

(1)你所做的是一种什么样的工作?

(2)你所在职位的主要职责工作是什么?你又是如何做的呢?

(3)你的工作环境与别人的有什么不同呢?

(4)做这项工作所需具备的教育程度、工作经历、技能是怎样的?它要求你必须具有什么样的文凭或工作许可证?

(5)你都参与了什么活动?

(6)这种工作的职责和任务是什么?

(7)你所从事的工作的基本职责是什么?说明你工作纯净的标准有哪些?

(8)你真正参与的活动都包括哪些?

(9)你的责任是什么?你的工作环境和工作条件是怎样的?

(10)工作对身体的要求是怎样的?工作对情绪和脑力的要求又是怎样的?

(11)工作对安全和健康的影响如何?

知识链接3-3　访谈法的类型

(1)个别员工访谈法。主要适用于各个员工的工作有明显差别,工作分析时间又比较充分的情况下。

(2)群体访谈法。群体访谈适用于多个员工从事同样或相近工作的情况。注意使用群体访谈法时,必须请这些工作承担者的上级主事人员在场或得事后向主事者征求对收集到材料的看法。

(3)主管人员访谈法。指与同一个或多个主管面谈,因为他们对工作有相当的了解,有助于减少工作分析的时间。

3.2.3　观察法

观察法就是岗位分析人员在不影响被观察人员正常工作的条件下,通过观察将有关工作的内容、方法、程序、设备、工作环境等信息记录下来,最后将取得的信息归纳整理为适合使用的结果的过程。利用观察法进行岗位分析时,应根据岗位分析的目的利用现有的条件,确定观察的内容、观察的时间、观察的位置、观察所需的记录单等,做到省时高效。观察法又分为:

(1)直接观察法。工作分析人员直接对员工工作的全过程进行观察。直接观察适用于工作周期很短的职位。如保洁员,他的工作基本上是以一天为一个周期,职位分析人员可以一整天跟随着保洁员进行直接工作观察。

(2)阶段观察法。有些工作具有较长的周期性,为了能完整地观察到员工的所有工作,必须分阶段进行观察。比如行政文员,他需要在每年年终时筹备企业总结表彰大会。职位分析人员就必须在年终时再对该职位筹备企业总结表彰大会的工作过程进行观察。

(3)工作表演法。对于工作周期很长和突发性事件较多的工作比较适合。如保安工作,除了有正常的工作程序以外,还有很多突发事件需要处理,如盘问可疑人员等,职位分析人员可以让保安人员表演盘问的过程,来进行该项工作的观察。

实务指南 3-6　　应用观察法的要求

(1)注意所观察的工作应具有代表性。

(2)观察人员在观察时尽量不要引起被观察者的注意。在适当的时候,工作分析人员应该以适当的方式将自己介绍给员工。

(3)观察前应确定观察计划,计划工作中应含有观察提纲、观察内容、观察时刻、观察位置等。

(4)观察时思考的问题应结构简单,并反映工作内容,避免机械记录。

采用观察法进行岗位分析的结果比较客观、准确,但需要岗位分析人员具备较高的素质。它适用于外部特征较明显的岗位工作,如生产线上工人的工作、会计人员的工作等。不适合长时间的心理素质的分析。不适合工作循环周期很长的工作和脑力劳动的工作,偶然、突发性工作也不易观察,且不能获得有关任职者要求的信息。

在运用现场观察法时,观察者须有一份详细的观察提纲,这种观察才能及时准确。

实务指南 3-7　　工作分析观察提纲(部分)

被观察者姓名:　　　　日期:

观察者姓名:　　　　观察时间:

工作类型:　　　　工作部分:

观察内容:

(1)什么时候开始正式工作?________。

(2)上午工作多少小时?________。

(3)上午休息几次?________。

(4)第一次休息时间从________到________。

(5)第二次休息时间从________到________。

(6)上午完成产品多少件?________。

(7)平均多长时间完成一件产品?________。

(8)与同事交谈约多长时间?________。

(9)每次交谈约多长时间?________。

(10)室内温度________℃。

(11)上午抽了几支香烟?________。

(12)上午喝了几次水?________。

(13)什么时候开始午休?________。

(14)出了多少次品?________。

(15)搬了多少次原材料?________。

(16)工作地噪声是多少分贝?________。

3.2.4　关键事件法

关键事件法(CIT)又称关键事件技术(Critical Incident Technique)。是指确定关键的工作任务以获得工作上的成功。关键事件是使工作成功或失败的行为特征或事件(如成功与失败、盈利与亏损、高效与低产等)。

关键事件法要求岗位工作人员或其他有关人员描述能反映其绩效好坏的"关键事件",即对岗位工作任务造成显著影响的事件,将其归纳分类,对岗位工作有一个全面的了解。关键事件的描述包括:导致该事件发生的背景、原因;员工有效或多余的行为;关键行为的后果;员工控制上述后果的能力。

知识链接 3-4　　关键事件法的内容

关键事件法是由弗拉纳根(J. G. Flangan)在 1954 年发展起来的,其主要原则是认定员工与职务有关的行为,并选择其中最重要、最关键的部分来判定效果。弗拉纳根认为,关键事件法应对完成工作所具有的关键性行为进行记录,以反映特别有效的工作行为和特别无效的工作行为类型。对每一个事件的描述内容应包括:

(1)导致该事件的发生的背景原因。

(2)员工的行为哪些是特别有效的,哪些是无效的。

(3)关键行为的后果能否被认知。

(4)员工能否支配或控制上述后果。

实务指南 3-8　　关键事件法运用注意事项

(1)调查的期限不宜过短;

(2)关键事件的数量应足够说明问题,事件数目不能太少;

(3)正反两方面的事件要兼顾,不得偏颇。

关键事件法的主要优点是研究的焦点集中在职务行为上,因为行为是可观察的、可测量的。同时,通过这种职务分析可以确定行为的任何可能的利益和作用。关键事件法的主要缺点:一是费时,需要花大量的时间去搜集那些关键事件,并加以概括和分类;二是利用关键事件法,对中等绩效的员工就难以涉及,因而全面的职务分析工作就难以完成。该方法适用于同一职位员工较多,或者职位工作内容过于繁杂的工作。

实务指南 3-9　　销售工作的 15 种关键行为

(1)对客户订货和市场信息善于探索、追求;

(2)密切注意市场需求的瞬息变化;

(3)善于与销售部门的管理人员交流信息;

(4)善于同生产部门的管理人员和执行人员交流信息;

(5)对上级和用户都忠诚老实,讲信用;

(6)能够说到做到;
(7)坚持为用户服务,了解和满足用户的要求;
(8)积极收集产品的售后反馈信息;
(9)向用户宣传企业的其他产品;
(10)积极扩大企业销售额及市场占有率;
(11)不断掌握新的销售技术和方法;
(12)在新的销售途径方面有创新精神;
(13)保护公司形象,树立企业良好声誉;
(14)结清账目;
(15)工作态度积极主动。

3.2.5 参与法

参与法是指岗位分析人员直接参与某一岗位的工作,从而细致、全面地体验、了解和分析岗位特征及岗位要求的方法。

实务指南 3-10　参与法操作要点

(1)工作分析人员参与时不能对实际工作造成障碍;
(2)较危险的岗位不适合参与;
(3)对岗位的参与要有一定的周期,从而对岗位有完整的认识。

与其他方法相比,参与法的优点是可获得岗位要求的第一手真实、可靠的数据资料。获得的信息更加准确。当然参与法也有缺点,由于分析人员本身的知识与技术的局限性,其运用范围有限,只适用于较为简单的工作岗位分析。

3.2.6 工作日志法

工作日志法是让员工以工作日记或工作笔记的形式记录日常工作活动而获得有关岗位工作信息资料的方法。采用该方法,可在一定时间内获得第一手资料。

其优点在于信息的可靠性很高,适于确定有关工作的职责、工作内容、工作关系、劳动强度等方面的信息,所需的费用也比较低。缺点是可适用范围较小,只适用于工作循环周期较短,工作状态稳定,无大起伏的职位,且信息整理量大,归纳工作烦琐。另外在一定程度上工作执行者在填写时,往往因不认真而遗漏很多工作内容,且填写日志会影响正常工作;若第三者填写,人力投入量非常大,不适应处理大量的职务。工作日志法最大的问题是工作日志内容的真实性。

实务指南 3-11　工作日志范例

姓名:
年龄:
职务名称:
所属部门:

直接上级：

从事本业务工龄：

填写日期 自______年______月______日至______年______月______日

工作日志

______年______月______日　　工作开始时间______　　工作结束时间______

序号	工作活动名称	工作活动内容	工作活动结果	时间消耗	备注

填写说明：

1. 请您在每天工作开始前将工作日志放在手中，按工作活动和发生的吮吸及时填写，切勿在一天工作结束后一并填写。

2. 要严格按照表格的要求进行填写，不要遗漏那些细小的工作活动，以保证信息的完整性。

3. 请您提供真实的信息，一面损害您的利益。

4. 请您注意保留，防止遗失。

感谢您的真诚合作！

3.3 工作分析的结果与表现形式

工作分析通过对工作信息的收集、整理、分析与综合，最终成果主要有两类，一类是职务说明书，另一类称为工作分析报告。

3.3.1 职务说明书

也叫工作说明书，是目前工作分析最常见的结果，它主要包括工作描述和工作规范。

1. 工作描述

工作描述是对职位本身的内涵和外延加以规范的描述性文件，它是对有关工作职责、工作活动、工作条件以及工作对人身安全危害程度等工作特性方面的信息所进行的书面描述。工作描述主要包含如下内容：工作标识、工作概要、工作职责、工作关系、工作权限、绩效标准、工作环境条件等。一般来说工作描述的项目可以分为核心内容和选择性内容，如表3.3所示。不同的职位分析目的和不同的工作描述的使用者，对工作描述的内容具有不同的要求。因此工作描述项目的多少取决于工作分析的目的。

表3.3 工作描述的内容

分类	内容项目	项目内涵	应用
核心内容	工作标识	工作名称、所在部门、直接上级职位、薪点范围等	作为区别与其他工作的信号和对这一工作的基本了解
	工作概要	关于该职位的主要目标与工作内容	
	工作职责	该职位必须获得的工作成果和必须担负的责任	
	工作关系	该职位在组织中的位置	

续表

分类	内容项目	项目内涵	应用
选择性内容	工作权限	该职位在人事、财务和业务上做出决策的范围和层级	组织优化、职位评价
	履行职责	对各项工作职责的完成方式的详细分解与描述	绩效考核、上岗引导
	工作范围	该职位能够直接控制的资源的数量和质量	管理人员的职位评价、上岗引导
	职责的量化信息	职责的评价性和描述性量化信息	职位评价、绩效考核
	工作条件	职位存在的物理环境	职位评价
	工作负荷	职位对任职者造成的工作压力	职位评价
	工作特点与领域		职位评价

(1)工作标识。也称工作识别，是关于岗位的基本信息，是一个岗位区别于其他岗位的基本标志，通过工作标识，可以传递关于该职位的基本信息。表 3.4 所示为工作标识示例。

表 3.4　工作标识示例

职位名称		职位编号	
所在部门		岗位定员	
直接上级		薪点范围	
直接下级		所辖人员	
岗位分析员		岗位分析日期	

(2)工作名称，即是什么工作。表明了工作人员在组织中所扮演的角色。好的工作名称往往很接近工作内容，并能把一项工作于其他工作区别开来，如程序分析员、医疗顾问等。

工作名称注意事项：一个完整的工作名称应该简洁、明快、美化，能够较准确地体现工作表达的目的，在组织中的等级、相关工作结果和活动的延伸范围。如人力资源部门经理，从该名称可以获得的信息：

①该岗位人员在人力资源部门工作；

②这个岗位主管人力资源管理部门工作；

③职位属于中层管理岗位。

(3)工作概要，又称工作目的。是指用非常简洁和明确的一句话来表述该职位存在的价值和理由。

实务指南 3-12

工作概要的写法：工作依据“根据……”＋工作内容“动词＋工作对象”＋工作成果“描述岗位工作达到的目的”

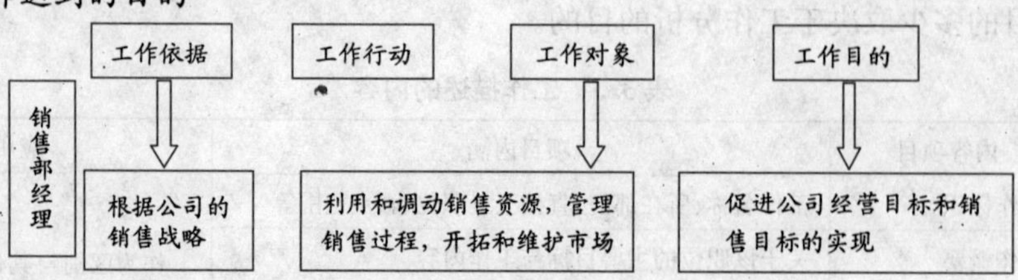

(4)工作职责，即工作职务和工作责任的统一，是通过一系列什么样的活动来实现组织目

标，并取得怎样的工作结果。通常包括工作活动内容、工作权责以及对机器和设备的使用情况等。

实务指南3-13　　工作职责撰写示例（培训主管职责描述）

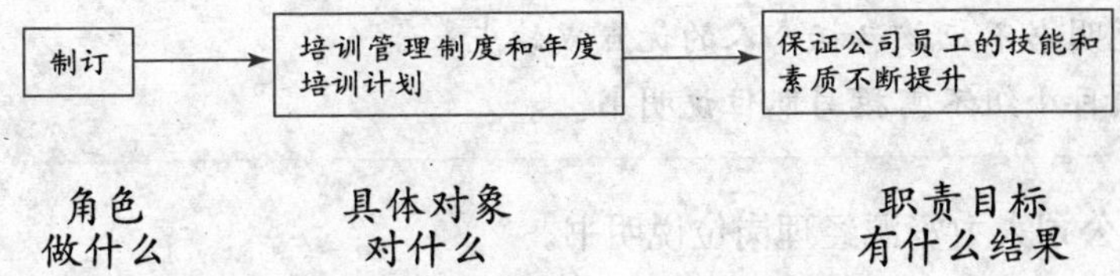

(5)工作关系，是指任职者与组织内外其他人之间的工作关系以及该职位在组织中的位置。组织结构图反映了该职位在组织中的位置。

(6)工作权限，根据该职位的工作目标与工作职责，组织赋予该职位的职权。包括决策、审批、监督他人、经费预算等。正确的权限制定，应该是责权利完全统一，彼此相互制约、相互协调。

(7)工作条件，主要有两项：一是任职者主要应用的设备；二是任职者运用信息资料的形式。

2. 工作规范

工作规范又称为任职资格，它主要对任职人员的标准和规范进行概括。说明了工作行为中被认为非常重要的个人特质，针对“什么样的人适合此工作”而描述该职位的行为标准，胜任职位所需的知识、技能、能力、个性特征以及对人员的培训需求等内容。如表3.5所示的总经理任职资格示例。

表3.5　总经理任职资格示例

任职资格	工作经验	五年以上工作经验
	教育水平	大学专科以上学历
	专业知识	管理学、心理学
	个人品性	头脑灵活、责任心强、工作积极性高、服务意识好、有创新精神
	能力	战略规划能力、公文（方案）起草能力、领导能力、控制能力、沟通协调能力、信息处理能力、抗压能力

3. 职务说明书编写的注意事项

职务说明书作为组织重要的文件之一，是指用书面形式对组织中各类岗位（职位）的工作性质、工作任务、责任、权限、工作内容和方法、工作环境和条件，以及本职务任职人资格条件所作的统一要求（书面记录）。它应该说明任职者应做些什么、如何去做和在什么样的条件下履行其职责。一个名副其实的工作说明书必须包括该项工作区别于其他工作的信息，提供有关工作是什么，为什么做，怎样做以及在哪里做的清晰描述。

在编写的过程中应该注意以下事项：①使用简单、直接的语言；②应该全部使用现在时态；③每个句子应该以一个主动动词开头；④每个句子反映一个目的；⑤所有词汇必须包含所需要的信息，不必要的词语要省略；⑥对于工作任务的描述应该能够反映所分配工作的执行情况以及对人的要求。职位相同的多个岗位并用同一份职位说明书。

实务指南 3-14 **职务说明书的编写事宜**

(1)职位说明书的内容是说明"该职位"而不是某个人的工作；

(2)职位说明书不应该包括个人的优点或缺点；

(3)临时项目小组不需撰写职位说明书。

表 3.6 为某公司人力资源经理岗位说明书。

表 3.6　某公司人力资源经理岗位说明书

<table>
<tr><td colspan="2">职位名称</td><td>人力资源经理</td><td>所属部门</td><td>行政中心</td></tr>
<tr><td colspan="2">直接下级</td><td>人事主管、绩效主管</td><td>直接上级</td><td>总经理</td></tr>
<tr><td colspan="2">汇报对象</td><td>行政总监</td><td>外部联系</td><td></td></tr>
<tr><td colspan="2">督导对象</td><td>公司全体员工</td><td>内部联系</td><td></td></tr>
<tr><td colspan="2">职位概要</td><td colspan="3">协助制定、组织实施公司人力资源战略规划，建设发展人力资源各项构成体系，最大限度地开发人力资源，为实现公司经营发展战略目标提供人力保障</td></tr>
<tr><td rowspan="5">任职资格</td><td>工作经验</td><td colspan="3">五年以上工作经验</td></tr>
<tr><td>教育水平</td><td colspan="3">大学专科以上学历</td></tr>
<tr><td>专业知识</td><td colspan="3">人力资源管理、心理学</td></tr>
<tr><td>个人品性</td><td colspan="3">头脑灵活、责任心强、工作积极性高、服务意识好、有创新精神</td></tr>
<tr><td>能力</td><td colspan="3">公文(方案)起草能力、领导能力、控制能力、沟通协调能力、信息处理能力、抗压能力</td></tr>
</table>

职责一、负责公司的人员招聘工作

1. 根据部门人员需求情况，提出内部人员调配方案，根据实际工作需要，确定人员岗位配置；
2. 根据公司的岗位需求和战略目标需要制订年度、月度招聘计划，经审核后组织实施；
3. 负责人员招聘渠道的确定；
4. 根据公司的人事流程组织相关人员的面试工作；
5. 监督新进员工入职手续的规范办理；
6. 按公司员工的试用考核标准，做好新进员工的试用、转正管理工作；
7. 负责月度、年度招聘情况的总结。

职责二、负责公司员工的培训工作

1. 根据部门培训需求制订年度、月度培训计划，经审核后组织实施；
2. 负责培训课程的设置、培训手册的编制、建立培训讲师团，确定培训讲师；
3. 监督培训过程的实施；
4. 负责培训效果的评定；
5. 编写培训月度工作月度总结。

职责三、负责员工绩效考核工作

1. 建立和完善员工岗位说明书；
2. 根据公司绩效管理制度，组织实施员工绩效管理工作；
3. 负责绩效考核评定结果的审核；
4. 编写绩效考核工作总结，对存在的问题提出解决的意见和建议；
5. 负责对有关员工进行考核后的沟通。

3.3.2 工作分析报告

工作分析报告的内容较为自由宽泛，主要用来阐述在工作分析的过程中所发现的组织与管理上的问题和矛盾，以及对这些问题和矛盾的解决方案。具体包括：组织结构与职位设置中的问题与解决方案、流程设计与流程运行中的问题与解决方案、组织权责体系中的问题与解决方案、工作方式和方法中的问题与解决方案、人力资源管理中的问题与解决方案等。目前，很多企业忽略了工作分析报告的重要性，只注意到工作说明书在人力资源管理中的作用。实际上，工作分析的过程是非常重要的，它可以发现很多企业管理中的问题，作为管理诊断的信息来源，通过工作分析报告的方式汇报给中高层领导。

3.4 工作设计

工作分析的主要功能是研究工作是如何完成的，以怎样的方式完成，以及为了完成这项工作需要任职者具有怎样的知识、技能、能力等任职资格。而工作设计，则是对工作的重新界定、改良和组装，充分考虑如何改变工作从而更好地适应人，所要解决的问题是组织如何对其成员分配工作任务和职责的方式。

3.4.1 工作设计的概念

工作设计是指为了有效地到达组织目标，而采取与满足工作者个人需要有关的工作内容、工作职能、工作关系、工作结果和工作结果反馈的设计。

好的工作设计可以：

(1)减少单调重复工作的不良影响

(2)有利于建立整体性的工作系统

(3)充分发挥员工的主动性和创造性

3.4.2 工作设计的主要内容

1. 工作内容

它包括确定工作一般性质的几个维度，主要有多样性、自主性、复杂性与整体性(即做一件工作的全部过程)。

2. 工作职能

它是指做每件工作的基本要求与方法，包括工作责任、工作权限、信息沟通方式、工作方法及协作配合等方面。

3. 工作关系

它是指个人在工作中发生的人与人之间的关系，包括在工作中与其他人相互联系及交往的范围、建立友谊的机会以及工作班组中的相互协作和配合等方面。

4. 工作结果

它是指工作的绩效与效果的高低。它包括标志工作的完成所要达到的具体标准(如产品的产量、质量和效益等)，以及工作者的工作感受与反应(如满意感、出勤率、缺勤率和离职率等)。

5. 结果反馈

它包括两个方面：一是对工作本身的客观反馈；一是来自别人对工作结果的反馈，如同事、上级和下级对工作的评价。

3.4.3 工作设计的方法

1. 工作专业化

工作专业化也叫"充实工作内容"(job enrichment)。充实工作内容是对工作内容和责任层次基本的改变,旨在向工人提供更具挑战性的工作。它是对工作责任的垂直深化。它通过动作和时间研究,将工作分解为若干很小的单一化、标准化及专业化的操作内容与操作程序,并对员工进行培训和适当的激励,以达到提高生产效率的目的。工作专业化的特点主要表现在以下几个方面:

(1)机械动作的节拍决定工人工作速度。

(2)工作的简单重复性。

(3)每个工人所要求掌握的技术比较低。

(4)每个工人只完成每件工作任务中很小的工序。

(5)工人被固定在流水线上的某一岗位,限制了工人间的社会交往。

(6)工人采用什么设备和工作方法,均由管理职能部门规定。

工作专业化的优缺点如表 3.7 所示。

表 3.7 工作专业化的优缺点

优点	缺点
把专业化和单一化最紧密地结合起来,最大限度地提高了工人的操作效率 对工人的技术要求低,节省培训费用,可以利用大量廉价劳动力,也有利于劳动力在不同的岗位之间轮换 机械化程度高,有标准化的工作程序,易于对生产进行控制	容易诱发员工的疲劳、厌倦感,产生心绪紊乱和焦虑,易出生产事故 单调性的工作付出很大代价,工人技能普遍低下 工人感到在这种环境中英雄无用武之地,久而久之对自己有多大能力也抱怀疑态度 就其本质,人不同于机器,人们希望从事有变化、有节奏的工作 工人只从事某种工位的工作,对最终产品的质量不知情也不关心

2. 工作轮换

工作轮换是指员工在不同的工作之间的调动。通过允许员工完成各种各样的任务,有助于增加多样性减少厌烦。工作轮换的前提是当工人从一种工作岗位轮换到另一种工作岗位工作时,保证工作流程不受重大损失。其主要特点就是让员工由一种日常工作转换为另一种日常工作。

工作轮换的优缺点如表 3.8 所示。

表 3.8 工作轮换的优缺点

优点	缺点
给工人提供了发展技术和一个较全面了解整个生产过程的机会,使厌烦和不满情绪降到最低限度	只是解决过分专业化的单一的重复性,对于工作造成的不满和厌烦感的仅是权宜之计

3. 工作扩大化

工作扩大化是指一个工作岗位上的一名员工执行的不同任务的数量的扩展。工作扩大化是使员工有更多的工作可做。通常这种新工作同员工原先所做的工作非常相似。这种工作设计导致高效率，是因为不必要把产品从一个人手中传给另一个人而节约时间。此外，由于完成的是整个一个产品，而不是在一个大件上单单从事某一项工作，这样在心理上也可以得到安慰。该方法是通过增加某一工作的工作内容，使员工的工作内容增加，要求员工掌握更多的知识和技能，从而提高员工的工作兴趣。

工作扩大化的优缺点如表 3.9 所示。

表 3.9 工作扩大化的优缺点

优点	缺点
通过增加每个工人应掌握的技术种类和扩大操作工序的数量，降低工人对原来单调工作的厌烦和不满，从而提高工人对工作的满意程度	并没有改变工人的工作性质

4. 工作丰富化

工作丰富化是指给员工授权，让其对自己工作的计划、组织、执行、控制和评价等环节承担更多的责任和义务。工作丰富化主要集中于改造工作本身的内容。

工作丰富化方法 20 世纪 40 年代起源于国际商用机器公司(IBM)。在 50 年代，对工作丰富化方法感兴趣的公司数量增长较为缓慢。然而，在美国电报电话公司(AT&T)、德克萨斯器械公司(T1)和帝国化学公司(Imperial Chemicals)的实验成功和被广泛宣传之后，最终才导致在 60 年代许多公司对工作丰富化的了解和兴趣的不断提高。

工作丰富化的优缺点如表 3.10 所示。

表 3.10 工作丰富化的优缺点

优点	缺点
提供了更大的激励和更多的满意机会，从而提高了员工的工作效率和工作质量，还能降低员工的离职率和缺勤率	增加了员工培训费、整修和扩充设备费，支付了更高的工资

实务指南 3-15　　工作设计应注意的问题

(1)从心理学的角度看，应注意：

①工作者的个人特征；

②工作环境中的社会心理因素；

③整个组织的气氛和管理方式。

(2)从工效学的角度看，应注意：

①工作设计应使某一工作的各项任务适合于人们的能力和所拥有的知识和信息；

②要把时间上紧密联系、功能上密切相关的任务设计在一起；

③使工作本身有不同层次；

④使员工尽可能在同一或临近的地点工作，使用相关联的设备。

(3)从技术学的角度看，应注意：重视工艺流程、技术要求、生产和设备等条件对工作设计的影响。

复习思考题

1. 什么是工作分析？结合实例分析它在人力资源管理中的地位和作用。
2. 工作分析的主要方法有哪些？各有什么利弊？
3. 职务说明书的主要内容有哪些？编写时应该注意哪些问题？
4. 简述工作设计与工作分析之间的关系。

案例分析

A公司是我国中部省份的一家房地产开发公司。近年来，随着当地经济的迅速增长，房产需求强劲，公司飞速发展，规模持续扩大，逐步发展为一家中型房地产公司。随着公司的发展壮大，员工人数大量增加，众多的组织和人力资源治理问题逐渐凸显出来。

公司现有的组织结构是基于创业时的公司规划，随着业务扩张的需要逐渐而形成的，在运行的过程中，组织与业务上的矛盾已经逐渐凸显出来。部门之间、职位之间的职责与权限缺乏明确的界定，推诿的现象不断发生；有的部门抱怨事情太多，人手不够，任务不能按时按质按量完成；有的部门又觉得人员冗杂，人浮于事，效率低下。

公司的人员招聘方面，用人部门给出的招聘标准往往含糊，招聘主管往往无法准确地加以理解，使得招来的人大多差强人意。同时目前的许多岗位不能做到人事匹配，员工的能力不能得到充分发挥，严重挫伤了士气，影响工作效果。公司员工的晋升决策以前由总经理直接做出。现在公司规模大了，总经理已经几乎没有时间来与基层员工和部门主管打交道，基层员工和部门主管的晋升只能根据部门经理的意见做出。而在晋升中，上级与下属的私人感情成为决定性的因素，有才干的人往往却并不能得到提升。因此，许多的优秀员工看不到自己未来的前途而另寻高就。在激励机制方面，公司缺乏科学的绩效考核和薪酬制度，考核中的主观性和随意性非常严重，员工的报酬不能体现其价值与能力，人力资源部经常可以听到大家对薪酬的抱怨和不满，这也是人才流失的重要原因。

面对这样严重的形势，人力资源部开始着手进行人力资源治理的变革，变革首先从进行职位分析、确定职位价值开始。职位分析、职位评价究竟如何开展，如何抓住职位分析、职位评价过程中的要害点，为公司本次组织变革提供有效地信息支持和基础保证是摆在A公司面前的重要课题。

首先，他们开始寻找进行职位分析的工具和技术。在阅读看国内目前流行的基本职位分析书籍之后，他们从中选取了一份职位分析问卷来作为收集职位信息的工具。然后，人力资源部将问卷发放到了各个部门经理手中，同时他们还在公司的内部网上也发了一份关于开展问卷调查的通知，要求各部门配合人力资源部的问卷调查。

据反映，问卷在下放到各部门后却一直搁置在各部门经理手中，而没有下发下去。很多部门是直到人力资源部开始催收时才把问卷发放到每个人手中。同时，由于大家都很忙，很多人在拿到问卷之后，都是没有时间仔细思考，草草填完了事。还有很多人在外地出差或者任务缠身，自己无法填写而由同事代笔。此外，据一些较为重视这次调查的人反映，大家都不了解这次问卷调查的意图，也不理解问卷中那些生疏的治理术语。很多人就疑难问题向人力资源部进行询问,可是也不知道具体该找谁。因此,在问卷回答时只能凭借自己个人的理解来填写,无法把握填写的规范和标准。一个星期后,人力资源部收回了问卷。但他们发现,问卷填写的效果不太理想,有一部分问卷填写不全,一部分问卷答非所问,还有一部分问卷根本没收上来。辛劳调查的结果却没有发挥它应有的价值。

与此同时,人力资源部也着手选取一些职位的员工进行访谈。但在试着访谈了几个员工之后,发现访谈的效果也不好。因为,在人力资源部,能够对部门经理访谈的只有人力资源部经理一人,主管和一般员工都无法与其他部门经理进行沟通。同时,由于经理们都很忙,能够把双方凑到一块,实在不容易。因此,两个星期过去了,只访谈了两个部门经理。

人力资源部的几位主管负责对经理级以下的人员进行访谈,但在访谈中,出现的情况却出乎意料。大部分时间都是被访谈人在发牢骚,指责公司的治理问题,抱怨自己的待遇不公等,而在分析相关的内容时,被访谈人往往又言辞闪烁,顾左右而言他,访谈结束后,访谈人都反映对该职位的熟悉还是停留在模糊的阶段。这样持续了两个星期,访谈了大概1/3的职位。人力资源部经理认为时间不能再拖延下去了,因此决定开始进入下一个阶段——撰写职位说明书。

可这时,各职位的信息收集却还不完全。怎么办呢?人力资源部在无奈之中,不得不另觅他途。于是,他们通过各种途径从其他公司收集了许多职位说明书,试图以此作为参照,结合问卷和访谈收集的一些信息来撰写职位说明书。

在撰写阶段,人力资源部还成立了几个小组,每个小组专门负责起草某一部门的职位说明,并规定在两个星期内完成任务。在起草职位说明书的过程中,人力资源部的每个人颇感为难,一方面不了解别的部门的工作,而问卷和访谈提供的信息又不准确;另一方面,大家又缺乏写职位说明书的经验。因此,写起来都觉得很费劲。规定的时间快到了,很多人为了交稿不得不急急忙忙,东拼西凑了一些材料,再结合自己的判定,最后成稿。

最后,职位说明书终于出台了。然后,人力资源部将成稿的职位说明书下发到各个部门,同时,还下发了一份文件,要求各部门按照新的职位说明书来界定工作范围,并按照其中规定的任职条件来进行人员的招聘、选拔和任用。但这却引起了其他部门的强烈反对,很多一线部门的治理人员甚至公开指责人力资源部,说人力资源部的职位说明书是一堆垃圾,完全不符合实际情况。

于是,人力资源部与相关部门召开了一次会议来推动职位说明书的应用。人力资源部经理本来是想通过会议来说服各部门支持这次项目。但结果却恰恰相反,在会上,人力资源部遭到了各部门的一致批评。同时,人力资源部由于对其他部门不了解,对其他部门所提出的很多问题也无法进行解释和反驳,因此,会议的最终结论是,让人力资源部重新编写职位说明书。后来,经过多次重写和修改,职位说明书始终无法令人满意。最后,职位分析项目不了了之。

人力资源部的员工在经历了这次失败的项目后,对职位分析彻底丧失了信心。他们认为,职位分析只不过是"雾里看花,水中望月"的东西,说起来挺好,实际上没什么大用,而且认为职位分析只能针对西方国家那些先进的大公司,拿到中国的企业来,根本行不通。原来雄心勃勃的人力资源部经理也变得灰心丧气,但他却对这次失败耿耿于怀,对项目失败的原因也是百思不得其解。

(资料来源:萧鸣政.工作分析的方法与技术(第3版).北京:中国人民大学出版社,2010)

思考题：

1. 该公司为什么决定从职位分析入手来实施变革？
2. 试分析该公司在职位分析项目的组织与实施过程中存在着哪些问题。
3. 试分析该公司所采用的职位分析工具和方法的特点及其应该注意事项。

实训设计

一、实训项目

为某岗位撰写职务说明书，并写出工作分析报告。

二、实训目的

通过本次实训，使参与者对工作分析的整个过程有一个较强的实践认知，培养其全局观念和动手能力，使其有进一步把握工作分析在人力资源管理中的作用，为后续学习的开展奠定基础。

三、实训要求

1. 以 5～8 人为一组选择某一岗位为目标对象；
2. 明确小组各成员在工作分析过程中的工作安排及分工情况；
3. 运用至少 2 种工作分析方法对岗位的信息进行收集，形成相关资料；
4. 各组派出一名代表汇报本小组的工作成果和工作分析报告。

第 4 章 招聘与录用

本章学习要点

- 人员招聘的目标和原则
- 招聘录用工作的一般程序
- 内部招聘和外部招聘的利弊
- 选拔录用的程序
- 人员测试与面试技术的使用

引入案例

丰田的全面招聘体系

丰田公司著名的"看板生产系统"和"全面质量管理"体系名扬天下，但是其行之有效的"全面招聘体系"鲜为人知，正如许多日本公司一样，丰田公司花费大量的人力物力寻求企业需要的人才，用精挑细选来形容一点也不过分。

丰田公司全面招聘体系的目的就是招聘最优秀的有责任感的员工，为此公司做出了极大的努力。丰田公司全面招聘体系大体上可以分成 6 大阶段，前 5 个阶段招聘大约要持续 5～6 天。

第一阶段，丰田公司通常会委托专业的职业招聘机构，进行初步的筛选。应聘人员一般会观看丰田公司的工作环境和工作内容的录像资料，同时了解丰田公司的全面招聘体系，随后填写工作申请表。1 个小时的录像可以使应聘人员对丰田公司的具体工作情况有个概括了解，初步感受工作岗位的要求，同时也是应聘人员自我评估和选择的过程，许多应聘人员知难而退。专业招聘机构也会根据应聘人员的工作申请表和具体的能力和经验做初步筛选。

第二阶段是评估员工的技术知识和工作潜能。通常会要求员工进行基本能力和职业态度心理测试，评估员工解决问题的能力、学习能力和潜能，以及职业兴趣爱好。如果是技术岗位工作的应聘人员，更加需要进行 6 个小时的现场实际机器和工具操作测试。

通过前两阶段的应聘者的有关资料转入的丰田公司。

第三阶段，丰田公司接手有关的招聘工作。本阶段主要是评价员工的人际关系能力和决策能力。应聘人员在公司的评估中心参加一个4小时的小组讨论，讨论的过程由丰田公司的招聘专家即时观察评估，比较典型的小组讨论可能是应聘人员组成一个小组，讨论未来几年汽车的主要特征是什么。实际问题的解决可以考察应聘者的洞察力、灵活性和创造力。同样在第三阶段应聘者需要参加5个小时的实际汽车生产线的模拟操作。在模拟过程中，应聘人员需要组成项目小组，负担起计划和管理的职能，比如如何生产一种零配件、人员分工、材料采购、资金运用、计划管理、生产过程等一系列生产考虑因素的有效运用。

第四阶段，应聘人员需要参加一个1小时的集体面试，分别向丰田的招聘专家谈论自己取得过的成就，这样可以使丰田的招聘专家更加全面地了解应聘人员的兴趣和爱好，他们以什么为荣，什么样的事业才能使应聘员工兴奋，更好地做出工作岗位安排和职业生涯计划。在此阶段也可以进一步了解员工的小组互动能力。

通过以上四个阶段，员工基本上被丰田公司录用，但是员工需要参加第五阶段——一个25小时的全面身体检查。了解员工的身体一般状况和特别的情况，如是否有酗酒、药物滥用的问题。

最后在第六阶段，新员工需要接受6个月的工作表现和发展潜能评估，新员工会接受监控、观察、督导等方面严密的关注和培训。

（资料来源：作者根据相关资料整理）

丰田的全面招聘体系使我们理解了如何把招聘工作与未来员工的工作表现紧密结合起来。从全面招聘体系中我们可以看出，首先，丰田公司招聘的是具有良好人际关系的员工，因为公司非常注重团队精神；其次，丰田公司生产体系的中心点就是品质，因此需要员工对于高品质的工作进行承诺；再次，公司强调工作的持续改善，这也是为什么丰田公司需要招收聪明和有过良好教育的员工，基本能力和职业态度心理测试以及解决问题能力模拟测试都有助于良好的员工队伍形成。正如丰田公司的高层经理所说：受过良好教育的员工，必然在模拟考核中取得优异成绩。

4.1 人员招聘概述

企业的生存和发展需要充足的人员供给，为了满足人力资源需求，企业需要利用各种招聘渠道发布招聘信息，并选择合适的方法和工具甄选人才。

4.1.1 人员招聘的概念

人员招聘就是企业采取一些科学的方法寻找、吸引应聘者，并从中选出企业需要的人员予以录用的过程。它包括征召、甄选和录用三个阶段。

人员招聘作为一种科学管理活动，早在泰罗的科学管理时代就已经出现，那时已经创造了招聘、甄选、工作分析等工作。这些工作一直是人力资源管理的具体业务活动，是人力资源管理的基础和主要职能。不管是新企业，还是老企业，都要进行员工招聘。因为对于企业的员工来说，随着组织环境和组织结构的变化，员工的素质也在不断的变化，因此，员工要不断更换，老的退休、不合格的解雇。具体来说，员工招聘工作主要在以下几种情况下提出：

(1)新组建一个企业；

(2)原有企业由于业务发展,而人手不够;

(3)员工队伍结构不合理,在裁减多余人员的同时,需要及时补充短缺专业人才;

(4)企业内部由于原有员工的调任、离职、退休或死伤出现职位空缺。

总之,人力资源部门需要不断吸收新生力量,为组织不断适应市场的发展需要提供可靠的人力保障。

4.1.2 人员招聘的意义

1. 招聘是企业获取人力资源的重要手段

企业只有通过人员招聘才能获得人力资源,尤其是对新成立的企业来说,人员的招聘更是企业成败的关键。如果企业无法招聘到合乎企业发展目标的员工,企业在物质、资金、时间上的投入就会浪费,完不成企业最初的人员配置,企业就无法进入运营。对已经处于运作之中的企业来说,人力资源的使用和配置,也因企业的战略、经营目标、计划与任务以及组织机构的变动和自然原因而处于经常的变动之中。因此,招聘工作对企业来说是经常性的。招聘的目标就是保证企业能够吸引到合适的人力资源,获得到充足的人力资源供应,使企业的人力资源得到高效配置,从而提高人力资源的投资效益。

2. 招聘与录用是整个企业人力资源管理工作的基础

一方面,人员招聘工作直接关系到企业人力资源的形成。另一方面,招聘与录用是人力资源管理中其他工作的基础。企业人力资源管理所包括的各个环节,从招聘、培训、绩效考核、薪酬到人力资源保护、劳动关系、奖惩与激励制度等环节中,人员的招聘与录用是基础。如果招聘和录用的人员不能够胜任,或不能满足企业要求,那么,企业人力资源管理的工作效益就得不到提高。各项工作得的难度将增加。

3. 招聘与录用是人力资源投资的重要形式

从人力资源投资的角度出发,招聘与录用也是企业人力资源投资的重要形式。人员的招聘与录用无疑将花费企业的费用。如果人员招聘与录用工作出现失误,对企业产生的影响将是极大的。例如,录用的生产线的员工如果不符合标准,就可能要花费额外的精力去进行培训;与客户打交道的员工如果缺乏技巧,就可能使企业丧失商业机会;在工作团队中,如果招聘来的人员缺乏人际交往技能,就会打乱整个团队的工作节奏和产出效益,等等。因此,如果企业的招聘与录用工作的质量高,一方面能为企业招聘到优秀人员,而且也能为企业减少由于录用人员不当所带来的损失。

4. 招聘与录用能够提高企业的声誉

招聘与录用工作需要严密的策划,一次好的招聘策划与活动,一方面,可以吸引众多的求职者,为求职者提供一个充分认识自己的机会;另一方面,既是企业树立良好的公众形象的机会,也是企业一次好的广告宣传。成功的招聘与录用活动,将能够使企业在求职者心中、公众心目中留下美好的印象。

5. 招聘与录用能够提高员工的士气

当企业在不断发展的时期,自然会产生一些空缺职位,企业需要从外部寻找合适的人选来填补空缺,使企业的发展不至于受到限制。一方面,引进“新”员工可以带来新的思想,使员工队伍具有新的活力;另一方面,也为“老”员工带来新的竞争,使他们在招聘的岗位上获得新的挑战机会。

人员的招聘和选拔无疑是企业成败的关键,企业的竞争说到底就是人才的竞争,每个企业都已经越来越意识到，拥有创造企业核心竞争力的人才对自己的重要意义，不怪乎比尔·盖茨曾经说过："如果让微软最优秀的二十个人离开公司，那么微软将会变成一家无足轻重的公司。"

对于一家新成立的企业，人员的招聘和选拔无疑是企业成败的关键。如果不能招募到符合企业发展目标需要的员工，企业在物质、资金、时间上的投入就会因为缺少合适的人去利用这些资源而成为浪费。如果不能满足企业最初的人员配置，就无法进入正常的运营。

对于已经处于运作阶段的企业，由于企业目标任务的变化和人员的变化以及外部环境的影响，招聘选拔工作仍然是一项关键的工作。企业在其运作过程中需要持续地获得符合企业需要的人才。而且，人才的竞争在企业之间也是十分激烈的，而成功的招聘选拔工作则是使企业在这场竞争中处于不败之地的前提条件。

实务指南 4-1　**招聘活动的 6R 目标**

众多学者认为，良好地招聘活动应该有 6 个基本目标：

(1)Right time：恰当的时间，即在适当的时间内，为企业招聘到合适的人选；

(2)Right area：恰当的范围，即在合适的范围内，吸引到企业所需的人员；

(3)Right source：恰当的来源，即通过适当的渠道找到能岗匹配的人员；

(4)Right information：恰当的信息，即给予应聘者关于岗位和企业的恰当信息；

(5)Right people：恰当的人选，即在数量和质量两方面吸引合适的人员；

(6)Right cost：恰当的成本，即通过低成本高质量完成招聘环节的工作。

4.1.3　人员招聘的原则

1. 公开招聘的原则

招聘信息、招聘方法应公之于众。这样做，一方面，可将录用工作置于公开监督之下，以防止不正之风；另一方面，可吸引大批的应聘者，从而有利于找到一流的人才。

2. 平等竞争的原则

对所有应聘者应一视同仁，不得人为地制造各种不平等的限制。要通过考核、竞争选拔人才，"赛马不相马"。以严格的标准，科学的方法对候选人进行测评，根据测评的结果确定人选，来创造一个公平竞争的环境，这样既可以选出真正优秀的人，又可激励其他员工积极向上，减少"相马"的主观片面性。

3. 效率优先的原则

即以尽可能少的招聘成本录用到合适的人员。选择最适合的招聘渠道、考核手段，在保证任职人员质量的基础上节约招聘费用，避免长期职位空缺造成的损失。

4. 双向选择的原则

它是指企业根据职位说明书的要求自主地选择需要的员工，同时劳动者也可根据自己的条件自主地选择职业。在招聘过程中，招聘者不能以主观意志为转移，只一味地去选择，更要考虑所需人员的需求，创造吸引他们的条件，使他们愿意为企业工作。

4.2 人员招聘的程序和方式

4.2.1 人员招聘的程序

招聘程序是指从出现职位空缺到候选人正式进入公司工作的整个过程。这个过程通常包括识别职位空缺、确定招聘策略、招聘、甄选、试用、招聘评估等一系列环节。

1. 招聘需求分析

根据企业的人力资源规划，在掌握有关各类人员的需求信息，明确哪些职位空缺的情况后，人力资源管理部门要考虑招聘是否是最好的方法。因为除了招聘，企业还可以通过以下方式解决问题：

(1)现有人员加班。如果工作任务是阶段性的，招聘正式员工近来会在短期繁忙阶段过去后出现冗员。现有人员适当加班就可以解决的问题就不必再招聘新人了。

(2)工作的重新设计。有些人手上的不足是由于工作流程的不合理或者工作的分配不合理造成的。这时对工作不合理的地方进行再设计，人手的问题就迎刃而解了。

(3)将某些工作外包。一些非核心的工作任务是可以外包给其他机构去做的，这样就可以免去招聘人员的麻烦，而且减轻管理的负担。

如果企业根据实际情况认为招聘是一个最佳方式的话，就要编制招聘计划了(见表4.1)。招聘计划包括：招聘人数、招聘标准、招聘对象、招聘时间和招聘预算等。在招聘过程中，企业必须吸引到比空缺职位更多的求职者。但究竟吸引到的应聘者应该比录用的人数多多少才合适，需要计算投入—产出的比例。投入是指全部应聘者的数量，而产出则是招聘结束后最终到企业报到的人数。估算投入—产出比例的有用工具是招聘产出金字塔，如图4.1所示。

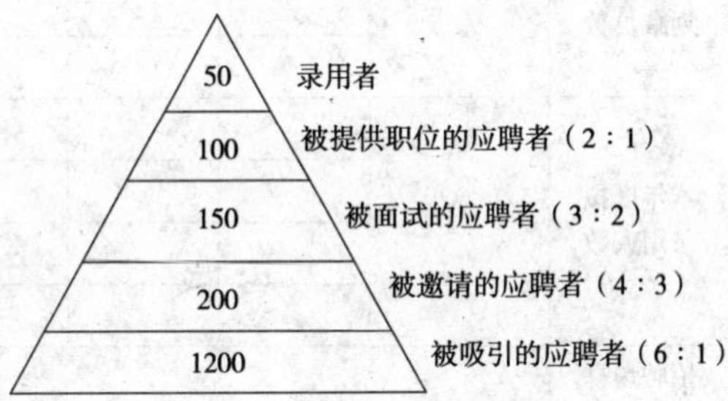

图4.1 招聘产出金字塔

实务指南4-2　　招聘产出金字塔

一家企业需要在明年招聘50名初级水平的财务会计人员。同时，企业也知道，最近在劳动力市场上一般被提供职位的人有一半的人可能不到企业报到，即发出通知的人数与录用的人数比例为2∶1。而被面谈的应聘者和被提供职位的应聘者的比例为3∶2，即参加面谈的应聘者中3个有2个被挑选。而被邀请参加面谈的人与实际被面谈人的比例为4∶3，即4个被邀请参加面谈的应聘者只有3个参加了面谈。这些被邀请参加面谈的人又是从最初的被吸引的应聘者中产生出来的，假设其比例为6∶1，即从各种招聘途径被企业吸引到的应聘者中间，6个申请者中可以挑选1名被邀请面谈。那么，这个企业最初被吸引的应聘者应为1200人。

当然，在不同国家、不同的时期，甚至在同一国家的不同地区，每一步的产出率都是不一样的。这些比例的变化与劳动力市场供给有很大的关系。劳动力供给越充足，比例会越小；反之，亦然。需要的劳动力素质越高，产出比例越小。这些比例也是要不断的调整，如在招聘广告中如果招聘要求说明得非常详细，那么就可以提高应聘阶段的产出率，因为详细的说明会使一些不合格的潜在申请者对自己进行自我淘汰。

表 4.1　某公司人事部年度招聘计划报批表

部门有关情况	录用部门	录用职位概况				考试方法和其他		
		职位名称	人数	专业	资格条件	考试方法	招考范围	招考对象
公司核定的编制数								
年度缺编人数								
本年度计划减员数								
本年度拟录用人数								
招聘预算								
备　注								

年　　月　　日

2. 制定招聘策略

招聘策略是为了实现招聘计划而采取的具体策略，具体包括招聘地点的选择、招聘时间的确定、招聘渠道和方法的选择、招聘的宣传策略、招聘预算等。

(1)招聘地点的选择。为了节省费用，企业应将其招聘的地理位置限制在最能产生效果的劳动力市场上。一般来说，高级管理人员倾向于在全国范围内招聘；中级管理人员和专业技术人员通常在跨地区的劳动力时常上招聘；操作工人和办事人员常常在企业所在地的劳动力市场上招聘。企业之所以在这样的地理范围内进行招聘，是因为在不同范围内的市场提供的劳动力素质是不同的。

(2)招聘时间的确定。这是指为保证新聘人员准时上岗，在什么时间开始招聘工作最合适。一般来说，招聘日期的具体计算公式为：

招聘日期＝用人日期－准备周期

＝用人日期－培训周期－招聘周期

式中培训周期是指新招员工进行上岗培训的时间；招聘周期指从开始报名、确定候选人名单、面试直到最后录用的全部时间。

(3)招聘渠道和方法的选择。任何一种确定的招聘方案，对应聘者的来源渠道，以及企业应采取的招聘方法都应作出选择。这是招聘策略中的主要部分，在后面将进一步介绍。

(4)招聘中的宣传策略。在招聘过程中，企业一方面需要吸引更多的有效应聘者，增加甄选的余地并且减轻工作负担，还要从人力资源战略管理的角度出发考虑员工的稳定性；另一方面还必须利用招聘的过程进行积极的企业形象或者声誉的宣传活动。为了在招聘中达到这些目标，企业不仅需要提供包括职位薪水、工作类型、工作安全感、晋升机会等与职位相关的信息，还要让求职者了解企业的文化、管理方式、工作条件、同事、工作时间等企业信息。只有准确、有效的传达了这些信息，求职者才会在评价自身的基础上思考自己是否适合这样的工作，这就在企业甄选之前由求职者自己完成了一个自我甄选的过程。

3. 人员的甄选和评价

甄选候选人是招聘过程的一个重要组成部分，其目的是将不合乎职位要求的求职者排除掉，最终选拔出最符合企业要求的人员。职位说明书是甄选的基础，也就是说，以职位说明书中所要求的知识、技术和能力来判断候选人的资格。

4. 录用与试用

对经过甄选合格的求职者，应作出录用决策。通知被录用者可以通过电话或信函进行联系，联系时要讲清企业向被录用者提供的职位、工作职责和月薪等，并讲清楚报到时间、报到地点及报到应注意的事项等。

对决定录用的人员，在签订劳动合同以后，要有3～6个月的试用期，如果试用合格，试用期满便按劳动合同规定享有正式合同工的权利和责任。

5. 招聘评估

这是招聘工作的最后一项工作。一般来说，评估工作主要从人员的数量、质量、招聘效率等方面来进行，包括招聘成本评估与招聘工作评估两项内容。研究表明，通过不同的招聘渠道和方法，产生的招聘效果是不同的。用不同的方法招聘进来的员工也可能表现出不同的工作绩效、不同的流失率、不同的缺勤率。如果对招聘工作进行及时评估就可能找到招聘工作中可能存在的问题，从而适时地对招聘工作进行修整，提高下一轮的招聘工作质量。

(1)招聘成本评估。招聘成本评估是指对招聘中的费用进行调查、核实，并对照预算进行评价的过程。招聘成本评估是鉴定招聘效率的一个重要指标，如果成本低，录用人员质量高，就意味着招聘效率高；反之，则意味着招聘效率低。相同的招聘成本水平，如果录用的人数多或录用人员的素质高，也意味着招聘效率高；反之，意味着招聘效率低。

招聘预算费用包括招聘广告费(或中介机构费用)、招聘测试费、体格检查费和其他费用，一般来说按4∶3∶2∶1比例分配预算较为合理。在招聘工作结束之后，要对实际的招聘费用进行度量、审核和计算，并与预算经费进行对比，就可以知道是否符合预算以及主要差异出现在哪些环节上。

(2)招聘工作评估。招聘工作评估就是对招聘过程中的工作要项进行评估，它是判断招聘工作质量的另一个重要指标。具体来说，招聘工作评估包括征召评估和甄选评估两项工作。

最后在做完了所有工作后，就要撰写招聘总结。招聘总结由招聘主要负责人撰写，并要真实地反映招聘的全过程，明确指出招聘成功之处和失败之处。

知识链接 4-1

图 4.2 所示为一个典型的招聘流程。

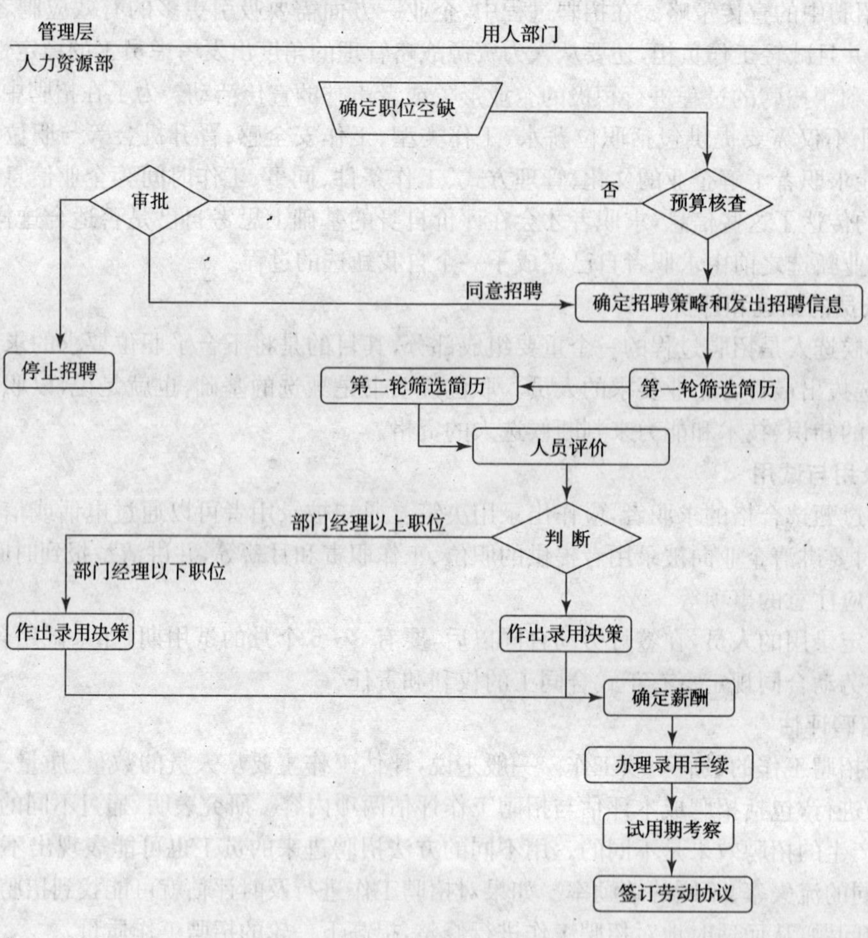

图 4.2 一个典型的招聘流程

4.2.2 招聘渠道和方式

在企业进行了人力资源的需求与供给预测后，就要根据所获得的这些信息进行具体的招聘工作了。招聘工作的成败，很大程度上取决于有多少人来应聘以及应聘者的素质如何，有针对性地吸引更多目标群体来应聘是招聘工作的目标。

招聘候选人的途径有两种：内部招聘和外部招聘。从表 4.2 可以看到，内部招聘和外部招聘各有长短，具体的使用要根据企业的战略计划、招聘岗位、上岗速度以及经营环境等综合考虑。例如，通用电气数十年来一直都从内部选拔 CEO，而 IBM、HP 等公司则多从外部征聘 CEO，因而哪种招聘途径更好并没有标准答案。

表 4.2　内部招聘与外部招聘的利弊

	内部招聘	外部招聘
优点	1. 了解全面，准确性高 2. 可鼓舞士气，激励员工进取 3. 应聘者可更快适应工作 4. 使组织培训投资得到回报 5. 选择费用低	1. 人员来源广，选择余地大，有利于招到一流人才 2. 新员工能带来新技术、新思想、新方法 3. 当内部有多人竞争而难作出决策时，向外部招聘可在一定程度上平息或缓和内部竞争者之间的矛盾 4. 人才现成，节省培训投资费
缺点	1. 来源局限于企业内，水平有限 2. 容易造成“近亲繁殖”，出现思维和行为定势 3. 可能会因操作不公或员工心理原因造成内部矛盾	1. 不了解企业情况，进入角色慢，较难融入企业文化 2. 对应聘者了解少，可能招错人 3. 内部员工得不到机会，积极性可能受到影响

1. 内部招聘的渠道和方法

内部招聘候选人的来源主要有：公开招聘、晋升、平级调动、岗位轮换、重新雇用或召回以前的员工等。其中，公开招聘是面向企业全体员工，晋升、平级调动和岗位轮换则局限于部分员工，重新雇用或召回以前的员工就是吸引那些因企业不景气等原因而被企业裁撤的人或者在竞争中被暂时淘汰的人。

内部招聘的方法主要有职业生涯开发系统和公告征召两种。

(1)职业生涯开发系统。职业生涯开发系统就是针对特定的工作岗位，在企业内挑选出最合适的候选人，将他们置于职业生涯路径上接受培养或训练。这种方式的优点能够帮助企业留住企业的核心人才，而核心人才对于企业来说，是一种不可替代的竞争力来源，所以这一点对企业就显得格外重要。并且它还有助于确保在某个重要职位出现空缺时，及时填补上合格的人员，而这可以使企业避免由于重要职位上的人员突然离职而带来的损失。但是职业生涯开发系统潜在的问题就在于它在对企业核心人才的培养的同时可能忽视那些未被选中的人员，这可能会对他们产生负激励作用，企业可能也会因此失去一些优秀的员工。另外如果目标职位一直不出现空缺，那么就可能会使被选中的人员由于期望没有兑现而感到灰心。

目前，一些企业为避免职业生涯开发系统对未被选中员工带来的负面影响，借助计算机化的技能清单资料提供的信息来完善对员工的挑选。这样，既保证了企业时刻能找到最适合的人才，又可以避免未选上的员工丧失工作积极性。

技能清单包括员工的资格、技能、智力、教育和培训等方面的信息。通过计算机录入信息并对这些信息进行及时的更新，全面和及时地反映所有员工的最新技能状况。

实务指南 4-3　技能清单的使用

首先，人力资源管理部门可以通过对个人记录进行查寻，总结所有员工的资料。这样可以发现那些所受教育和具备的技能低于现在的职位的人，也可以发现那些有进一步培训潜力的人或者那些恰恰有空缺职位所需要的资格的人。人力资源管理部门可以运用计算机建立资料库来开展这项工作。然后，企业建立技能银行，也就是技能资料库。在这种银行里，可以设置许多技能项目，如“微波通信工程师”项目之下，有所有那些接受过相关教育或者有相关经历的人的有关信息。对于这些信息可以根据日常的变化作以调整。我们可以惊奇的发现，其实一些员工不需要从外部招聘，原来企业已经有了，而由于信息的不通畅没有发现而已。

(2)公告征召。公告征召是一种向员工通告现在企业内部职位空缺以进行内部招聘的方法。公告中应描述工作职位责任和义务、工资水平、工作日程和必要的资格条件，并告知与这次公告相关的信息，如公告的日期和截止申请日期、申请的程序、测试内容和联系方式等，所有认为具备资格的员工都可以申请该职位，通过投标选出最合适的人选。公告征召给员工提供了一个平等竞争的机会，让员工看到了可能的晋升机会，这样他们就会更加努力提高自己的工作绩效了。同时，公告征召还确保了企业内最适合的员工有机会从事该项工作。公告是面向全体员工的，所以职位候选人的范围会更广，从而保证选择的效果。但是这种方法的也有很多的缺点，比如这种方式比较费时，职位候选人广导致招聘花费的时间往往会很长。企业内部可能还会缺乏一定的稳定性，如，有的员工由于不明确方向而跳来跳去。

2. 外部招聘的渠道和方法

(1)广告。广告是通过广播电视、报纸、网络或行业出版物等媒体向公众传送企业的就业需求信息。广告可能是能够最广泛地通知潜在求职者工作空缺的办法。借助不同的媒体作广告会带来非常不同的效果，企业所要招聘的职位类型决定了哪种媒体是最好的选择。

①招聘广告的种类。

a. 报纸。报纸的优点在于它的发行量大，广告的大小可以灵活选择，发行范围集中在一个特定的区域。由于报纸将栏目分类编排，有专门的求职类型的报纸或版面，不容易被积极的求职者忽视，利于他们查找。但是由于发行对象无特定性，会带来大量水平参差不齐的应聘者或应聘者资料，增加人力资源部门的工作负担。而报纸保留的时间较短，很多报纸只能在某一天内被人看到，又导致潜在的候选人可能会错过这个时间没有看到。并且报纸的纸质和印刷质量会对广告的设计造成限制。因而广告适用于想在某个特定地区招聘一些短期内就需要补充上空缺职位的企业。如果企业所在行业或空缺职位具有高流失率的特点，地方报纸往往是最好的选择。

在进行报纸广告之前，应该了解当地有什么报纸，各家报纸的发行数量并且要了解它的受众群体情况。一个媒体的受众是哪些人远比它的受众人数有多少更为重要，因为这会关系到有多少潜在的职位候选人在看广告。另外，要考虑广告的版面大小。一般大版面要比小版面更吸引人，但研究表明，小版面通常也能够吸引相当于大版面的70%～80%的读者注意，企业要根据自身的情况加以选择。

b. 杂志。杂志的优点在于接触目标群体的概率比较大，便于保存，能够在较长时间内被看到。并且纸质和印刷质量好，可以产生较强的视觉冲击力。杂志的缺点是，每期的发行时间间隔较长，地域范围较分散，广告的预约期较长。针对杂志的特点，企业可以在空缺职位非迫切补充，职位候选人集中在某专业领域时使用，这时选择该专业领域较广泛阅读的杂志会比较适用。

c. 广播电视。广播电视最不容易被人忽视，能够更好地让那些不是很积极的求职者了解到招聘信息。而且，广播电视较强的视听感觉比印刷广告更能有效地渲染雇用气氛。如果选择在黄金时段则受众人数众多，容易给人留下深刻印象。但广播电视的成本较高，并且持续时间短，不能查阅。但是当招聘处于竞争的情况下，急需扩大影响，将企业形象的宣传与人员招聘同时进行的时候，广播电视很容易达到这种效果。

d. 其他印刷品。海报、广告、招贴、传单、宣传旗帜、小册子、直接邮寄、随信附寄等都是在特殊的场合，例如展示会、招聘会或校园等有特别效果的方法。这些方法与其他招聘方法结合使用能够产生更高的效果。值得注意的是，要充分考虑印刷品发放的场合，以免街头发放带来的环境污染和损害企业形象。

②招聘广告的原则。招聘广告设计的原则可以概括为注意—兴趣—愿望—行动四原则，即AIDA(Attention-Interest-Desire-Action)原则。A代表广告要吸引人的注意；在报纸的分类广告中，由于广告密度很大，印刷得很紧凑的广告常常被忽略。如何让广告与众不同是要特别关心的问题。I是要发展应聘者对职位的兴趣，这种兴趣既要来自广告语的生动，又要从职位本身挖掘，如工作的挑战性、收入、地理位置等。D是要激起求职者申请空缺职位的愿望，这需要与求职者的需求紧密联系在一起，如职位的满足感、发展的机会、合作的气氛等。由于在发布广告之前已经对公司或职位要吸引的对象作了调查，撰写广告就是要针对这样对象的特点。A代表广告要有让人马上采取行动的力量，如"想要了解最新职位空缺，欢迎点击 WWW. XCOMPANY. COM"，这样的语言可以使对公司感兴趣的职位候选人看了后采取行动。

③招聘广告的内容。一般来说，招聘广告的内容包括：本企业的基本情况；招聘是否经过有关部门的批准；空缺职位的情况；申请者必须具备的条件；报名的时间、地点和联系方式；需要的证件及材料等。职位的情况可以参照职位说明书，但应该把职位情况转换成读者的角度加以介绍。

实务指南 4-4　**招聘广告举例**

1. 中外运—敦豪国际快件公司招聘广告

招聘职位名称：人力资源经理(分公司)

职责：

确保所有的人力资源战略和政策都能够与公司的业务发展相匹配。

确保对员工进行有效的培训以提高员工的质量。

通过对下属的甄选、培训、激励以及开发确保他们能够胜任当前以及未来的职责。

任职资格：

大学及大学以上教育程度。

人力资源领域五年以上工作经验，两年管理经验。

对国家政策和规章制度有全面了解。

良好的英语和计算机应用能力。

2. 朗讯科技(中国)有限公司招聘广告

职位名称：数据网络支持工程师(Data Network Support Engineer)

职责：

通过远程和现场方式的故障诊断以及修复向中国客户提供高水平的售后服务支持。

确保向客户提供高水平的技术建议。

任职资格：

具有在 LAN/WAN 内部网络环境下提供售后支持的经验。

客户管理能力：

良好的沟通和人际关系能力，包括口头和书面的英语和普通话熟练程度。

具有承担领导工作的动力和精力以及确认和解决具有挑战性技术问题的能力。

计算机科学方面的学士或硕士或同等资历者，主修通信或工程专业。

(2)人才招聘会。人才招聘会可以分为两大类:一类是专场招聘会,即只有一家公司举行的招聘会。专场招聘会是公司欲招聘大量人才或面向特定群体(如校园招聘会)时举行。另一类是非专场招聘会,即由某些人才中介机构组织的有多家单位参加的招聘会,通常是成百上千家单位参加的大型招聘会。

很多公司反映从招聘会中取得的收获甚微,其主要原因是没有做好充分的准备工作。他们没有应用营销策略,把公司很好的宣传出去。例如,用非常简易的纸板写着招聘职位的信息,没有任何宣传公司的迹象,招聘人员缺乏招聘知识等。因而,如果决定了以招聘会方式征召员工,那么就要做好下述准备工作:

①选择对自己有价值的招聘会。各种各样的招聘会繁多,要想选择到适合公司招聘职位的人才就要先选到恰当的招聘会。首先,要了解招聘会的档次,如果与其他参加的公司不属于同一个档次,来参加的应聘者就可能不会满足公司的需要或者公司无法满足应聘者的需要。其次,要看招聘会的组织者,组织者的组织能力、社会影响力、宣传力度等都将影响招聘会的声势以及参加的人员数量和质量。另外,应注意的是,招聘会的时间是否与其他的招聘会冲突,是否有竞争对手来参加。如果有竞争对手参加,而且竞争对手提供的条件要更胜一筹,就不要轻易同时参加招聘会,因为应聘者会更容易选择竞争对手。

②准备一个有吸引力的展位。参加招聘会对公司来讲也是一件具有挑战性的工作。因为只有自己的公司出类拔萃才能在招聘会竞争取胜。因此,如果有条件的话可以争取选择一个尽量好的位置,并且有一个比较大的空间。在制作展台方面最好请专业公司帮助设计,并留出富余时间,以便对设计不满意的地方进行修改。在展台上可以利用放像机或计算机投影等方式放映公司的宣传片。在展位的一角设置一个较安静的区域,公司的人员可以和有必要进行较为详细交谈的应聘者谈话。

③准备好会上所用的资料。在招聘会上,通常可以发放一些宣传品和登记表格。这些宣传品和登记表格要事先准备好,并要足量。如果准备一些小的纪念品,将会更受应聘者的喜欢。如一些印有公司标志和网址的笔、鼠标垫、钥匙扣等,或者制作精美的纸袋,将宣传资料放在里面。

④准备好相关的设备。在招聘会上必要时,可以使用电脑、投影仪、电视机、放像机、录像机、照相机等设备加强公司招聘的效果。这些设备要提前备好,并要注意现场是否有合适的电源。

⑤招聘人员应做的准备。参加招聘会的人员要实现做好充足的准备,对应聘者可能要提出的问题以及公司方面、职位方面、待遇方面等情况要了解清楚,并对所有的招聘人员统一、一致。招聘人员应该由人力资源部门和用人部门两方面人员共同组成,并设计好工作流程。

⑥与有关的协作方沟通联系。在招聘会开始之前,要与有关的协作方进行沟通。这些协作方包括招聘会的组织者、负责后勤事务的单位、还可能会有学校的负责部门等。在沟通中,一方面了解协作方的要求,另一方面提出需要协作方帮助的事项,以便早做准备。

在招聘会上,招聘人员代表着公司的整体形象,因而要时刻保持良好的精神风貌,不要在展台里交头接耳,目视应聘者,微笑礼貌的回答问题。展台前面不要有障碍物影响视线,把展台充分暴露在求职人员面前。不要在展台内使用手机,以免错过求职者。也不要在求职者走后对他们进行评论,这样对应聘者的不尊重会令其他的求职者也望而却步。招聘人员反应要迅速、果断,给求职者留下高效率的印象。

在招聘会后，要用最快的速度将收集到的简历整理出来，通过电话或电子邮件的方式与应聘者取得联系，防止由于反馈过慢而给求职者留下管理效率低下的印象和合适的应聘者被其他公司抢去。对公司满意的求职者，通知他们到公司来面试；对不合适的应聘者，也应该给他们一个答复，告诉他们虽然很遗憾这次没有适合他的职位，但他的个人信息已经进入了公司的人才库，有合适的职位时会主动与之联系。

(3)员工推荐。员工推荐是指员工从他们的朋友或相关的人中引荐求职者。这种方法特别是在缺乏某中技术人员的企业中十分有效。这种招聘技术可以使企业和应聘者双方能迅速了解，又节省招聘费用。推荐者通常会认为被推荐者的素质与他们自己有关，只有在保证其不会给自己带来坏的影响时才会主动推荐。因而罗宾斯认为，员工推荐是所有招聘来源中最好的一种。

(4)就业服务机构。社会上有各种就业服务机构，其中有人事部门开办的人才交流中心、劳动部门开办的职业介绍机构，还有一些私营的职业介绍机构。这些中介机构都是用人单位和求职者之间的桥梁，为用人单位推荐用人，为求职者推荐工作，同时也举办各种形式的人才交流会、洽谈会等。

一般看来，企业在以下三种情况下会愿意借助就业服务机构的力量来完成招聘工作：一是企业没有自己的人力资源管理部门，不能较快地进行人员招聘活动；二是某一特定职位需要立即有人填补；三是当企业发现自己去招聘有困难，比如招聘对象是目前仍在别的组织中工作的人，他们可能不太方便直接同当前组织的竞争对手接触，那么就可以通过就业服务机构来解决人员招聘问题。

企业要借助就业服务机构，首先，要选择一家好的就业机构，目前市场上的就业机构良莠不齐，选择一家正规合法、声望好、有实力的就业机构是重要的；其次，必须向他们提供一份精确而完整的工作说明，这有利于就业机构找到合适的人员；再次，要参与监督就业机构的工作。比如限定他们使用的甄选技术和方法，定期检查那些被就业机构接受或拒绝的候选人资料，以及时地发现他们工作不合意的地方。根据美国的经验，通过就业服务机构帮助获得的求职者主要是蓝领工人或低层次的管理者，很难获得专业技术人员和高级人才。从我国现实来看，也明显存在这样的问题。

(5)校园招聘。由于社会上有经验的员工数量有限，而且获取这些人才成本往往比较高，因此越来越多的企业瞄准了校园这个大市场。高校每年都有大量的毕业生走向社会，在他们当中有不少人会成为企业中最富有提升潜力的员工，无论在技术岗位上还是管理岗位上都是如此。

校园招聘的优点是，企业可以找到足够数量的高素质人才，而且新毕业学生的学习愿望和学习能力较强，可塑性很强；另外，与具有多年工作经验的人比起来新毕业学生薪酬较低。按校园征召也存在不足：学生没有工作经验，需要进行一定的培训；并且往往有过于理想化的期待，对于自身能力也有不现实的估计，容易对工作和企业产生不满；在毕业后的前几年一般有较高的更换工作率；在校园招聘需要经过系统的策划，在组织方面也需要付出较大的努力。

为了提高校园招聘的质量和效率，企业可以在以下几方面进行工作：第一，根据企业空缺职位情况选择好学校及学生群体；第二，与学校学生工作部门建立长期联系，为宣传企业，可以组织学生到企业实践，尽早相互了解，使他们在毕业时把本企业看做首选目标；第三，为优秀人才设立奖学金，设立的奖学金一般要针对企业所要获得的目标人才群体；第四，让企业形象经常出现在校园里，让学生知道企业了解企业，如赠送一些带有企业标识的纪念品和公共设施；第五，一旦决定录用就与学生签订协议，协议要明确双方的责任，尤其是违约的责任。并且要适当做好准备，留有备选名单，以便替换；第六，对学生感兴趣的问题做好准备。

个案分析 4-1　**IBM 的校园招聘**

实习生计划成为今后 IBM 校园招聘主要途径。IBM 公司在北京举行 2007 年“蓝色之路”大学生夏季实习计划闭幕仪式，500 余名参加实习计划的大学生拿到 IBM 的实习证书。他们将是 IBM 招聘“白纸人才”的直接人选。IBM 大中华区人力资源部人力资源招聘和人才规划管理总监白艳女士向记者表示，IBM 实习生计划将取代校园招聘。

据了解，“蓝色之路”学生实践计划每年一期，每期包括两个阶段——夏季实习阶段和春季实习阶段。参加春季实习的学生都是已经拿到 Offer 的学生。实习计划面向全国各大高校，主要针对“211 工程”的教育部重点大学。实习城市主要集中在北京、上海、广州，也包括沈阳、成都、西安、太原、石家庄等 IBM 有分公司的城市。招聘实习生最多的专业是计算机相关专业、经济管理相关专业、工程通信相关专业。

白艳女士介绍说，现在实习生计划已经成为 IBM 校园招聘的主要途径，2006 年的实习生聘用率达到了 70%，今年销售与服务等部门也将直接从实习生中确定 2008 年校园招聘的人选。“从学校到工作岗位，毕业生的角色转变不会一步到位，他们需要一个适应的过程，而实习生计划恰恰是解决这一问题的最好办法。我们为实习生量身定做了培训课程，这有助于年轻的学子们尽早熟悉社会，不论他们将来是否为 IBM 工作，都有利于他们适应新的工作环境。”

(6)猎头公司。猎头公司是指专门为企业招聘中级或高级管理人员或重要的专门人员的私人就业机构。由于人才的短缺，主动求职的愿望相对较低，并且他们已经有很好的工作，因此运用公开的招聘方法难以吸引他们。而猎头公司拥有自己的人才数据库，并经常主动去发现和寻找人才，还能够在整个搜寻和甄选过程中为企业保守秘密。所以，如果企业要征召一些核心员工，猎头公司的帮助是必不可少的。猎头公司服务费相对较高，一般是招聘职位年薪的 1/3～1/4。

企业在确定与猎头公司合作时，应该注意以下几个问题：第一，选择猎头公司时要对其资质进行考察，尽量与少数背景和声望较好的公司合作。第二，在与猎头公司合作时，要在开始时约定好双方的责任和义务，并就一些容易发生争议的问题实现达成共识，例如费用、时限、保证期承诺、后续责任等。第三，要让猎头公司充分了解企业对候选人的要求，确立对理想候选人的技能、经验和个性的理解。第四，猎头公司所推荐的人与原来工作的公司应该已经解除聘用关系，特别是设计到企业的技术开发人员，必须小心。第五，如果与一家信誉好、服务质量满意的猎头公司合作愉快的话，今后类似的招聘工作就可以继续与之合作，避免与过多的猎头公司合作。

总之，员工招聘的渠道和方法有很多种，只要善于动脑去思考，我们就会发现一些新的甚至是出其不意的方法。

4.3　人员测试与面试

找到人才用对人，是企业人力资源管理中的最重要工作之一。随着同行竞争越来越激励，工作的可选性增加，这些无疑都对招聘和甄选加大了难度。所以招聘和面试工作作为企业人力资源竞争的第一步，对企业的长远发展有着举足轻重的作用。系统掌握招聘与面试甄选技巧，为企业选拔优秀的人才是现代经理人必备的基本素质。

4.3.1　职业心理测试

职业心理测试就是传统心理测验用于人事领域或者人力资源方面，判定个别差异的工具。在控制情境的情况下，向被试提供一组标准化的刺激，以所引起的反应作为代表行为的样本，从而对个人行为作出评价。它是通过一系列手段，将人的某些心理特征数量化，以测量个人的智力水平和个性方面差异的一种科学测量方法，其结果是对个人能力和发展潜力的一种评定。

传统心理测试从内容上划分，可以分为个性测试、能力测试、职业兴趣测试；从形式上划分，可以分为纸笔测试、心理实验、投射测试、笔记分析测试等。而职业心理测试为了实用的需要，常常把传统心理测验按照特殊目的进行抽取、组合，并给予了新的名字。

1. 学业成就测试

学业成就测试(Academic Achievement Tests)是对经过训练所获得的某种知识、技能和成就的一种测试方法。所谓成就，即代表某种知识和技能的训练结果的水平。例如，学完一门专业课后，学生参加期末考试，这就是成就测验。通常适用于选拔专业技术人员、科研人员、以确定其是否具备特定招聘岗位所需要的专业理论知识和专业技能。因为这些工作的任职者必须具有某些确定的知识和技能，才能取得理想的工作绩效。如在选拔水电技工时，使用水电技工的专业成就测试就可以替公司选择最好的水电技工。

在实际工作中，各公司可根据工作分析的结果，编制适合本公司具体情况的学业成就测试，以便选聘合格的工作人员；或借用外部一些比较通用的学业成就测试及其成绩，比如说大学英语四六级考试、计算机等级考试成绩等来选聘求职人员。

2. 学业成就测试的种类

(1)按测验的标准划分——标准化测验与自编测验。

①标准化测验是由专家或专业的测验发行机构编制的，测验的设计、编制、实施、评分及分数解释等一系列过程都依据统一的标准而进行。标准化测验的试题取材广泛，题量多，涉及面广，具有较高的信度和效度。它的难度适中，区分度高，施测、评分等都按一定的标准进行，因而具有客观性、真实性等优点，是学业成就评价的主要方式之一。然而，标准化测验不易编制，有关的要求也比较高。

②自编测验是依据招聘岗位工作实际的需要，为对被试专业技术学习结果进行诊断而自行设计与编制的测验。它的编制较简单、灵活，使用范围广，可以针对不同情况的被试使用，有利于正确评价被试的学习成就。当然，自编测验也要遵循一定的规则，才能达到真实评价的目的。自编测验的信度和效度要求不如标准化测验那么严格。

(2)按测验题目的特性划分——客观式测验与主观式测验。

①测验的试题可以客观地记分，不受主观因素的影响，而且答案唯一，这样的测验叫客观式测验。客观式测验的试题形式多样，主要包括再认式的选择题、是非题、匹配题和再现式的

填空题、简答题等。客观式测验的优点是测试试题容易标准化，试题内容取材广泛，评分也客观公正，而且省时。不足之处是只能评价一般的学业成就，而对较复杂的学业成就问题解决中的创造性等能力则难以胜任，而且也易受被试猜测因素的影响。

②主观式测验是指传统的问答式测验，被试根据测验提出的问题自由作答。其中，论文式测验的优点是试题编制容易，被试可以充分表达自己对问题的理解和看法，可以有效地评价被试应用专业知识分析问题、理解问题、材料组织和应用等能力，而且被试回答的猜测因素较小。其缺点是取材范围有限，代表性不强，评分易受主观因素的影响，客观性不足，而且也很费时。

(3)按测验的形式划分——操作测验与纸笔测验。

①操作测验主要考查被试实际的动手操作能力及知识的应用和迁移能力。尤其在理、化、生学科方面比较突出。操作测验的准备和实施很费时，而且评分也困难，测试的条件不易控制。

②纸笔测验，指以书面形式的测验工具评价被试学业成就或认知能力发展状况的一种评价方式，可分为再认式测验(如是非题、选择题、匹配题等)和回忆式测验(如简答题等)。纸笔测验是招聘者了解被试分析和有效解决各类问题、语言材料的组织和表达能力的有效手段。

3. 标准化学业成就测试的编制

(1)拟订测验计划。根据测验目的，由许多人共同拟订测验计划，集中各种观点，使其具有广泛的代表性。具体的编题计划通常采用内容和行为目标双向细目表。

(2)编题。一般编题是由学科专家和测验专家进行评论、修改、再评论，如此反复，直至得到一套满意的题目为止。编写的题目应比需要的多出几倍(通常为三四倍)。

①试题的分布必须依据双向细目表，而且题目陈述的内容要有一定的代表性。

②试题题目的陈述要简明、扼要，突出重点。

③答案必须是公认的正确答案，应避免有争议答案的存在。

④各类试题应是相互独立的，在内容上不应有重叠。

(3)项目分析。通过试测进行项目分析。项目分析可以用经典测量理论方法，也可用项目反应理论方法。成就测验一般多用复本信度和分半信度作信度指标。成就测验的效度指标主要是内容效度。用于预测的成就测验，实证效度很重要。除常模分数外，有时还需要提供内容参照分数。最后是编写测验说明书(测验手册)，并制作各种辅助材料(如作答纸格式、剖析图、记分键等)，必要时还要为被试编写测验指南并提供一些模拟试题，这些对测验的有效使用是必不可少的。

(4)建立题库。对大规模使用的标准化成就测验，最好建立题库。建立题库应注意：

①测验的要求、内容、题型、格式必须定型；

②放在题库里的题目必须在与将来被试情况相一致的样本里试测过，而且难度和区分度等指标符合要求，同时要根据双向细目表做好分类、归档，以备随时检索、调用；

③题库要有一套好的管理和检索系统，题目可用题卡或电脑储存，并将题目的变化、使用情况、试测结果都记录在案。

4.3.2 职业兴趣测试

1. 什么是职业兴趣测试

职业兴趣测试(Vocational Interest Tests)是心理测试的一种方法，它可以表明一个人最感兴趣的并最可能从中得到满足的工作是什么，该测试是将个人兴趣与那些在某项工作中较成功的员工的兴趣进行比较。它是用于了解一个人的兴趣方向以及兴趣序列的一项测试。

主要的理论是霍兰德职业兴趣理论(personality-job fit theory),常用的技术方法有斯特朗·坎贝乐兴趣调查(Strong Campell Interest Inventory,SCII)、加利福尼亚职业爱好系统问卷(California Occupational Preference System,COPS)和库德职业爱好调查表(Kuder preference Record Vocational)等。本节侧重介绍霍兰德职业兴趣理论。

2. 霍兰德职业兴趣理论

(1)基本观点。约翰·霍兰德(John Holland)是美国约翰·霍普金斯大学心理学教授,美国著名的职业指导专家。他于1959年提出了具有广泛社会影响的职业兴趣理论。认为人的人格类型、兴趣与职业密切相关,兴趣是人们活动的巨大动力,凡是具有职业兴趣的职业,都可以提高人们的积极性,促使人们积极地、愉快地从事该职业,且职业兴趣与人格之间存在很高的相关性。霍兰德认为人格可分为社会型、企业型、常规型、实际型、调研型和艺术型六种类型。

(2)六种类型内容。

①社会型:(S)。Social Type,又称社交型。

共同特征:喜欢与人交往、不断结交新的朋友、善言谈、愿意教导别人。关心社会问题,渴望发挥自己的社会作用。寻求广泛的人际关系,比较看重社会义务和社会道德。

职业类型:喜欢要求与人打交道的工作,能够不断结交新的朋友,从事提供信息、启迪、帮助、培训、开发等事务,并具备相应能力。

典型职业:教育工作者(教师、教育行政人员)、社会工作者(如咨询人员、公关人员)等。

②企业型:(E)。Enterprising Type,又称商业型、事业型。

共同特征:追求权力、权威和物质财富,具有领导才能。喜欢竞争、敢冒风险、有野心、抱负。为人务实,习惯以利益得失,权利、地位、金钱等来衡量做事的价值,做事有较强的目的性。

职业类型:喜欢要求具备经营、管理、劝服、监督和领导才能,以实现机构、政治、社会及经济目标的工作,并具备相应的能力。

典型职业:项目经理、销售人员、营销管理人员、政府官员、企业领导、法官、律师等。

③常规型:(C)。Conventional Type,又称传统型、事务型。

共同特征:尊重权威和规章制度,喜欢按计划办事,细心、有条理,习惯接受他人的指挥和领导,自己不谋求领导职务。喜欢关注实际和细节情况,通常较为谨慎和保守,缺乏创造性,不喜欢冒险和竞争,富有自我牺牲精神。

职业类型:喜欢要求注意细节、精确度、有系统有条理,具有记录、归档、据特定要求或程序组织数据和文字信息的职业,并具备相应能力。

典型职业:秘书、办公室人员、记事员、会计、行政助理、图书馆管理员、出纳员、打字员、投资分析员等。

④实际型:(R)。Realistic Type,又称技能型、现实型。

共同特征:愿意使用工具从事操作性工作,动手能力强,做事手脚灵活,动作协调。偏好于具体任务,不善言辞,做事保守,较为谦虚。缺乏社交能力,通常喜欢独立做事。

职业类型:喜欢使用工具、机器,需要基本操作技能的工作。对要求具备机械方面才能、体力或从事与物件、机器、工具、运动器材、植物、动物相关的职业有兴趣,并具备相应能力。

典型职业:技术性职业(计算机硬件人员、摄影师、制图员、机械装配工),技能性职业(木匠、厨师、技工、修理工、农民、一般劳动)等。

⑤调研型:(I)。Investigative Type,又称研究型、探索型。

共同特征:思想家而非实干家,抽象思维能力强,求知欲强,肯动脑,善思考,不愿动手。喜欢独立的和富有创造性的工作。知识渊博,有学识才能,不善于领导他人。考虑问题理性,做事喜欢精确,喜欢逻辑分析和推理,不断探讨未知的领域。

职业类型:喜欢智力的、抽象的、分析的、独立的定向任务,要求具备智力或分析才能,并将其用于观察、估测、衡量、形成理论、最终解决问题的工作,并具备相应的能力。

典型职业:科学研究人员、教师、工程师、电脑编程人员、医生、系统分析员等。

⑥艺术型:(A)。Artistic Type。

共同特征:有创造力,乐于创造新颖、与众不同的成果,渴望表现自己的个性,实现自身的价值。做事理想化,追求完美,不重实际。具有一定的艺术才能和个性。善于表达、怀旧、心态较为复杂。

职业类型:喜欢的工作要求具备艺术修养、创造力、表达能力和直觉,并将其用于语言、行为、声音、颜色和形式的审美、思索和感受,具备相应的能力。不善于事务性工作。

典型职业:艺术方面(演员、导演、艺术设计师、雕刻家、建筑师、摄影家、广告制作人);音乐方面(歌唱家、作曲家、乐队指挥);文学方面(小说家、诗人、剧作家)。

(3)六种类型关系。大多数人都并非只有一种性向。例如,当一个人的性向中同时包含着社会性向、实际性向和调研性向这三种时,霍兰德认为,这些性向越相似,相容性越强,则一个人在选择职业时所面临的内在冲突和犹豫就会越少。为了帮助描述这种情况,霍兰德建议将这六种性向分别放在一个正六边形的每一角,标示出六大类型的关系(见图4.3)。

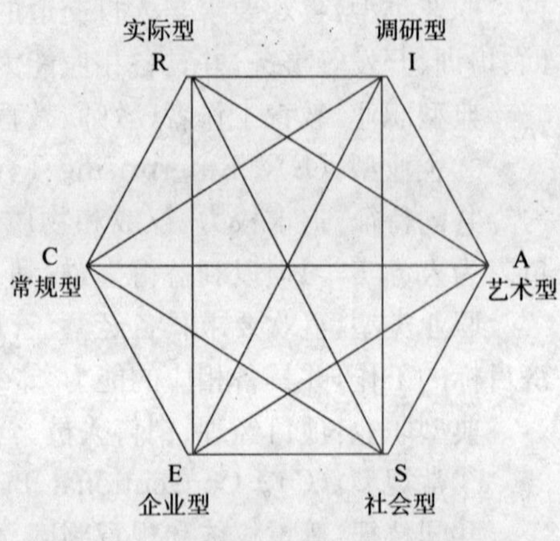

图 4.3 人格类型间的一致性与区分性

霍兰德所划分的六大类型,并非是并列的、有着明晰的边界的。

①相邻关系,如 RI、IR、IA、AI、AS、SA、SE、ES、EC、CE、RC 及 CR。相邻关系的几种类型的个体之间有着较多的共同点。实际型 R、调研型 I 的人就都不太偏好人际交往,这两种职业环境中也都较少机会与人接触。

②相隔关系,如 RA、RE、IC、IS、AR、AE、SI、SC、EA、ER、CI 及 CS,属于这种关系的两种类型个体之间共同点较相邻关系少。

③相对关系,在六边形上处于对角位置的类型之间即为相对关系,如 RS、IE、AC、SR、EI 及 CA,相对关系的人格类型共同点少,因此,一个人同时对处于相对关系的两种职业环境都兴趣很浓的案例较为少见。

从霍兰德人格类型六角形理论可以看出,相关程度较高的职业性向是相邻关系,其次是相隔关系,那些极不相关的则是位于六角形中对角线位置的相对关系。比如,实际型与研究型和常规型相关性较强,而与社会型相关性很弱。

(4)人格类型与职业环境的适配。通常情况下,人们倾向于选择与自我兴趣性向相匹配的职业环境。如果个体寻找的职业环境与自我兴趣完全背离，那么他工作起来可能难以适应，或者找不到工作的快乐。职业者如果能够选择职业兴趣与职业环境相一致，他才能达到工作的最佳状态，劳动者的才能与积极性才会得以高水平发挥。人格与职业环境的匹配是形成职业满意度、职业成就感的基础。

霍兰德认为一种职业环境就是一种职业氛围，这种职业氛围是由具有类似人格特质的人所创造出来的特定环境，具有特定的价值观念、态度倾向和行为模式。因此霍兰德将工作环境也分为六种类型，其名称及性质与人格类型的分类一致(见图 4.4)。

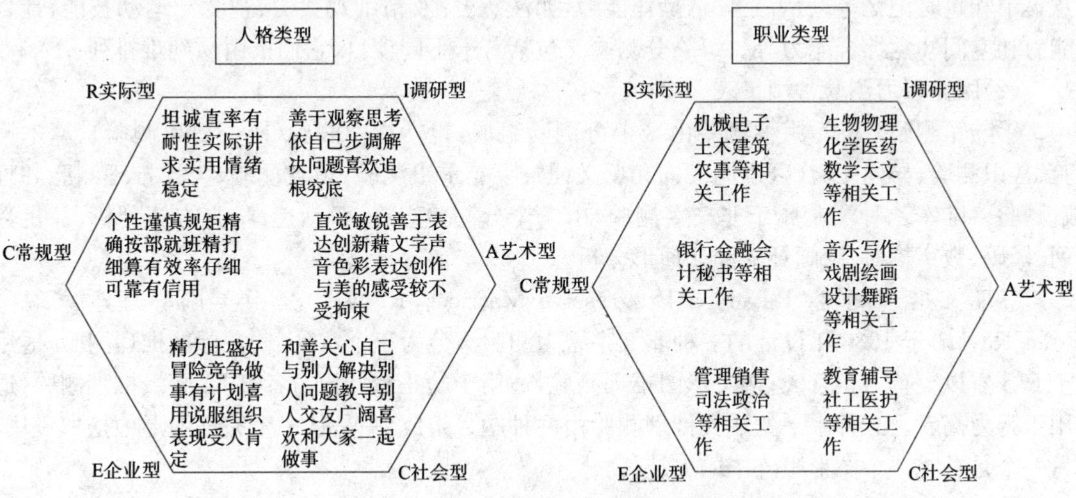

图 4.4　人格类型与职业环境的适配

人们往往尽量寻找那些能运用自己的技术、体现自己的价值和能扮演令自己愉快的角色的职业。个人的工作满意度、职业稳定性和职业成就感取决于个人人格类型和职业环境之间的适配度。

4.3.3　职业能力测试

1. 什么是职业能力测试

职业能力(Occupational Ability)是人们从事某种职业的多种能力的综合。如果说职业兴趣或许能决定一个人的择业方向，以及在该方面所乐于付出努力的程度，那么职业能力则能说明一个人在既定的职业方面是否能够胜任，也能说明一个人在该职业中取得成功的可能性。

职业能力测试就是通过测试个人的非生活经验积累而形成的能力来预测被试在某一职业领域的发展潜能。职业能力测试可以划分为一般能力(智力)测试和特殊能力(能力倾向)测试。

2. 一般能力(智力)测试

一般能力是在许多基本活动中都表现出来，且各种活动都必须具备的能力。例如，观察力、记忆力、思维力、想象力都属于一般能力。学习、工作、创造发明、任何活动的顺利完成，都离不开这些能力。一般能力的综合也称为智力。

(1)个体智力测验。

①比内—西蒙智力量表(Binet-Simon Intelligence-Scale)。测验项目为 59 个，包括记忆、言语、理解和手工操作等。以通过多少项目作为区分智力的标准。因其简陋和非标准化而不

再使用。

②斯坦福—比内智力量表(The Stanford-intelligence scale)。因美国斯坦福大学的推孟(L. Terman)修订而得名。他使用比率智商和离差智商概念,以 IQ 作为个体智力水平的指标,将适用年龄扩展到 1.5~18 岁,选取了 2100 名常模样本。

③韦克斯勒成人智力量表(Wechsler Adult Intelligence Scale)。韦克斯勒成人智力量表包括 11 个分测验,每一分测验评估一种智力要素或能力。这 11 个测验可分为两类,即言语测验和操作测验。前者是评估以言语来表现的能力,如常识、判断能力、概念掌握、抽象概括、注意集中和瞬时记忆等;后者是评估操作能力,如注意分配、精细观察力、视觉一运动技能、计划能力和空间知觉综合能力等。每一分测验又包括若干不同项目,它们按由易到难排列。

(2)团体智力测验常用量表。

①陆军测验。陆军甲种测验由 8 个分测验组成,包括指使测验(照令行事测验)、算术测验、常识测验、异同测验(区别同义词和反义词)、字句重组测验、填数测验、类比推理测验和理解测验。陆军乙种测验属于非文字测验,由 7 个分测验组成,包括迷津、立方体分析、补足数列、译码、数字校对、图画补缺和几何形分析。

②瑞文推理测验(Raven's Progressive Matrices, RPM)。是由英国心理学家瑞文(J. c. Raven)于 1938 年设计的一种非文字智力测验。,分为三个水平:瑞文标准推理测验,适用于 5.5 岁以上智力正常人;瑞文彩图推理测验,适用于幼儿和低智力者;瑞文高级推理测验,适用于智力高者。三种水平的瑞文推理测验由两种题目组成,一是从一个完整图形中挖掉一块,另一个是补充一个图形矩阵中的欠缺。

③认知能力测验。由桑代克(Edward. Thorndike)编制,分为四个组成部分:初级型,适用于低年级儿童,包括口头、词汇、关系概念、多重智力和数量概念;文字测验,适用于小学四年级以上,包括词汇、句子填充、词语分类、词语类推;数量测验,适用于小学四年级以上,包括数的大小比较、数列补充和建立关系;非文字测验,适用于小学四年级以上,包括图形分类、图形推理和图形综合。

3. 特殊能力(能力倾向)测试

特殊能力是指个体从事某种专业活动应具备的各种能力。测试目的在于评价个体在某一方面的发展潜能,用以预测个体在接受适当的训练后,从事某种工作可能获得的成就大小。

4.3.4 职业人格测试

1. 人格与人格测验的含义

人格是一个人相对稳定的心理特征和行为倾向。[①] 人格测试就是用业已标准化的测验工具,引发被试者陈述自己的看法,然后对结果进行统计处理,研究分析,从而对人的价值观、态度、情绪、气质、性格等素质特征进行测量与评价的一种心理测试方法。常用的人格测试方法有两种:自陈量表和投射技术。

在招聘工作中,对应试者的人格测验也是一项极为重要的工作内容,尤其是对那些经常要和其他人有人际交流的候选人的选择,这种人格特性的测验尤为重要,如对将从事推销、公共事业、监督和管理、访谈等工作的人。把人格测试引入招聘工作中,有助于在对应聘者的知识、能力和技能考察的基础上,进一步考察其工作动机、工作态度,情绪的稳定性、气质、性格等心理素质,使考察更全面,科学和客观,从而保证能够选拔出具有较高知识素质、能力素质和心理

① 黄希庭. 人格心理学. 浙江教育出版社,2002.

素质的优秀人才。

2. 卡特尔16种人格因素问卷

卡特尔16种人格因素问卷(16 Personality Factor Questionnaire,16PF)是美国依利诺州立大学人格和能力测验研究所卡特尔(Cattell,R. B.)编制。卡特尔对奥尔波特等人从字典中搜集的17953个描述人格的词汇,按意义进行了归类和整理,得到171个与人格有关的基本词,然后选择208名被试,让他们参照这些词,以评定量表的形式对他们熟悉的人进行评定。经相关分析和因素分析,得到12种根源特质。以后他又根据实证研究增加了4个特质,编制成16PF问卷。16PF中各因素间都是相互独立的,因素间相关很小。

(1)适用对象。16PF适用于16岁以上的青年和成人,广泛适用于各类人员,对被试的职业、级别、年龄、性别、文化等方面均无限制。

(2)测验的构成。卡特尔认为人的基本结构元素是特质。特质是从行为推出的人格结构成分,它表现出特征化的或相当一致的行为属性。卡氏采用系统观察法、科学实验法以及因素分析法,经过二三十年的研究,从四个方面对特质进行分类,确定出16种人格特质,并据此编制了测验量表。16种人格因素是各自独立的,这些因素的名称和代号如表4.3所示。

表4.3 16种人格因素的名称及代号

代号	因素名称	代号	因素名称	代号	因素名称	代号	因素名称
A	乐群性	F	兴奋性	L	怀疑性	Q1	实验性
B	聪慧性	G	有恒性	M	幻想性	Q2	独立性
C	稳定性	H	敢为性	N	世故性	Q3	自律性
E	恃强性	I	敏感性	O	忧虑性	Q4	紧张性

测验由187道题组成。每一人格因素由10～13个测验题组成的分量表来测量,共有16个分量表。16种因素的测验题采取按序轮流排列,即从第1题到第16题分别按序对应于16个人格因素。然后再转回来,从第17题到第32题再同样按序对应16个人格因素。这样既便于计分,也保持受试者作答时的兴趣。每一测题有三个备选答案。

4.3.5 结构化面试

结构化面试是当前面试实践中应用最广的一种面试方法,它弥补了传统面试的不足,又吸引了标准化测验的优点,有助企业在较短的时间内筛选出合适的人才。具有内容确定、程序严谨、评分统一、形式灵活等特点。从近年面试实践经验上看,其测评的效度、信度较高,比较适合规模较大,组织、规范性较强的录用、选拔考试。

1. 结构化面试及特点

(1)结构化面试的含义。结构化面试就是通过工作分析,确定面试的测评要素,在每一个测评的维度上预先编制好面试题目并制定相应的评分标准,面试过程遵照一种客观的评价程序,对应试者的表现进行数量化的分析,给出一种客观的评价标准,不同的评价者使用相同的评价标准,以保证判断的公平合理性。①

"结构化"强调面试问题、评价标准和评价程序的规范化和标准化,目的是为了减少面试官评价偏差,提高面试信度和效度。有研究发现,结构化是一种重要的缓冲变量,结构化面试比

① 张爱卿. 人才测评. 中国人民大学出版社,2004.105.

非结构化面试具有更高的信度和效度。[①]

(2)结构化面试的特点。

①以工作分析为基础设计面试问题。结构化面试需要进行深入的工作分析，以明确在工作中哪些事例体现良好的绩效，哪些事例反映了较差的绩效，由执行人员对这些具体事例进行评价，并建立题库。结构化面试测评的要素涉及知识、能力、品质、动机、气质等，尤其是有关职责和技能方面的具体问题，更能够保证筛选的成功率。

②测评要素的结构化。首先，测什么、用什么题目来测试要根据测试前所做的工作来分析确定，并按一定的顺序及不同分值比重进行结构设计。其次，还要在测评要素下面明确测评要点即观察要点。最后，测评要点下面是测试题目，每个测试题目都有出题思路或答题参考要点，供考官评分时参考。

③测评标准的结构化。它突出地表现在要素评分的权重系数有结构，每一测评要素内的评分等级有结构(一般在评分表中分优、良、中、差四级)，考生最后的面试成绩是经过科学方法统计处理的(即去掉众多考官要素评分中的最高分、最低分，然后得出算术平均分，再根据权重合成总分)。作为对考官评分科学性的估价以及对考官打分公正性的监督，还可以设标准分一项，看每一位考官打分与标准分的离散度。

④考官组成的结构化。在结构化面试中，考官不是随意形成的，而是由一定数量(一般为5名左右)，考官依据选人岗位的需要按专业、职务以及年龄、性别以一定比例科学配置的，其中有一名是主考官，一般由他负责向考生提问并把握整个面试的总过程。面试官还可以有不同的分工，每人专门负责某项问题的提问。

⑤面试程序及时间安排的结构化。结构化面试是严格遵循一定的程序(如考官、考场的选择，监督机制与计分程序的设立等)进行的，一般每个考生的面试时间在10～30分钟。

2. 结构化面试题库的设计

(1)确定面试题库试题遵循的基本原则。

①针对性原则。该原则是指面试试题是根据面试的具体情况，围绕岗位要求、应试者的状况和面试本身的特点来设计的。其原因在于：其一，面试总是为特定的岗位选人，所以面试试题设计通常要紧密围绕招考岗位在能力素质上对面试的具体要求(包括哪些素质要求是重要的、决定性的，哪些素质要求是附带的)，充分体现不同职类、不同职位工作要求的特点，突出需测试内容的重点。其二，面试题目设计会考虑到应试者群体的状况，包括应试者群体的受教育程度、专业背景、工作经验的多少等等，如果试题背离了应试者群体的实际状况，那么题目设计得再好也难以达到选拔的目的。其三，面试具有与笔试不同的特点，面试题目设计一般与笔试有较大的区别，如在面试中一般不会设计一些纯知识性的问题，而更侧重考查职位所要求的能力、潜力和个性品质。

②代表性原则。所谓代表性原则，是指面试内容不能过于简单，也不能流于繁杂，应在某一方面或某一环节上具有一定的代表性，足以测试某一特定素质。

③可行性原则。面试是短时间的抽样测评，不可能面面俱到。灵活性、应变性的题目不宜过多过杂，难以测试的项目，如道德品质，顶多列为参考项目。可行性原则也包含从应试者实际出发的原则，从当前实际看，有的地方不难找到高素质的员工，因而竞争激烈，而有的地方却

① 黎恒，王重鸣．结构化面试研究新进展．人类工效学，2003，12(9)：30.

不然。因此，内容深浅难易要顾及应试者的情况，不宜一味求新求异求难。如果录用缺乏实际工作经验的应届大中专毕业生，应着重一般素质（尤其是发展潜力）的测评；如应试者有一定的工作经验或专业工龄，可着重进行特殊素质的测评。因此，对不同类型的应试者在项目的权重分配上可考虑有所区别。

实务指南4-5　　面试存在的误区

（1）提问无章法：

（2）考官经验主义

（3）晕轮效应

（4）“只听不看”现象

（5）不做记录或少做记录

（6）忽略应聘者的工作动机

（2）面试题库试题的编制。通过工作分析，界定了工作要求和任职资格，确定了测评内容和要素，下一步就要根据这些测评要素设计具体的面试试题，组成试题库，编制面试提纲。面试问题的设计关键在于所设计的问题是不是能测出所要测的特性来。

①背景性问题。通常是有关考察应试者背景的问题。在面试开始时，往往用3～5分钟时间来了解应试者的工作生活方面的基本情况、教育背景和工作经历。此类问题主要有三个方面的作用：一是让应试者放松、自然地进入面试情境，形成融洽交流的面试气氛；二是验证和澄清简历上的有关个人信息；三是为后续的面试提问提供引导，便于深入面试。比如：

a. 请用3分钟时间简单介绍一下你自己。

b. 你对自己将来要达到的事业目标有什么设想？请你简单谈一谈。

②知识性问题。知识性问题主要是考察应试者对所要从事的工作所必需的一般和专业知识的了解和掌握。知识性问题包括一般性知识和专业性知识。一般知识是指从事该工作的人都应具有的一些常识，例如，一个财会人员应了解一些必要的财务制度，一个人事经理应了解必要的劳动人事制度和法规。专业知识指专业领域的专门知识。

③智能性问题。智能性问题主要是考察应试者对一些事物和现象的理解和分析判断能力，通常会选择一些较复杂的社会热点问题，考察应试者的综合分析能力。这类问题一般不是要应试者发表专业性的观点，也不是对观点本身正确与否作出评价，而主要是看应试者是否能言之成理。

④意愿性问题。意愿性问题一般考察应试者的求职动机与拟任职位的匹配性，内容会涉及应试者的价值取向和生活态度等多个方面。比如：

a. 根据专业和能力情况看，你可选择的职业范围很广，为什么特别选择了我部门呢？

b. 你为何想离开原工作单位？又为什么选择现在的岗位？这次应聘倘若未能如愿，你将有何打算？

⑤情境性问题。情境性问题是假设一种情境，考察应试者的反应。此类试题是建立在这样的心理学知识基础上的，即一个人说他会做什么，与他在类似的情境中将会做什么是有联系的。此类试题考察应试者的应变能力，计划、组织、协调能力，情绪稳定性等方面的能力和个性特征。比如：

假设这样一个情况，本来，你的工作负担已经很重了，可上级却又给你安排了另一项任务。你觉得已没有精力再承担更多的工作，但又不想与领导发生冲突，你会怎样对待这个问题？

⑥行为性问题。行为性问题关注的是应试者过去的行为，问的是应试者实际上做了些什么、怎么做的、有什么结果，此类试题可考察人际交往能力、组织协调能力、解决实际问题的能力等。比如：

a. 在你的工作经历中可能出现过这样的情况，你所在的组织与另一兄弟组织之间产生了矛盾或冲突，要由你来参与解决，请你举例谈谈具体情况。

追问1：你当时遇到了什么问题？

追问2：你的任务是什么？

追问3：你采取了哪些措施？

追问4：最终的结果如何？

b. 生活、工作中需要与各种各样的人交往，请你回忆一下，你遇到的最难打交道的一个人或几个人。为了把事情办成，你做了哪些努力？结果如何？

⑦压力性问题。这种问题通常是故意给应试者施加一定的压力，看看其在压力情境下的反应，以此考察应试者的应变能力与忍耐性。此类问题可能会触及应试者的"痛处"。比如：

a. 据我们了解你在三年内换了四个单位，有什么证据可以证明你能在我们单位好好干呢？

b. 你的领导让你送一份急件给某单位，第二天却发现送错了单位，可领导不但不承担错误，还生气地指责你马虎大意。此时，你会怎样做？

⑧连串性问题。连串性问题一般也是为了考察应试者承受压力的能力，包括在有压力的情境中的思维逻辑性和条理性等，但也可以用于考察被试者的注意力、瞬时记忆力、情绪稳定性、分析判断力、综合概括能力等。比如：

a. 你的外语和专业知识水平都很高，为何不去外企？

b. 我想问三个问题：第一，你为什么想到我们单位来？第二，到我们单位后有何打算？第三，你报到工作几天后，发现实际情况与你原来想象的不一致时你怎么办？

(3)面试评定表的设计[①]。

面试评定表由若干评价要素构成，它是面试过程中面试官现场评价、记录应试者各项要素优劣程度的计量工具。

面试评定表的构成主要包括以下几个方面：序号、姓名、性别、年龄；应聘的部门与职位；面试考察的重点内容及评价要素，每项要素的权重；面试评价的标准与等级；评语栏；面试评委签字栏；面试时间。

由于面试主要是通过面试官对应试者的观察、分析、判断来测评的，往往带有一定的主观性。因此，为提高面试官对各测评要素的认识，提高其判断力，以保证评分的统一客观，在设计面试评定表时，应特别注意评价标准及等级的制定。评价等级一般可以分为定性与定量两种方式。定性方式是按成绩或能力的"优、良、中、差"或"一级、二级、三级、四级、五级"等进行标度。定量方式就是采用赋予分值的形式进行标度。面试评定表如表4.4、表4.5所示。

---

① 孙健敏．人员测评理论与技术．湖南师范大学出版社，2007.195

表 4.4 面试评定表示例一

序号			姓名			性别		年龄			
应聘职位				所属部门							
面试内容		仪表	专业知识	工作经验	综合分析能力	语言表达能力	应变能力	态度	事业进取心	稳定性	总分
权重		5	10	10	15	15	15	10	10	10	100
评分标准	优	5	9～10	9～10	13～15	13～15	13～15	9～10	9～10	9～10	
	良	4	7～8	7～8	10～12	10～12	10～12	7～8	7～8	7～8	
	中	3	5～6	5～6	6～9	6～9	6～9	5～6	5～6	5～6	
	差	1～2	1～4	1～4	1～5	1～5	1～5	1～5	1～4	1～4	
实得分数											
评语及录用建议											
面试官		（签字）			日期：				年 月 日		

表 4.5 面试评定表示例二

面试内容	A	分数	B	分数	C	分数
序号		姓名		性别		年龄
应聘职位		所属部门				
仪表	端庄整洁	5	一般	3	不整	1
专业知识						
工作经验						
综合分析能力						
语言表达能力						
反应能力						
事业进取心						
态度						
稳定性						
评定总分						
评语及录用建议						
面试官	（签字）	日期：			年 月 日	

3. 面试的方法技巧

（1）连串式提问。连串式提问一般用于压力面试中，即主考官向面试者提出一连串相关的问题，要求应试者逐个回答。这种提问方式主要是考察面试者的反应能力、思维的逻辑性和条理性。例如，“你在过去的工作中出现过什么重大失误？如果有，是什么？从这件事本身你吸取的教训是什么？如果今后在遇到此类情况，你会如何处理？”

（2）开放式提问。开放式提问，就是指提出的问题应试者不能使用简单的“是”或“不是”来回答，而必须另加解释才能回答圆满。因此，主考官提出的问题如果能引发面试者给予详细的说明，则符合“开放式提问”的要求。面试的提问一般都应该用开放式的提问，以便引出应试者的思路，真实考察其水平。例如，“你在大学期间，从事过那些社会工作？你的专业课开了多少门？你认为这些课将对工作有什么帮助吗？什么原因促使你在二年内换了三次工作？”这类提问的目的是为了从应试者那里获得大量丰富的信息；并且鼓励应试者回答问题，避免被动。提问方式常用“如何……”“什么……”“为什么……”“哪个……”等。

（3）非引导式提问。对于非引导式提问，应试者可以充分发挥，尽量说出自己心中的感受、意见、看法和评论。这样的问题没有“特定”的回答方式，也没有“特定”的答案。例如，主考官问：“请你谈一谈担任学生干部时的经验。”这就是“非引导式”谈话。主考官提出问题之后，便可静静地聆听对方的叙述，而不必再有其他的表示。与引导式谈话相比，非引导式谈话中，应试者可以尽量多说，该说什么就说什么，因此可以提供丰富的资料。应试者的阅历、经验、语言表达能力、分析概括能力都得到了充分的展现，这样有利于主考官作出客观的评价。

（4）封闭式提问。这是一种可以得到具体回答问题。这类问题比较简单、常规，涉及范围较小。如“工作经历：包括过去的工作职位、成就、工作成绩、个人收入、工作满意与否以及调动原因。学历：包括专业、学习成绩、突出的学科、最讨厌的学科、课程设置等。早期家庭状况：包括父母的职业、家庭收入、家庭成员等。个性与追求：包括性格、爱好、愿望、需求、情绪、目标设置与人生态度等。”

（5）引导式提问。引导式谈话中，一方问的是特定的问题，另一方只能做特定的回答。主考官问一句，应试者答一句。这类问题主要用于征询面试者的某些意向、需要一些较为肯定的回答。如“你担任车间主任期间，车间有多少工人？主要生产什么产品？”这就是典型的引导式提问，应试者只要回答一个数字，说出产品名称即可，而不必发表其他任何解释。

（6）清单式提问。这类提问中，主考官除了提出问题外，还给出几种不同的可供选择的答案。目的是鼓励应试者从多种角度来看这个问题，并提出了思考问题的参考角度；比如，“你所在的企业中最主要的问题是什么？营业额、缺勤、产品质量差还是其他？”

（7）假设式提问。假设式提问主要是面试官根据应聘职位的工作任务，向应试者突出与工作相关的难题，并要求拿出解决方案。例如，“如果你是那个肇事的司机，你会怎样处理？”“如果你是办公室主任，你将如何处置这个秘书？”

（8）压迫式提问。这种提问方式带有某种挑战性。一般来说，主考官要尽力为应试者创造一个亲切、轻松、自然的环境，以使应试者能够消除紧张、充分发挥。但有些情况下，主考官会故意制造一种紧张的气氛，给应试者一定压力，通过观察应试者在压力情况下的反应，来测定其反应能力、自制力、情绪稳定性等。

（9）重复式提问。重复式提问是主考官向应试者返回信息以检验其是否是对方真正意图；或检验自己得到的信息是否准确。例如，“你是说……”“根据我的理解，你的意思是……”。

（10）确认式提问。确认式提问表达出主考官对应试者提供的信息的关心和理解，目的在于鼓励应试者继续与之进行交流。比如，“我明白了，这很有趣。”之类的话。

实务指南4-6	面试提问小技巧:STAR追问法

(1)S(Situation):情境,即关于任务开展的具体背景。

(2)T(Task):任务,即应试者承担了哪些任务,每项任务的具体内容是什么。从中了解应试者的工作经历和经验。

(3)A(Action):行为,即为了完成任务应试者采取了哪些行动。从中了解应试者的工作方式、思维方式和行为方式。

(4)R(Result):结果,即在行动之后取得了什么样的结果,是成功还是失败,原因是什么。

通过STAR式发问,一步步将应试者的陈述引向深入,可以挖掘出其潜在的信息。

4.4 选拔录用的程序

在我们运用面试、心理测验和情境性测评方法等多种对职位候选人进行选拔评价之后,就得到了关于他们的胜任表现的信息,根据这些信息,可以作出初步的录用决策。在对职位候选人进行选拔评价的全过程中,有若干位评价者参加,他们当中有用人部门的主管,也有人力资源部门的专业人员,以及企业管理者等,在进行录用决定时就可以由他们讨论作出最终的结论。

4.4.1 对未录用应聘者的处理

很多企业往往只关注在那些将要被录用的候选人身上做工作,而忽视了对未被录用的应聘者的回复。其实,对未被录用的应聘者进行答复是体现公司形象的重要方面。公司在答复未被录用的应聘者上最好采取书面的形式,如E-mail。在信上,语言要尽量简洁、坦率、礼貌,同时应该具有鼓励性,并表示与应聘者建立长期的联系。这样就可以方便快捷而且又不失尊重地传达出公司的决定了。

值得注意的是,在决定未被录用者要留有一定的名额。对于一个职位,初步录用的人选名单要多于实际录用的人数。这样做是因为企业还要对初步录用的人选进行背景调查,因此可能会有一些原因导致无法录用某些人。而应聘者个人也可能由于无法离开原单位、找到了更好的职位等各种原因而不来企业任职。这样我们留有备选人名单,以便随时能有合适的人选来代替。

4.4.2 背景调查

在整个招聘选拔过程中,所有的信息都是从应聘者那里直接获得的:审阅应聘者自己提供的简历,与应聘者面谈,在各种人才测评活动中观察应聘者的表现。尽管在选拔人员时,最关键的是这些从应聘者这里直接获得的信息,最重要的是应聘者的胜任力,但是也不排除应聘者的其他一些背景信息的重要性。

背景调查就是对应聘者的与工作有关的一些背景信息进行查证,以确定其任职资格。通过背景调查,一方面可以发现应聘者过去是否有不良记录;另一方面也可以对应聘者的诚实性进行考察。背景调查的主要内容有:

(1)学历学位:在应聘中最常见的一种谎言就是在受教育程度上的作假。因为在很多招聘的职位中都会对学历提出要求,所以有些没有达到学历要求的应聘者就有可能对此进行伪装。目前,大学的毕业证书已经逐渐进入计算机系统管理,可以在互联网上进行查询,这为招聘单位进行有关的背景调查提供了便利条件。

(2)过去的工作经历:背景调查的另一个重要方面就是对过去的工作经历进行调查。过去的工作经历调查侧重了解的是受聘时间、职位和职责、离职原因、薪酬等问题。了解过去工作经历最好的方式就是向过去的雇主了解,此外还可以向过去的同事、客户了解情况。

(3)过去的不良记录:主要调查应聘者过去是否有违法犯罪或者违纪等不良行为。尽管我们相信一个人过去犯过错误会改过自新,但这些信息仍然要引起注意。

在进行背景调查时要注意从各个不同的信息渠道验证信息,不要听信一个被调查者或者一个渠道来源的信息,必要时可以委托专业的调查机构进行调查。

实务指南 4-7　背景调查注意事项

(1)背景调查一般是在面试合格后进行,当然要征得应聘人员的同意,因为有些人是在职时求职的,不能给应聘人员带来不便或损失

(2)背景调查中应避免:①只采用求职者提供的联系人及联系方式(如果证明人是手机应提高注意,是否为应聘者从前关系不错的同事);②避免泛泛而谈,没有针对性;③避免只访问一个调查人、一家公司。

4.4.3 员工入职程序

当一名职位候选人经过层层选拔被录用后,在正式进入该单位工作前,还要经过以下一些入职程序(见图 4.5)。

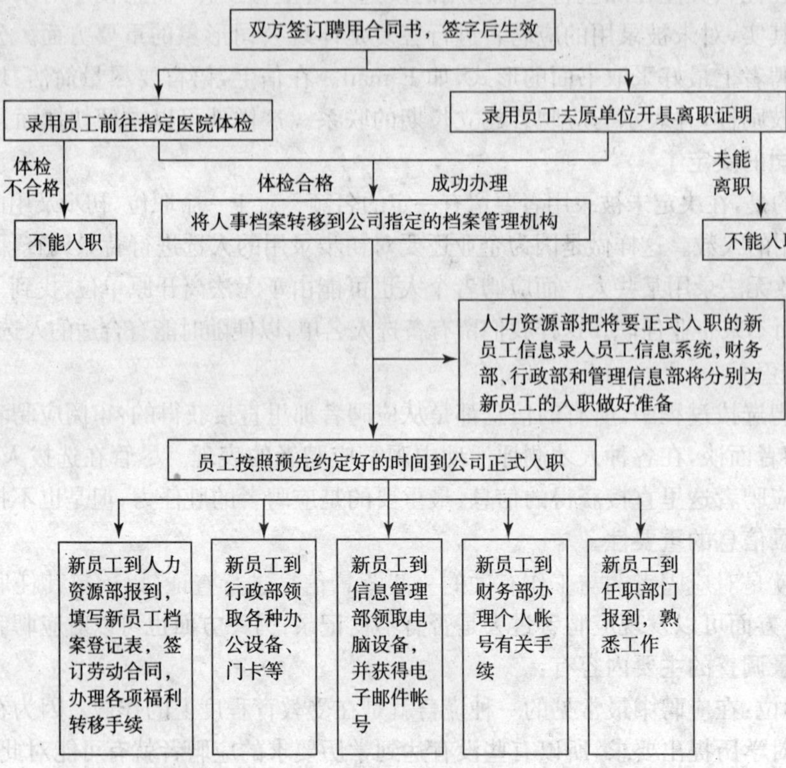

图 4.5　入职程序图

人力资源经理与录用员工签订《聘用意向书》，双方签字后生效，人力资源部保存原件，录用员工留存复印件。

录用人员前往原单位处开具离职证明，并加盖原单位的公章或人事章。

体检合格：录用员工前往指定医院进行身体检查，并将体检结果交到人力资源部，以确保身体条件符合所从事工作的要求。

录用人员到人力资源部领取“入职介绍信”，前往人才交流中心开具档案转移的商调函，并回到原存档单位将人事档案转移到公司指定的档案管理机构。有的公司有自己的档案管理部门，有的公司的人事档案委托专业机构来进行，无论采取哪种形式，新员工的人事档案都应该转入公司统一的档案管理机构。

人力资源部门把将要正式入职的员工信息录入员工信息管理系统，与新员工预先约定时间到公司正式入职。

让新员工填写档案登记表，并与新员工签订劳动合同，办理各种福利转移手续。

复习思考题

1. 简述招聘应遵循的原则。
2. 招聘的来源有哪些？各有什么优缺点？
3. 外部招聘的渠道有哪几种？分别适用于哪种类型的招聘对象？
4. 什么是结构化面试？它的特点和优缺点是什么？

案例分析

苏珊的决策

苏珊是美国西部一连锁店企业——冯氏超级市场的南方地区分部经理。苏珊手下有5位片区主管人员向她汇报工作，而每个片区主管人员分别监管8～12家商店的营业。

有一个春季的早上，苏珊正在查看送来的早晨工作报告，内部通信联络系统传来了她秘书的声音：“苏珊女士，你看过今天晨报的商务版了吗？”苏珊应答：“没有，什么事啊？”“报上说查克已经接受了安途公司亚利桑那地区经理的职位”。苏珊马上站起来去看与她有关的这篇文章。

苏珊的关心并不是没有根据的。查克是她属下的一位片区主管，他已为冯氏公司在目前的职务上干了4年。冯氏是从阿尔法·贝塔商业中心将他聘过来的，他那时是个商店经理。苏珊从报纸上得知查克离职的消息，觉得内心受到了伤害，但她知道自己需要尽快恢复过来。对她更重要的是，查克是位很有成效的监管人员，他管辖的片区一直超过其他4个片区的绩效。苏珊到哪儿去找这样一位能干的顶替者？

几天过去了。苏珊同查克谈了一次话，诚恳地祝愿他在新工作岗位上顺利。她也同他谈到了顶替者的问题。最后，苏珊决定将她属下的一个小片区的主管人员调换到查克分管的片区，同时她也立即着手寻找合适的人选填补该小片区主管的空缺。

苏珊翻阅了她的案卷，找出片区主管人员职位的职务说明书（没有职务规范）。该项职务的职责包括：确保达到公司订立的整洁、服务和产品质量的标准；监管商店经理的工作并评价其绩效；提供片区的月份、季度和年度收入和成本预估；为总部或下属商店经理提出节约开支建议；协调进货；与供应商协商广告宣传合作方案；以及参与同工会的谈判。

（资料来源：作者根据相关资料整理）

思考题：

1. 你建议苏珊采用哪一种招聘渠道？为什么？
2. 你建议苏珊使用何种人员甄选手段甄别应聘者？为什么？

实训设计

一、实训项目

1. 参观一次真实的人才招聘活动，要求选择某一招聘单位，对其招聘行为进行分析，并组织课堂讨论。

2. 组织一次模拟结构化面试。

二、实训目的

通过人才招聘活动的模拟操作，使学生能够有效理解招聘的流程，进一步掌握招聘工作的实质和具体细节。

三、实训要求

1. 要求：学生 6 名、教师 1 名组成面试考官组，学生自愿报名作为接受面试者，另安排学生 1 人作记分员、1 人为计时员。其余学生作为观众参与；

2. 场地：教室或会议室；

3. 材料准备：考官证、面试评分表和试题的印制、铅笔、草稿纸若干；

4. 程序：面试者先抽签决定面试先后顺序；面试开始：从 1 号开始，面试时间为 15 分钟；

5. 考官各自独立评分、计分员统分，当场告知面试者。

学习参考

某科技股份有限公司招聘管理办法

第一章　总　　则

第一条　目的

为适应某科技股份公司发展的需要，使招聘工作逐步规范和有效，通过有效甄选聘用所需的各类人才，为本公司提供人力资源上的保障，特制订本办法。

第二条　适用范围

(1)本办法在公司各部门范围内适用；

(2)本办法适用于所有入公司的新员工，包括应届毕业生和非应届招聘人员。

第三条　招聘原则

1. 回避原则

不招聘本公司员工的直系亲属及配偶，旁系亲属不在同一部门。现有员工出现上述需回避的情况的，应本着同样的原则处理，将其中一方调离原部门或原单位。

2. 有限区域

招聘应届毕业生可面向全国。招聘非应届人员，原则上应聘者需具有当地户口。

3. 安全用工的原则

新招员工的档案需能转入公司集体户，不满足此条件而确属公司需要者，由当事人在公司二级经理内寻找担保人方可。

第四条　招聘职责

在公司批准的年度增员计划内，日常招聘计划由人力资源部总经理审批，计划外增员由公司人力资源主管总裁审批。

第二章　招聘程序与计划

第五条　招聘工作总程序

招聘工作总程序规定了开展人员甄选与聘用工作的全部过程。

第六条　招聘计划制订

1. 招聘计划制订的依据

年度增员计划：

年度增员计划于上一年年末确定。各用人部门根据业务需要提出用人需求计划，报业务主管总裁审核，人力资源部汇总提出意见报主管公司领导审核后报总裁办公会审定，对于计划外增员，需由用人部门填写增员申请表，报业务主管总裁审核后，由人力主管总裁审批。

增员需求中必须对如下事项做出详细说明：

(1)增员理由。

如果增员原因为减员补充，需说明：①离职人员姓名、原因、时间等；②说明原岗位职责，以及该岗位是否可撤销或合并到其他岗位。

如果增员原因为业务扩大，需说明：①如果是新增岗位，说明增加的必要性；②如果是原有岗位需增人完成，说明工作量增加的原因以及同岗位的重新分工。

(2)部门新的组织结构图(结构图需到岗位)、实有人数、人员分工。

(3)新增岗位的岗位说明书。

(4)新增岗位全年工作目标、关键任务指标。

2. 招聘计划的制订

(1)定期招聘。

①人力资源部将在每年年底制定次年的整体招聘计划及费用预算；

②各部门应于2月、5月、8月、11月的最后一个星期向人力资源部提交下一季度招聘申请；

③对于下年度应届毕业生的需求，由人力资源部在9月底之前统一进行各单位需求统计、汇总及最终确认工作，10月制订出总体校园招聘计划。

④人力资源部应于信息发布前三日内与用人部门核实招聘信息。

(2)不定期招聘。

根据各部门的实际需求情况，确因特殊原因急需招聘时，人力资源部可以根据各部门的要求举办临时招聘，原则上应在期望到岗时间之前一个月向人力资源部申请，以保证招聘工作的顺利开展。

第三章　招聘工作的开展

第七条　招聘渠道的选择

1. 内部招聘

人力资源部根据各部门的招聘计划，优先向本公司全体员工提供招聘信息。公司尊重员工个人的兴趣和意愿，在征求主管领导意见的基础上，允许员工在公司内部流动，重新选择适合自身的岗位。

2. 外部招聘

(1)时间安排。

①一、四季度，主要是应届毕业生，定期招聘。

②一、二、三、四季度，主要是非应届人员，不定期招聘。

(2)主要渠道：

①各类院校；②人才市场；③媒体广告；④推荐介绍；⑤猎头公司；⑥网上招聘。

第八条　初步筛选

(1)人力资源部收集、整理收到的简历，归类并进行初步筛选；

(2)初步筛选标准：

①个人经历；②专业；③学历；④户口所在地；⑤通勤距离。

(3)原则：筛选出同一职位的应聘简历与实际聘用人员比例不少于5：1。

第九条　笔试

笔试内容：应届毕业生需参加个性和能力两方面的测试，非应届人员的笔试可选择进行。人力资源部将逐步建立包括专业技术内容的完整的笔试题库。

第十条　面试

(1)面试分三步骤进行：人事初试、业务初试和业务复试。人力资源部负责人事初试，由拟应聘岗位的直接主管进行业务初试，直接主管的主管进行业务复试。

(2)提供业务初试试候选人员与每个职位实际聘用人员比例不少于3：1。

(3)面试过程中，若发现应聘者有下列情况之一的属不合格，不予聘用：

①以往患有严重疾病史的(如肝炎、心脏病、精神病等)；

②与原单位无法解除劳动关系的；

③按照国家人事政策要求无法将档案调入公司的；

④性格特别内向，且与人沟通明显有困难的；

⑤心胸狭隘，有严重心理障碍的；

⑥正在联系出国或准备脱产上学的；

⑦在以往的工作经历中职业道德欠佳、品行恶劣、自私自利的；

⑧能力不能胜任所招聘职位要求的；

⑨其他属不合格的情形。

(4)面试时，应填写《面试评价表》，并注明意见。

第十一条　体检

对已确认聘用的应聘者，由人力资源部通知其进行体检，体检要求：

(1)应届毕业生和非应届人员均需到指定医院进行体检；

(2)入司体检在笔试、面试均合格后进行；

(3)入司体检由人力资源部组织，在指定医院进行；

(4)初次体检不合格者，即不予以聘用，且不进行复查。

第十二条　背景调查

(1)应届毕业生，在签订三方协议书前，由人力资源部对其在校期间的表现、合作精神等情况，向其导师或同学进行实地或电话调查。根据背景调查的情况，确定是否聘用。

(2)非应届人员，在试用期内，由人力资源部向其原工作单位进行调查了解。根据背景调查的情况，确定是否继续试用。

(3)背景调查针对所有拟聘用者进行，例外情况需得到主管副总裁的批准。

第四章　录用程序

第十三条　录用决定

由人力资源部与用人部门根据应聘者的笔试成绩、面试成绩、体检情况、背景调查结果等诸方面情况做出是否录用的决定，二级部门总经理签字，人力资源部发出录用通知。

第十四条　新员工入司

1. 入司时间的确定

以新员工到人力资源部办理报到手续时间为准。

2. 入司前的准备

(1)用人部门负责准备新员工的办公桌、椅、电脑、办公用品等。

(2)由人力资源部向总裁办等相关部门提供新员工名单。

2. 报到手续

(1)新员工根据录用通知单的要求，按时到人力资源部办理各项入司手续后，由新员工所在部门为其安排具体工作。

(2)新员工应在人力资源部办理以下手续：

①按要求提供派遣证、身份证、与原单位解除劳动合同证明等报到材料。

②填写“员工登记表”。

③签订“劳动合同”。

④部分人员签订“保密协议”。

⑤调转人事档案及各类保险手续。

(3)由人力资源部通知总裁办办理胸卡，并以报到日为起薪日计薪。

第十五条　试用期有关规定

(1)新员工上岗须经人力资源部批准。

(2)试用期间，用人单位须安排好新员工指导员，做好考核记录。

(3)在试用期，新员工享有试用期工资。

(4)试用期计入本司司龄。

(5)应届毕业生提前到岗实习按公司规定，填写提前报到申请表，依据提前到岗原因计算试用期或发放劳务费。

第十六条　正式聘用

用人部门需在员工试用期满之前10天将试用期考核结果报至人力资源部，经审批合格者，由人力资源部协同用人单位办理新员工转正手续、工资定级事宜。

依据新员工试用期的表现，考核不合格者，应在试用期内解除劳动合同，试用期满不能继续试用。

第十七条　招聘结果反馈

人力资源部定期向各用人单位进行招聘结果反馈调查，了解各用人单位对新员工的使用情况及满意度，以检验招聘工作的质量和效果。

第五章　附　　则

第十八条　鼓励推荐

公司鼓励员工推荐公司所需的各类优秀人才到公司工作，相应给予推荐者一定的奖励。

第二十条　本办法解释权在人力资源部。

第二十一条　本办法自颁布之日起实施。

第5章　员工培训与开发

本章学习要点

- 培训与开发的含义、培训对企业的重要作用、培训的基本程序
- 培训需求产生的根源、培训需求分析的方法
- 培训课程的设计
- 培训计划的内容、培训实施的常见方法及其优缺点
- 培训评估的含义、培训评估的主要理论模型

引入案例

肯德基的培训

肯德基作为世界最大的餐饮连锁企业，自进入中国以来，带给中国的不仅是异国风味的美味炸鸡、上万个就业机会，还有全新的人员管理和培训系统。

作为劳动密集型产业，肯德基奉行“以人为核心”的人力资本管理机制。因此，员工是肯德基在世界各地快速发展的关键。肯德基不断投入资金、人力进行多方面、各层次的培训。从餐厅服务员、餐厅经理到公司职能部门的管理人员，这些培训不仅帮助员工提高工作技能，同时还丰富和完善了员工自身的知识结构和个性发展。

另外，由于肯德基采取开放式就业，公司对员工的流动并没有做出特殊的限制和要求。经过公司严格培训的本地熟练工人和管理者因为种种原因走出公司，甚至会流向当地竞争企业。比如，上海的“新亚大包”、中国台湾的“永和豆浆”的核心高级管理人员就有一些是来自原肯德基的高级管理人员。但正是这种宽松环境下造成的人员流动，使肯德基培训的管理知识和经营理念也实现了隐形传播。肯德基工作和受训经验，使员工变成人才，人力资源变成人力资本，进而成长为中国经济发展进程中出色的企业管理人才。

那么，究竟肯德基的员工培训系统是怎样的呢？

1. 教育培训基地：员工学堂

肯德基在中国特别建有适用于当地餐厅管理的专业训练系统及教育基地——教育发展中心。这个基地成立于1996年，专为餐厅管理人员设立，每年为来自全国各地的2 000多名肯

德基的餐厅管理人员提供上千次的培训课程。中心大约每两年会对原有教材进行重新审定和编写。培训课程包括品质管理、产品品质评估、服务沟通、有效管理时间、领导风格、人力成本管理和团队精神等。

在一名管理人员的培训计划中可以看到《如何同心协力做好工作》《基本管理》《绩效管理》《项目管理》《7个好习惯》《谈判与技巧》等科目。据了解，肯德基最初的培训课程有来自于国际标准的范本，但最主要的是来自于当地资深员工的言传身教及对工作经验的总结。因此，教材的审定和重新编写主要是补充一线员工在实践中获得的新知识、新方法。每一位参加教育发展中心培训的员工都既是受训者，也是执教者。这所独特的“企业里的大学”，就是肯德基在中国的所有员工的智囊部门、中枢系统。

2. 内部培训制度：分门别类

肯德基的内部培训体系分为职能部门专业培训、餐厅员工岗位基础培训以及餐厅管理技能培训。

职能部门专业培训。肯德基隶属于世界上最大的餐饮集团——百胜全球餐饮集团，中国百胜餐饮集团设有专业职能部门，分别管理着肯德基的市场开发、营建、企划、技术品控、采购、配送物流系统等专业工作。

为配合公司整个系统的运作与发展，中国百胜餐饮集团建立了专门的培训与发展策略。每位职员进入公司之后要去肯德基餐厅实习7天，以了解餐厅营运和公司企业精神的内涵。职员一旦接受相应的管理工作，公司还开设了传递公司企业文化的培训课程，一方面提高了员工的工作能力，为企业及国家培养了合适的管理人才；另一方面使员工对公司的企业文化也有了深刻的了解，从而实现公司和员工的共同成长。

餐厅员工岗位基础培训。作为直接面对顾客的“窗口”——餐厅员工，从进店的第一天开始，每个人就都要严格学习工作站基本的操作技能。从不会到能够胜任每一项操作，新进员工会接受公司安排的平均近200个工作小时的培训。通过考试取得结业证书。从见习助理、二级助理、餐厅经理到区经理，随后每一段的晋升，都要进入这里修习5天的课程。根据粗略估计，光是训练一名经理，肯德基就要花上好几万元。

在肯德基，见习服务员、服务员、训练员以及餐厅管理人员，全部是根据员工个人对工作站操作要求的熟练程度，实现职位的提升、工资水平的上涨的。在这样的管理体制下，年龄、性别、教育背景等都不会对你未来在公司的发展产生任何直接影响。

餐厅管理技能培训。目前肯德基在中国有大约5000名餐厅管理人，针对不同的管理职位，肯德基都配有不同的学习课程，学习与成长的相辅相成，是肯德基管理技能培训的一个特点。

当一名新的见习助理进入餐厅，适合每一阶段发展的全套培训科目就已在等待着他。最初时他将要学习进入肯德基每一个工作站所需要的基本操作技能、常识以及必要的人际关系的管理技巧和智慧，随着他管理能力的增加和职位的升迁，公司会再次安排不同的培训课程。当一名普通的餐厅服务人员经过多年的努力成长为管理数家肯德基餐厅的区经理时，他不但要学习领导入门的分区管理手册，同时还要接受公司的高级知识技能培训，并具备获得被送往其他国家接受新观念以开拓思路的资格的机会。除此之外，这些餐厅管理人员还要不定期的观摩录像资料，进行管理技能考核竞赛等。

3. 横纵交流:传播肯德基理念

为了密切公司内部员工关系,肯德基还举行不定期的餐厅竞赛和员工活动,进行内部纵向交流。记者采访一位选择肯德基作为人生中第一份工作的餐厅服务员说,在肯德基的餐厅,她学到的最重要的东西就是团队合作精神和注重细节的习惯。当然,这些对思想深层的影响今后会一直伴随他们,无论是在哪里的工作岗位工作。

另外,肯德基从1998年6月27日起开始强化对外交流,进行行业内横向交流。肯德基和中国国内贸易局已经共同举办了数届"中式快餐经营管理高级研修班",为来自全国的中高级中式快餐管理人员提供讲座和交流机会,由专家为他们讲述快餐连锁的观念、特征和架构,市场与产品定位,产品、工艺、设备的标准化,快餐店营运和配送中心的建立等。对技能和观念的培训与教育,除了会提高员工工作能力,同时,这种形式的交流也促进了中国快餐业尽快学习国际先进的快餐经营模式。

在肯德基在中国开出第700家店的上海庆祝活动中,它们没有打广告也没有搞庆祝仪式,而是把自己的培训课堂搬进了复旦大学的校园,让学生体验肯德基的培训。肯德基上海有限公司王奇解释这一现象为"企业大学化"。王奇介绍说,所谓"企业大学化"是指企业除了本身的生产流程外,同时也是创造知识的一环。现代知识型企业不光靠资本、土地赚钱。企业应该有它独特的知识才能够去竞争,企业在深化知识后,还经过有效的整理、积蓄,然后传播出去。把企业的培训理念引进校园,一方面高校为企业的培训提供着良好的专业背景,同时企业也通过这样的形式自己对人才素质的需要及来自于管理实践的最新经验反映给学校,这是一个互动的过程。

这种种举措,在创造社会效益的同时,也让肯德基理念获得了更广范围的认可,让肯德基品牌的核心竞争力得到了提升。肯德基已经在用行动努力把创造利润和创造知识结合在一起,现在更多的企业也意识到了这一点:未来,创造财富不仅仅是靠资本、资源,更多的是靠知识。

(资料来源:作者根据相关资料整理)

松下幸之助说过:企业之道第一是培养人才。一个天才的企业家总是不失时机地把对员工的培养和训练摆上重要的议事日程。培训是现代社会背景下的"杀手锏",谁拥有了它,谁就预示着成功。只有傻瓜或自愿把自己的企业推向悬崖的人,才会对培训置若罔闻。

5.1 员工培训与开发概述

5.1.1 员工培训与开发的概念

人力资源培训与开发是两个紧密相关的概念,通常连在一起使用。它的定义是指通过一定的措施和手段,补充和提高员工的知识与技能,改善员工的工作态度和胜任特质,激发其潜在的创造力,促进员工努力实现自身价值,增强员工的工作满意态度和对组织的归属感与责任感,从而提高组织的工作效率,实现组织人力资本增值和预期的社会经济效益,有目的、有计划、有组织的人力资源管理活动。培训和开发的重点在于通过有计划的学习、分析,确保并帮助员工个人提高关键技术和能力,以便胜任现在和将来的工作。

员工培训与开发的对象是在职人员,其性质属于继续教育的范畴。它具有鲜明的特征。

(1)广泛性。即员工培训的网络涉及的面广,不仅决策层管理者需要培训,一般员工也需要受训；员工培训的内容涉及企业经营活动或将来需要的知识、技能以及其他问题，而且员工培训的方式与方法也具有更大的广泛性。

(2)层次性。即员工培训网络的深度，也是培训网络现实性的具体表现。不仅企业战略不同，培训的内容及重点不同，而且不同知识水平和不同需要的员工所承担的工作任务不同，知识和技能需要也各异。

(3)协调性。即员工培训网络是一个系统工程，它要求培训的各环节、培训项目应协调，使培训网络运转正常。首先要从企业经营战略出发，确定培训的模式、培训内容、培训对象；其次应适时地根据企业发展的规模、速度和方向，合理确定受训者的总量与结构；最后还要准确地根据员工的培训人数，合理地设计培训方案、培训的时间、地点等。

(4)实用性。即员工的培训投资应产生的一定回报。员工培训系统要发挥其功能，即培训成果转移或转化成生产力，并能迅速促进企业竞争优势的发挥与保持。首先，企业应设计好的培训项目，使员工所掌握的技术、技能、更新的知识结构能适应新的工作。其次，应让受训者获得实践机会，为受训者提供或其主动抓住机会来应用培训中所学的知识、技能和行为方式。最后，为培训成果转化创造有利的工作环境，构建学习型组织。它是一种具有促进学习能力、适应能力和变革能力的组织。

(5)长期性和速成性。即随着科学技术的日益发展，人们必须不断接受新的知识，不断学习，任何企业对其员工的培训将是长期的，也是永恒的。员工学习的主要目的是为企业工作，所以，培训一般针对性较强、周期短，具有速成的特点。许多培训是随经营的变化而设置的，如为改善经济技术指标急需掌握的知识和技能，为掌握已决定进行的攻关课题、革新项目急需的知识和技能，以及为强化企业内部管理急需掌握的管理基本技能等。

(6)实践性。即培训应根据员工的生理、心理以及一定工作经验等特点，在教学方法上应注重的实践教学方法。应针对工作实际多采用启发式、讨论式、研究式以及案例式的教学，使员工培训有效果。

知识链接 5-1 **什么是培训**

"职工培训的完整内容应该是：通过各种教导或经验的方式在知识、技能、态度等诸多方面改进职工的行为方式，以达到期望的标准。"

——选自《哈佛管理全集》

5.1.2 员工培训与开发的意义

1. 培训与开发对员工的作用

人力资源培训与开发对于员工的影响是多方面和长时间的。从员工入职成为企业一名新员工开始，到成长为一名优秀的老员工，人力资源培训都扮演着重要的角色。

第一，让新员工尽快进入角色。新员工在刚进入组织的一个过渡期内，一般在3～6个月，将会依据自己对组织的感受和评价来选择自己如何表现，决定自己是要在组织谋发展还是将其作为跳板。因此，对于新员工的入职培训，可以尽可能消除新员工的种种担心和疑虑，让他们全面、客观地了解其工作环境、组织氛围及新工作需要的知识和技能，从而让新员工尽快地进入角色。

第二，提高员工工作绩效。企业通过对员工进行有效的培训和开发，使员工的知识结构得到更新，工作技能明显提高，人际关系得到改善。经过培训的员工，往往掌握了新的知识结构，从而获取了最新的工作方法，直接促进了员工工作质量和劳动生产率的提高，也降低了各种损耗，并减少了事故的发生。

第三，能提高员工的职业能力。员工培训与开发的直接目的就是要发展员工的职业能力，帮助员工提高其知识、技能和能力，使其更好地胜任现在的日常工作及未来的工作任务。在能力培训方面，传统上的培训与开发重点一般放在基本技能与高级技能两个层次上，但是未来的工作需要员工更广博的知识，培训员工学会知识共享，创造性地运用知识来调整产品或服务的能力。同时，培训与开发使员工的工作能力提高，为员工提供更多晋升和较高收入的机会。

第四，改善员工的工作态度，增强组织的稳定性。经过培训的员工可以提高自己胜任工作的能力，也可以帮助组织改变不良的管理实践，从而使员工对组织产生新的认识，在一定程度上改变员工的工作态度。

第五，有助于提高和增进员工对于组织的认同感和归属感。通过培训与开发，可以使组织中具有不同价值观、信念和工作作风的员工和谐地统一起来，为了共同的目标而各尽其力。在员工个人职业生涯发展的各个阶段，都需要在企业文化、使命等方面对员工进行相应的培训与开发。即使某些部分会有重叠，但是对于处于不同职位、不同时期的同一个员工来说，他的感受是不同的，是一次次加深对于企业文化的理解。这样的培训是必需的，有助于培育和加强员工对于组织的认同感和归属感。

第六，满足员工实现自我价值的需要。在现代企业中，员工的工作目的更重要的是为了“高级”需求——自我价值实现。培训与开发不断教给员工新的知识与技能，使其能适应或能接受具有挑战性的工作与任务，实现自我成长和自我价值，这不仅使员工在物质上得到满足，而且使员工得到精神上的成就感。

2. 培训与开发对企业的作用

培训与开发对于企业组织的作用是深远的。一个健康的组织体系，必然有一个健全的培训与开发体系来支持[3]。其作用体现在以下几点：

第一，有利于企业获得竞争优势。面对激烈的国际竞争：一方面，企业需要越来越多的跨国经营人才，为进军世界市场做好人才培训工作；另一方面，员工培训可提高企业新产品研究开发能力，员工培训就是要不断培训与开发高素质的人才，以获得竞争优势，这已为人们所认识。在以知识经济和信息资源为重要依托的新时代，智力资本已成为获取生产力、竞争力和经济成就的关键因素。企业的竞争不再依靠自然资源、廉价的劳动力、精良的机器和雄厚的财力，而主要依靠知识密集型的人力资本。员工培训是创造智力资本的途径。因此，这要求建立一种新的适合未来发展与竞争的培训观念，提高企业员工的整体素质。

第二，为组织发展提供人力资本。组织的发展不仅仅要靠先进的技术、性能优良的设备，更重要的是依靠组织自身的人力资本。妨碍组织发展的原因，主要是缺乏高质量的人才资源，组织对员工的培训，使员工的知识水平、技术能力及人际关系的处理能力都得到强化，从而使员工成为某一领域的专门人才，为组织的发展储备了人力资源。

第三，促进组织变革与发展，使组织更具生命力和竞争力。组织发展的内在动力就在于组织的不断创新。对于创新和改革，以往员工常常会表现出本能的抵制态度。培训可以打破员工固有的组织观念，端正员工对组织不断创新的认识，接受能够促进组织发展的新观念。

第四，促进组织战略的调整和转变。组织的发展是在组织不断创新的基础上实现的。组织创新是通过组织战略不断调整与转变来完成的。而这一切都需要依靠员工去开发产品、开辟市场。这样组织必须进行有目的、有计划的员工培训和开发，保证人力资源对组织战略调整的需求。

第五，有利于改善企业的工作质量。工作质量包括生产过程质量、产品质量与客户服务质量等。毫无疑问，培训使员工素质、职业能力提高并增强，将直接提高和改善企业工作质量。培训能改进员工的工作表现，降低成本；培训与开发可增加员工的安全操作知识；提高员工的劳动技能水平；增强员工的岗位意识，增加员工的责任感，规范生产安全规程；增强安全管理意识，提高管理者的管理水平。因此，企业应加强对员工敬业精神、安全意识和知识的培训与开发。

第六，有利于高效工作绩效系统的构建。在21世纪，科学技术的发展导致员工技能和工作角色的变化，企业需要对组织结构进行重新设计(如工作团队的建立)。今天的员工已不是简单接受工作任务，提供辅助性工作，而是参与提高产品与服务的团队活动。在团队工作系统中，员工扮演着许多管理性质的工作角色。他们不仅具备运用新技术获得提高客户服务与产品质量的信息、与其他员工共享信息的能力；还具备人际交往技能和解决问题的能力、集体活动能力、沟通协调能力等。尤其是培训与开发员工学习使用互联网、全球网及其他用于交流、收集信息工具的能力，可使企业工作绩效系统高效运转。

知识链接5-2　**培训的作用**

美国人力资源管理学者斯坦(O. Glenn Stahl)曾认为，培训的目的主要包括：

1. 导入和定向：采用各种方法引导新工作人员进入组织，了解其工作和工作条件。

2. 绩效改进：它是一项更新活动，通过传播事物的新方法、新法律和规章，技术发展和其他方面的变化，使工作人员具备实现良好绩效的有效方法。

3. 扩展工作人员的价值：通过培训，为工作人员承担更多的工作和更大的责任做好准备。

4. 开发高层领导技能。

5. 提升员工技艺。

6. 提高员工效率。

7. 影响员工价值观。

5.1.3 员工培训的类型

员工培训的类型从不同的角度有着不同形式的划分。同时，在这种不同形式类型的划分中，我们也可以认识员工培训的内容、对象、途径和层次等基本内容。

1. 根据培训的内容划分

员工培训的内容与形式必须与企业的战略目标、员工的职位特点相适应，同时考虑适应内外部经营环境变化。一般地，任何培训都是为了提供员工在知识、技能和态度三方面的学习与进步。

(1)知识培训。知识培训是员工培训的主要方面，包括事实知识与程序知识学习。员工应通过培训掌握完成本职工作所需要的基本知识，企业应根据经营发展战略要求和技术变化的预测，以及将来对人力资源的数量、质量、结构的要求与需要，有计划、有组织地培训员工，使员工了解企业的发展战略、经营方针、经营状况、规章制度、文化基础、市场及竞争等。依据培训对象的不同，知识内容还应结合岗位目标来进行。如对管理人员则要培训计划、组织、领导和控制等管理知识，还要他们掌握心理学、激励理论等有关知识，以及经营环境如社会、政治、文化、伦理等方面的知识。

(2)技能培训。知识的运用必须具备一定技能。培训首先对不同层次的员工进行岗位所需的技术性能力培训，即认知能力与阅读、写作能力的培训。认知能力包括语言理解能力、定量分析能力和推理能力三方面。有研究表明，员工的认知能力与其工作的成功有相关关系。随着工作变得越来越复杂，认知能力对完成工作显得越来越重要。阅读能力不够会阻碍员工良好业绩的取得。随着信息技术的发展，不仅要开发员工的书面文字阅读能力，而且要培养员工的电子阅读能力。此外，企业应更多培养员工的人际交往能力。尤其是管理者，更应注重判断与决策能力、改革创新能力、灵活应变能力、人际交往能力等的培训。

(3)态度培训。态度是影响能力与工作绩效的重要因素。员工的态度与培训效果和工作表现是直接相关的。管理者重视员工态度的转变使培训成功的可能性会增加。受训员工的工作态度怎样？如何形成？怎样受影响？是一个复杂的理论问题，又是一个实践技巧。通过培训可以改变员工的工作态度，但不是绝对的。关键的是管理者工作本身。管理者要在员工中树立并保持积极的态度，同时善于利用员工态度好的时间来达到所要求的工作标准。管理者根据不同的特点找到适合每个人的最有效的影响与控制方式，规范员工的行为，促进员工态度的转变。

2. 培训对象的划分

培训对象主要涉及新员工的培训与在职职工的培训，或组织中不同层级员工的培训。

(1)新员工培训与在职职工培训。

①新员工培训。又称导向培训，即指对刚被招聘进企业的新员工指引方向，使之对新的工作环境、条件、人际关系、应尽职责、规章制度、组织期望有所了解，使其尽快融合到组织之中的一系列培训活动。

新员工导向培训应首先让新员工感受到组织重视他们的到来；其次，要让他们对组织和他们即将从事的工作有较为详细的了解；再次，要让新员工对组织的发展前途与自己的成功机会产生深刻的认识。新员工导向培训的深层意义在于培养员工对组织的归属感，包括对组织从思想上、感情上及心理上产生认同、依附感并投入其中，这些是培训员工对组织责任感的基础。

②在职职工培训。它是相对于新职工而言，对已经在岗的职工进行的培训活动。通常又根据培训的形式进一步划分为：

第一，在岗培训(on-job-training)。指在工作中直接对员工进行培训，是通过聘请有经验的工人、管理人员或专职教师指导员边学习边工作的培训方式。在职在岗培训是一种历史悠久、采用最普遍的培训方式，也是一种比较经济的方式。在职在岗培训不仅仅使员工获得完成工作所需要的技能，还可以传授给员工其他的技能，如如何解决问题、如何与其他员工沟通、学会倾听、学习处理人际关系等。

第二，脱产培训(off-job-training)。指为有选择地让部分员工在一段时间内离开原工作岗位，进行专门的业务学习与提高的培训方式。其途径有：举办技术训练班，开办员工业余学校，选送员工到正规院校或国外进修等。脱产培训花费较高。随着企业人力资本投资比例的增加，组织对员工工作效率的日益重视，在职脱产培训在一些实力雄厚的大型企业和组织严密的机关事业单位将会得到普遍采用。

(2)不同层级员工的培训。具体而言，是指对经营及管理的各层次管理人员以及专业技术人员和一般员工所进行的培训，也称纵向培训。

①高层人员培训。组织中的高层管理人员应具有丰富的工作经验和杰出的才能。因此，对他们的培训主要应达到的目的：第一，使高层管理者能有效地运用自己的经验，发挥自己的才能；第二，帮助管理者及时发现和理解组织外部环境和内部条件的变化；第三，帮助高层管理者提高和完善工作中的专门技能；第四，帮助新上任的高层管理人员迅速了解组织的战略方针，以尽快适应工作。

②中、基层人员培训。组织中的中、基层管理人员在组织整体利益与下属员工利益之间，很容易发生角色冲突和矛盾。在他们担任中、基层管理职务后，必须通过培训尽快掌握必要的管理技能和工作方法。

③专业技术人员和一般员工的培训。专业技术人员培训指对财务人员、工程技术人员等的培训，这类培训对象都有自己的业务范围，掌握着本专业的知识技能。在现代组织中，团队工作方式日益普遍，如果各类专业人员局限于自己的专业领域，彼此之间缺乏沟通与协调，必将妨碍团队的工作。培训的目的首先是让他们了解别人的工作，使他们能从组织整体出发开展工作。其次，不断更新专业知识，及时了解各自领域内的最新动态和最新知识。一般员工的培训主要依据工作说明书和工作规范的要求，明确权责界限，掌握必要的工作技能，培养与组织相适应的工作态度与行为习惯，使之有效地完成本职工作。

5.1.4 员工培训的基本程序

一个完整的培训过程包括培训需求分析、课程开发与设计、培训计划的制订与实施以及培训后的评估四个阶段，如图 5.1 所示。

第一阶段：培训需求分析。首先要界定组织所处的外部环境，再根据相应的组织发展战略，提出对员工素质能力的要求；其次要对员工现有的实际素质能力进行科学测评，以找出理想状态与现实情况之间的差距；然后，对这些差距进行分析，以确认哪些差距可以通过培训来弥补。

在具体操作过程中应重视两点：一是科学分析本组织员工应具备的素质能力，这需要人事部门的负责人根据组织发展战略和组织发展的特殊要求详细地提出；二是科学测评员工的实际素质能力，这需要需求分析人员与部门直线主管的通力合作。

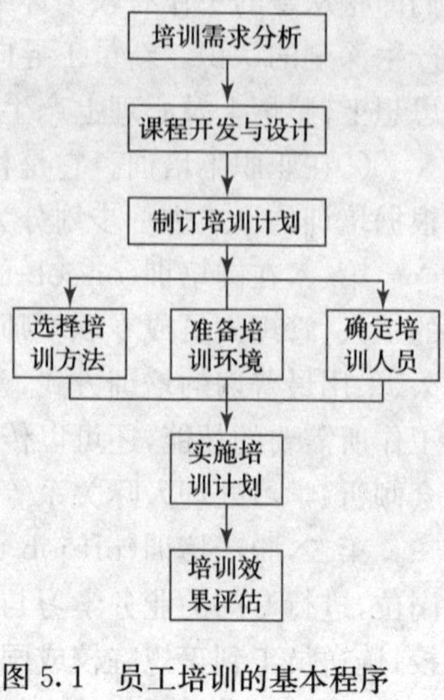

图 5.1 员工培训的基本程序

第二阶段：课程开发与设计。在完成培训需求分析之后，可根据培训需求的要求，设计培训目标、培训方法、课程大纲、授课课件、案例和各种活动等。

第三阶段：培训计划的制订与实施。在本阶段，需根据培训要解决的问题、培训预算来制订周密的培训计划，包括确定培训对象、授课师资、培训地点、培训需要准备的环境等。在实施过程中，要注意具体落实计划中的各部分内容，同时也要加强管理和监督，以确保培训工作有序进行。培训管理者还应针对实施中遇到的问题随时调整培训方法，征询培训师和受训者的意见和建议，加强培训控制，动态管理使得培训达到最佳效果。

第四阶段：员工培训效果评估。培训效果的评估，是指企业在组织培训之后，采用一定的形式，把培训的效果用定性或者定量的方式表示出来。培训效果的评估需要重点关注三方面内容：一是评估培训项目是否满足企业发展的需求，培训方式和内容是否符合学习的目的，培训对象是否能接受和理解培训的内容；二是评估培训对象是否能将培训所学的知识应用到实际工作中，并促进了工作效率的提高；三是在评估培训短期投资收益的同时，要重点关注其"未来收益"，即培训在多大程度上创造了获得竞争优势的知识和技能。

5.2 培训需求分析

所谓培训需求分析，是指在规划与设计每一项培训活动之前，由培训部门、主管人员、工作人员等采用各种方法与技术，对各种组织及其成员的目标、知识、技能等方面进行系统的鉴别与分析，以确定组织是否需要培训、需要什么培训、何时需要培训的一种活动或过程。培训需求分析的任务就是要通过对组织及其成员的目标、知识、技能的分析，来确定个体的现有状况与应有状况的差距。它的核心是通过对组织及其成员的现有状况与应有状况之间的差距分析，来确定是否需要培训以及培训的内容。

由于培训计划的制订、课程的设计、培训活动的组织都是依据培训需求开展，所以培训需求分析成为培训活动的首要环节。

5.2.1 培训需求产生的原因

有效的培训需求分析是建立在对培训需求成因有效的分析基础之上的，所以，对培训需求形成的原因客观的分析直接关系到培训需求分析的针对性和实效性。培训工作产生的根本原因在于理想状况与现状之间存在的差距，如图5.2所示。

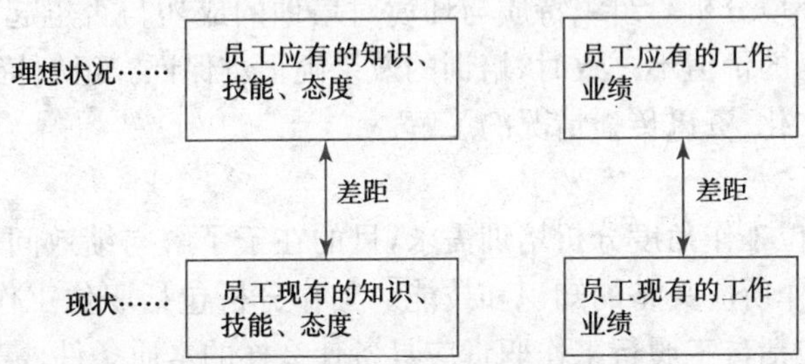

图5.2 培训需求产生的根本原因

培训需求产生的具体原因，一般可以分为三类：

(1)由于工作变化的原因而产生的需求。在经济技术发展日益迅速的今天，由于技术进步、管理变革等原因，导致员工即使在一个企业工作多年，但其工作内容、工作环境的发生了显著变化，甚至重新接手一项崭新的工作，这种情况下培训需求的产生成为一种必然。

(2)由于人员变化的原因而产生的需求。无论是一名管理工作者还是一名一线劳动者，无论是主动选择还是被迫选择，无论是在本组织内还是在其他组织，只要员工接受改变工作的事实，进入新的工作领域，就必定有接受培训的必要，就必须接受相关的培训。

(3)由于绩效变化的原因而产生的需求。绩效低下是产生培训需求的一个重要原因,实现企业正常的既定绩效是非常重要的,但现实情况常常令人感到有所遗憾,并由此产生了相关的培训需求。

由上可见,培训需求的动因来自各个方面。只有对各方面的培训需求做到及时洞察、全面把握,培训需求的分析工作才会变得适时、适当,而此后的整个培训活动也才有可能变得更加具有针对性和实效性。

5.2.2 培训需求分析的内容

从内容上来看,员工培训需求分析需要从以下三个层面来进行:

1. 组织分析

培训需求的组织分析主要是通过对组织的目标、资源、特质、环境等因素的分析,准确地找出组织存在的问题与问题产生的根源,以确定培训是否是解决这类问题最有效的方法。培训需求的组织分析涉及能够影响培训规划的组织各个组成部分,包括对组织目标的检查、组织资源的评估、组织特质的分析以及环境影响等方面。组织分析的目的是在收集与分析组织绩效和组织特质的基础上,确认绩效问题及其病因,寻找可能解决的办法,为培训部门提供参考。一般而言,组织分析主要包括下列几个重要步骤:

(1)组织目标分析。明确、清晰的组织目标既对组织的发展起决定性作用,也对培训规划的设计与执行起决定性作用,组织目标决定培训目标。比如说,如果一个组织的目标是提高产品的质量,那么培训活动就必须与这一目标相一致。假若组织目标模糊不清时,培训规划的设计与执行就显得很困难。

(2)组织资源分析。如果没有确定可被利用的人力、物力和财力资源,就难以确立培训目标。组织资源分析包括对组织的金钱、时间、人力等资源的描述。一般情况下,通过对下面问题的分析,就可了解一个组织资源的大致情况。

(3)组织特质与环境分析。组织特质与环境对培训的成功与否也起重要的影响作用。因为,当培训规划和组织的价值不一致时,培训的效果则很难保证。组织特质与环境分析主要是对组织的系统结构、文化、资讯传播情况的了解。

2. 工作分析

工作分析是从职位工作角度分析培训需求,目的在于了解与绩效问题有关的工作的详细内容、标准,和达成工作所应具备的知识和技能。工作分析包括职位工作职责,即各项工作任务及其难易程度等,包括员工履行工作职责应具备什么样的素质条件、需要掌握哪些相关的知识和技能。工作分析的结果也是将来设计和编制相关培训课程的重要资料来源。工作分析需要富有工作经验的员工积极参与,以提供完整的工作信息与资料。工作分析是培训需求分析中最烦琐的一部分,但是,只有对工作任务进行精确的分析并以此为依据,才能编制出真正符合企业绩效和特殊工作环境的培训课程。

3. 人员分析

人员分析主要是通过分析工作人员个体现有状况与应有状况之间的差距,来确定谁需要和应该接受培训以及培训的内容。工作者分析的重点是评价工作人员实际工作绩效以及工作能力。

知识链接 5-3 Goldstaein 三层次培训需求分析模型流程

该模型是当前学术界普遍认同的培训需求分析模型，也是培训需求分析的主要理论基础，其最大的特点就是将培训需求分析看成一个系统(见图 5.3)。

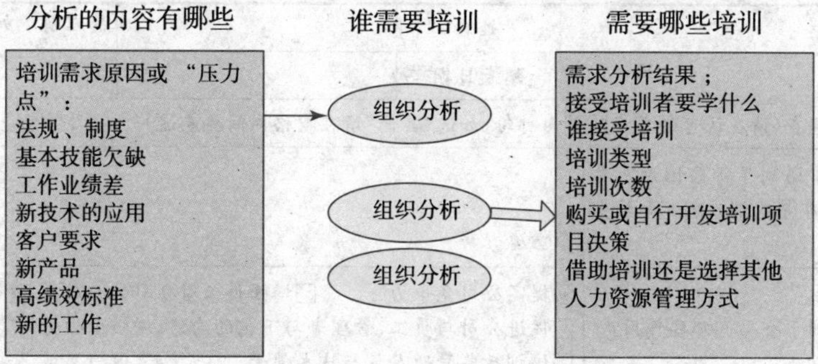

图 5.3 Goldstaein 三层次培训需求分析模型流程

5.2.3 培训需求分析的方法

培训需求的方法有很多种，经常使用的方法有观察法、问卷调查法、访谈法和文献研究法等，这些方法有着各自的优点和缺点。

1. 观察法

观察法是收集第一手资料的最基本、最常用的方法；它是培训者通过对员工工作过程的观察得到有关工作环境的资料，并将需求分析活动对工作的干扰降到最低。但它对观察者的水平要求高；员工的工作行为因为被观察而有一定的影响。

实务指南 5-1

表 5.1 所示为培训需求观察量表示例。

表 5.1 培训需求观察量表示例

观察对象姓名		实施地点		观察时间	
观察内容	差	一般	较好	好	优秀
工作制度流程遵从					
工作熟练程度					
工作方法合理性					
现场工作效率					
工作完成效果					

2. 问卷调查法

通过设计合适的问题，由员工本人对问卷问题逐一回答，从而了解培训需求。问卷问题以选择题为主，也可以适当设置开放性的问题，由被调查人员自由填写，从而进一步了解其真实的想法。

实务指南 5-2

表 5.2 所示为培训需求调查表示例。

表 5.2 培训需求调查表示例

<table>
<tr><td>部门</td><td></td><td>姓名</td><td></td><td rowspan="2">您以前参加过的培训：</td></tr>
<tr><td>岗位</td><td></td><td>填表日期</td><td></td></tr>
</table>

<table>
<tr><td colspan="6">培训现状与需求调查（请在认可的答案“□”内打勾，如选“其他”请在空格内简要表述）</td></tr>
<tr><td>1</td><td>您在工作中遇到了哪些困惑？希望通过培训得以解决？（请至少写出三项）</td><td colspan="4"></td></tr>
<tr><td>2</td><td>您认为培训于公司有哪些作用？</td><td colspan="4">□提高公司竞争力　□增强员工对公司的归属感、责任感与满意度
□促进公司与员工、管理者与下属的沟通，增强向心力
□培训后备管理人员与技术骨干　□其他＿＿＿＿（请填写）</td></tr>
<tr><td>3</td><td>您认为培训对自己有什么用？</td><td colspan="4">□开拓视野　□提高技能　□端正下属的工作态度
□增加知识　□升职、加薪　□增加了和其他同事的沟通机会
□其他＿＿＿＿（请填写）</td></tr>
<tr><td>4</td><td>您喜欢哪些培训方式？</td><td colspan="4">□课堂讲授（内训形式）　□外聘专家来公司培训　□外出学习
□读书、自学　□进学校深造　□案例分析
□现场演练　□看录像或电影
□通过做游戏体会实际工作情景　□技术竞赛
□其他＿＿＿＿（请填写）</td></tr>
<tr><td>5</td><td>目前影响培训开展的因素是什么？</td><td colspan="4">□工作太忙，没时间培训　□这些课程对我的工作没用，浪费我的时间
□培训老师讲的都是理论，在实际工作中我用不上
□上级不重视培训　□下属们认为培训没用
□培训老师授课水平一般　□其他＿＿＿＿（请填写）</td></tr>
<tr><td>6</td><td>您希望培训时间段安排为</td><td colspan="4">□周一至周五上午　□周一至周五下午　□周一至周五晚上
□周六上午　□周六下午　周日
□其他＿＿＿＿（请填写）</td></tr>
<tr><td>7</td><td>您希望每次培训时间为</td><td colspan="4">□60 分钟　□120 分钟　□半天　□一天
□只要有用，我会尽量挤出时间参加</td></tr>
<tr><td rowspan="2">8</td><td colspan="5">您想参加下列哪些课程？</td></tr>
<tr><td>质量管理类：
□发现与解决问题
□质量小组活动
□内审员提高班
□质量管理体系（ISO9000）基础知识
其他：</td><td>自我发展类：
□如何经营自己的未来（职业生涯规划）
□怎样教会徒弟（在岗工作教导技术）
□时间管理
□礼仪与装扮
其他：</td><td colspan="2">管理与领导能力类：
□怎样成为优秀的班组长
□怎样让别人接受我的主意（沟通技巧）
□如何给下属下达任务（任务布置）
□让他们充满干劲（有效激励）
□怎样订目标
其他：</td><td>专业技术：（烦请自行填写）</td></tr>
<tr><td>9</td><td>您的（培训）意见及建议（可附页）：</td><td colspan="4"></td></tr>
<tr><td colspan="6">衷心感谢您的认真填写！</td></tr>
</table>

3. 访谈法

培训组织者与员工进行访谈，询问他们对于工作和自己的未来持一种什么样的态度和意见，这是决定培训需求极为重要的参考资料；不过，访谈人要注意访谈的技巧，才能获得有用信息。访谈一般分为两种形式：个人访谈和集体访谈。

实务指南5-3

表5.3所示为任务访谈清单示例。

表5.3　任务访谈清单示例

访谈对象姓名：　　　　访谈时间：

访谈问题	访谈记录
员工特别出色的知识、技能主要表现在哪些方面？	
员工特别需要提升的知识、技能主要包括哪些？	
员工对岗位工作的关心、感兴趣程度？	
员工职业生涯可能的进阶要求？	
对员工培训方面的意见建议？	
其他	

4. 文献研究法

通过研究来自组织内部和外部的报告，如组织年度目标计划完成情况分析报告、销售报告、事故处理报告、人员流动分析报告、客户满意度调查报告、员工绩效评估情况等，可以找出组织、部门、员工个体存在的问题，从而确定是否有必要进行培训、培训什么内容。

阅读技术手册和记录方法有利于收集有关工作程序信息，而且目的性强，尤其是有关新职业和在生产过程中新产生任务信息的收集；但是培训者会因不了解技术术语而难以理解，有些材料也可能已过时。

实务指南5-4　　**如何从绩效问题分析得到培训需求**

当遇到客户投诉抱怨时，如何诊断负责服务的员工培训需求？

问题：客户抱怨置业顾问接待态度不佳

采取分析步骤如下：

首先，找出绩效差距：客户期望与现状的差距。

其次，分析服务人员的能力差距：欠缺哪些知识(K)、技能(S)、态度(A)。

从而得到培训需求。

5.3　培训课程设计

企业培训的核心内容是培训的课程，而课程的实施效果好坏直接取决于课程设计。在确定了培训需求和目标后，我们需要寻找、挑选、设计或开发出满足需求的培训课程，将培训需求有效转化为可供实施的培训课程。培训课程开发的广义含义包括对培训内容本身、培训方式、培训媒介、培训资源等一系列与培训有关的元素的开发。课程设计的任务是构建一门课程的形式与结构。因此，在培训领域要不断地根据组织要求，发现新的培训需求，开发新的课程和资源。

5.3.1 培训课程设计的要素

课程设计主要包含九大要素：

第一要素：目标。课程目标提供了学习的方向和学习过程中各阶段要达到的标准。它们经常是通过联系课程内容，以行为术语表达出来，而这些术语通常属于认知范围。在我们所熟悉的一般课程的教学大纲中，最常用的有如“记住”“了解”“熟悉”“掌握”等认知指标。至于“分析”“应用”“评价”等较高级的认知行为目标，显然也是可以表述出来的。但是，根据教育目标分类学理论，在情感领域中的目标，如价值、信念和态度等，虽然也可以在课程的设计中设法表述出来，但在实际中通常被忽略。

第二要素：内容。在课程内容组织上，有两点尤其重要，即范围和顺序。顺序指内容在垂直方向上的组织。范围指对课程内容在水平方向上的安排。范围要精心地限定，使内容尽可能地对学习者有意义并具有综合性，而且还要在既定的时间内安排。

第三要素：教材。教材要以精心选择或组织的有机方式将学习的内容呈现给培训者。在学科课程中，教科书是最常用的教材，也几乎是必备的，在教科书的选择上，主要是内容丰富，针对性、实用性、操作性强。

第四要素：模式。课程的执行模式，主要指的是学习活动的安排和教学方法的选择，旨在促进培训者的认知发展和行为变化。

第五要素：策略。一个被普遍运用的教学策略是”判断—指令—评价”。在这一策略中，教师分析学生的学习进展情况，判断他们遇到了什么困难，对学习顺序的下一个步骤作出指令，当学员完成指令后，教师作出评价，确定他们是否掌握了课程设计的学习内容。

第六要素：评价。学科课程的评价重点放在定量的测评上，衡量可以观察到的行为。例如，在报告学习者的学习状况时，常常用诸如A,B,C,D等人们假定能表明某种程度的成就的字母等级表示。

第七要素：组织。除了集体授课制以外，分小组教学也经常被课程设计者运用，分组教学为“因材施教”的个性化教学提供了某种可能。

第八要素：时间。课程设计者要巧妙地配置有限的课程时间，培训师要使学生在整个课程执行期间积极地参与学习活动，把课堂时间看成是最有价值的。

第九要素：空间。这里的空间主要是指教室，还有一些特殊的空间可以利用。如图书馆、实验室、艺术室、研讨室、调研场所、运动场等。

5.3.2 培训课程设计的流程

培训课程设计的基本程序如图5.4所示。以下是对基本程序的进一步说明。

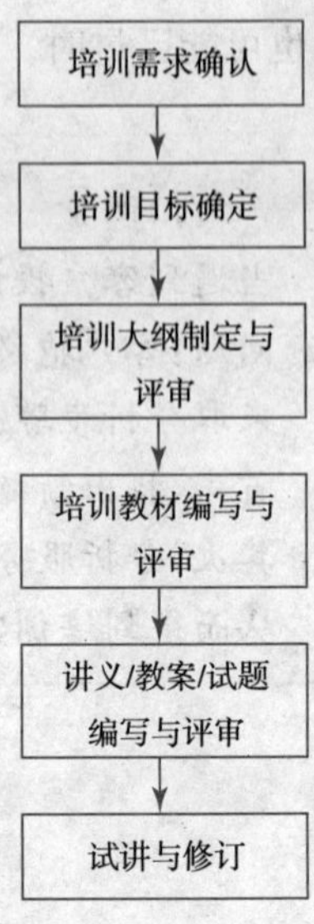

图5.4 培训课程设计程序

(1)对调查收集而来的培训需求进行评审,确认培训需求的有效性;

(2)从培训需求分析出发,明确课程要达到的目标;

(3)根据目标要求,进行课程大纲的制定并组织相关人员评审。包括:安排课程内容、确定教学模式、组织课程执行者、准备培训教材,选择课程策略,作为课程评价方案,预设分组计划、分配时间;

(4)紧贴培训课程大纲要求,以培训要达到的目标为指针,紧密联系学员工作实际,编写培训教材,并组织相关人员评审;

(5)根据培训大纲、培训教材,编制教案、讲义,准备课程课后评估用的试题;

(6)进行试讲,根据试讲中的情况,结合课程大纲、评委意见进行修订,确保培训效果。

实务指南 5-5

表 5.4 所示为培训方案的最佳切入点。

表 5.4 培训方案的最佳切入点

情　形	培训解决方案是否最佳
员工不知如何执行任务,缺乏所需的技能、知识等	最佳
员工没有收到绩效反馈信息	不合适,或者最佳培训解决方案是对主管培训
员工缺乏完成工作所需的设备、工具、资源	不合适,申请或修改
对好的工作表现没有得到积极的奖励、或者员工认为绩效奖励不具有激励作用	不合适,属于沟通问题,或者最佳培训解决方案是对主管培训
员工不清楚理想的绩效标准	不合适,属于沟通问题,或者最佳培训解决方案是对主管培训
员工知道自己要做什么,但不知道做得怎么样	不合适,属于沟通、反馈问题,或者最佳培训解决方案是对主管培训
员工具备执行任务的知识和技能,但工作输入、工作输出、工作结果或工作反馈不足	不一定最佳

5.4 培训的组织与实施

在第三节中讲述了课程设计,但即使设计出了优秀的培训课程,也不能确保培训的必然成功;如果在培训实施阶段缺乏适当的准备与策划、未能选择恰当的培训方法、不能进行有效的课堂控制等,培训效果也难以保证,培训目标也不能达成。

5.4.1 制订培训实施计划

良好的计划是成功的一半,培训计划为组织培训活动提供了具体的目标,并为实现这些目标所必须开展的培训活动制定了具体的行动方案,即谁参加培训、培训内容是什么、什么时候进行、如何开展培训活动。

1. 培训计划的影响因素

在制订培训计划时,一般需要考虑以下因素:

（1）培训经费预算。一般来说，派员工参加组织外部的培训，其费用都按培训单位的收费标准来支付，以及相应的差旅费用等。组织内部培训的经费预算则应包括多种项目，常见的是组织内部自行培训、聘请培训师来组织培训和聘请培训公司来组织培训等几种形式，其开支预算是不一样的，主要包括培训师及内部员工的工资、场地费、设备材料的损耗费、教材及资料费用等等。培训计划应对所需经费做出详细预算。

实务指南5-6　培训预算的主要费用

（1）经常性费用
- 培训行政人员工资、津贴
- 福利金、保险费
- 自有培训场地的维护与折旧
- 自有设备折旧

（2）变动性费用（聘请讲师）
- 讲师费
- 教材费
- 车马费

（3）变动费用（举办培训）
- 场地费
- 出差费
- 交通费
- 器材费
- 食宿费
- 茶水费

（4）变动费用（外包）
- 外包费用（课程设计）
- 顾问费

（2）培训的范围。培训计划可以针对整个组织，如企业文化培训、质量培训、安全培训等；也可以是针对组织中的某一个或某几个部门，如技能性培训课程；还可以是针对组织中特定的群体，如入职培训、管理者培训等。培训所涉及的范围不同，制订培训计划时，涉及的培训预算、培训方式、培训评估方式等都会有很大的差别。

（3）培训的类型。它是指技术性培训还是非技术性培训。技术性培训基本上是处理工作上所必需的过程、程序、一般知识和技能。非技术性培训主要是监督、管理和激励受训者。

（4）受训者规模。受训者的规模取决于培训的性质，培训场所的大小、培训工具的性质和培训费用的多少。如果只有个别员工受训，通常不需要专门教师，可以采用轮岗培训、学徒式培训、在岗培训、程序教学、录像技术、自学等形式。如果是集体培训，需要考虑经费和培训策略。

（5）培训时间。培训时间的合理分配要依据训练内容的难易程度和培训所需总时间而定。一般来说，内容相对简单、短期的培训可以使用集中学习，使之一气呵成；而内容复杂、难度高、时间较长的学习，则宜采用分散学习的方法，以节约开支，提高效率。

（6）培训地点。培训地点对培训效果有较大的影响，选择培训地点时要结合培训预算、受训对象综合考虑。对培训环境的评判一般从以下因素来考虑：视觉效果、听觉效果、温度控制、教室大小和形状、座位安排、交通条件和生活条件等。

(7)培训方案的使用率。培训方案如果能重复使用，会大大降低培训费用。

(8)培训师资。培训师资是培训规划设计重要内容之一。能否选择到合适的老师，直接关系到培训效果的好坏。一位优秀的培训师既要有广博的理论知识，又要有丰富的实践经验；既要有扎实的培训技能，又要有高尚的人格。因此，培训师的知识经验、培训技能以及人格特征是判别培训师水平高低的三个维度。

知识链接 5-4

表 5.5 所示为内部师资与外部师资的优缺点比较。

表 5.5　内部师资与外部师资的优缺点比较

师资来源	优　点	缺　点
外部师资	选择范围大，新鲜度高，吸引力大，提高培训档次和规格，容易营造培训气氛	相互了解不够，培训风险大，缺乏实践经验，脱离企业实际，费用较高
内部师资	了解企业情况，针对性强，交流顺畅，成本较低	选择范围有限，水平不能保证，立场不够客观，带有倾向性，威望和新鲜感不足，缺乏吸引力

2. 培训计划的内容

培训计划一般应包括以下几个方面的内容：

(1)确定培训目标。培训目标是根据培训需求分析结果，指出员工培训的必要性及期望达到的效果。好的培训计划可以为培训工作提供明确方向，为确定培训对象、内容、时间、教师、方法等具体操作内容提供依据，并可以在培训之后，对照此目标进行效果评估。从某一培训活动的总体目标到每堂课的具体目标，培训目标可分为若干层次。目标的设置也要注意与企业宗旨相兼容，切实可行、陈述准确。

(2)安排培训课程及进度表。这一过程其实是培训目标的具体化和操作化，即根据培训对象、培训目标与要求，确定培训项目的形式、学制、课程设置方案及教学方法，拟定培训大纲、培训内容、培训时间、培训方式，选择教科书与参考教材、任课教师、辅助培训器材与设施等。为受训人员提供具体的日程安排和详细的时间安排。培训计划应将总体计划及各分项目标计划实施的过程、时间跨度、阶段划分用简明扼要的文字或图表表示出来。

(3)设计培训方式。在培训中，可视需要及许可条件选择一系列培训方法，如讲授法、研讨法、案例研讨法、行为示范法、工作轮换法、角色扮演法、管理游戏法、现场培训法等，可采取一两种方法为重点、多种方法变换组合的方式，使培训效果达到最理想状态。而且培训方法的设计也要注意受训者的知识层次和岗位类型，如案例研究对管理者和科技人员比较适合；而对操作人员来说，现场培训和授课方法的效果可能会更好。

(4)制定培训控制措施。为保证培训工作的有序进行，应采取一定的措施及时跟踪培训效果、约束员工行为、保障培训秩序、监督培训工作的开展。常见的控制手段有签到登记、例会汇报、流动巡查等，这些也是培训计划中所需安排的一项重要内容。

实务指南 5-7 **年度培训计划模板**

年度培训计划格式：

①计划重点摘要(Executive Summary)

②前言

③计划目的与培训需求

④培训目标与分项培训计划

⑤工作小组及任务指派

⑥培训经费预算

⑦预期效益及绩效衡量

⑧需求资源及支持

⑨潜在问题分析

⑩结论及建议

5.4.2 培训实施的常见方法

常见的培训实施方法有如下几种：讲授法、视听技术法、讨论法、案例研讨法、角色扮演法、观摩范例法、互动小组法、计算机网络培训法等。

(1)讲授法。它是传统的，采用集中办班的形式，通过教师系统地向受训者讲解，使受训者逐步理解，消化吸收。课堂讲授法是人类最古老的培训方法之一，而且一直沿用至今。其优点是运用起来方便，便于培训者控制整个过程，常被用于一些理念性知识的培训，而且组织成本相对较低。缺点是单向信息传递，反馈效果差，而且效果取决于培训师的演讲水平。

(2)视听技术法。现代视听技术培训方法是利用幻灯、电影、录音、唱片、广播、电视、录像、语音室和多媒体等现代化的视听工具来进行技能培训的方法。培训时，这些设备可以单独使用，也可根据需要按不同方式组合。这种方法的优点是运用视觉与听觉的感知方式，直观鲜明。但学员的反馈与实践较差，且制作和购买的成本高，容易过时。它多用于企业概况介绍、传授技能等培训内容。

(3)讨论法。按照费用与操作的复杂程度又可分成一般小组讨论与研讨会两种方式。研讨会多以专题演讲为主，中途或会后允许学员与演讲者进行交流沟通。优点是信息可以多向传递，与讲授法相比反馈效果较好，但费用较高。而小组讨论法的特点是信息交流方式为多向传递，学员的参与性高，费用较低。多用于巩固知识，训练学员分析、解决问题的能力及人际交往的能力，但对培训教师的要求较高。

(4)案例研讨法。案例研讨法是围绕一定的培训目的，把实际中真实的情景加以典型化处理，形成供学生思考分析和决断的案例，通过独立研究和相互讨论的方式，来提高受训者的分析问题和解决问题能力的一种方法。在对特定案例的分析、辩论中，受训人员集思广益，共享集体的经验与意见，有助于他们将受训的收益在未来实际业务工作中思考与应用。这一方式费用低，反馈效果好。近年的培训研究表明，案例、讨论的方式也可用于知识类的培训，且效果颇佳。

(5)角色扮演法。这种方法是为一组学员设定某种情境，一些学员担任各个角色并出场表演，其余的学员观看表演，注意与培训目标有关的行为。表演结束后，举行情况汇报，扮演者、观众和教师可以联系情感体验来讨论表现出的行为。使被培训者真正体验到所扮角色的感受与行为，以发现和改进自己的工作态度和行为表现。角色扮演法是最有效的培训方法之一。这是因为，角色扮演中的角色、环境和目标更加确定，其活动也更加集中。其次，角色扮演更能唤起人的感情，激发人的行为。最后，通过观察者的观察与分析、评价，把结果及时反馈给扮演者，从而达到塑造、改变员工态度和行为的目的。

(6)观摩范例法。指通过现场演示方法进行培训。这一方式较适合于操作性知识的学习。由于成人学习具有偏重经验与理解的特性，让具有一定学习能力与自觉的学员在观察过程中学习，是既经济又实用的方法，但此方法也存在监督性差的缺点。

(7)互动小组法。也称敏感训练法。此法主要适用于管理人员的人际关系与沟通训练。让学员以在培训活动中的亲身体验来提高他们处理人际关系的能力。其优点是可明显提高人际关系与沟通的能力，但其效果在很大程度上依赖于培训教师的水平。

(8)计算机网络培训法。是近年来流行的一种新型的计算机网络信息培训方式。这方面投入较大，但由于使用灵活，符合分散式学习的新趋势，节省学员集中培训的时间与费用。而且这种方式信息量大，新知识、新观念传递优势明显，特别为实力雄厚的企业所青睐，也是培训发展的一个重要趋势。

可见，各种培训方法各有其优缺点，根据不同的培训项目和培训目标，可以寻找到一组最佳的组合办法。另外，培训方法的选择也依赖于培训经费的支持，要有培训场地和器材作保证，需要培训教师准确有效的采用。

实务指南 5-8　　培训方法的选取

培训方法的选取原则：为培训对象服务、为培训内容服务

选择的依据：

(1)根据培训对象选择：学员成熟度

学习意愿与学习能力都较强：学员自主能力、自控能力强，喜欢宽松的管理方式和更多的自由发挥的空间——研讨、案例分析比较合适；

学习意愿与学习能力都较弱：既缺乏学习能力，又缺乏自制力，需要对学习过程进行控制、明确指导——讲授法、一对一教练法

其余情况：讲授法、一对一教练法、角色扮演法、案例分析

(2)根据培训内容选择：知识培训、技能培训、态度培训

①知识培训：

要求系统性、逻辑性、连贯性——讲授法，结合实际引入案例分析

②技能培训：

实际操作能力——角色扮演、游戏法、一对一教练

③态度培训：观念、意识的转变

如何轻松愉悦中改善——游戏法

5.5 培训效果评估

培训开发活动的最后一个环节就是要对整个培训的效果进行评估，这样不仅可以对培训前后的状况进行对比，也可以进一步监控培训是否达到预期效果，使组织得到必要的反馈。

5.5.1 培训效果评估的含义

培训效果的评估(training evaluatron)，是指企业在组织培训之后，采用一定的形式，把培训的效果用定性或者定量的方式表示出来。培训评估是培训管理流程中的一个重要的环节，是衡量企业培训效果的重要途径和手段。

> 知识链接 5-5　**培训评估的含义**
>
> 英国的管理服务委员会(MSC)将评估定义为"通过评估来判断培训是否达到既定目标的过程，它包括审定和评估，它对培训的成本效益进行分析而不是仅仅判断其是否达到既定目标。"
>
> Warr，Bird，和 Rackham 认为培训评估有两个基本意义：投入评估和产出评估。
>
> Hamblin 则把评估定义为"得到有关培训效果的反馈并对反馈信息进行评价"。

5.5.2 培训评估的理论模型

当前对培训评估进行系统评价的模型占主导地位的仍然是 Kirkpatrick 的四层次模型；但是其他研究者也对该模型提出批评，针对其不足提出自己的模型，主要有：Kaufman 的五层次评估、CIRO 方法、Phillips 的五层次 ROI 框架模型等。

1. Kirkpatrik 的培训评估模型

目前国内外运用得最为广泛的培训评估方法仍然是美国威斯康星大学的柯克帕特里克(Donald L. Kirkpatrick)教授在 1959 年提出的培训效果评估模型，也被称为"柯氏模式"。该评估模型认为，评估培训效果可从以下四个不同层面进行评估：

(1)反应评估(Reaction)。用以评估被培训者的满意程度；反应评估是指受训人员对培训项目的印象如何，包括对讲师和培训科目、设施、方法、内容、自己收获的大小等方面的看法。反应评估主要是在培训项目结束时，通过问卷调查来收集受训人员对于培训项目的效果和有用性的反应。一般涉及以下问题：受训者是否喜欢这次培训？是否认为培训师很出色？是否认为这次培训对自己很有帮助？有哪些地方可以进一步改进？这一阶段的评估还未涉及培训的效果。学员是否能将学到的知识技能应用到工作中去还不能确定。但这一阶段的评估是必要的。培训参加者的兴趣、受到的激励、对培训的关注于任何培训项目都是重要的。同时，在对培训进行积极的回顾与评价时，学员能够更好地总结他们所学习的内容。

(2)学习评估(Learning)。用以测定被培训者的学习获得程度；学习评估是目前最常见、也是最常用的一种评价方式。它是测量受训人员对原理、技能、态度等培训内容的理解和掌握程度。这一阶段的评估要求通过对学员参加培训前和培训结束后知识技能测试的结果进行比较，以了解他们是否学习到新的东西。同时也是对培训设计中设定的培训目标进行检验。这一评估的结果也可体现出讲师的工作是否有效。但此时，我们仍无法确定参加培训的人员是否能将他们学到的知识与技能应用到工作中去。

(3)行为评估(Behavior)。用以考察被培训者的知识运用程度;行为评估指在培训结束后的一段时间里,由受训人员的上级、同事、下属或者客户观察他们的行为在培训前后是否发生变化,是否在工作中运用了培训中学到的知识。这个层次的评估可以包括受训人员的主观感觉、下属和同事对其培训前后行为变化的对比,以及受训人员本人的自评。尽管,这一阶段的评估数据较难获得,但意义重大。只有培训参与者真正将所学的东西应用到工作中,才能达到培训的目的。需要注意的是,因这一阶段的评估只有在学员回到工作中去时才能实施,所以评估一般要求与参与者一同工作的人员如督导人员等参加。

(4)成果评估(Result)。用以核算培训创出的经济效益。效果的评估即判断培训是否能给企业的经营成果带来具体而直接的贡献,这一层次的评估上升到了组织的高度。效果评估可以通过一系列指标来衡量,如事故率、生产率、员工离职率、次品率、员工士气以及客户满意度等。通过对这些指标的分析,管理层能够了解培训所带来的收益。这一阶段的评估要考察的不是受训者的情况,而是从部门和组织的大范围内,了解因培训而带来的组织绩效的改善情况。因此,该阶段评估的费用、时间和难度都是最大的。但对企业的意义也是最重要的。

2. Kaufman 的五层次评估

Kaufman 扩展了 Kirkpatrick 的四层次模型,他认为培训能否成功,培训前的各种资源的获得是至关重要的,因而应该在模型中加上这一层次的评估。并且培训所产生的效果不应该仅仅对本组织有益,它最终会作用于组织所处的环境,从而给组织带来效益。因而他加上了第五个层次,即评估社会和顾客的反应,如下表 5.6 所示。

表 5.6 Kaufman 的五层次评估模型

层次	问题
5. 社会产出	社会和顾客的反应、结果和回报
4. 组织产出	对组织的贡献和回报
3. 应用	组织内个体效用和小群体(产品)效用
2. 获得	个体和小群体技能与胜任力
1b. 反应	方法、手段和过程的可接受度和熟练度
1a. 培训可行性(enabling)	人力、财务和物理资源投入的质量和可获取性

3. CIRO 方法

CIRO 培训效果评估模型由奥尔(Warr. P)、伯德(Bird. M)和莱克哈姆(Rackham)提出的。该模型中四项评估活动是:背景评估(Context evaluation)、输入评估(Input evaluation)、反应评估(Reaction evaluation)和输出评估(Output evaluation)。

(1)背景评估。指获取和使用当前情境的信息来明确培训需求和培训目标,旨在确认培训的必要性,该评估实际上是进行培训需求分析。主要任务有二:其一,收集和分析有关人力资源开发的信息。其二,分析和确定培训需求与培训目标。

(2)输入评估。是指获取和使用可能的培训资源来确定培训方法,主要确定培训的可能性,而这些资源包括内部资源和外部资源。其主要任务是:第一,收集和汇总可利用的培训资源信息。第二,评估和选择培训资源——对可利用的培训资源进行利弊分析;与此同时,确定人力资源培训的实施战略与方法。

(3)反应评估。反应评估是指获取和使用参与者的反应来提高培训过程。这个评估过程的典型特征是参与者的主观评价,但是评价质量的好坏取决于信息收集的方法是否具有系统性和客观性。其关键任务是:第一,收集和分析学员的反馈信息,第二,改进人力资源培训的运作程序。

(4)输出评估。是指收集和使用培训结果的信息,主旨在检验培训的结果。该评估被认为是评估最重要的一个部分。它包括四个阶段:界定趋势目标、选择或构建这些目标的测量方法、在合适的时间进行测量和评估结果以改善以后的培训。

CIRO评估模型除了对其每一组成部分的任务、要求作出较详尽的说明外,最重要的是它可以向比较先进的系统型培训模式所倡导的评估理念靠拢。相比柯氏四级培训评估模式,CIRO模型不再把评估活动看成是整个培训过程最后一环,而是具有相当“独立、终结”特点的一个专门步骤,并将其介入到培训过程的其他相关环节。由此,评估的内涵和外延扩大了,其作用不仅体现在培训活动之后,而且还可以体现在整个培训活动过程的其他相关步骤之中,如培训需求分析、培训方式选择等。

4. Phillips的五层次ROI框架

通常在培训结束后,绝大多数的公司只是报告在培训上花费了多少费用,多少培训时间,参加培训的人员数目。而没有提供培训给公司带来的价值,参与者所学习到的东西以及由于培训带来的投资回报。近年来,特别强调要对培训发展的投入的评估,因而ROI过程成为评估的重要而关键的部分。

ROI过程在Kirkpatrick的四层次模型上增加了第五个层次。分别叫反应和已经计划的行动、学习、工作应用、组织结果和投入产出。第一层次,测量受训者的满意度以及他们打算如何应用培训所学,但是受训者满意的结果并不能确保他们会在工作中应用新的技能和知识。这一层次的评估通常是在培训后采用调查问卷测量。第二层次测量受训者在培训过程中所学。可以采用的评估工具有测试、技能练习、角色扮演、模拟、多人评估等。学习检查有助于确保受训者是否掌握了培训材料并且知道如何使用它们。然而受训者学习情况再好,并不能保证它们一定会被应用于实际工作中。在第三层次,使用许多跟踪方法测量受训者新技能的使用频率等来判定受训者是否将所学应用于实际工作中。这个层次很重要,但是它们并不能确保对组织有积极的影响。第四层次测量受训者应用培训材料后对组织产生的积极影响,通常测量产量、质量、成本、时间和顾客满意度。第五层次认为,培训对组织产生了积极的影响,但是它们的成本也许太高。ROI通常表示成一个百分数或成本与收益的比率。

在实际操作中,组织很少进行ROI评估,因为ROI评估过程是一个困难并且昂贵的过程。如果要进行第五层次的评估,那么前四个层次的评估都是必不可少的。

5.5.3 培训评估的流程

1. 评估流程

培训效果评价的流程如图5.5所示。

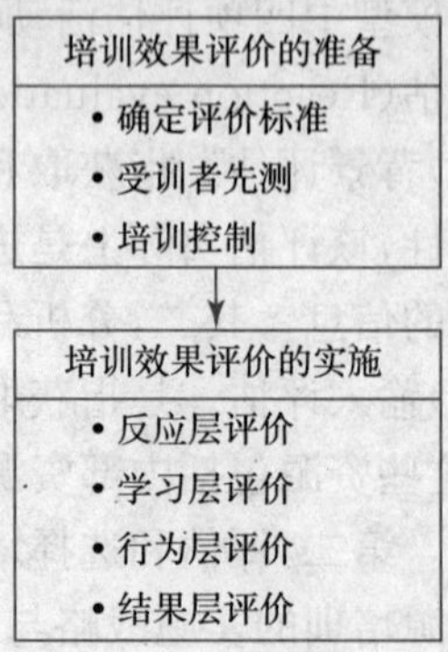

图5.5 培训效果评价流程

(1)培训效果评价的准备。

①确定评价标准。一般地,在培训准备阶段确定培训目标、拟定培训计划时,也就为培训效果的评价制定了根本标准。因此,在确定评价标准时,要遵循以培训目标为基础、与培训计划相一致、具体可行等原则。

②受训者先测。受训者先测,就是指在实施培训之前对受训者进行一次测试,从而掌握他们在受训前的水平和状态,为评价培训项目实施效果做好准备。

③培训控制。培训控制，就是指在实施培训项目的过程中，根据培训目标和培训计划进行各方面的控制工作，纠正错误和偏差，收集进行效果评价和总结的有关资料和信息。

(2)培训效果评价的实施。与培训效果评价的四个层次相对应，这里主要介绍反应层、学习层、行为层和结果层评价的方法。

①反应层评价。反应层是评价培训效果的第一个层次，即了解受训者对培训项目各个方面的感受、意见和建议等信息。对反应层的评价可以使用直接反馈法、汇报法、调查问卷法等方法。

• 直接反馈法。直接反馈法，就是指培训人员在培训项目实施过程中或实施结束后，对受训者进行观察或直接与受训者进行交谈，及时获得直接的反馈信息的方法。

• 汇报法。汇报法，就是指受训者完成培训、回到部门后，及时向部门主管汇报培训效果，表达对培训的感受、心得、体会、意见和建议等。通过部门与受训者进行双向交流，了解并评价培训效果。

• 调查问卷法。调查问卷法，就是指通过受训者填写预先设计的调查问卷或表格来收集有关信息、进行效果评价的方法。表5.7是一则范例。

表5.7　培训效果调查问卷

培训学员意见调查表

培训课程名称：

主办部门：

说明：1. 本表请受训学员翔实填写，并请于结训时交予主办部门。

2. 请将选答项目号码勾在括弧栏内。

3. 请你给予率直的反应及批评，这样可以帮助我们改进将来的培训计划。

(1)课程内容如何？

①优　②好　③尚可　④劣

(2)教学方法如何？

①优　②好　③尚可　④劣

(3)培训时间是否适当？

①太长　②适当　③不足

(4)参加此次培训感到有哪些受益？

①获得适用的新知识。

②获得可以用于工作的有效技巧。

③将帮助我改变工作态度。

④帮助我印证了某些观念。

⑤给我一个很好的机会，使我能够客观地观察我自己以及我的工作。

(5)培训设施安排如何？

①优　②好　③尚可　④劣

(6)将来若有类似的培训，你还愿意参加吗？

①是　②否　③不确定

(7)其他建议事项：____________

②学习层评价。学习层，是评价培训效果的第二个层次，即评价受训者经过培训后，在知识或技能等方面获得多大程度的提高。学习层的评价常用笔试法。

笔试法，就是指通过对培训后的受训者进行有关知识或技能的考试来评价培训效果的方法。表5.8是笔试成绩表的范例。

表 5.8　笔试成绩表

编号	姓名	分数	签到	编号	姓名	分数	签到
1				11			
2				12			
3				13			
4				14			
5				15			
6				16			
7				17			
8				18			
9				19			
10				20			
会计部		人力资源部		教育培训部		单位	

③行为层评价。行为层，是评价培训效果的第三个层次，即在培训结束后的一段时间里，由受训者的上级、同事或下属观察其行为是否产生变化，是否将所学的知识或技能用于实际工作中。培训的最终目的，就是要改进员工的工作行为，提高工作绩效，进而促进企业的发展。因此，如果行为层的培训效果评价很低，就意味着培训效果没有有效地迁移，既定的培训目标也难以真正实现。

行为层的培训效果评价一般采用绩效考核法，即通过考核并对比受训者受训前后工作绩效的变化，来评价培训效果。表 5.9 是利用绩效考核法进行培训效果评价的范例。

表 5.9　绩效考核法培训效果评价

培训效果调查表

(一)说明：近三个月来，本部已举办过如下培训：

1. ____________ 4. ____________

2. ____________ 5. ____________

3. ____________ 6. ____________

(二)请各单位主管就所属学员参加培训以后，已经注意到的有些什么改变，于调查表所示各项目的适当栏打“√”，并请于__________月__________日前交至教育培训部。

绩效标准	很好	略好	无变化	略坏	很坏	不知道
生产的数量(工作数量)						
生产的质量(工作数量)						
工作安全						
环境保护						
态度及士气						
出勤情况						

填表部门：____________

填 表 人：____________

④结果层评价。结果层，是评价培训效果的最高层次，即从企业的整体角度，按照生产率、效益、成本、流动率、事故率、质量合格率、投诉率等指标评价培训项目对企业产生的作用和影响。如果培训不能增加企业的收益，不能对企业产生积极作用，那么培训就是无效的。

结果层评价培训效果的方法有很多。如培训投入回报率、培训投资收益率和培训效益量化公式三种方法。在介绍这三种方法之前，必须首先了解培训成本和培训收益两个概念。

培训成本与培训收益：

a. 培训成本。培训成本一般包括一次性成本、每次性成本和每位受训者成本三类。

一次性成本，是指一次发生的培训成本。主要包括：

- 培训需求评估成本，例如咨询费等；
- 培训设计成本，例如编写培训手册的费用；
- 可重复使用的培训设备成本，例如购买投影仪的费用；
- 培训效果评价成本，例如聘请评价培训效果专家的费用等。

每次性成本，是指每次培训都要发生的成本。主要包括：

- 培训人员报酬及差旅费，例如支付给培训师的工资、交通费、食宿费等；
- 设施租赁费，例如租赁培训教室的费用等。

每位受训者成本，指发生在每位受训者个人身上的成本。主要包括：

- 受训者在受训期间的工资；
- 受训者在受训期间的交通费、食宿费补贴等；
- 不可重复使用的培训材料费用等。

以上三类成本实际上属于培训的直接成本。除此之外，企业由于进行培训而导致的机会成本、间接成本，也会给企业造成许多无形损失。无形损失一般可用人均利润率来衡量。

b. 培训收益。培训的收益包括短期收益和长期收益。短期收益，往往体现为培训带来的员工工作效率的提高；长期收益，往往体现为员工能力和素质的提高。收益，通常可以通过受训者与未受训员工之间效率与素质的差异来判断。

结果层评价方法：

a. 计算培训投入回报率。培训投入回报率公式为

培训投入回报率＝(培训收益－培训成本)/培训成本

b. 计算培训投资收益率。培训投资收益率的公式为

培训投资收益率＝(培训收益/培训成本)×100%

c. 计算培训效益。培训效益的量化公式为

$$TE=(E2-E1)\times TS\times T-C$$

式中，TE 表示培训效益；

E1 表示培训前每位受训者一年产生的收益；

E2 表示培训后每位受训者一年产生的收益；

TS 表示受训人数；

T 表示培训效益可持续的年限；

C 表示培训成本。

实务指南 5-9　　培训评估报告模板

培训评估报告格式：

①报告提要；

②导言：培训项目的性质、时间、师资、受训者情况，评估的目的和性质；

③评估实施过程：方法、程序；

④评估结果；

⑤解释和评论评估结果：提供参考意见；

⑥附录：原始资料、评估方法和工具。

2. 培训效果评价需要注意的问题

第一，培训效果评价是培训过程的重要阶段，既是对本次培训活动的评估与总结，也为下一次培训活动积累了经验教训。

第二，培训效果评价活动贯穿于培训项目始终，具有一定的评价原则、角度、测定方案与层次。

第三，培训效果评价主要包括评价准备和评价实施两个阶段。评价的准备包括确定评价标准、受训者先测、培训控制等工作，主要发生于培训项目实施前以及实施过程中。评价的实施，主要是在培训项目结束后，按照一定的原则，选择一定的角度、测定方案和评价方法，从反应层、学习层、行为层和结果层四个层面上对培训效果进行评价。

第四，评价培训效果的目的在于针对培训的薄弱环节，采取有效措施来提高培训效果。

复习思考题

1. 企业培训与开发对企业及其员工产生哪些作用？
2. 培训需求产生的原因主要有哪些？
3. 如何根据企业实际选择合适的培训方式？
4. 培训课程开发对培训效果产生的影响有哪些？如何开发出有效的培训课程？

案例分析

小 A 是一家医疗器械公司的人力资源部经理，公司最近招了一名销售员 B，在经过面谈后，小 A 认为 B 在销售方面具有很大的潜力，具备公司要求的销售人员条件。可是，两星期后销售部经理却告诉她，B 提出离开公司。小 A 经过对 B 进行离职访谈了解到以下信息：

B 提出离职并不是别的企业给了更高的薪水。

在 B 上班的第一天，销售部经理通知他，正式的产品培训要一个月后才进行，并给了他一本销售手册，让他在这段时间里阅读学习。

第二天，有人告诉 B 在徐汇区有一个展览，要 B 去公关部帮忙一周。第三周，又让 B 整理公司的图书。在产品培训课程开课的前一天，有人通知 B 说，由于某些原因课程推迟半个月，说先安排公司的销售骨干C做他试用期的工作导师，先给他做一些在职培训，并让他陪C一起访问客户。

基于以上原因，B提出离职。

（资料来源：作者根据相关资料整理）

思考题：

1. 你认为这家公司员工培训存在哪些问题？
2. 请提出改善思路，并设计解决方案。

实训设计

一、实训项目

根据以下条件设计方案

A物业管理公司新招聘20名保安，由于目前物管市场保安奇缺，且A公司的薪酬水平一般，这些新入职者基本都没有从业经验，针对这种情况：

1. 请设计入职培训方案（包括但不限于课程体系、组织程序、组织过程中涉及的各类表格、制度等），使这些新招人员能在较短时间内达到上岗要求；
2. 根据实际编制培训预算。

二、实训目的

通过本次实训，使学生掌握新员工入职培训方案的设计方法，熟悉培训预算编制的方法

三、实训要求

1. 以5～8人为一组进行方案设计；
2. 明确小组各成员在方案设计过程中的工作安排及分工情况；
3. 各组派出1～2名代表汇报本小组的工作成果。

第 6 章 绩效管理

本章学习要点

- 绩效与绩效管理的概念
- 绩效管理与绩效考核的联系与区别
- 绩效管理的流程
- 绩效考核方法及其特点

引入案例

亚太公司的绩效评估

亚太公司到了年终绩效评估的时候了，由于去年的评估采取了比较公开的方式，结果因为打分高低的问题出现了不少矛盾，因此，今年为了避免出现去年的问题，决定采用背靠背的打分方式，即主管人员为员工打一个分数，但并不让员工知道，而员工也需要为主管人员打分作为民意调查的结果。

这几天业务三部的办公室里的气氛跟往常有点不大一样。一向比较矜持冷峻的王经理也对部下露出了一点笑容，平时上班经常迟到的小邓这几天早早就来到了办公室。每个人心中都各自打着小算盘。老张心想："我在这里资格最老，这么多年，没有功劳也有苦劳，没有苦劳也有疲劳。现在的年轻人，书本上的理论知识一套一套的，可真正做起业务来，还不得靠我这样的老业务员！王经理要是有头脑的话，一定不会亏待我的。"小蔡暗自想："我可是名牌大学毕业的，在这里我的能力最强，去年把我评了个先进，那帮老家伙老大的不乐意，今年王经理会不会害怕别人的闲言碎语不敢把我评得太高呢？"老吴心里琢磨："那天王经理说了句：'现在的年轻人外语、计算机水平都比我们强，真是青出于蓝胜于蓝啊！'看来我们这些老同志是一天不如一天值钱了，不知年终奖金还能分到多少？"小郭心里想："经理看我的眼神有点不对劲，肯定是那天开会我给他提了一条意见他还耿耿于怀呢，看来今年我算倒了霉了。"看来在评估的结果出来之前，大家的心情会一直这么紧张。每个人的小算盘还会打多久？

（资料来源：张岩松、李健等．人力资源管理案例精选．北京：中国社会科学出版社，2006）

从本案例可以看出，其实绩效评估是否能够得到期望的目的是取决于很多前提条件的。

因为首先绩效评估不是一项孤立的工作，它是完整的绩效管理过程中的一个环节，所以，在绩效评估之前的全部工作都会对绩效评估产生重要的影响，绩效评估能否做好，取决于绩效评估前后所有的活动。绩效考核本身不是孤立的单元，是一个系统工程，这也是绩效考核被提升为绩效考核系统(Performance Appraisal System，PAS)的原因。对于企业来说，抓好了绩效考核，就等于把握住了整个企业人力资源管理的关键。

6.1 绩效管理概述

6.1.1 绩效的概念

绩效(Performance)，也称为业绩、效绩、成效等，反映的是人们从事某一种活动所产生的成绩和成果。一般情况下绩效状态可以通过工作业绩、工作能力和工作态度三个方面综合评价来进行系统的把握。在组织中，员工绩效的高低将会直接影响到组织的整体效率和效益。

知识链接 6-1　**关于绩效的一些观点**

(1)伯纳丁(Bernadin，1995)认为“绩效应该被定义为工作的结果，因为这些工作结果与组织的战略目标、顾客满意感及所投资金最密切”。

(2)凯恩(Kane，1996)认为“绩效是一个人留下的东西，这种东西与目的相对独立存在”。

(3)默菲(Murphy，1990)认为“绩效是与一个人在其中工作的组织或组织单位的目标有关的一组行为”。

(4)坎贝尔(Cambell，1990)认为“绩效是行为，应该与结果区分开，因为结果会受系统因素的影响”。

绩效的特点主要表现在：多因性、多维性和动态性。

(1)多因性，是指员工的绩效高低受多方面因素影响。主要有四方面：

能力(Ability)，是指员工的工作技巧和能力水平，包括个人的天赋、智力、经历、教育水平等个人特点。在其他因素不变的情况下，员工的能力越高，绩效越显著，能力与绩效成正比。

激励(Motivation)，指员工的工作状态，即员工工作的积极性，包括员工的个人需要、兴趣、价值观、领导评价、协作关系等。

机会(Opportunity)，机会是偶然的，也是不可控的，要正确对待。

环境(Environment)，指组织内外的客观条件，包括工作场所的物质条件、设备、公司的组织结构、规章制度工资福利以及企业文化等。绩效与影响因素之间的关系如图 6.1 所示。

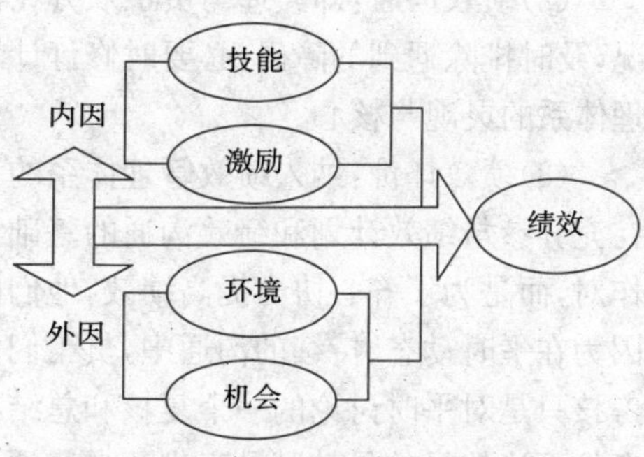

图 6.1　绩效与影响因素之间的关系

从影响绩效的因素来看，技能和激励是影响员工绩效的内因，组织应该以科学的方法提高员工的技能水平和调动他们的积极性，争取最大的绩效。环境和机会是影响员工绩效的外因，组织也要尽可能为员工创造良好的条件，在制定政策时尽可能公平、公正。要想创造出较好的绩效就要尽量做到内、外因的有机结合。

(2)多维性，是指需要从多个不同的方面和维度对员工的绩效进行考评分析。不仅考虑工作行为还要考虑工作结果，如在实际中我们不仅要考虑员工对产量指标的完成情况，还要考虑其出勤、服从合作态度、与其他岗位的沟通协调等方面，综合性地得到最终评价。因此，对员工的绩效进行考察，要沿着多种维度进行，才能做出全面的、恰如其分的评价。

(3)动态性，绩效是多因性的，并且这些因素处于不断变化中，因此绩效也会不断发生变化，不能用一成不变的思维来对待有关绩效的问题。绩效往往是针对某一特定时期而言的，在不同的考评周期里，绩效的考评者尤应注意工作任务实现的难易程度、工作的物理环境以及人际关系变化对绩效的动态影响，对员工的绩效也要用发展的眼光来考察，从而激发员工的积极性。

6.1.2 绩效管理

1. 绩效管理的含义

绩效管理是员工和管理者就绩效问题所进行的双向沟通的一个过程。绩效管理是通过识别、衡量和传达有关员工工作绩效水平的信息，从而使组织的目标得以实现的一种逐步定位的过程和方法。在这个过程中，管理者与员工在沟通的基础上，帮助员工订立绩效发展目标，通过过程的持续沟通，对员工的绩效能力进行辅导，帮助员工不断实现绩效目标。在此基础上，作为一段时间绩效的总结，管理者通过科学的手段和工具对员工的绩效进行考核，确立员工的绩效等级，找出员工绩效的不足，进而制订相应的改进计划，帮助员工改进绩效提高中的缺陷和不足，使员工朝更高的绩效目标迈进。

2. 绩效管理的内容

绩效管理是一个完整的系统，该系统包括如下几部分：

(1)绩效计划：即主管经理与员工合作，就员工下一年应该履行的工作职责、各项任务的重要性等级和授权水平、绩效的衡量、经理提供的帮助、可能遇到的障碍及解决的方法等一系列问题进行探讨并达成共识的过程，是整个绩效管理体系中最重要的环节。许多人有这样的误解：绩效管理体系中最重要的环节在于绩效考核。实则不然——制订绩效计划才是最重要的。绩效计划的作用在于帮助员工找准路线，认清目标，具前瞻性，而孤立的绩效考核则是在绩效完成后进行评价和总结，具回顾性。

(2)绩效沟通：即经理与员工双方在计划实施的全年随时保持联系，全程追踪计划进展情况，及时排除遇到的障碍，必要时修订计划。绩效沟通是一个持续的、动态的过程，也是绩效管理体系的灵魂与核心。

(3)绩效评价：纳入绩效管理体系的考核则可在融洽和谐的气氛中进行。原因有二：一是在充分参与绩效计划和绩效沟通的基础上，员工们能亲身感受和体验到绩效管理不是和他们作对，而是为了齐心协力提高绩效，他们因此会少些戒备，多些坦率；二是考核不会出乎意料，因为在平时动态、持续的沟通中，员工们已就自己的业绩情况和经理基本达成共识，此次绩效考核只是对平时讨论的一个复核和总结。此时，经理已从“考核者”转变为“帮助者”和“伙伴”。考核面谈的目的是鼓励员工进行自我评价，运用数据、事实来证明。经理同样也可用数据、事实来证明自己的观点。如果绩效计划和绩效沟通认真执行，则考核时产生严重分歧的可能性很小。需注意的是，若采用等级评定考核法，则应对各等级的含义定出操作性的解释后再开始评价，否则只能制造矛盾、浪费时间。另外，不必在数字上斤斤计较，因为真正有助于提高绩效的不是绩效考核本身，而是绩效管理过程中沟通的质量和水平。

(4)绩效诊断与辅导：一旦发现绩效低下，最重要的就是找出原因。绩效不佳的因素可以分成两类：一类是个体因素，如能力与努力不够等；一类是组织或系统因素，如工作流程不合理、官僚主义严重等。绩效诊断应当先找出组织或系统因素，再考虑个体因素。员工是查找原因的重要渠道，但要努力创造一个以解决问题为中心的接纳环境，必须确保员工不会因为吐露实情而遭惩罚。一旦查出原因，经理和员工就需要齐心协力排除障碍，此时，经理充当了导师、帮助者的角色，称之为辅导。

6.1.3 绩效管理与绩效考核

绩效考核，又称绩效评价、绩效考评，是企业在既定的战略目标下，运用特定的标准和指标，对员工过去的工作行为及取得的工作业绩进行评估，并运用评估的结果对员工将来的工作行为和工作业绩产生正面引导的过程和方法。

企业在制定发展规划、战略目标时，为了更好地完成这个目标，需要把目标分阶段分解到各部门，最终落实到每一位员工身上，也就是说每个人都有任务。绩效考核就是对企业人员完成目标情况的一个跟踪、记录、考评。注意绩效考核的时效关系，绩效考核是对被考核主体的过去进行评价并对其将来产生影响。

1. 绩效管理与绩效考核的联系

绩效考核是绩效管理的重要部分。绩效考核成功与否不仅取决于评估本身，而且很大程度上取决于与评估相关联的整个绩效管理过程。有效的绩效考核有赖于整个绩效管理活动的成功开展，而成功的绩效管理也需要有有效的绩效考核来支撑。

绩效考核与绩效管理并不是等价的，绩效管理是人力资源管理体系中的核心内容，而绩效考核只是绩效管理中的关键环节，是绩效管理的核心部分，通过绩效考核可以为组织的绩效管理提供资料，有效帮助组织提高绩效管理的有效性，帮助管理者改善管理水平，帮助员工提高绩效能力，帮助组织获得理想的绩效水平。绩效管理以绩效考核的结果为衡量的参照，通过寻找差距，提出改进方案。

2. 绩效管理与绩效考核的区别

企业在实际运用时往往容易忽视绩效管理的系统过程。绩效管理是一个完整的管理过程，它侧重于信息沟通与绩效提升，强调事先沟通与承诺，它伴随着管理活动的全过程；而绩效考核则是管理过程中的局部环节和手段，侧重于判断和评估，强调事后的评价，而且仅在特定的时期内出现绩效管理与绩效考核非常相近，时常被人们所混淆。二者尽管只有两字之差，但是它们之间在很多方面存在着非常重要的差异(见表6.1)。

表6.1 绩效管理与绩效考核的差异

绩效管理	绩效考核
完整的过程	系统中的一部分
注重过程的管理	阶段性的总结
前瞻性，能帮助企业和经理看待问题，规划企业和员工的未来发展	回顾过去的成果
有完善的计划、监督和控制的手段和方法	提取绩效信息的一个手段
注重能力的培养	注重成绩的大小
能建立经理与员工之间的绩效合作伙伴关系	容易使管理者与员工形成对立面，制造紧张的气氛和关系

6.1.4 绩效管理的作用

绩效管理是现代企业管理体系中不可缺少的一环，有效的绩效管理会给我们日常的管理工作带来巨大的好处。如果绩效管理运用得当，于组织、于员工而言，都会有明显的帮助。很多企业投入了较多的精力进行绩效管理的尝试，许多管理者认为公平地评价员工的贡献、为员工薪酬发放提供基础依据、激励业绩优秀的员工、督促业绩低下的员工是进行绩效管理的主要目的。当然上述观点并没有错误，但是绩效考核就是绩效管理，绩效考核的作用就是为薪酬发放提供依据这种认识还是片面的，绩效管理不仅能促进组织和个人绩效提升，而且还能促进管理流程和业务流程的优化，最终保证组织战略目标的实现。

1. 绩效管理促进组织和个人绩效的提升

绩效管理通过设定科学合理的组织目标、部门目标和个人目标，为企业员工指明了努力方向。管理者通过绩效辅导沟通及时发现下属工作中存在的问题，给下属提供必要的工作指导和资源支持，下属通过工作态度以及工作方法的改进，保证绩效目标的实现。在绩效考核评价环节，对个人和部门的阶段工作进行客观公正的评价，明确个人和部门对组织的贡献，通过多种方式激励高绩效部门和员工继续努力提升绩效，督促低绩效的部门和员工找出差距、改善绩效。在绩效反馈面谈过程中，通过考核者与被考核者面对面的交流沟通，帮助被考核者分析工作中的长处和不足，鼓励下属扬长避短，促进个人得到发展；对绩效水平较差的组织和个人，考核者应帮助被考核者制订详细的绩效改善计划和实施举措；在绩效反馈阶段，考核者应和被考核者就下一阶段工作提出新的绩效目标并达成共识，被考核者承诺目标的完成。在企业正常运营情况下，部门或个人新的目标应超出前一阶段目标，激励组织和个人进一步提升绩效，经过这样绩效管理循环，组织和个人的绩效就会得到全面提升。

2. 绩效管理促进管理流程和业务流程优化

企业管理涉及对人和对事的管理，对人的管理主要是激励约束问题，对事的管理就是流程问题。所谓流程，就是一件事情或者一个业务如何运作，涉及因何而做、由谁来做、如何去做、做完了传递给谁等几个方面的问题，上述四个环节的不同安排都会对产出结果有很大的影响，极大的影响着组织的效率。

在绩效管理过程中，各级管理者都应从整体利益以及工作效率出发，尽量提高业务处理的效率，应该在上述四个方面不断进行调整优化，使组织运行效率逐渐提高，在提升了组织运行效率的同时，逐步优化了管理流程和业务流程。

3. 绩效管理保证组织战略目标的实现

企业一般有比较清晰的发展思路和战略，有远期发展目标及近期发展目标，在此基础上根据外部经营环境的预期变化以及企业内部条件制订出年度经营计划及投资计划，进而在此基础上制定企业年度经营目标。企业管理者将公司的年度经营目标向各个部门分解就成为部门的年度业绩目标，各个部门向每个岗位分解核心指标就成为每个岗位的关键业绩指标。

实务指南 6-1 **“攻心术”**

任何管理系统，包括考核系统、培训系统、员工关系管理系统等，只要是同人有关的系统，当谈及对谁的好处最大时，要想尽办法把它说成对员工的好处最大。为什么呢？

> 要永远记住，你面对的员工都是成年人。成年人有自己的特点，就是看到这件事情对自身有好处，他才认同。对自身没好处的事情，即使被描绘得天花乱坠也于事无补，因为他认定此事儿跟自己没关系。
>
> 我们想办法把考核的好处说成对个人的利益最大化，是以你为本的，是帮助你进步的。只有这样，员工就会非常认可这种考核的概念，在学术上，这叫“攻心术”。

6.2 绩效管理流程

绩效管理的基本流程通常被看做是一个循环，这个循环分为五步：绩效计划的制订、绩效实施、绩效考核、绩效反馈面谈以及绩效改进与结果的应用，如图6.2所示。

6.2.1 绩效计划的制订

绩效计划是一个双向沟通的过程。管理者与被管理者需要在对被管理者绩效的问题上达成共识。在此基础上，被管理者对自己工作目标做好承诺。管理者和被管理者共同的投入和参与是进行绩效管理的基础。制订绩效计划的主要依据是工作目标和工作职责。

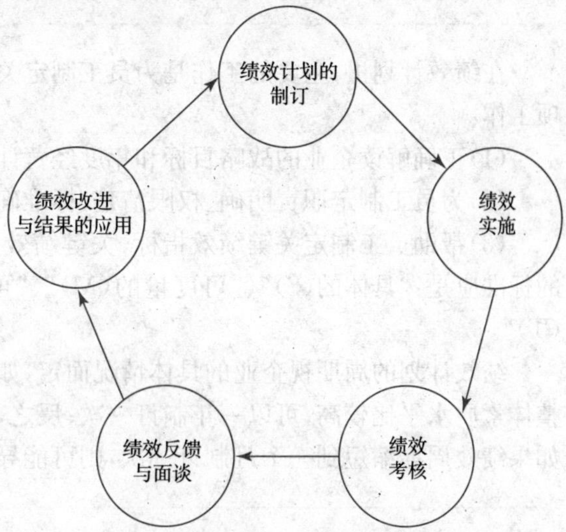

图6.2 绩效管理的基本流程

在员工的绩效计划表中至少应包含的内容：员工在本次绩效期间内所要达到的工作目标是什么？达成目标的结果是怎样的？这些结果可以从哪些方面去衡量，评判标准是什么？从何处获得关于员工工作结果的信息？员工的各项工作目标的权重如何？通常绩效计划都是做一年期的，在年中也可以修订。表6.2是绩效计划表实例。

表6.2 ××公司绩效计划表

姓名：××× 职位：大客户经理 直接主管：市场部总经理

绩效周期：2004年8月1日～2005年1月31日

工作目标	主要产出	完成期限	衡量标准	评判来源	权重
完成《大客户管理规范》	修订后的《大客户管理规范》	2004年8月底	大客户管理责任明确；大客户管理流程清晰；大客户的需要在管理规范中得到体现	主管	20%
调整部门内部组织结构	新的团队组织结构	2004年9月15日	能够以小组的形式面对大客户；团队成员的优势能够互补和发挥	主管+下属	10%
完成对大客户销售目标	大客户数量；销售额；客户保持率	2005年1月底	大客户数量达到30个；销售额达到2.5亿元；客户保持率不低于80%	销售记录	50%
建立大客户数据库	大客户数据库	2004年12月底	大客户信息能够全面及时准确反映；具有与公司管理信息系统的接口；数据安全；使用便捷；有深入的统计分析模块	主管	20%

知识链接 6-2　**IBM 的新绩效管理制度**

IBM 的新绩效管理制度叫个人业务承诺，即除了由经理人进行年终绩效考核外，员工也可自己另寻找 6 位同事，以匿名的方式考评。在考评得分方面，IBM 取消了以往绩效四级考评，采用新的三等开平方式，实行纺锤形的绩效分配原则，除非有例外状况，绝大多数员工的考评结果都是“2”等。

员工的绩效计划建立在员工自己按下列三个领域设定的年度目标上：

(1)必胜(Win)，这里表达的是成员要抓住任何可能成功的机会，以坚强的意志来励志，并且竭力完成。市场占有率是最要紧的绩效评等考量。

(2)执行(Execute)，这里强调三个字，即行动、行动、行动，不要光是坐而言，必须要起而行。

(3)团队(Team)，即各不同单位间，不许有冲突，绝不在顾客面前让顾客产生疑惑。

在绩效计划里，主要的工作是为员工制定关键绩效指标，为此，管理者要重点做好以下几项工作：

(1)正确解读企业的战略目标和年度经营计划并将之分解到部门和相关员工；

(2)为员工制定职责明确、权限清楚、标准确定、描述清楚的职位说明书；

(3)帮助员工制定关键绩效指标，关键绩效指标应符合“SMART”原则，即关键绩效指标的标准应是：“具体的(S)”、“可度量的(M)”、“可实现的(A)”、“现实的(R)”、“有截止期限的(T)”。

绩效计划的周期视企业的具体情况而定，如果企业的基础管理比较完善，管理者和员工的整体素质水平比较高，可以一年制订一次；反之，则要适当缩短，最好以一个季度为一个周期。如果绩效周期缩短到一个月制订一次，则可能导致管理成本增加，操作性减弱。

实务指南 6-2　**绩效计划中管理者的角色**

在绩效计划的拟定阶段，管理者所扮演的角色是绩效合作伙伴的角色，即管理者必须通过有效的沟通，与下属员工在绩效目标上达成一致，而不是简单地分派任务、下达命令。在这里，管理者和员工的利益是一致的，是双赢的合作关系，也就是绩效合作伙伴的关系。

这个阶段需要准备的材料有：①公司年度经营计划；②员工职位说明书；③员工前一绩效周期的绩效考核表。所使的用工具主要有：“SMART”原则和《员工关键绩效指标管理卡》。注意，是管理卡而不是考核卡，管理卡与考核卡的区别在于它把绩效考核提升到了绩效管理的高度，以过程的管理和控制取代形式化的填表考核，它是管理者进行绩效管理的基础文件，在整个绩效周期都要用到。所以，将管理卡锁到文件柜和束之高阁的做法都是错误的，在制定完成管理卡后，管理者应将其置于案头随手可及的地方，以供及时参阅，真正发挥它的作用。

6.2.2　绩效实施

制订了绩效计划之后，被评估者就开始按照计划开展工作。在工作的过程中，管理者要对被评估者的工作进行指导和监督，对发现的问题及时予以解决，并随时根据实际情况对绩效计划进行调整。

绩效实施与过程管理中主要包括两方面的内容，一个是绩效沟通，另一个是绩效信息（即员工数据、资料、信息）的收集与分析。

1. 绩效沟通

绩效沟通就是管理者和员工共同工作，以分享有关信息的过程。这些信息包括工作进展情况、潜在的障碍和问题、可能的解决措施以及管理者如何才能帮助员工等。它是连接计划和评估的中间环节。

(1)绩效沟通的目的。在整个绩效实施期间，都需要管理者不断地对员工进行指导和反馈，即进行持续的绩效沟通。这种沟通是一个双方追踪进展情况、找到影响绩效的障碍以及得到使双方成功所需信息的过程。作为激励手段的绩效管理也应遵循人性化的特征。不管员工等级的高低，相互之间都应是平等的，是一种服务和支持。基于这种认识，管理者要从心的沟通开始，关心尊重员工，与员工建立平等、亲切的感情，在实现目标的过程中为员工清除各方面的障碍。双方共同探讨员工在组织中的发展路径和未来的目标。

管理者和员工通过沟通共同制订了绩效计划，形成了员工个人绩效合约，但这并不意味着后面的绩效计划执行过程就会完全顺利、不再需要沟通。我们要考虑的问题有：员工会完成按照计划开展工作吗？计划是否足够周全，考虑到了全部需要考虑的问题吗？经理人员是否可以高枕无忧地等待员工的工作结果？

因此，持续的绩效沟通可以使一个绩效周期里的管理者或是员工，都可以随时获得有关改善工作的信息，并就随时出现的变化情况达成新的承诺。

(2)绩效沟通的内容。究竟需要沟通哪些信息，这取决于管理者和员工的关注什么。管理者应该思考的是“作为管理者要完成我的职责，必须从员工那里得到什么信息？而我的员工要更好的完成工作的话，需要向他们提供什么信息？”从这个基本点出发，管理者和员工可以在计划实施的过程中，就下列问题进行持续而有效的沟通：

①前期工作开展的情况怎样？

②哪些地方做得很好？

③哪些地方需要纠正或改善？

④员工是在努力实现工作目标吗？

⑤如果偏离目标的话，管理者该采取什么纠正措施？

⑥管理者能为员工提供何种帮助？

⑦是否有外界发生的变化影响着工作目标？

⑧如果目标需要纠正，如何进行调整？

(3)绩效沟通的方式。采取何种沟通方式在很大程度上决定着沟通的有效与否。我们将沟通的方式分为正式沟通和非正式沟通。正式沟通又可以分为书面报告、管理者与员工的定期面谈、管理者参与的小组会议或团队会议、咨询和进展回顾。

①书面报告：书面报告是绩效管理中比较常用的一种正式沟通的方式。它是指员工使用文字或图表的形式向管理者报告工作的进展情况，可以是定期的，也可以是不定期的。许多管理者通过这种形式及时地跟踪了员工的工作开展状况，但也有一些管理者并未真正掌握这种方法的价值，而只是流于形式，不能起到实质性的作用，又浪费了大量的人力和财力，得到了一大堆束之高阁的表格和文字。

实务指南 6-3

表 6.3 所示为书面报告的优缺点。

表 6.3 书面报告的优缺点

优点	缺点
节约了管理者的时间 解决了管理者和员工不在同一地点的问题 培养员工边工作边总结，进行系统思考的能力 培养员工的书面表达能力 可以在短时间内收集大量信息	信息单向流动，从员工到管理者 容易流于形式，员工厌烦写报告 适用性有限，不适合以团队为工作基础的组织，信息不能共享

在采用书面报告时，通常可以辅之以面谈、电话沟通等方式使单向信息流变为双向沟通；可以省去繁杂的文字叙述，而用简单的表格或图形来反映情况；也可以采用现代化的网络设施，使信息在团队成员间得以共享。

②管理者与员工的定期面谈：管理者与员工定期进行一对一的面谈是绩效沟通一种常见的方式。面谈前应该陈述清楚面谈的目的和重点内容，让员工了解与他工作相关的一些具体情况和临时变化。例如，"市场竞争格局的变化好像让我们不得不修改一下一个月前拟订的工作目标了。"在面谈中，重点要放在具体的工作任务和标准上。比如"最近我们上交给总经理的报告似乎总是不够理想，你觉得主要是哪里出了问题？看看咱们能不能找到一个解决方法？"要给员工充分的时间来说明问题，必要的时候，管理者可以给以一定的引导和评论。面谈的最终结果是要在管理者和员工之间就某一问题达成共识并找到解决方案。如果员工以一种对抗的态度来进行这次面谈，那就意味着这次面谈是失败的，还需要在随后的时间里再面谈一次，直到达到面谈目的为止。

实务指南 6-4

表 6.4 所示为定期面谈的优缺点。

表 6.4 定期面谈的优缺点

优　点	缺　点
沟通程度较深	面谈时容易带有个人感情色彩
可以对某些不便公开的事情进行沟通	难以进行团队间的沟通
员工容易对管理者产生亲近感，气氛融洽	
管理者可以及时对员工提出的问题进行回答和解释，沟通障碍少	

③管理者参与的小组会议或团队会议：书面报告不能提供讨论和解决的手段，而这一点对及早发现问题、找到和推行、解决问题的方法又必不可少；一对一的面谈只局限于两个人之间，难以对公共问题达成一致意见，因此，有管理者参与的小组会议或团队会议就显示出了它的重要性。除了进行沟通外，管理者还可以借助于开会的机会向员工传递有关公司战略的信息，传播企业文化的精神，统一价值观，鼓舞士气，消除误解等。

实务指南 6-5

表 6.5 所示为小组会议或团队会议的优缺点。

表 6.5 小组会议或团队会议的优缺点

优 点	缺 点
便于团队沟通 缩短信息传递的时间和环节	耗费时间长,难以取得时间上的统一性 有些问题不适合在公开场合进行讨论 容易流于形式,走过场 大家对会议的需求不同,对信息会有选择性的过滤

④咨询:有效的咨询是绩效管理的一个重要的组成部分。在绩效管理的实践中,进行咨询的主要目的是:员工没能达到预期的绩效标准时,管理者借助咨询来帮助员工克服工作过程中遇到的障碍。

在咨询过程包括三个主要阶段:第一,确定和理解:确定和理解所存在的问题;第二,授权:帮助员工确定自己的问题,鼓励他们表达这些问题,思考解决问题的方法并采取行动;第三,提供资源:包括确定员工可能需要的其他帮助。

实务指南 6-6 **管理者在咨询时的注意事项**

(1)咨询应该是及时的,即问题出现后立即进行咨询;

(2)咨询前应做好计划,咨询应该在安静、舒适的环境中进行;

(3)咨询是双向的交流,管理者应该扮演"积极的倾听者"的角色;

(4)不要只集中在消极的问题上,谈到好的绩效时,应具体并说出事实依据。对不好的绩效应给予具体的改进建议;

(5)要共同制订改进绩效的具体行动计划。

⑤进展回顾:绩效进展回顾应该是一个直线管理过程,而不是一年一度的绩效回顾面谈。工作目标的实现对组织的成功是至关重要的,应该定期对其进行监测。在绩效管理实践中,人们主张经常进行回顾。对一些工作来讲,每季度进行一次会谈和进行总结是合情合理的。但对其他短期工作或新员工,应该每周或每天进行反馈。

非正式的沟通:在工作开展的过程中,管理者和员工不可能总是通过正式的渠道来进行沟通。事实上,在日常的工作中,随时随地都可能发生着沟通:非正式的交谈、吃饭时的闲聊、郊游或聚会时的谈话,还有"走动式管理"或"开放式办公"等,都可以随时传递关于工作或组织的信息。就沟通对工作业绩和工作态度的影响来说,非正式的沟通或每天都进行的沟通比在进行年度或定期业绩管理评估会议时得到的反馈更重要。可见,非正式的沟通更加普遍且有效。正如有的员工声称,他们对与经理喝咖啡时十几分钟的闲聊比任何长时间的正式会议都满意。

实务指南 6-7 **进展回顾时的注意事项**

- 进展回顾应符合业务流程和员工的工作实际；
- 将进展回顾纳入自己的工作计划；
- 不要因为其他工作繁忙而取消进展回顾；
- 进展回顾不是正式或最后的绩效回顾，进展回顾的目的是收集信息、分享信息并就实现绩效目标的进一步计划达成共识；
- 如果有必要，可以调整所设定的工作目标。

实务指南 6-8

表 6.6 所示为非正式沟通的优缺点。

表 6.6 非正式沟通的优缺点

优　点	缺　点
形式多样，时间、地点灵活 及时解决问题，办事效率高 提高员工满意度，起到很好的激励作用 增强员工与管理者之间的亲近感，利于沟通	缺乏正式沟通的严肃性 并非所有情况都可采用非正式沟通

2. 绩效信息的收集与分析

绩效信息的收集和分析是一种有组织的系统的收集有关员工、工作活动和组织绩效的方法。所有的决策都需要信息，绩效管理也不例外。没有充足有效的信息，就无法掌握员工工作的进度和所遇到的问题；没有有据可查的信息，就无法对员工工作结果进行评价并提供反馈；没有准确必要的信息，就无法使整个绩效管理的循环不断进行下去并对组织产生良好影响。

(1)收集信息的内容。并非所有的数据都需要收集和分析，也不是收集的信息越多越好。那么究竟何种信息具有收集和分析的价值？

在此主要是与绩效有关的信息，而绩效管理只是能使企业不断进步的一个环节而已。因此在收集信息的过程中，要考虑的目的如图 6.3 所示。围绕这些目的，要收集的信息包括：目标和标准达到(或未达到)的情况、员工因工作或其他行为受到的表扬和批评情况、证明工作绩效突出或低下所需要的具体证据、对管理者和员工找到问题(或成绩)原因有帮助的其他数据、管理者同员工就绩效问题进行谈话的记录，问题严重时还应让员工签字。

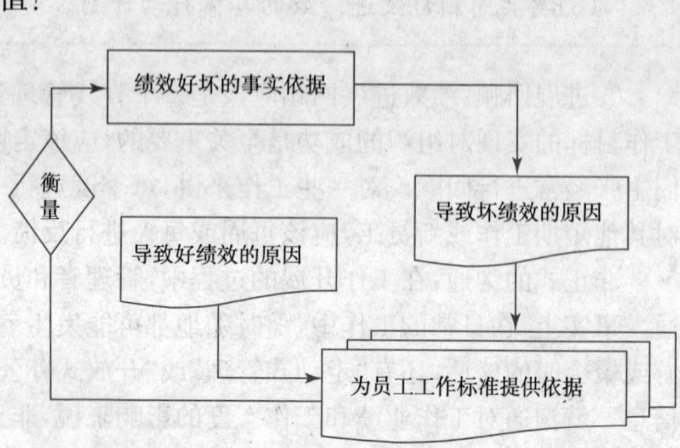

图 6.3 收集信息的流程

(2)收集信息的渠道和方法。信息收集的渠道可以是企业中的所有员工。有员工自身的汇报和总结，有同事的共事与观察，有上级的检查和记录，也有下级的反映与评价。如果企业中所有员工都具备了绩效信息反馈的意识，就能给绩效管理带来极大的帮助与支持，各种渠道畅通，信息来源全面，便于做出更真实客观的绩效考核，使企业的绩效管理更加有效。

信息收集的方法包括观察法、工作记录法、他人反馈法等。需要各种方法综合运用，因为单一的方法可能只能了解到员工绩效的一个或几个方面，而不能面面俱到。比如，有些员工的态度并不能从每次检查或表面上的观察中得知，这时候就需要通过与他共事的员工的反馈，这种方法得到的结果往往更真实可信。方法运用的正确有效与否直接关系到信息质量的好坏，最终影响到绩效管理的有效性。

6.2.3 绩效考核

1. 绩效考核指标体系的设计

一个良好的员工绩效考核系统，可以支撑企业持续产生高绩效，保证企业的长久发展。绩效考核指标是进行绩效考核的基本依据，制定有效的绩效考核指标是绩效考核成功的保证，因此也是建立绩效考核体系的中心环节。绩效考核指标就是将品德、工作绩效、能力和态度用科学方式结合组织特性划分项目与标准，用于绩效评价与业绩改善。

国外有的管理专家把绩效考核指标的设计规范归纳为一个英文单词——“SMART”，即前文提到的“SMART”原则：

S(specific)即“具体的”，指绩效考核指标设计应当细化到具体内容，即切中团队主导绩效目标的，且随情景变化而变化的内容。

M(measurable)即“可度量的”，是指绩效考核指标应当设计成员工可以通过劳动运作起来的，结果可以量化的指标。

A(attainable)即“可实现的”，是指绩效考核指标应当设计为通过员工的努力可以实现的，在时限之内做得到的目标。

R(realistic)即“现实的”，是指绩效考核指标应当设计成“能观察，可证明，现实的确存在的”目标。

T(time-bound)即“有截止期限的”，是指绩效考核指标应当是有时间限制，关注到效率的指标。

实务指南6-9　　绩效考核指标设计“十问”

(1)绩效考核指标的正式名称是什么？

(2)绩效考核指标的确切定义怎样阐述？

(3)设立这个绩效考核指标的直接目的何在？

(4)围绕着这个绩效考核指标有哪些相关的说明？

(5)谁来负责收集所需要的数据，用怎样的流程来收集？

(6)所需要的数据从何而来？

(7)计算数据的主要数学公式是什么？

(8)统计的周期是什么？

(9)由哪些单位或个人负责数据的审核？

(10)这个绩效考核指标用什么样的形式来表达？

一般来说，确定绩效考核指标体系要经历以下四个步骤：

(1)工作岗位分析。根据考核目的，对被考核对象所在岗位的工作内容、性质、完成这些工作所应履行的岗位职责和应具备的能力素质、工作条件等进行研究和分析，从而了解被考核者在该岗位工作所应达到的目标、采取的工作方式等，初步确定出绩效考核指标。目前中国企业大都根据企业给每个工作岗位制定的职责、要求来确定相应的绩效考核指标体系，当然，为了减少管理成本，并不是将所有的岗位职责、要求都作为考核的指标，而是选取每一企业看来至关重要的岗位职责作为绩效考核指标。

(2)理论验证。论据绩效考核的基本原则与原则，对所设计的绩效考核指标进行论证，使其具有一定的科学依据。

(3)进行指标分析，确定指标体系。根据工作岗位分析所初步确定的指标，运用绩效考核指标体系设计方法进行指标分析，最后确定绩效考核指标体系。在进行指标分析和指标体系的确定时，往往将几种方法结合起来使用，使指标体系更加准确、完善、可靠。

(4)修订。为了使确定好的指标更合理，还应对其进行修订。修订分为两种：(1)考核前修订。通过专家咨询法，将所确定的指标提交领导、学术权威或专家进行审议，征求意见，修改、补充、完善绩效考核指标体系。(2)考核后修订。根据考核结果应用之后的效果等情况进行修订，使考核指标内容更加理想和完善。

2. 绩效考核周期的选择

绩效考核周期也可以叫做绩效考核期限，是指多长时间对员工进行一次绩效考核。绩效考核的时间并没有唯一的标准。绩效考核周期的合理确定对组织来说具有重要的意义。因为周期过短，会使用于考核的开支增加，进而提高组织的管理成本；周期过长，又会降低考核的准确性，不利于员工工作绩效的改善和提高，影响绩效考核的积极效果。绩效考核可以根据具体情况和实际需要进行月考核、季考核、半年考核和年度考核，也可以在一项特殊的任务或项目完工之后进行。

3. 绩效考核主体

绩效考核主体是指对员工的绩效进行考核的人员。合格的绩效考核者应了解被考核者职位的性质、工作内容、要求以及绩效考核标准，熟悉被考核者的工作表现，最好有近距离观察其工作的机会，同时要公正客观。由于现代企业中岗位的复杂性，仅仅凭借一个人的观察和评价很难对员工做出全面的绩效考核。就像衡量工作的标准多种多样一样，绩效考核的参与者也是多方面的。正如图 6.4 所示的那样。参与评估的人员可能包括上级、同事、员工本人、下属和客户。

(1)上级。由直接上级进行评估是考核员工绩效的传统方法，这也是管理者一种常用的引导和监督雇员行为的方法。选择由直接上级进行考核，是因为通常他们是最熟悉员工工作的人以及他们的工作状况和工作结果。在绝大多数情况下，直接上级是执行这项任务的最佳人选，他们在对员工进行绩效评估时，必须依靠工作记录来对员工进行业绩考核。如果缺少可靠和正确的衡量方法，这样的评估往往会缺乏准确性。在员工的直接上级独立地对员工绩效进行评估之后，一般还要由员工直

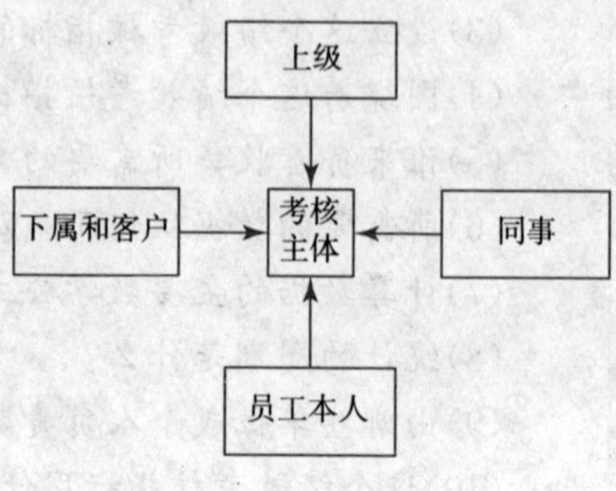

图 6.4　绩效考核主体

接上级的上级对评估结果做出复核，这样有助于减少肤浅的或有偏见的评估结果，因为，间接上级在进行复核时，通常比直接上司更能把握和平衡标准，并且能够对员工的工作做更全面的了解。此外，对于上级主管而言，评估是其作为管理的手段。

(2)员工本人。由员工对自己的绩效所做的评估，一般形式是员工在综合绩效考核以前就自己的绩效水平填写一份评估表。当管理者想要提高员工在绩效评估中的参与程度时，自我评估方法是非常有效的。自我评估体系要求员工在参加评估面谈之前先完成自己评估的思考与总结，发现自己的优点与不足。当需要上级和员工一同建立未来工作目标或员工发展计划时，这种方法同样非常有效。但与上级主管评定相比较，员工在自我评定时会对自己更为宽容，并倾向于夸大其优点。基于此，自我评估更适合于发展的用途而不适合于管理控制的用途。

(3)同事。共同工作的同级别员工参与员工绩效考核的机会正日益增加。虽然来自上级的评估信息相当有价值，但是一些公司还是增加了同事评估来取代或补充那些由上级主管作出的评估。同事评估和上级评估是从两个不同的角度来看待某个员工的绩效的。通常，上级主管们掌握着更多的有关工作要求和绩效结果的资料。而另一方面，同事们则经常以一种不同的、更现实的眼光来看待某一员工的工作绩效，因为员工通常会把自己最好的一面展示给上司，但与其朝夕相处的同事却可能看到他较真实的一面。使用同事评估来对上级评估进行补充，可以帮助形成关于个人绩效的一致性意见。在现代企业中，项目管理小组正日益发挥重要的作用，同事间的默契合作对组织绩效的形成变得越来越有价值。

尽管来自同事的评估信息可能对判断员工工作业绩是非常有用的，但仍然有许多原因使这种方法不能被经常使用。最普遍的原因包括以下几点：

①同事评估很可能会成为员工彼此竞争的牺牲品；

②上级主管不愿意失去其在绩效评估过程中的控制权；

③那些在绩效评估中得到较差成绩的人会报复同事；

④同事会依靠世俗惯例来做出评估。

当员工处于相互竞争的状态时，用同事评估的方法来做类似薪资或奖金的管理决策是不恰当的。企业在使用同事评估方法时还必须注意，在对评估进行复核时要保持机密性。任何泄密都会伤害员工之间的感情，并使员工之间产生敌意。

(4)下属。下属评估这种方法不仅为大公司所采用，同样也为小公司所运用。这种方法能够使上级主管了解到下属员工是如何评价自己的。在评估上级主管时，下属员工是非常有资格发言的，因为他们经常与其上司接触，并站在一个独特的角度观察许多与工作有关的行为。因此，下属非常适合去评价其上司在某些工作方面的表现，比如领导能力、口头表达能力、授权、团队协调能力、对下属的关注程度等。但是，对上司工作的某些特殊方面运用下属评估却不太恰当，比如计划与组织、预算、创造力、分析能力等方面。

因为下属评估给了员工高出上司的权利，因此，特别是当下属评估的结果会作为报酬决策的基础时，甚至会造成上级主管的媚下行为。有一点需要注意，为了避免潜在的麻烦，下属评估应该采用匿名的形式，并将许多人的评估结果综合考虑。

(5)客户。出于全面质量管理的考虑，越来越多的企业开始使用内部和外部顾客评估相结合的方法来获取员工绩效考核的信息。过去，外部顾客评估主要是被饭店用来评估其职员工作绩效。但是现在，联邦快递、AT&T和花岗岩公司等也开始使用外部顾客评估。那些运用外部顾客评估的公司，它们将顾客服务标准作为绩效考核的一个参考数据，其目的是想取得更客观的评估结果，得到更高效的员工，使顾客更满意，并将工作做得更好。

实务指南 6-10　**绩效管理的职责分工**

通常，一个组织有四个层面的角色，即总经理、人力资源经理、直线经理和员工，根据每个人的分工不同，每个人的绩效责任也有所不同。

(1)总经理：提供赞助和支持，推动绩效管理深入开展；

(2)人力资源经理：设计绩效管理实施方案、流程和工具，提供有关绩效管理的咨询，组织绩效管理的实施；

(3)直线经理：执行绩效管理方案，对员工的绩效进行辅导沟通；帮助员工提高绩效；

(4)员工：绩效管理的主人，拥有绩效并产生绩效。

6.2.4　绩效反馈面谈

绩效管理的过程并不是为绩效考核打出一个分数就结束了，主管人员还需要与员工进行一次甚至多次面对面的交谈。通过绩效反馈面谈，使员工了解主管对自己的期望，了解自己的绩效，认识自己有待改进的方面；并且，员工也可以提出自己在完成绩效目标中遇到的困难，请求上级的指导。如果缺少绩效反馈与面谈，不能较好地将评价结果和管理者的期望传达给被评价者，我们就无法实现绩效评价和绩效管理的最终目的。

1. 绩效反馈面谈的目的

(1)员工了解自己在本绩效周期内的业绩是否达到所定目标，行为态度是否合格，双方达成对评估结果一致的看法。对同样的行为和结果，不同的人有不同的看法。管理者可能认为绝对不能接受的行为，员工却认为是很正常并且是不可避免的。这一阶段的任务就是要对同一行为或结果最终达成一致看法。这不是一个容易的过程，有时候需要沟通很多次才能完成，因为员工的看法一旦形成，就很难轻易使之改变。

(2)探讨绩效未合格的原因所在。让员工承认自己的绩效不合格可能是很难的，通过绩效反馈面谈，双方就前期工作中存在的问题寻找原因，一旦员工和管理者在这个问题上达成一致，接下来的工作就是双方该就如何解决绩效问题进行探讨。

(3)管理者向员工传递组织的期望。组织的愿景目标及未来期望是要通过管理者来传递给员工的。在反馈与面谈中来进行传递是一个合适的时机。因为组织的战略是要层层分解到具体的工作岗位上的。在与员工讨论工作目标的过程中，就可以将组织的愿景贯穿其中，让员工感受到具体的目标而不是一种无形的愿景，这样更有利于员工将其落实到实处。

(4)制订绩效改进计划。双方就绩效结果和改进点达成共识后，就要制订绩效改进计划，在计划中包含需要解决的问题、解决问题的途径和步骤以及员工需要管理者提供的帮助等。绩效改进计划以书面形式呈现，它将管理者和员工双方讨论的结果列为具体的条目记录下来，既有助于员工清楚自己要完成的任务有哪些，又有助于管理者在绩效周期结束时来对员工绩效进行评估。

2. 绩效反馈面谈的准备

适当的准备与计划是很关键的。这里不仅包括主持绩效反馈面谈的管理者要作好准备，参与面谈的员工也得有所准备(见图 6.5)。中国古语说“不打无准备的仗”，于反馈面谈而言，这是极其重要的一个环节。如果双方都没有准备就坐在一起，很可能出现长时间的沉默，或者谈话无法顺利地进行。

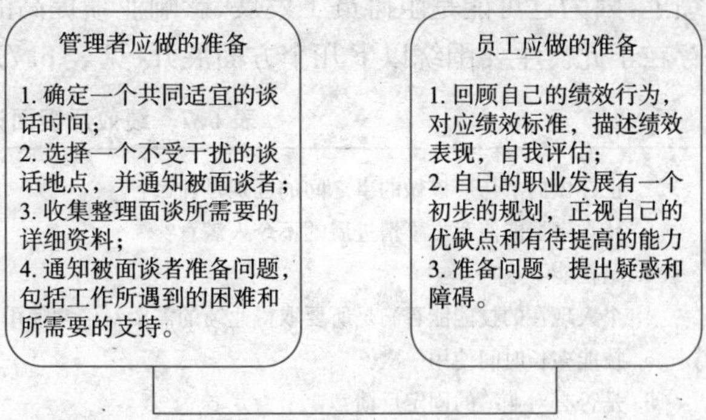

图 6.5 反馈面谈前的准备

(1)管理者应做的准备：

①选择共同适宜的时间。管理者应和员工事先商定一个双方都比较空闲的时间。应该注意，这个时间一定要和员工一起商定而不要由管理者单方面来决定，这样一方面可以表示出对员工的尊重，另一方面也可以确认员工在这段时间是否有其他的安排。

②选择不受干扰的地点也很重要。通常，可以选择的有主管者的办公室、小型会议室或类似咖啡厅等休闲场所。

实务指南 6-11　　绩效反馈面谈地点的选择

(1)办公室可以营造一种严肃、正式的感觉，但也经常会遇到各种各样的打扰，例如电话、来访的客人等。而且，办公室也会给人以明显的上下级的感觉，容易给员工造成层级的压力。

(2)选择小型会议室，可以将环境布置得比较轻松、和谐，并且远离电话和来访的客人，喝喝茶，聊聊天，将绩效问题在双方愉快的气氛中解决掉，也不失为一种好方法。

(3)选择类似咖啡厅的休闲场所与员工进行面谈，也可以让员工感到比较放松，容易充分表达真实的感受，但成本可能比较高。

③收集、整理面谈所需要的信息资料。进行面谈前，应该充分了解被面谈员工的情况，过去的和现在的。关于他的事情应该很清楚，包括教育背景、家庭环境、工作经历、性格特点、职务以及业绩情况等。另外，可以把过去进行面谈时所得的重点事项和谈话记录重新温习一遍，更好地了解员工。

④通知被面谈者准备问题，包括工作所遇到的困难和所需要的支持。

(2)员工应做的准备。

①对自己在这一个绩效周期内的行为态度与业绩重新回顾一遍，准备好相关的证明自己绩效的依据。

②对自己的职业发展有一个初步的规划，正视自己的优缺点和有待提高的能力

③准备好向管理者提问，解决自己工作过程中的疑惑和障碍。

3. 反馈面谈的实施

(1)反馈面谈的内容。绩效反馈面谈的内容应该是将绩效考核的结果明确而委婉地表达给员工。对于在上一个绩效周期内的优秀业绩和值得肯定的行为，一定要毫不吝惜地表扬与

称赞,并且鼓励员工在今后的工作中继续保持和自我突破。但面谈重点应该放在诊断不良业绩上,因为这可能是阻碍员工发展、影响业绩提高的"瓶颈",员工的能力欠缺、态度不端可能就存在于此。主要围绕以下几个方面展开(见表6.7)。

表6.7 绩效反馈面谈围绕的主题

1. 正在做的事与应该做的事之间的区别是什么?
2. 什么事情能使我方事情进展的不令人满意?
3. 是技能不足吗?
4. 个人现在的技能能否满足所要取得业绩的需要?经常使用技能吗?
5. 技能多长时间使用一次?
6. 是否有对业绩的固定反馈?
7. 准确地说一个人如何才能知道他做得是否已经足够好?
8. 有妨碍取得业绩的障碍吗?
9. 个体是否知道工作预期是什么?
10. 限制条件,或"马上去做",或"按我们通常采用的方式去做"等,是否应该被改变?
11. 是否可以采取一些办法来减少干扰?哪种解决办法是最好的?
12. 找出所有可能的解决办法?
13. 是否每种办法着重解决分析中发现的一个或几个问题(如技能不足、缺乏潜力、奖励不正确或精神不佳等)?

围绕以上重点,管理者和员工要展开深入的沟通与讨论。表6.8是绩效反馈面谈表的例子。

表6.8 绩效反馈面谈记录表示例

员工:	主管:	评估期间:
职位:	职位:	谈话日期: 年 月 日
部门:	部门:	
1. 确认考核结果及业绩目标达成情况,上一阶段工作中,主要业绩:		
2. 工作中需要改进的地方?		
3. 工作态度、工作能力评估:(主管领导对工作进展情况与工作态度、工作方法做出评价)		
4. 主管领导提出改进措施:(提出改进措施、解决办法及个人发展计划)		
5. 下阶段工作计划:		
6. 培训计划:(列出所需的专业技能培训、管理培训)		
员工签名:________		主管签名:________

(2)反馈面谈的步骤(见图6.6)及注意事项(见表6.9)

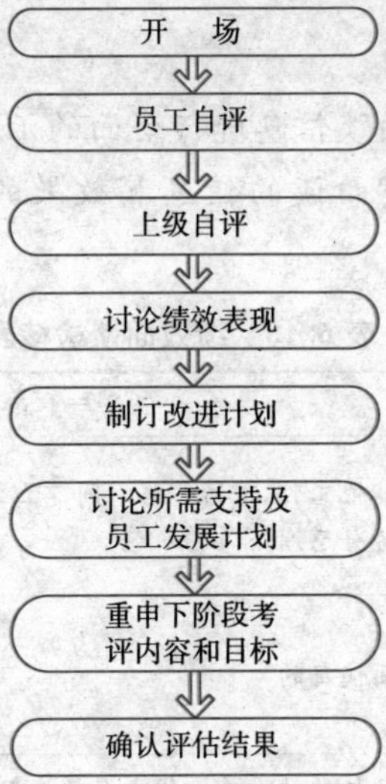

图 6.6 反馈面谈实施步骤

表 6.9 反馈面谈注意事项

环节	要求	注意事项	难点
开场	需要创造和寻求舒适的、开放的气氛，使被面谈者心情放松，保障自由轻松的交流	预先安排，因人而异，在整个面谈过程中需要不断分析面谈的氛围	切入主题的技巧
员工自评	需要创造和寻求舒适的、开放的气氛，使被面谈者心情放松，保障自由轻松的交流	预先安排，因人而异，在整个面谈过程中需要不断分析面谈的氛围	切入主题的技巧
上级评价	业绩评价：指出成绩和不足；能力评价：指出优势和劣势	根据事先设定的目标衡量标准进行评价；成绩和不足方面要呈现事实依据；先说成绩再说不足	评价的技巧和肢体表达的技巧
讨论绩效表现	探讨问题产生的原因；记录员工不同意见并及时反馈	从有共识的地方开始谈起，注意不要形成对峙的局面	解决问题的方式方法
制订改进计划	探讨问题产生的原因；记录员工不同意见并及时反馈	从有共识的地方开始谈起，注意不要形成对峙的局面；关注绩效标准及相关绩效事实	实操、“SMART”、目标管理、过程控制
讨论所需支持及员工发展计划	讨论所需要资源和支持；员工谈自己的职业规划或培训需求，及管理的建议；上级给予发展的建议	不要给予不切实际的承诺；承诺的事情一定要兑现	
重申下阶段考评内容和目标	确认下阶段的工作目标，阶段成果，目标达成时限	注意目标的可衡量性和可行性	目标管理、“SWOT”
确认评估结果	整理面谈记录并备案；双方签字确认	给员工鼓励并表达谢意	结束的技巧与面谈效果评估的技巧

知识链接 6-3

绩效反馈面谈时，不仅要对面谈信息进行全面的汇总记录，而且要采取相应的对策提高员工绩效。为了保证绩效反馈面谈的信息和效果的有效性，在整理记录时可以采用表 6.10内容进行检核。

表 6.10　绩效面谈检核表

面谈步骤	主角	任务与重点要项	Y/N
开场	主管	放下其他工作，保留宽裕时间建立信赖的气氛，并使下属放轻松慰劳并感谢下属的辛劳	
进入主题	主管	告知面谈目的	
告知考核结果	主管	说明评估的结果并由优点开始谈起 表现不佳处之衡量方式及与自评的差异 肯定下属的努力与进步	
请下属发表意见	下属	用开放的心胸专心倾听，不要任意打断 鼓励下属多发言，多使用开放式问题 多给予肯定与赞美，并引导自我反省	
讨论沟通	共同参与	讨论评估结果与员工自我申告的差异 对考核结果做再确认与必要的调整 偏差行为纠正与谘商辅导	
制定下期工作目标	共同参与	设定改进项目，针对事实、设立衡量标准 明确训练需求及必要的协助 前一年度残留问题确认 新的工作要项、展望与目标 生涯规划目标与职务强化目标	
确认面谈内容	共同参与	确认讨论的结论-已确立的与尚未确立的项目 定案的项目一一确认 主管与部属共同签名	
结束面谈	主管	对差异点处理方式与下次面谈时间确认 感谢参与 对下属高期待的激励	
整理面谈记录	主管	检讨面谈得失 补充说明事项 依作业规定呈报	

(3)反馈面谈的原则。

①经常性原则。反馈应当是经常性的，而不应当一年一次。其原因有两点：首先，管理者一旦意识到在员工的绩效中存在缺陷，就有责任立即去纠正它。如果员工的绩效在 1 月份时就低于标准要求，而管理人员却非要等到 12 月份再去对其绩效进行评价，那么这就意味着企业要蒙受 11 个月的生产率损失。其次，绩效反馈过程的有效性的一个重要决定因素是——员工对于评价结果不感到奇怪的程度。因此，一个很容易发现的规则就是，应当向员工提供经常

性的绩效反馈,从而使他们在正式的评价过程结束之前就基本能够知道自己的绩效评价结果。

②自我评价原则。在评价面谈之前让员工本人先对个人的绩效进行自我评价。让员工在参加绩效评价面谈之前先完成自我评价的做法是有意义的。它要求员工认真思考一下自己在本次绩效周期内所达到的绩效,并鼓励他们寻找自己的不足。一方面,用于管理目的的自我评价往往会被评价者人为夸大;而另一方面。员工在用于开发目的的自我评价中又往往比监督者对自己所作出的评价要低。自我评价具有效力的另外一个原因是,它可以通过将面谈重点放在上下级之间存在分歧的问题上而使得反馈过程得以更快地进行,而这会提高绩效反馈过程的效率。最后,对自己过去的绩效进行过认真思考的员工更有能力完全参与到反馈过程的讨论之中去。

③鼓励参与原则。当员工参与到绩效反馈过程之中时,他们通常都会对这一过程感到满意。参与的形式包括让员工发表他们对于绩效评价的看法以及参与制定绩效目标的讨论。一项研究发现,参与除了会导致员工对于上级监督者的满意度提高之外,还是预示员工对于绩效评反馈过程的满意程度高低的一个最为重要的因素。

④多问少讲原则。发号施令的管理者很难实现从上司到“帮助者”、“伙伴”的角色转换。我们建议管理者在与员工进行绩效沟通时遵循 2/8 法则:80%的时间留给员工,20%的时间留给自己,而自己在这 20%的时间内,可以将 80%的时间用来发问,20%的时间才用来“指导”“建议”“发号施令”,因为员工往往比经理更清楚本职工作中存在的问题。换言之,要多地来提好问题,引导员工自己思考和解决问题,自己评价工作进展,而不是主观地发号施令,居高临下地告诉员工应该如何工作、学习等。

⑤达成共识原则。为了改善不良的绩效,管理者应该与员工共同寻找原因和解决办法,并就此达成共识。这包括与员工一起来找出导致不良绩效的实际原因、制定具体的绩效改善目标、确定检查改善进度、对员工达到目标绩效要求的进展情况进行审查的具体时间等。这就提供了另外一种保障措施来促使双方严肃认真地对待目标,并且为达到这一目标而共同努力。

6.2.5 绩效结果应用

当绩效考核完成以后,评估结果并不是可以束之高阁、置之不理的,而是要与相应的其他管理环节相衔接,主要体现在以下几个方面:

(1)招聘和选择:根据绩效考核结果的分析,可以确认采用何种评价指标和标准作为招聘和选择员工时使用,以便提高绩效的预测效度,提高招聘的质量并降低招聘成本。

(2)薪酬及奖金的分配:企业除了基本工资外,一般都有业绩工资。业绩工资是直接与员工个人业绩相挂钩的。这种工资形式在业界很流行,它被形容为“个人奖励与业绩相关的系统,建立在使用各种投入或产出指标来对个体进行某种形式的评估或评价”。一般来说,绩效评价越高,所得工资越多。这其实是对员工追求高业绩的一种鼓励与肯定。

(3)职务调整:经过多次绩效考核后,员工的业绩始终不见有所改善。如果确实是员工本身能力不足,不能胜任工作,则管理者将考虑为其调整工作岗位;如果是员工本身态度不端正的问题,经过多次提醒与警告都无济于事,则管理者会考虑将其解雇。这种职务调整在很大程度上是以绩效考核结果为依据的。

(4)沟通改进工作:绩效考核结果反馈给员工后,有利于他们认识自己的工作成效,发现自己工作过程中的短板所在。绩效沟通给员工带来的这种信息会使可能一直蒙在鼓里的员工真正认识到自己的缺点和不足,从而积极主动的改进工作。

(5)培训与再教育:对于难以靠自学或规范自身行为态度就能改进绩效的员工来说,可能真的在知识、技能或能力方面出现了"瓶颈",因此企业必须及时认识到这种需求,组织员工参加培训或接受再教育。而这也越来越成为吸引优秀员工加盟企业的一项企业为员工提供的福利。

(6)人力资源规划:为组织提供总体人力资源质量优劣程度的确切情况,获得所有人员晋升和发展潜力的数据,以便为组织的未来发展制定人力资源规划。

(7)人力资源培训与开发:根据绩效评价的结果,分别制定员工在培养和发展方面的特定需要,以便最大限度地发展他们的优点,使缺点最小化,实现:1)提高培训效果,降低培训成本;2)实现适才适所;3)在实现组织目标的同时,帮助员工发展和执行他们的职业生涯规划。

(8)正确处理内部员工关系:坦率公平的绩效评价,为员工在提薪、奖惩、晋升、降级、调动、辞退等重要人力资源管理环节提供公平客观的数据,减少人为不确定因素对管理的影响,因而能够保持组织内部员工的相互关系于可靠的基础之上。

经过上面的管理环节,就完成了一个绩效周期的循环。在这个循环中所得到的绩效考核结果具有多种用途。首先,绩效考核的结果可用于指导员工工作业绩和工作技能的提高,通过发现员工在完成工作过程中遇到的困难和工作技能上的差距,制订有针对性的员工发展培训计划。其次,绩效考核的结果可以比较公平地显示出员工对组织做出的贡献的大小,据此可以决定对员工的奖惩和报酬的调整。此外,通过员工的绩效状况,也可以发现员工对现有职位是否适应,根据员工绩效高于或低于绩效标准的程度,决定相应的人事变动,使员工能够从事更适合自己的职位。

6.3 绩效考核的基本方法

6.3.1 绩效考核方法的基本类型

根据绩效考核时所考虑的考评内容的不同,可以将绩效考核分为品质导向型、行为导向型和效果导向型。

1. 品质导向型

这种考评的特点并不是考评员工的工作能力而是看被评估者的个人特性,如:忠诚度如何、责任心强不强、是不是勤勤恳恳任劳任怨、不说谎话等。评估以这个员工的品质为主导,重"人"而不重"事"。其优点是简便易行,缺点是有效性差,含混而主观,与最终的结果挂不上钩。所以,建议尽量少采用品质导向型绩效考核。

个案分析 6-1

一家公司的人力资源主管经过筛选,只有四个人进入最后的面试。在面试中,主管同每一个应聘者只见了20分钟就让应聘者出去了。当应聘者出门的时候,主管突然说:"哎,你站住,我刚才跟你说话时,觉得你怎么这么眼熟啊?你等等啊,我终于想起来了,半年前的那个学术讨论会,我坐在台下,你不是也参加了吗?你还读了你的论文,非常好,我想起来了,我有印象。"每次都说这句话,结果四个人里有三个人回答说:"我也想起来了,我做得很不好,挺不成熟的,没想到您在台下,请您多指教。"而只有一个人说:"真对不起,我从来没有参加过学术研讨会,我也不会写论文,你可能认错人了。"最后谁入选了?是这位说实话的人。

这就是采用了品质主导法，也是招聘常用的一个方法，叫声东击西，里面是有陷阱的，看的是应聘者的品质。而一旦招聘进入了企业，考核目标是实现最后的结果，而不是看他忠诚品质，这些兢兢业业、勤勤恳恳的品质只占很小的比重，往往只占到5%。

2. 行为导向型

行为导向型的绩效考核，以考评员工的工作行为为主，着眼于“干什么”“如何去干”，重点考核员工的工作方式和工作行为。由于行为导向型的考评，重在工作过程而非工作结果，考评的标准较容易确定，操作性较强。行为导向型适合于对管理性、事务性工作进行考评，特别是对人际接触和交往频繁的工作岗位尤其重要。这种考评方法的优点是能够为员工提供有助于改进工作绩效的反馈信息，缺点是无法涵盖员工达成理想工作绩效的全部行为。

个案分析 6-2

有一个主人逼迫他家的大花猫必须每天抓一只老鼠来向他报告，以此判断它的能力怎么样，抓到一只老鼠就给一条鱼吃。这个猫想：我怎么能天天完成任务呢？老鼠也不能天天捉到呀？结果它去找老鼠商量，说咱俩达成一个协议，你每天8点的时候在洞口出现，我就跑过来咬住你的脖子，但是我不吃你，我咬着你到主人那儿转一圈后，再把你放回去，然后，第二天你还出来，我再咬着你到主人那转一圈，你让我完成指标，让我得到鱼，我保证以后不吃你，好不好？最终猫和老鼠达成协议。

这只猫就是行为主导型，它一直是在工作，但是，跟最终的结果几乎是不挂钩的

3. 效果导向型

效果导向型的绩效考核，以考评员工或组织工作效果为主，着眼于“干出了什么”，重点考量“员工提供了何种服务，完成了哪些工作任务或生产了哪些产品”。由于效果导向型的考评注重的是员工或团队的产出和贡献，即工作业绩，而不关心员工和组织的行为和工作过程，所以考评的标准容易确定，操作性很强。

个案分析 6-3

小张是公司的财务人员，工作一直非常辛苦，经常连夜的加班，报账、算账，等到年终考核结束后，经理在5分里头给他打了个4分。

那么这4分是怎么得来的？为什么没有评5分？经过反馈，部门经理说：每次交财务报表，小张总会拖后几个小时或半天，总是错过最后期限，我真拿他没办法。做的表不是这儿连不上，就是那儿出现小错误，问题虽不大，但老犯同样的错误，他每天加班，就是不出活。

这就是结果让人不满意，没有达标。采取效果导向的办法，就是以最终目标为准，进行评估，列出理由，员工都会心服口服的。

6.3.2 绩效考核方法

1. 直接排序法

直接排序法是一种较为常用的绩效考核法。即在群体中挑选出最好的或者最差的绩效表现者，将所有参加评估的人选列出来，就某一个评估要素展开评估，评估要素可以是整体绩效，也可以是某项特定的工作或体现绩效的某个方面。首先找出该因素上表现最好的员工，将其排在第一的位置，再找出在该因素上表现差的员工，将他排在最后一个位置，然后找出次最好、次最差，依此类推。表 6.11 就是对某公司财务部的员工采用排序法示例。

优点是：容易识别好绩效和差绩效的员工；如果按照要素细分进行评估，可以清晰地看到某个员工在某方面的不足，有利于绩效面谈和改进。

缺点是：如果需要评估的人数较多，超过 20 人以上时，此种排序工作比较烦琐；严格的名次界定会给员工造成不好的印象，最好和最差比较容易确定，但中间名次是比较模糊和难以确定的。

表 6.11 排序考评表示例

部门：财务部	
员工总数：10 人	
排序说明：1 为最好，10 为最差	
姓 名	排 序
A 李 宇	10
B 赵 敏	7
C 孙 丽	4
D 王小燕	8
E 陈 丹	6
F 刘 冰	1
G 张新华	9
H 王 桦	3
I 刘家英	5
J 马 飞	2

2. 配对比较法

针对某一绩效评估要素，把每一个员工都与其他员工相比较来判断谁“更好”，记录每一个员工和任何其他员工比较时被认为“更好”的次数，根据次数的高低给员工排序。和直接排序法类似，这是一种更为细致的通过排序来考核绩效水平的方法，它的特点是每一个考核要素都要进行人员间的两两比较和排序，使得在每一个考核要素下，每一个人都和其他所有人进行了比较，所有被考核者在每一个要素下都获得了充分的排序。也是一种相对的定性评价方法。配对比较法示例如表 6.12 所示。

优点：因为是通过两两比较而得出的次序，得到的评估更可靠和有效。

缺点：和直接排序法相似，仅适合人数较少的情况，且操作比较麻烦。

表6.12 配对比较法示例

姓名＼对比人	甲	乙	丙	丁	戊	“＋”的个数
甲		＋	＋	－	－	2
乙	－		－	－	－	0
丙	－	＋		＋	＋	3
丁	＋	＋	＋		＋	4
戊	＋	－	－	－		1

注：＋：好于　　－：差于。

3. 强制分配法

是在考核进行之前按照事物“两头小，中间大”的状态分布规律，确定好绩效水平的分布比例，然后将员工的考核结果安排到分布结构里去。按照每人绩效的相对优劣程序，列入其中的一定等级。这种方法执行的关键在于事前决定分布必须被考核者所掌握。例如将被考评者的绩效分为优、良、中、差、劣五个等级，各类比例如表6.13所示。

强制分配法适用于被考核人员较多的情况，操作起来比较简便。由于遵从正态分布规律，可以在一定程度上减少由于考核人的主观性所产生的误差。此外，该方法也有利于管理控制，尤其是在引入员工淘汰机制的企业中，具有强制激励和鞭策功能。

优点：①等级划分清晰，不同的等级赋予不同的含义，区别显著；并且，只需要确定各层级比例，简单计算即可得出结果。②“强制分配法”常常与员工的奖惩联系在一起。对绩效“优秀”的重奖，绩效“较差”的重罚，强烈的正负激励同时运用，给人以强烈刺激。③强制区分。由于必须在员工中按比例区分出等级，会有效避免评估中过严或过松等一边倒的现象。

缺点：①如果员工的业绩水平事实上不遵从所设定分配样式，那么按照考评者的设想对员工进行硬性区别容易引起员工不满。②只能把员工分为有限的几种类别，难以具体比较员工差别，也不能在诊断工作问题时提供准确可靠的信息。

表6.13 强制分配法示例

等级	优	良	中	差	劣
比例/%	10	20	40	20	10

4. 图尺度考核法

图尺度考核法也称为图解式考评法，是最简单和运用最普遍的工作绩效评价技术之一。它列举出一些组织所期望的绩效构成要素（质量、数量或个人特征等），还列举出跨越范围很宽的工作绩效等级（从“不令人满意”到“非常优异”）。在进行工作绩效评价时，首先针对每一位下属员工从每一项评价要素中找出最能符合其绩效状况的分数。然后将每一位员工所得到的所有分值进行汇总，即得到其最终的工作绩效评价结果。当然，许多组织并不仅仅停留在一般性的工作绩效因素上，他们还将这些作为评价标准的工作职责进行进一步的分解，形成更详细和有针对性的工作绩效评价表。

这一测评方法有很多种变形，比如通过对指标项的细化，可以用来测评具体某一职位人员的表现。指标的维度来源于被测对象所在职位的职位说明书，从中选取与该职位最为密切相关的关键职能领域，再进行总结分析出关键绩效指标，然后为各指标项标明重要程度，即权重。

优点:使用起来较为方便;能为每一位雇员提供一种量化的绩效评价结果。

缺点:不能有效指导行为,它只能给出考评的结果而无法提供解决问题的方法;不能提供一个良好的机制以提供具体的、非威胁性的反馈;这种方法的准确性不高。由于评定量表上的分数未给出明确的评分标准,常常凭主观来考评,所以很可能得不到准确的评定。

举例:下列表 6.14 中的六点内容,每一点都用 5,4,3,2,1 作为一个评定尺度进行评定,根据员工行为表现,看看员工每一考评点在哪个尺度上。

表 6.14　图尺度考核法示例

考评点	评分标准	评分	考评结果
衣着和仪表	5=优秀(你所知道的最好的员工) 4=良好(超出所有标准) 3=中等(满足所有标准) 2=需要改进(某些地方需要改进) 1=不令人满意(不可接受)		
自信心			
可靠程度			
态度			
合作			
知识			

5. 关键事件法

关键事件法是一种通过员工的关键行为和行为结果来对其绩效水平进行绩效考核的方法,一般由主管人员将其下属员工在工作中表现出来的非常优秀的行为事件或者非常糟糕的行为事件记录下来,然后在考核时点上(每季度,或者每半年)与该员工进行一次面谈,根据记录共同讨论来对其绩效水平做出考核。其主要原则是认定员工与职务有关的行为,并选择其中最重要、最关键的部分来评定其结果。

优点:①研究的焦点集中在职务行为上,因为行为是可观察的、可测量的;②通过这种职务分析可以确定行为的任何可能的利益和作用;③它为你向下属员工解释绩效结果提供了一些确切的事实证明;④它确保你在对下属员工的绩效进行考察时,所依据的员工在整个年度的表现而不是最近一段时间的表现;⑤保存一种动态的关键事件记录可以使你获得一份关于下属员工是通过何种途径消除不良绩效的具体事例。

缺点:①费时,需要花大量的时间去收集那些关键事件,并加以概括和分类;②关键事件的定义是显著的对工作绩效有效或无效的事件,但是,这就遗漏了平均绩效水平。对工作来说,最重要的一点就是要描述"平均"的职务绩效。利用关键事件法,对中等绩效的员工就难以涉及,因而全面的职务分析工作就不能完成。③对于什么是关键事件,并非在所有的经理人员都具有相同的定义。④它可能使员工过分关注他们的上司到底写了些什么。

6. 行为锚定等级考核法

行为锚定等级考核法是基于对被考核者的工作行为进行观察、考核,从而评定绩效水平的方法。行为锚定等级考核法是一种将同一职务工作可能发生的各种典型行为进行评分度量,建立一个锚定评分表,以此为依据,对员工工作中的实际行为进行评级打分的考评办法。图 6.7就是该考核法某岗位的示例。

行为锚定等级考核法实质上是把关键事件法与评级量表法结合起来,兼具两者之长。行为锚定等级评价法是关键事件法的进一步拓展和应用。它将关键事件和等级评价有效地结合在一起，通过一张行为等级评价表可以发现，在同一个绩效维度中存在一系列的行为，每种行为分别表示这一维度中的一种特定绩效水平，将绩效水平按等级量化，可以使考评的结果更有效，更公平。

优点：在于它指导和监控行为的能力，行为锚定使员工知道他们被期望表现哪些类型的行为，从而给评估人提供以行为为基础的反馈机会。

缺点：设计锚定标准比较复杂；而且考核某些复杂的工作时，特别是对于那些工作行为与效果的联系不太清楚的工作，管理者容易着眼于对结果的评定而非依据锚定事件进行考核。

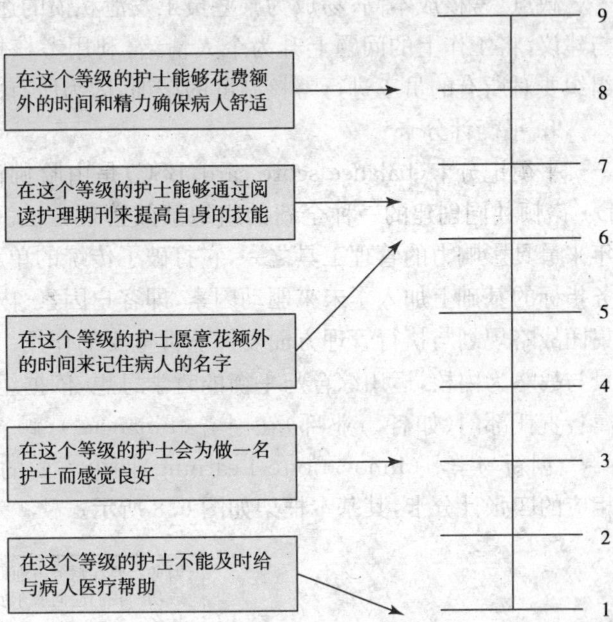

图 6.7　护士的行为锚定等级考核表示例

7. 目标管理法

目标管理法是根据绩效考评者完成工作目标的情况来进行考核的一种方式。在完成工作之前，考评者和被考评者应该对需要完成的工作内容、时间期限、考评标准达成一致。在时间期限结束时，考评者根据被考评者的工作状况及原先指定的考评标准进行考评。目标管理法适合于企业中试行目标管理的项目。

优点：评价标准明确，结果易于观测，便于对员工进行反馈和辅导；由于员工参与制定目标，因此，易于调动员工的积极性，增强事业心和责任感。

缺点：没有在不同部门、不同员工之间设立统一目标，难以对不同员工和不同部门之间的工作绩效做横向比较；不能为以后的晋升决策提供依据。

8. 360 度考核法

360 度考核法又称为全方位考核法，最早被英特尔公司提出并加以实施运用。传统的绩效评价，主要由被评价者的上级对其进行评价。而 360 度反馈评价则由与被评价者有密切关系的人，包括被评价者的上级、同事、下属和客户等，分别匿名对被评价者进行评价。员工如果想知道别人对自己是怎么评价的，自己的感觉跟别人的评价是否一致，就可以主要提出来作一个 360 度考核。当然，这种考核并不是每个员工都必须要做的，一般是工作时间较长的员工和骨干员工。360 度考核法共分跟被考核员工有联系的上级、同级、下级、服务的客户这四组，每组至少选择 6 个人。然后公司用外部的顾问公司来作分析、出报告交给被考核人。

优点：打破了由上级考核下属的传统考核制度，可以避免传统考核中考核者极容易发生的“光环效应”、“居中趋势”、“偏紧或偏松”、“个人偏见”和“考核盲点”等现象；管理层获得的信息更准确；可以反映出不同考核者对于同一被考核者不同的看法；防止被考核者急功近利的行为（如仅仅致力于与薪金密切相关的业绩指标）；较为全面的反馈信息有助于被考核者多方面能力的提升。360 度考核法实际上是员工参与管理的方式，在一定程度上增加他们的自主性和对工作的控制，员工的积极性会更高，对组织会更忠诚，提高了员工的工作满意度。

缺点：考核成本高；易成为某些员工发泄私愤的途径。某些员工不正视上司及同事的批评与建议，将工作上的问题上升为个人情绪，利用考核机会"公报私仇"；考核培训工作难度大。组织要对所有的员工进行考核制度的培训，因为所有的员工既是考核者又是被考核者。

9. 平衡计分卡

平衡记分卡(balance score card，BSC)是由哈佛商学院罗伯特·S·卡普兰季和戴维·D·诺顿共同创建的一种全新的组织绩效管理方法。平衡计分卡被《哈佛商业评论》评为75年来最具影响力的管理工具之一，它打破了传统的单一使用财务指标衡量业绩的方法。在财务指标的基础上加入了未来驱动因素，即客户因素、内部经营管理过程和员工的学习成长，在集团战略规划与执行管理方面发挥非常重要的作用。其基本原理和流程是：以组织的共同愿景与战略为内核，运用综合与平衡的哲学思想，依据组织结构，将公司的愿景与战略转化为下属各责任部门(如各事业部)在财务(Financial)、顾客(Customer)、内部流(Internal Processes)、创新与学习(Innovation&Learning)四个方面的系列具体目标(即成功的因素)，并设置相应的四张计分卡，其基本框架如图6.8所示。

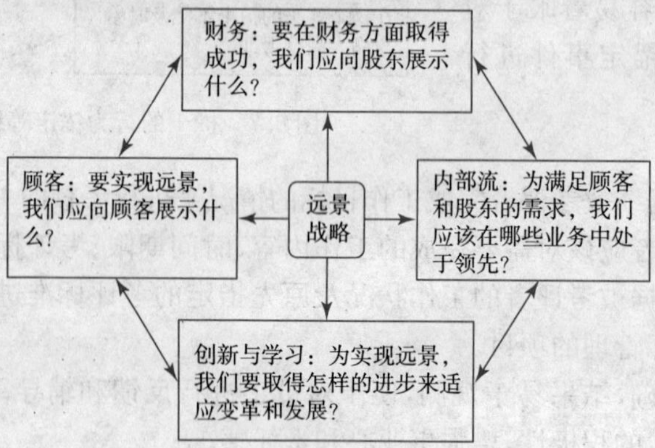

图6.8 平衡计分卡框架图

优点：为企业战略管理提供强有力的支持。平衡计分卡的评价内容与相关指标和企业战略目标紧密相连，企业战略的实施可以通过对平衡计分卡的全面管理来完成；可以提高企业整体管理效率；注重团队合作，防止企业管理机能失调；可提高企业激励作用，扩大员工的参与意识；可以使企业信息负担降到最少。

缺点：实施难度大，存在沟通与共识上的障碍、组织与管理系统方面的障碍、信息交流方面的障碍；工作量大，需要耗费大量的时间和精力找到恰当的指标并分解到各部门；不适用于个人。

复习思考题

1. 什么是绩效？如何理解绩效的特点？
2. 简述绩效管理与绩效考核之间的关系。
3. 如何进行绩效反馈面谈？
4. 简述绩效管理的过程及其注意事项。
5. 简述绩效考核方法的特点。

案例分析

小王的绩效考核结果

公司年终的绩效考核结束了，小王的绩效考核分数低于他的同事小何。

小王和小何是同时应聘进入这家公司的，两个人又被分配到同一部门，做着同样的工作。这是他们进入公司后接受的第一次绩效考核，而且这一次的绩效考核结果可能会影响到下一年度谁能够被提升的问题。

从进入这家公司开始，小王一直勤勤恳恳努力工作，并希望自己的这一付出能够得到上司的认可。并且，无论从学历来讲，还是工作能力方面，小王都自认为优于小何，这一考评结果令小王产生了困惑。

这时，邻座的电话响了，电话铃声不由得使她想起了一件事情。刚刚进入这家公司后不久的一个周末，她和小何都在加班，因为有事情需要请示领导，所以小何拨通了上司家的电话。刚开始接电话的可能是上司家5岁的儿子，上司接了电话后，小何并没有直接谈工作，而是先问“刚才接电话的是亮亮吗？真可爱，让他再和阿姨说几句话？贝贝在叫啊，是不是着急让你带它出去了？”小王觉得奇怪，她怎么会知道上司儿子的名字？贝贝又是谁？

事后他才知道贝贝原来是上司家的一条宠物狗。小王当时的感觉是这件事情很无聊，也很浪费时间，如果是她挂电话，一定会直接和上司谈工作，别人的儿子和狗跟工作又有什么关系？

现在小王开始明白了，自己恐怕是在人际关系方面出了问题，不仅仅是和上司，和同事之间也是这样。因为自己过于关注工作，忽视了很多和同事之间的这种沟通，并且在工作中过于认真的态度，也可能会令同事感觉紧张，会给人不够随和的感觉。但是，人际关系和工作质量有什么关系呢？小王自认为自己的工作质量和业绩是无可挑剔的，从到公司以来，承担了大量的工作，并且工作一直勤勤恳恳，这也是有目共睹的，为什么最后的考评结果仍然很低呢？毕竟人际关系也只是考核内容中的一方面而已呀。是不是搞好人际关系是考核的大前提？如果是这样的话，也许自己和公司的想法是不一样的。那么究竟是应该适应公司的这种方式，改变自己的个性，还是应该考虑重新找工作的问题呢？

对绩效考核结果产生困惑的不只是小王一个人。广告部的员工对金融部员工的成绩普遍高于自己而不满，而公司里有些年纪较大的员工也认为他们的成绩低于年轻人是因为上司认为自己年纪大，绩效就一定低。

绩效考核结束了，公司却开始变得不平静了。员工的这些抱怨也传到了老总的耳朵里，他在思考，究竟问题出在哪里？

（资料来源：作者根据相关资料整理）

思考题：

1. 为什么小王会得到这样的绩效考核结果？
2. 公司里其他员工对绩效考核结果的抱怨产生的原因是什么？
3. 在绩效考核中如何避免以上问题的发生？

实训设计

一、实训项目

角色扮演——绩效反馈面谈

二、实训目的

通过角色扮演使参与者进一步认识绩效反馈面谈的重要性，在角色扮演中切身体会考核双方的立场及沟通过程中的相关技巧。

三、实训要求

背景是一家制造公司，一个角色是总经理甲，一个角色是生产部经理乙。

1. 教师介绍本练习中要扮演的角色，学院分成三个小组，一组排除一个人扮演总经理，另一组也要派一个人扮演生产部门经理，第三组是观察者。三者各自阅读所扮演的角色说明。

2. 总经理约见生产部门经理进行绩效考核谈话。这个过程观察者保持沉默，依据“观察者角色说明”为指导，设计谈话记录表并记录。在通话过程结束时，观察者对两人给予反馈。

3. 讨论：指出谈话过程的得当之处，说明谈话是如何开始的，有没有“关键点”使事情发生转变？说明谈话过程的欠妥之处。每个人应该如何做才能使讨论更有效？

总经理角色说明

你刚才请乙到你办公室开会。乙是公司生产部经理。从许多方面来说，你承认乙是一位理想的管理人员，他有节约意识，聪明能干，积极主动，为人诚恳。在乙的领导下，产量稳步提升，此外，乙也是你的私人朋友。

本次会谈主要讨论一个去年以来一致困扰你的问题，即尽管乙有很多优点，但还有一个不容忽视的问题——生产科一些管理干部拒绝为乙工作。没有一个生产部门的管理干部在公司工作超过6个月。他们抱怨乙独断专行，从不允许他们自己处理问题。乙总是在监视他们，并明确告诉他们该怎么干，甚至最具体的事务也是如此。

公司一个副总经理位置空缺，你想过要不要提升乙。另一方面，你还有一个不同的念头：为了公司，该不该让乙走人。这个问题你已经同乙谈过好多次，你觉得你已经够清楚地告知他能否提升取决于他是否能够培养一位继任者接替生产部经理的职位。

最近，许多的年轻人离开公司。你要决定要么乙改变他的做法以遏止人员外流的趋势，要么让他辞职。

正在此时，生产部经理乙如约来到你的办公室。

（在文件处理工作上你稍微落后了一点，不知道乙最近给你送来了一份报告。如果他问到你，你就说还没有看到。）

生产部经理角色说明

你刚才接到上司——总经理甲的电话，他要见你。在去他的办公室的路上，你寻思他找你干什么。你想可能是两件事之一。

一个可能是提升你做副总经理。甲以前已经多次谈过这件事。如甲所言，如果你能在生产部门经理位置上证明自己，副总经理就非你莫属。你当然记得他曾经暗示你理应得到提升。因为你们的产量创了记录，生产部门在你的领导下有效运转，你对自己的成绩感到自豪。

另一个可能是关于你上周提交给他的那份报告的事情。你在报告中提出招聘一些确实优秀的生产主管和工人，你提出：

(1)大幅增加工资以期望招揽资质更佳的人才。

(2)建立一项先进的人事测评项目，以便刷掉平庸的求职者。

虽然你对自己在生产部门的成就感到自豪，但是有一个问题一直困扰着你，那就是，中低层管理人员素质太差。这些人当中有几个准备离职，但你宁愿他们统统滚蛋。这些家伙大多让人感到沉闷，又不负责任，智商也太低了一点。大部分不能胜任工作，没有一个可以提升。

你总是为推进这些下属的工作而疲于奔命，不管你怎么教导、鼓励甚至威胁，你似乎还是得亲力亲为，才能督促他们把工作做好。

就你看来，你已经通过纠正他们的错误，为公司节约了成千上万元了。

甲是你的一位老朋友，你对你们之间的工作关系感到满意，想到这里，你踏进了总经理办公室。

观察者角色说明

观察上司开始谈话的方式：

(1)谈话者做了什么？他是否以某种方式创造意想中的气氛？

(2)谈话者是否开门见山说明谈话的目的？

(3)谈话目的是否表述得清楚简明？

观察上司谈话是否是这样进行的：

(1)谈话者在多大程度上了解下属对工作的感觉？

(2)谈话者是否以泛泛的、一般性问题开始谈话？

(3)上司是否批评下属？

(4)谈话者是否能够了解下属的思想感情？

(5)谁说话多？

(6)谈话者是否了解到别的问题？

(7)上司有没有表扬下属？

观察、评价谈话结果：

(1)谈话结束时，谈话者对下属的评价在多大程度上达到了公正和准确？

(2)上司是否给下属以激励？

(3)谈话结束后，两个人之间的关系是改善了还是恶化了？

(4)谈话者怎样才能做得更好？

(资料来源：陈维政，余凯成，程文文．人力资源管理 北京：高等教育出版社)

学习参考

某公司管理人员考核办法示例

第一章　总　　则

第一条　为正确评价管理人员的工作绩效,充分调动管理人员的积极性,促进各项管理工作,提高工作效率,为管理人员的聘任、岗薪及奖励、惩罚提供依据,特制定本办法。

第二章　考核的原则

第二条　全面考核,注重实际的原则。在德、能、勤、绩全面评价的基础上,把工作业绩作为考核的首要依据。

第三条　客观性、公正性的原则。力求考核指标的全面性,考核办法的科学性,考核结果的追溯性。

第四条　责权一致的原则。按管理权限和管理职责,逐级考核,分类评价。

第五条　严格兑现的原则。考核结果与被考核人的聘任和收入直接挂钩。

第三章　考核机构

第六条　公司成立考核领导小组,全面负责公司管理人员的考核工作,考核领导小组由副经理任组长,李、刘、王任副组长。具体考核工作由人事部负责。

第七条　考核小组的主要职责:

1. 研究和制定考核办法。
2. 组织考核办法的实施,并向各单位、各部门反馈考核结果。
3. 依据考核结果,提出对各单位、各部门负责人的使用、奖惩的建议。
4. 根据客观情况,有权对考核结果做出微调。

第四章　考核范围

第八条　考核范围:

1. 公司机关部门正职以下的管理人员。
2. 项目部所有管理人员。
3. 五大专业公司(商砼、机械、模板、劳务、生活)所有管理人员。
4. 其他单位依据公司的考核办法,自行组织考核。

第五章　考核权限

第九条　对部门的整体考核,由公司主管领导和基层单位按专业管理系统分别进行。

第十条　对部门正副职的考核,由公司主管领导,相关部门的负责人和部室内一般管理人员负责。

第十一条　对项目部、专业公司行政一把手的考核由公司主管领导、相关部门和所在单位的一般管理人员负责。

第十二条 对机关一般管理人员的考核，由部门正、副职和本部室的其他管理人员负责。

第十三条 对项目部、专业公司(除行政一把手以外)其他管理人员的考核由各单位自行组织。

第六章 考核内容

第十四条 对部门的考核：以基本职责的完成情况为主要依据，涉及内容包括：业务指导能力，为基层服务的意识，服务的质量，监督检查的力度等方面。

第十五条 对部门正副职的考核：以部门的业绩为主要考核依据，内容包括：组织管理能力，业务指导能力，为基层服务的意识，团结协作的精神等方面。

第十六条 对各单位一把手的考核，以各单位效益为主要考核指标，内容包括：对接市场承揽任务的能力，管理协调能力，指标完成情况，单位整体效益等方面。

第十七条 对一般管理人员的考核，以岗位职责的完成情况为主要依据，内容包括：岗位工作的完成情况、工作态度、责任心、劳动纪律等方面。

第七章 考核标准

第十八条 对部门工作的整体考核，标准为：很满意、满意、基本满意和不满意四项。考核人对被考核人的考核结果所占比例为：主管领导占50%，基层单位占50%。

第十九条 对部门正副职的考核，标准为：优秀、称职、基本称职和不称职四项。考核人对被考核人的考核结果所占比例为：主管领导占20%，基层单位对部门整体的考核结果占20%，相关部门负责人占10%，部室内一般管理人员占50%。

第二十条 对项目部、专业公司一把手的考核，标准为：优秀、称职、基本称职和不称职四项。考核人对被考核人的考核结果所占比例为：公司领导占20%，相关部门占20%，指标完成情况(以责任状为准)占30%，所在单位的管理人员占30%。

第二十一条 对一般管理人员的考核，标准为：超额完成、完成、基本完成和未完成四项。考核人对被考核人的考核结果所占比例为：部门正副职占50%，基层单位对部门整体的考核结果占10%，部室内相关管理人员占40%。

第八章 考核结果

第二十二条 对部门整体工作的考核结果作为年底评选敬业爱岗先进集体候选名单的依据。同时也作为嘉奖的重要依据。

1. 对考核结果为“很满意”的部门，根据公司全年指标完成情况，考核领导小组有权提出对该部门的嘉奖。

2. 对考核结果为“基本满意”的部门，提出警告，要制定相应的措施，限期整改。

3. 对考核结果为“不满意”的部门，提出调整建议，如因客观原因暂时不能调整的，部门负责人岗薪下浮10%，部门其他管理人员岗薪下浮5%，至第二次考核当月止。

第二十三条 对部门正副职的考核结果作为职位升迁、奖励、评选先进或免职的主要依据。

1. 对考核结果为“优秀”的部门正副职推荐进入年底各类先进评比的候选人名单或作为

职务升迁的依据。

2. 对考核结果为“基本称职”的部门正副职，主管领导要进行谈话限期提出目标或提出调离的建议。

3. 对考核结果为“不称职”的部门正副职，建议免职或岗薪下浮5%～10%，并限期整改至第二次考核当月止。

第二十四条　对各单位一把手的考核结果作为奖励、评选先进、机构调整、职务变迁的主要依据。

1. 对考核结果为“优秀”的一把手，作为年底各类先进评选的候选人，并作为破格晋升职称的主要依据。

2. 对考核结果为“不称职”的，建议调离现岗位或在指标兑现中扣除1%。

第二十五条　对一般管理人员的考核结果作为管理岗位的聘任、个人收入的主要依据。

1. 对考核结果为“超额完成”的一般管理人员优先聘任上岗或奖励岗薪上浮5%。

2. 对考核结果为“基本完成”的岗薪下浮5%，如果所在部门考核结果为“不满意”的两项合并下浮10%。

3. 对考核结果为未完成的不能聘任上岗，关系转至劳务管理公司进行培训。

第九章　附　　则

第二十六条　人事部将建立管理人员考绩档案并将考核结果归入考绩档案，同时作为推荐上岗的依据。

第二十七条　考核领导小组将考核结果在公司局域网上公布，接受群众的监督。

第二十八条　被考核人有权就考核结果向考核领导小组反映本人的意见。

第二十九条　本办法经公司领导班子集体讨论通过，自发文之日起生效，并由人事部负责具体实施时间。

第三十条　本办法由公司考核领导小组负责解释。

考核评价表(略)

(资料来源：作者根据相关资料整理)

第 7 章　员工薪酬与福利

本章学习要点

- 薪酬的基本构成与含义
- 薪酬管理的原则、薪酬管理的功能、薪酬管理的主要内容、主要的薪酬体系及其含义
- 薪酬调查的操作步骤、薪酬定位的策略
- 岗位价值评估的意义、岗位价值评估常见方法及其优缺点、岗位价值评估的操作步骤
- 福利的含义、常见福利项及其含义

引入案例

从薪酬福利到工作体验——美国 IBM 薪酬管理

“为了争夺软件工程师和信息技术专业人才，我们每天都要全力作战。我们面对的是一个卖方市场，”里其特说。安德鲁·里其特博士是 IBM 公司企业系统、个人系统、软件及技术集团负责薪酬的主管。

IBM 在 1995—2004 年对其整体报酬模式进行了巨大的改革。其中，“全面薪酬体系”帮助这家公司变革了企业文化，从而在 21 世纪为争夺信息技术人才展开了更有力的竞争。

对于 IBM 在过去几年里的全面改造，以及首席执行官路易·郭士纳(Lou Gerstner)如何加盟 IBM 并助其成功转型，媒体做过许多报道。但全面报酬策略在“蓝色巨人”改造过程中所起到的作用，人们却尚未认识。

“如果你无法吸引人才，你就不能做这个生意”——要设计不同的薪酬模式。

IBM 的转型始于 20 世纪 90 年代中期，当时郭士纳开始掌舵，帮助 IBM 止住了在信息技术市场自由落体般的滑落。里其特说，郭士纳尝试在企业文化中重新注入活力，进行重新定位。这意味着要设计出不同的职业和薪酬模式。

“如果你无法吸引人才，你就不能做这个生意。”当谈到公司在吸引和留住重要的信息技术人才方面所面临的挑战时，里其特说。

于是，IBM 打破了原来的薪酬格局，给经理们“一大罐子的钱，让他们来决定薪酬。我们向对待成年人那样对待他们。结果怎么样呢？确实有效。总的来说，我们坚定地依靠各级经

理来做出重要的薪酬决策,而他们从来没有让我们失望。”

股票期权是“我们这个行业里人才的硬通货”,在这方面,IBM坚持认为并非所有员工都应该持有期权,但公司开始区分哪些员工应该获得期权。

“当我们面试新员工时,我们会问,你们工作的目的是什么,你们为什么想在IBM工作?我们不想失去最好的人才。”里其特说。

企业需要吸引、保留和激励人才以取得成功。全面报酬体系则是一种将企业为达到这一目的的各种要素进行战略整合的工具。全面报酬体系的基础是薪酬和福利,它们在此体系中占有相当大的比重。

全面报酬体系中的“工作体验”部分则具有杠杆作用,它同薪酬及福利计划一起,共同构成适合于企业为其员工设计的最为完善的全面报酬体系模型。

关于IBM的全面报酬策略,里其特说,该策略的目的是为了提供一整套薪酬,其总数和分配比例都是最佳的。

对“蓝色巨人”来说,这种转型导致了全面报酬的三个目标:改变了公司文化并诱导了公司希望看到的行为;吸引并留住了人才;控制了成本。

但是值得注意的是,“全面报酬的主要挑战是,要达到这三个目标,有时候可能会将你引入相互冲突的方向。”里其特说。

“为了生存,我们在IBM的经营方式上承担了很大的风险。但你必须认识到,多数员工可以在任何时候离开公司。这就是我们所面临的市场的现状,”里其特说。

“我们的规模是我们的优势,同时也是我们的弱点”——改变公司文化的困难。

IBM面临的最大挑战之一是克服现状。人们将“蓝色巨人”视为一家每个员工都必须身穿蓝色套装和白衬衫并打着领带上班的公司。里其特指出,改变任何文化都是困难的,因为“价值、态度和行为在一个组织里是如此根深蒂固,以至于人们很少注意和讨论这些东西。”

而IBM的整体规模使得文化改变尤为困难。在如此众多的国家和地区,经营如此众多的业务,雇用这么多人,要想让所有人都感到愉快是很困难的。“我们的规模是我们的优势,同时也是我们的弱点。”

文化变革的一个方面是显而易见的,那就是报酬的区别对待,对不同种类的职位和个人表现的不同层次,薪酬都不一样。里其特说,如果可以分发的报酬一直是个固定的数字,那么显而易见的是,任何规则和分配程序的变化只会让一些人感到愉快,另一些人则不会那么愉快。鉴于IBM全球业务的规模和多样性,这个原理会被放大。

但不管怎么样,IBM保持了正确的方向,在1995—2004年对整体报酬模式进行了巨大的改革。

“期权的分发是基于未来,可能的贡献,而不是过去的成就”——股票因素。

在IBM的薪酬改革中,另一个巨大变化是股票期权的分发。以前仅限于管理高层,但在过去5年中,获得股票期权的员工比例上升了10倍。

“我们的股票项目是吸引和留住人才策略的关键部分,”里其特说。他指出,股票期权的分发是为了留住拥有关键技术的人才,而不是出于服务员工或推动公司等级的目的。“期权的分发是基于未来可能的贡献,而不是过去的成就,”他说。

里其特相信,IBM将继续在雇员和新员工中扩大期权的使用,而且分发期权的标准仍将是由市场价格决定。

“那些能吸引并留住人才的因素，并不一定能激励员工，反之亦然”——工作体验在薪酬中的作用。

里其特指出，对工作体验的定义，是考察全面报酬的一种有效方法。他还说，在IBM，工作体验是全面报酬策略中的一个关键因素(还有薪酬和福利)。

“我们发现，那些能吸引并留住人才的因素，并不一定能激励员工，反之亦然。工作体验是报酬中的一个主导因素，如果我们忽视了这一点，就会给我们带来损失。”他说。

里其特说，积极的工作体验“是IBM作为一个合意的工作场所的重要凭证。”

在其模式中，IBM使用了以下方法：

认可——在这方面，公司提供了各种各样的认可奖励，包括对等的peer－to－peer和由管理层提供management－generated的奖励。

工作和生活的平衡——里其特指出，公司的“工作－生活项目”是其工作/生活计划的中心环节，但公司也提供其他多种选择。

文化——里其特说，在这方面，变化是显著的(不再要求穿蓝色套装了)，而且是微妙的(对IBM人的看法改变了)。他还指出，公司着眼于通过郭士纳亲手挑选的“高级管理小组”，来建设领导能力。里其特还提到了公司获得奖励的多元化项目。

发展——值得IBM骄傲的一点就是公司在电子商务方面的领先地位，以及用网络基础设施来利用知识管理，在传播知识和职业规划方面将公司的技术发挥到极致。

环境——这涉及很多方面，包括富有挑战性的工作、清晰的视线、工作环境以及取得成功所需要的工具和资源等。

(资料来源：作者根据相关资料整理)

7.1　薪酬的基本构成与含义

薪酬是指员工因被雇用而获得的各种形式的经济收入、有形服务和福利。根据货币支付的形式，可以把薪酬分为两大部分：一部分是直接货币报酬的形式，包括基本工资、奖金、津贴、加班费、佣金、利润分红等；一部分则体现为间接货币报酬形式，如社会保险、休假等。薪酬的基本构成如图7.1所示。

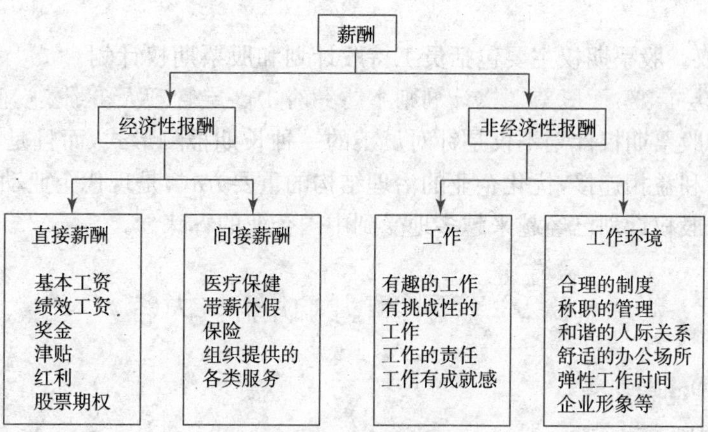

图7.1　薪酬的基本构成

从图 7.1 中可以看出，企业向员工提供的总体薪酬，包括经济性的报酬和非经济性的报酬两个部分。经济性的报酬又包括直接薪酬与间接薪酬，直接薪酬主要包含：基本工资、绩效工资、奖金、股票期权、红利、各种津贴等；间接薪酬指企业向员工提供的各种福利（如：保险、补助、带薪休假等）。非经济性报酬包括工作本身、工作环境带来的效用。这些非经济的心理效用也是影响人们进行工作选择和职业选择的重要因素，并成为企业吸引人才、保留人才的重要工具和手段。

虽然非经济性的报酬是总体薪酬的重要组成部分，但在薪酬管理研究中，企业经济性报酬的安排是研究的重点。经济性报酬一般由以下六部分构成。

(1)基本工资。基本工资是企业按照一定的时间周期，定期向员工发放的固定报酬。基本工资主要反映所承担的职位的价值或者员工所具备的技能或能力的价值，在中国大多数企业中，提供给员工的基础工资往往以月薪为主，即每月按时向员工发放固定工资。

(2)绩效工资。绩效工资是根据员工的年度绩效评价的结果而确定的对基础工资的增加部分，它是对员工的优良工作绩效的一种奖励。在中国，绩效工资被称为绩效提薪。它与奖金的差别在于，奖金并不成为基础工资永久性的增加部分，而只是一次性的奖励。

(3)奖金。奖金也称为激励工资或可变工资，是在薪酬发放中根据员工的工作绩效进行浮动发放的部分。奖金可以与员工的个人业绩相挂钩，也可以与他所在团队的业绩相挂钩，还可以与企业的整体业绩相挂钩，这被称为个人奖金、团队奖金和企业奖金。

(4)津贴。津贴是对员工工作中的不利因素的一种补偿，它与经济学理论中的补偿性工资差别相关。如：企业对从事夜班工作的员工，往往会给予额外的夜班工作津贴；对于出差的员工，也往往会给一定的差旅补助。但津贴不构成薪酬的核心部分，它在整个薪酬体系中所占的比例往往较小。

(5)福利。福利是企业通过增加福利和设施，建立各类补贴制度和举办文化体育活动，为工作人员提供生活便利，减轻工作人员生活负担，丰富员工文化生活而从事的一系列事业的总称。它是个人消费品分配的一种形式，同时也是报酬分配的一个重要组成部分。福利和工资分配所依据的原则不同，工资分配所依据的是“按劳分配”的原则，其水平根据工作人员劳动的数量、质量确定，而福利则是根据整个社会的生活和消费水平，有条件有限度地解决和满足员工的物质文化需要。在现代社会，福利的形式和内容非常多，国内外已经设计和使用过的就不下百种。

(6)股票期权。股票期权主要包括员工持股计划和股票期权计划。员工持股计划主要针对企业中的中基层员工，而股票期权计划则主要针对中高层管理人员、核心业务和技术人才。员工持股计划和股票期权计划不仅是针对员工的一种长期报酬形式，而且是将员工的个人利益与企业的整体利益相连接，优化企业的治理结构的重要方式，是现代企业动力系统的重要组成部分。近年来股权计划已经越来越多地受到中国企业的青睐。

7.2 薪酬管理的功能与内容

7.2.1 薪酬管理的原则

1. 公平性原则

企业员工对报酬分配的公平感，也就是对报酬发放是否公正的判断和认识，是设计报酬系统和进行报酬管理的首要原则。

报酬的公平性原则可以分为四个层次:①外部公平性。指同一行业或同一地区或同等规模的不同企业类似职务的报酬应大致相同,因为同一职务对员工的知识、技能与经验的要求相似,员工的各自贡献也就相差无几。有关报酬的统计资料能够揭示出企业报酬的外部公平程度。②内部公平性。指同一个企业中不同职务所获报酬应正比于各自的贡献。只要比值一致,就会被认为是公平的。工作评价是决定内部公平的首要方法。③员工公平。指企业仅根据员工的个人因素诸如业绩水平和学历等,对完成类似工作的员工支付大致相同的报酬。④团队公平。指企业中不同任务小组所获报酬应正比于各自小组的绩效水平。如果员工感觉到自己得到了不公正的报酬,他们将不会尽力工作,甚至会离开企业。无论产生哪一类不公平,都会殃及企业的整体利益。

实务指南7-1 **薪酬设计注意事项**

为了保证企业报酬系统的公平性,组织及人力资源管理部门在设计薪酬系统时应注意:

• 企业的报酬制度应有明确一致的要求作指导,并以统一的、可以说明的规范为根据;

• 报酬系统要有民主性和透明度。当员工能够了解和监督报酬政策与制度的制定和管理,并能对政策拥有一定的参与和发言权时,猜疑和误解便易于化解,不公平感也会显著降低;

• 企业要为员工创造机会均等、公平竞争的条件,并引导员工把注意力从结果均等转到机会均等上来。如果机会不均等,单纯的收入与贡献比相等,并不能代表公平,实际上机会大者占了便宜而机会小者吃了亏。

2. 竞争性原则

在社会上和人力资源市场中,企业的报酬标准要有吸引力,以战胜竞争对手,引入所需人才。究竟应将企业摆在市场价格范围的哪一段,当然要视本企业财力、所需人才可获得性的高低等具体条件而定;但企业报酬标准要具有竞争力,至少不应低于市场平均水平。

3. 激励性原则

企业要在内部各类、各级职务的报酬水准上,适当拉开差距,真正体现按劳、按贡献分配的原则。平均主义的"大锅饭"分配制度的落后性及其奖懒罚勤的弊端,差不多人人知晓。

实务指南7-2 **薪酬激励的小技巧**

1. 改变薪酬结构:将薪酬分成两类——维护性薪酬,激励性薪酬;
2. 改变薪酬计算的方法:计时工资制、计件工资、业绩薪酬有机结合;
3. 货币薪酬与非货币薪酬相结合;
4. 对员工实施个性化的福利项目。

4. 经济性原则

提高企业的报酬水准,固然可以增强企业在报酬方面的竞争性和激励性,但同时不可避免地会导致企业人力成本的上升，所以报酬制度不能不受经济性的制约。不过企业在对人力成本进行考察时，不能仅看改善报酬水平的高低，还应联系员工绩效的质量水平；事实上，后者对企业产品的竞争力的影响，远大于成本因素。

5. 合法性原则

企业报酬制度必须符合党和国家的政策法律。由于我国法制建设过程受过这样那样的干扰，起步较晚，现仍处于不断充实完善阶段，所以有关劳动工资的正式立法还不多，但并不是完全没有。例如，妇女权益保障法中就有涉及性别歧视的条款；此外，国务院与各部、委等也都制定了不少有关的条例与规定。但目前在其立法与司法的正规性、完备性、成熟性及严格性上，与西方发达国家相比，还有不少差距，有待填补、弥合与充实完善。

6. 战略性原则

战略性原则就是随着人力资源管理进一步上升为企业的战略地位，企业的薪酬管理也应该相应地在企业总体的战略规划与指导下进行，对企业的整体绩效产生激励作用。企业的薪酬管理活动要围绕企业总体战略目标的实现来进行，从薪酬制度的设计、调整到运营管理均要围绕企业总体目标来进行，使企业总体战略目标能体现在薪酬管理的具体活动与运营管理当中，从而实现薪酬管理的战略意义。

7.2.2 薪酬管理的功能

薪酬管理的功能可以从员工、企业、社会三个方面来认识，如图 7.2 所示。

1. 员工方面的功能

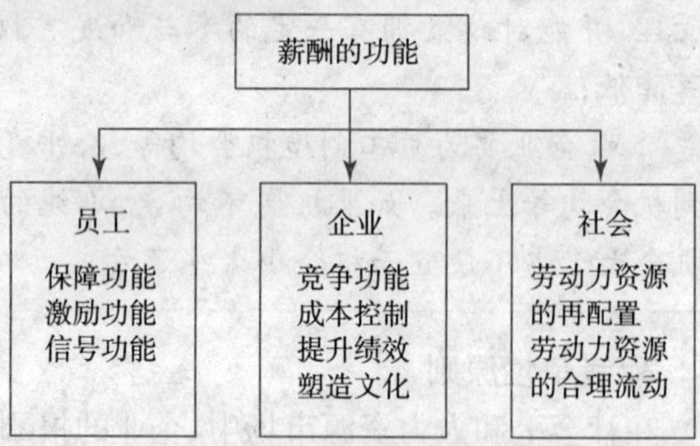

图 7.2 薪酬管理的功能

(1)经济保障功能。对于大多数员工来说，薪酬是他们的主要收入来源，它对于劳动者及其家庭的生活所起到的保障作用是其他任何收入保障手段所无法替代的。当然，薪酬对于员工的保障并不仅体现在它要满足员工在吃、穿、用、住、行等方面的基本生存需要，而且体现在它要满足员工在娱乐、教育、自我开发等方面的发展需要。员工薪酬水平的高低对于员工及其家庭的生存状态和生活方式所产生的影响是非常大的。

(2)激励功能。员工对薪酬状况的感知可以影响员工的工作行为、工作态度以及工作绩效，即产生激励作用。从激励的角度来说，员工较高层次薪酬需要得到满足的程度越高，则薪酬对员工的激励作用就越大；反之则很可能产生消极怠工、工作效率低下、人际关系紧张、缺勤率和离职率上升、组织凝聚力和员工对组织的忠诚度下降等多种不良后果。如果员工能够获得比他人更高的薪酬，就会认为是对自己能力和所从事工作价值的肯定，从而达到激励员工的目的。

(3)社会信号功能。薪酬作为一种信号，可以很好地反映一个人在社会流动中的市场价格和社会位置，又可以反映一个人在组织内部的价值和层次，从而成为识别员工的个人价值和成功的一种信号，因此，员工对这种信号的关注实际上反映了员工对自身在社会以及组织内部的价值的关注。从这方面来说，薪酬的社会信号功能是企业所不容忽视的。

2. 企业方面的功能

(1)竞争功能。薪酬是企业人力资源管理的工具。企业获得在未来劳动力市场上的竞争优势,就需要保持高于其他企业的薪酬水平,以吸引所需要的人才。管理者可以通过薪酬反映雇员的工作绩效,促进劳动者工作数量和质量的提高,保护和激励雇员的工作积极性,从而有助于吸引和留住优秀的员工,增强企业竞争实力。

(2)控制经营成本。对于任何企业来说,薪酬本身就是企业正常经营状况得以维持下去的一项不容忽视的成本支出。过高的薪酬水平会提高产品的成本,从而影响到企业产品的竞争力。因此企业一方面为维持企业正常经营过程必须支付员工的人力成本,另一方面企业出于产品或市场上的竞争压力又不能不注意控制薪酬成本。

(3)提升绩效功能。科学、有效、合理的薪酬管理机制,能有效地衔接好企业总体战略实现所需要的员工、团队与组织之间的关系,使人力资源得到最大限度的开发与利用。企业良好的薪酬运营机制对员工的工作行为、工作态度以及工作业绩具有直接影响,决定了现有员工受到激励的状况,影响他们的工作效率与效能、对组织的归属感以及组织承诺度,从而影响企业总体战略的实现。从这个层面来说,薪酬实际上是企业向员工传递的一种信号,什么样的工作行为、态度与业绩是受到鼓励的,从而引导员工的工作行为、工作态度及工作绩效向企业期望的方向发展,达到提升企业整体经营绩效的目的。

(4)塑造和强化企业文化。薪酬影响员工的工作行为和工作态度,一项薪酬制度可能促进企业塑造良好的文化氛围,也可能与企业现有的价值观形成冲突。薪酬的导向作用,要求企业必须建立科学合理并具有激励性的薪酬制度,从而对企业文化的塑造起到积极、促进的作用。

3. 社会方面功能

薪酬还具有对社会劳动力资源的再配置功能。市场薪酬信息时刻反映着劳动力的供求和流向等情况,并能自动调节薪酬的高低,使劳动力供求和流向也逐步趋向平衡。劳动力市场通过薪酬的调节,可以实现劳动力资源的优化配置,并有调节人们择业的愿望和就业的流向。

7.2.3　薪酬管理的主要内容

企业的薪酬管理就是在企业人力资源总体布局规划下,企业根据所有员工提供的劳务对本企业报酬的支付标准、发放水平、要素结构进行确定、分配和调整以利于实现企业战略目标的过程。企业的薪酬管理一般包括以下几个方面的内容:薪酬水平管理、薪酬体系管理、薪酬结构管理和薪酬支付形式管理(见图7.3)。

1. 薪酬水平管理

企业要想获得竞争力,就要在吸引、维系和激励优秀人才的同时,考虑到控制人工成本的因素。因此,企业要考虑支付的薪酬总额及企业支付给员工的薪酬是否既能在劳动力市场上有竞争力又能适当地控制成本。而企业的薪酬水平主要受到内外部因素的影响。

(1)影响薪酬水平的内部因素。影响薪酬设计与管理的内部因素也很多,主要有以下几种:

①企业的发展阶段。企业发展阶段不同,企业的战略也不同,企业的赢利能力也不同,因此,企业薪酬也会受到影响。例如:企业的启动阶段,往往采用低工资、高奖金、低福利的薪酬政策;企业在稳定阶段,往往采用高工资、低奖励、高福利的薪酬政策。

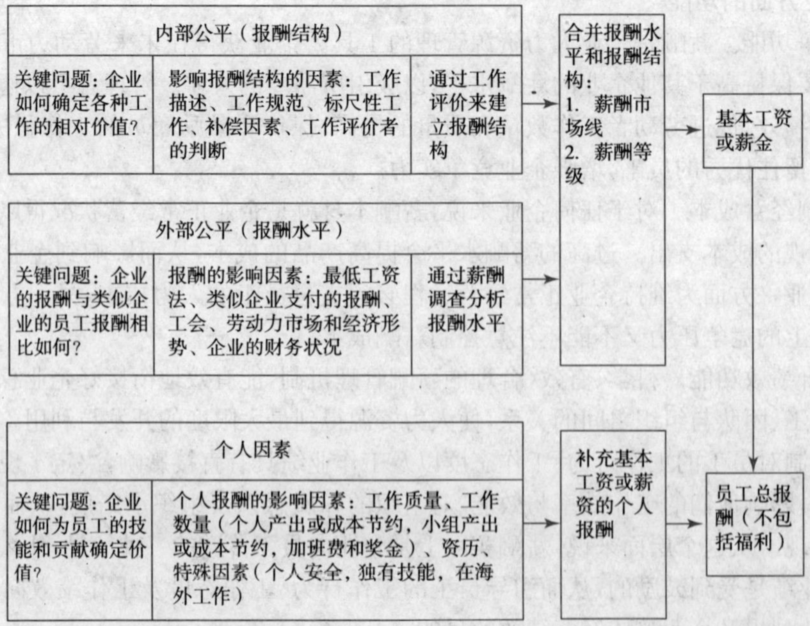

图 7.3　企业薪酬设计决策模型

②企业的文化。企业文化与企业价值观紧密相连，因而企业文化影响报酬系统。例如：有的企业推崇个人英雄主义，薪酬差别很大；有的企业提倡集体主义，薪酬差别较小；有的企业鼓吹冒险性，工资很高，福利较差；有的企业提倡安全性，工资较低、但福利较好。

③员工的学历。一般来说，员工的学历较高时，工资也较高，主要因为学历越高，员工自身的投资也越大、自身的期望也越高。

④员工的工龄。一般来说，员工的工龄越长，工资也越高，福利也越好，通常工龄长意味着对企业的贡献多。

⑤员工的能力。员工的能力主要从绩效中反映出来，因此，员工的能力越强，员工绩效也越好，其薪酬也应该越高。

⑥工种。工种与企业内部的人力资源市场有关，不同工种，其薪酬也是不同的。例如：推销员往往工资低，但奖金高；财务经理往往工资高，但奖金低；工人可能是计件工资；秘书则常常是固定工资。

⑦工会。企业中的工会一项主要工作是保护工人的权益。因此工会的强弱也影响薪酬的高低，因为薪酬毕竟是工人的主要利益之一。

(2)影响薪酬水平的外部因素。一般情况下，影响和决定企业薪酬水平的外部因素主要有以下六个：

①法规政策。政府的许多法规政策影响薪酬，例如：对员工最低工资的规定；员工的所得税比例；工厂安全卫生规定；女职工的特殊保护；员工的退休、养老、医疗保险等。

②当地经济发展状况。一般来说，当地经济发展处在一个较高水平时，企业员工的薪酬较高。反之，企业员工的薪酬较低。目前中国的各地区经济发展不平衡，沿海地区经济发展水平较高，大城市经济发展水平较高，这些地区企业员工的薪酬较高，而其他地区企业的薪酬相对较低。

③劳动力市场。劳动力市场和企业薪酬关系十分密切，当劳动力充沛时，企业薪酬相应会降低，当劳动力匮乏时，企业薪酬相应提高。

④行业行情。由于历史原因和现实需要，各行业的员工对薪酬的期望是不同的，这也影响了企业的薪酬系统。例如：金融、信息等行业员工对薪酬的期望较高；而纺织、环卫等行业员工对薪酬的期望较低。

⑤企业所有制。由于各种原因，一般来说，企业所有制对企业的薪酬也有一定的影响。例如：三资企业的员工工资会相对较高，而福利相对较低；国有企业的员工工资会相对较低，而福利会相对较高。

⑥当地生活指数。由于薪酬与员工生活息息相关，当地的生活指数较高时，企业内员工的薪酬也会相应提高。反之，当地生活指数较低时，企业内员工的薪酬也会相应降低。

2. 薪酬体系管理

薪酬体系主要分为以下五个大类：以年资为基础的薪酬体系、以职位为基础的薪酬体系、以技术为基础的薪酬体系、以能力为基础的薪酬的体系、以绩效为基础的薪酬体系。

(1)以年资为基础的薪酬体系。这种薪酬体系偏重于生活保障，为了保持平滑的年龄收入曲线，降低流动率，将员工年龄以及在企业服务的年限作为决定员工基本工资的重要因素。员工薪酬的增长是通过在企业服务年限的长短体现出来的。这种薪酬体系可以将员工个人发展与企业的发展结合起来，但是也存在很多问题，比如不能很好地体现员工对企业的贡献，也不能很好地促进员工学习和工作的热情。这种薪酬体系多用于那些存在着内部劳动力市场、采用终身雇佣制或是很少解雇员工的国有企业。

个案分析7-1　　日本的年功序列工资制

年功序列工资制是日本企业的传统工资制度；是一种简单而传统的工资制度，其主要内涵是员工的基本工资随员工本人的年龄和企业工龄的增长而逐年增加，而且增加工资有一定的序列，按各企业自行规定的年功工资表次序增加，故称年功序列工资制。

年功序列工资制的基本思路是员工的业务能力和技术熟练程度与员工本人年功和企业工龄成正比，员工年龄越大，企业工龄越长，对企业的贡献也越大，功劳也越高，因此，员工的工资也要逐年增加；同时考虑到随着员工年龄的增长，生活开支也会有所增加，所以员工的工资和生活补贴在一定的年龄段也要逐年增加。这里所说的工龄，均指在同一公司或企业内连续工作的年数，而在不同公司工作的工龄一般不能连续计算。“年功序列工资制”增强了企业对职工的吸引力，比较有效地防止了熟练工人和技术骨干被别的企业挖走。

20世纪50年代到70年代初，日本的实际国民生产总值以年均10%左右的速度递增，劳动力的再生产远远赶不上物质再生产迅速扩大的需要。劳动力不足、人才紧缺成为当时日本企业面临的最大问题，而且劳动力供给不足的状况难望在短期内转变。在这种背景下，企业为了稳定熟练工人队伍，防止工人“跳槽”，普遍实行了“年功序列工资制”。

年功的含义就是年龄越大，在企业内的工龄越长，功劳就越大，熟练程度也就越高。序列就是等级的意思。只要在企业内的工龄长，对企业忠诚，能力不高也可以提高工资，提升职位。实行年功序列工资制的企业按员工入厂的年限对员工分层，入厂在2年内的叫新人层，3～5年的叫一般层，6～9年的叫中坚层，10～14年的叫核心层，15年以上的叫监督层。日本没有全国统一的工资等级标准。以丰田汽车公司为例，其员工1978年的标准月工资为156 710日元。员工的工资收入中除按年功序列确定的基本部分(约占49%)以外，其余一半以上仍由活的因素，如效率、成绩等决定。

年功序列工资制以劳动等价报酬和生活补偿为原则。它的特点有以下四个方面：

(1)基本工资按年龄企业工龄和学历等因素决定，工资标准由各企业自定，并随员工生活费用、物价、企业的经济效益等因素而每年变动。

(2)多等级、小级差，每年定期增加工资，也就是随着员工年龄增长、家庭负担的增加而增加工资。

(3)年功序列工资制考虑到员工衣、食、住、行等方面的需要，除基本工资外，还有优厚的奖金和各种各样的津贴和补贴，非但考虑员工本人的生活需要，还适当考虑员工家属的生活需要，以尽可能解除员工后顾之忧。

(4)员工的退休金和奖金的计算也与员工的年龄、企业工龄有一定的关系。

年功序列工资制实施的结果容易造成这样一种现象：对同等学历和能力的人来讲，无论贡献大小，工资变动只能决定于企业工龄的累加；对学历和能力不相同的人来讲，工龄也会成为掩盖其他劳动差别的主要因素。因此，这种工资制度容易造成雇员工资与劳动质量和数量的脱节，并形成起点工资低、工资差别大的工资结构，不利于工资激励功能的发挥。

(2)以职位为基础的薪酬体系。这种薪酬体系是建立在职位评价的基础上，员工所工作的职务差别是决定基本工资差别的主要因素，通过对职位分析和职位评价得出评定结果，将职位的排列与薪酬水平相结合。以职位为基础的薪酬体系只要职位的职能或作用发生了变化，就可以调整薪酬，而不考虑员工是否能很好地履行该职能。这种薪酬体系容易培养员工很强的进取感，但灵活性较差，存在固定模式管理的倾向。

(3)以技能为基础的薪酬体系。这种薪酬体系与员工所从事的工作有很大联系。其基本思想就是根据员工所取得的证书或者培训证明的技能水平来决定薪酬。根据职位要求的不同，既可以技术的广度也可以技术的深度作为薪酬决定的主要因素。这种薪酬制度可以鼓励员工不断地学习，努力发展各种与提高绩效有关的技能，以促进企业的发展。但是如果企业只单纯地据此来增加员工技能，而没有很好地进行利用，则只是增加了成本，而没有获得收益。

(4)以能力为基础的薪酬体系。这种薪酬体系着重于考察员工创造价值的潜在能力，重视员工潜质的发掘，关注未来。由于员工个人所拥有的能力在很大程度上是个人和公司取得成功的关键，如果鼓励员工发展提高工作绩效所必需的某些能力，势必会提高公司的整体竞争力。这种薪酬体系要求对员工的某些能力进行评定，对能力高的员工支付较高薪酬。员工具备的能力体现在知识、技能以及经验的积累程度上。但是由于员工个人的能力通常并不能得到准确的定义和衡量，因此，以此作为薪酬决定的依据是比较草率的，而且实施的过程也较为复杂。

(5)以绩效为基础的薪酬体系。在这种薪酬体系中,工资的增长与绩效评价等级联系在一起。它较关注员工以往的工作表现,将员工对企业的贡献与薪酬结合在一起。

3. 薪酬结构管理

薪酬结构是关于薪酬的构成要素以及确定各要素分别占多大比例的管理。薪酬的构成要素主要由以下几部分组成:

(1)基本工资。它是基于职位或岗位的一定等级的薪酬。在公司内部,员工之间的基本薪酬差异是明显的,一般能升不能降,表现出较强的刚性。企业中常出现的问题包括以下两方面:第一,部分职位基本工资大大低于市场水平,而解决个人收入差异主要靠加班;第二,某些年资长者基本工资过高,对这部分人薪酬失去了弹性。

(2)奖励工资。反映员工的工作业绩部分是绩效奖金,而反映公司的经济效益部分为效益奖金。因此,绩效奖金及效益奖金的缺少会导致薪酬与工作业绩、经济效益脱节。

(3)津贴。津贴是某些特殊工作岗位或工作性质给予的补偿。如果津贴设置不合理,对一些特殊的工作岗位缺少补偿,便使薪酬失去了其灵活性。

(4)福利。福利应是人人都能享受的利益,它能给员工以归属感。福利特别强调其长期性、整体性和计划性。如果福利制度的不完善及缺少整体规划,则导致浪费了资金却没效果。

(5)保险。保险也属于福利的一种,它是一种对长远利益的保证或者对突发事件的一种预防,社会保险还有强制性的意义。有的公司认为社会保险是一种额外负担而不愿承担,使员工感觉缺乏安全感,长期利益没有保障。同时,对员工的突发事故也没有预防。

(6)可变薪酬。这是薪酬具有延期支付功能的部分,并通过资本增值形式予以实现,多用于管理人员的激励。比如股票购买特权、股票期权、虚拟股票权、绩效股权等都是可变薪酬的表现形式。

4. 薪酬支付形式管理

薪酬支付形式的管理主要是指:薪酬是以工作时间为单位,还是以产量、销售量为单位来计算的,是薪酬支付的基础。支付形式主要有两种:一种是计时工资,另一种是计件工资。

计时工资制是指员工按照工作时间来获取报酬的制度,如依照工作的小时、周、月等一定工作时间来获取工作报酬,通常管理人员等以计时工资形式支付薪酬。计时工资的优点在于其计量容易,但是不能很好地反映工作的强度和工作效果,管理成本较高。而计件工资则能把员工的报酬与其产量或工作量直接挂钩,一般适用于一线生产的操作人员,但对于复杂工作较难计量,如脑力工作者一般不使用此法。

7.3　薪酬调查与薪酬定位

薪酬调查是薪酬设计的重要环节,它为企业的薪酬定位提供重要的劳动力市场的薪酬数据。

7.3.1　薪酬调查的含义

薪酬调查是指企业为了以合理的人力成本吸引所需求的人才而进行的了解竞争对手或同类企业的相同或相似岗位的薪酬水平的行动。薪酬调查通过一系列标准、规范和专业的方法,获得关于在一个给定的劳动力市场上其他公司关于具体工作或者工作等级所支付的工资的数据,并对市场上各职位进行分类、汇总和统计分析,形成能够客观反映市场薪酬现状的调查报告，为企业提供薪酬设计方面的决策依据及参考。

薪酬调查是薪酬设计中的重要组成部分，重点解决的是薪酬的对外竞争力问题，薪酬调查报告能够帮助企业达到个性化和有针对性地设计薪酬的目的。薪酬调查的方式有：权威机构发布的薪酬调查报告、委托专业机构进行薪酬调查等。

7.3.2 薪酬调查的一般操作步骤

一个完整的薪酬调查过程应该包括以下几个步骤：明确薪酬调查的目的、内容和调查对象；进行职位描述；选择基准工作；设计薪酬调查问卷；寄发并收集调查问卷；统计和分析调查结果；调查资料的调整；综合内部岗位价值结构和外部市场工资水平等。

1. 明确薪酬调查的目的、内容和调查对象

薪酬调查的目的一般包括以下四种：制定薪酬标准、调整薪酬水平、制定薪酬预算和控制人力成本。这四个目的侧重点虽然不同，但是都需要通过了解劳动力市场上某些职位的薪酬水平来实现的，只是由于目的不同，需要了解职位的多少不一样而已。如薪酬调查的目的是为某一职位制定薪酬标准和调整某一职位的薪酬水平，那么只需要对某一职位的市场的薪酬进行调查就可以了；如果薪酬调查的目标是制定薪酬预算或控制人力成本，那么可能需要对某些职位或企业中的所有职位进行薪酬调查。

明确所要调查的职位后，就需要对职位进行功能上和层次上的划分，并由此确定调查对象。职位按照其功能可以划分为职能职位和业务职位。职能职位一般为通用职位，业务职位一般为专项职位。对于通用职位，薪酬调查一般在本地区内各企业之间进行就可以了。对于专项职位，薪酬调查可能在本地区同行业内的企业之间进行。对于低层次的职位，比如文员、一般技术人员和半技术人员，所调查的区域应该是和公司在地理位置上比较近的地方；对于中高层次的职位，比如市场经理、人力资源副总监等，所调查的区域应该更大一些，要涉及几个地域进行。

知识链接 7-1　可供选择的薪酬调查对象

第一类：同行业中同类型的其他企业；

第二类：其他行业中有相似岗位或工作的企业；

第三类：与本企业雇用同一类的劳动力，可构成人力资源竞争对象的企业；

第四类：本地区在同一劳动力市场上招聘员工的企业；

第五类：经营策略、信誉、报酬水平和工作环境均合乎一般标准的企业。

2. 进行职位描述

确定所要调查的职位和对象后，就必须对所调查的职位进行明确而清楚的描述。内容应该包括每一职位的名称；职位的职责；职位的任职资格等。因为同样的职位名称，可能其工作内容在各个企业相差很大，或者其对该职位任职者的基本素质要求有很大的差异。在调查中，应该将其他企业所提供的职位描述和本企业相应的职位进行比较，只有当两者的重叠度达到70％以上时，才能够根据所调查职位的结果来确定本企业相应职位的薪酬水平。

在进行职位描述时还要对职位进行清晰的层级划分。某些职位簇可能会包括不同层级的职位，比如人力资源职位簇就有可能包括人力资源总监、人力资源经理、人力资源专员等职位。不同的公司可能有不同的职位族，因此在薪酬调查中要正确对职位的类别进行划分。

3. 选择基准工作

在薪酬调查中,确定好基本工作是十分重要的。人力资源专业人员根据类似工作的典型市场工资水平来确定本企业的薪酬水平。基准工作具有如下四个基本特征:

(1)工作内容是大家熟知的、长期相对稳定且被雇员认可的。

(2)是很多不同雇员都从事的工作。

(3)代表公司被评价的一系列的工作。

(4)被劳动力市场广泛采用来确定工资水平。

为什么需要基准工作呢?如果人力资源专业人员能够把本企业的每个工作都和薪酬调查中的工作相对应,那当然是很理想的。但在现实中,一一对应是很难实现的,主要有两个原因,第一,大公司或企业可能会有成千上万的独特工作,要去一一对应会是可怕的任务,既浪费时间又昂贵;第二,人力资源专业人员很难在薪酬调查中找到和本公司或企业的工作完全一样的工作,为了适应新的具体环境,公司会对工作职责和范围进行不断调整。人力资源专业人员可以调整本公司或企业的工作和外部基准工作之间的差异,这些调整往往是以主观判断为基础,而不是以客观标准为基础。工作责任人和薪酬专业人员应该各自独立地把公司里的工作报酬因素和外部基准工作的报酬因素进行比较。

4. 设计薪酬调查问卷

多数的薪酬专业人员是采取问卷调查的形式来进行薪酬调查的。薪酬调查问卷除了要涵盖外在薪酬的主要内容外,还要涉及一些有关企业基本情况的内容,如员工人数、产值利润、行业以及薪酬增长率、员工的流失率等,这些都是与薪酬水平密切相关的内容,在调查中应该加以考虑。表7.1是某企业进行薪酬调查的样例,它的目的是了解人力资源经理职位的薪酬水平。

表7.1 某企业进行薪酬调查问卷(样例)

职位:人力资源经理

调查企业名称: 地址: 行业:

数据完成人: 日期:

薪酬构成	金额(元/年)	比例	企业上一年度水平	增幅	备注
基本工资					
奖金					
津贴					
其他收入					
合计					

5. 寄发并收集调查问卷

薪酬涉及企业的机密,很多企业实行保密的工资制度,企业与员工之间也有有关薪酬保密的约定,因此在寄发问卷时首先要做好与企业总经理或者高层管理人员的沟通工作。这里主要有两种合作方式,一种是将被调查者作为成员之一纳入到合作队伍,被调查者分摊一定的费用,调查结束后,被调查者可以获得专项调查报告;另外一种方式是向被调查者提供优惠的综合性调查报告,优惠率根据调查的规模确定。这两种合作方式都需要与企业签订合作协议,并约定保密条款。

做好与被调查企业的沟通与协调之后，向企业寄发问卷也要讲究方式，一是直接向总经理寄发，规模较大的企业可向人力资源部经理寄发，这样能够保证回收率；二是能够直接上门发送问卷的最好直接上门，不能够直接上门的可以采取邮寄、传真、电子邮件等方式进行；三是问卷收集后要进行及时的处理核对，以便及时与填答者进行沟通与修改，对于有疑问的问卷，一定要对方做出解释并记录下来，以保证问卷的有效性。另外在被调查单位进行填答的过程中应该做好解释和指导工作，以便取得第一手资料。

6. 统计和分析调查结果

薪酬调查的时效性是一个很重要的指标。因此问卷收上来后，要立即进行整理，及时进行统计分析。

7. 调查资料的调整

公司是为将来制定薪酬方案的。假设一个薪酬专业人员想开发 2006 年 1 月 1 日到 2006 年 12 月 1 日的工资结构，而当时是 2005 年 4 月。工资调查数据是在 2005 年 1 月收集的 2004 年的平均薪酬。这些数据在工资计划实施时已经是 1 年前的数据了，因为不可能在 2005 年收集 2006 年的数据，所以薪酬专业人员常常利用历史的工资数据来建立富有市场竞争的工资体系。因此，薪酬专业人员会使用一些简单的方法来更新调查数据，纠正因为时间的差异而导致的薪酬差异。

在对数据进行调整的时候，有几个因素很重要。影响最大的因素是经济预测和消费商品以及服务价格的变化。薪酬专业人员通常是根据消费者价格指数（Consumer Price Index，CPI）来更新调查数据，一般来讲是根据消费者价格指数的变化来进行上下调整。这一数据地方政府的统计部门会定期公布。

8. 综合内部岗位价值结构和外部市场工资水平

岗位价值评估建立起来的职位价值层次图，这些差异应该反映在工资差异上。如果本企业或公司的薪酬高于或低于市场的平均工资水平就会给本组织造成竞争的劣势，因此薪酬专业人员在确定本组织的工资水平时，应该参考市场的工资水平，为此薪酬专业人员采用一种统计技术——回归分析——来解决这个问题。回归分析能够帮助薪酬专业人员建立一组职位的工资水平，使本组织的工资水平与市场典型的工资水平相协调。

7.3.3 薪酬定位

薪酬专业人员在对本企业的薪酬定位可以有四种策略：一是市场领先型薪酬定位；二是市场滞后型薪酬定位；三是市场跟随型薪酬定位；四是混合型的薪酬定位。

采用市场领先型的薪酬定位的公司给员工的报酬高于市场的大多数的竞争者，从而使公司更具有竞争力，能够吸引和留住更多的人才，这些公司的薪酬水平在市场典型薪酬线的上方。采用市场滞后型的薪酬定位的公司给员工的报酬低于其他竞争者，同样也使公司具有竞争力，但可能会流失一些优秀人才，这些公司的薪酬水平在市场典型薪酬线的下方。采用市场跟随型的薪酬定位的公司紧跟市场典型的薪酬线，他们是根据市场的工资水平来确定本公司的薪酬。采用混合型薪酬定位的公司可能会分析对不同的职务或职位采用前三种薪酬定位策略。

一家公司的薪酬水平定位，反映了一个企业的分配哲学，同时也受到了各种因素的影响，从公司的外部来看，国家的宏观经济、通货膨胀、行业的特点和行业竞争、人才供应状况、甚至外币汇率的变化，都对薪酬定位和工资的增长有不同程度的影响。在公司内部，公司的盈利能力和支付能力、人员的素质要求是决定薪酬水平的关键因素；还有企业的发展阶段、人力市场的供求、公司的市场品牌和综合实力，也是重要影响因素。

知识链接 7-2 **薪酬水平策略**

1. 市场领先型薪酬定位(75分位以上)

企业特征：规模较大、投资回报率较高、薪酬成本比重较低、产品市场竞争者少、产品需求曲线较小甚至无弹性、支付意愿。

政策收益：

①较高水平的薪酬往往能够很快为企业吸引来大批可供选择的求职者，因此，高薪一方面有利于企业在较短时间内获得大量需要的人才，解决比较紧急的人员需求；另一方面还使得企业可以提高它们的招募标准，从而提高自己所能够招募到和雇用到的员工的质量。

②高薪还能减少企业在员工甄选方面所支出的费用。这是因为求职者通常清楚，较高的薪水往往意味着企业对员工的能力有较高要求，或者是未来工作的压力会比较大，因此，那些低素质的和达不到任职资格要求的求职者往往会通过自我选择而避免选择这种支付较高薪酬的企业，这样，企业在甄选方面所需要花费的人力物力就可以相应减少。

③较高的薪酬水平提高了员工离职的机会成本，有助于改进员工的工作绩效(努力工作以防止被解雇)，从而降低员工的离职率以及减少对员工的工作过程进行监督而产生的费用。

④较高的薪酬水平使得企业不必跟随市场水平经常性地为员工加薪加酬，从而节省薪酬管理的成本。

⑤较高的薪酬有利于减少因为薪酬问题引起的劳务纠纷，同时有利于提高公司的形象和知名度。

2. 市场跟随型薪酬定位:(50分位左右)

根据市场平均薪酬水平确定企业的薪酬定位。

相对风险较小，能够保证人才的供给量，但是不能招到特别优秀的人才。

3. 市场滞后型薪酬定位:(25分位以下)

也叫落后薪酬水平策略，薪酬水平不考虑市场和竞争对手，只考虑尽可能地节约企业生产、经营和管理的成本。

企业规模小，处于竞争性市场，经济效益较低，成本承受力弱 。员工主动离职率较高，忠诚度和安全感存在一定问题。但是，可以用短期低薪酬和长远股权激励结合起来，调整薪酬策略。

4. 混合型的薪酬定位

针对不同的部门、不同的岗位、不同的人才，采用不同的(细分)薪酬策略。比如对于企业核心人才、对稀缺人才实行高薪酬，采用市场领先薪酬策略；而对普通岗位、一般人才采用跟随的薪酬水平策略；对低级人员实行落后薪酬策略。能够有效地控制薪酬成本，保证人力资源素质结构和绩效。

7.4 岗位价值评估与内部公平

岗位价值评估又称职位价值评估或工作评价，是指在工作分析的基础上，采取一定的方法，对岗位在组织中的影响范围、职责大小、工作强度、工作难度、任职条件、岗位工作条件等特性进行评价，以确定岗位在组织中的相对价值，并据此建立岗位价值序列的过程；岗位价值评估是薪酬内部公平的技术保障手段。

7.4.1 岗位价值评估的意义

1. 岗位价值评估确定了岗位之间的相对价值

在一个企业中，通常有很多的岗位，人们常常需要确定不同岗位的相对价值，比如想知道一个财务人员与一名营销人员相比，究竟谁对企业的价值更大，谁应该获得更好的评价。岗位价值评估就是根据组织的岗位设置，依据一定的岗位评估标准，运用系统化、程序化的科学分析方法，对岗位进行一系列比较，可以明确各岗位针对企业战略目标的实现所不同的贡献度，即岗位的相对价值。

2. 岗位价值评估建立了员工的晋升通道

岗位价值评估使企业评价与各类工作岗位相适应，根据企业内岗位得分建立一些连续的等级，形成工资结构，从而使员工明确自己的职业发展和晋升途径，便于员工理解企业的价值标准，引导员工朝更高的层次发展。

3. 岗位价值评估有助于改善企业的劳资关系

岗位价值评估可以提供一种通用技术语言和程序，可以使员工与员工之间、管理者与员工之间对评价的看法趋于一致和满意。它撇开确定相对薪酬等级的不可量化性因素，有利于消除薪酬结构方面的不公正因素，同时也利于建立起一种易于理解和接受的薪酬结构。

岗位价值评估原则：岗位价值评估是一项技术性非常强、涉及面广、工作量大的活动，岗位价值评估是现代人力资源管理薪酬体系设计的关键。一般来说，公司在实施岗位价值评估的过程中需要遵循以下几个原则：对岗不对人原则；适宜性原则；评估方法、评估标准统一的原则；过程参与原则；结果公开原则。

7.4.2 岗位价值评估的方法

岗位价值评估从静态的角度就岗位相对于组织的贡献价值做出的比较评价，从而为价值分配奠定公平、合理的基础。在岗位价值评估方法中，有排序法、分类法、要素比较法、评分法四种较为常用的方法。

1. 排序法

排序法是一种较为简单的岗位价值评估方法，它根据总体上界定的岗位的相对价值或者岗位对于组织成功所作出的贡献来将岗位进行从高到低的排序。在运用这一方法时，要求评价者对需要评价的岗位内容相当熟悉，否则就不可能作出准确的判断，这种评估方法通常是由人力资源管理人员或一个评价委员会来完成。

排序法又可以分成三种类型：直接排序法、交替排序法和配对比较排序法。

2. 分类法

分类法是将企业的所有岗位根据工作内容、工作职责、任职资格等方面的不同要求，划分不同的类别，一般可分为管理工作类、事务工作类、技术工作类及营销工作类等，然后给每一类确定一个岗位价值的范围，并且对同一类的岗位进行排列，从而确定每个岗位不同的岗位价值。分类法最初是由美国联邦政府开始使用的，其主要特征是能够快速地对大量的职位进行评价。目前，分类法在公共部门以及企业中仍然有着广泛的运用，尤其是在有技术类工作的组织中。

(1)分类法的操作步骤。

①划分岗位类别。先将企业所有的岗位大体分为若干类型，如管理类、业务类、技术类、勤杂类等。

②分级。将每类岗位分为若干等级，等级数的多少取决于岗位的复杂程度，即所要承担的职责轻重、所要掌握的技能繁简等要求范围的宽窄，越复杂分级越多。

③制定标准。从每类级岗位中，挑选代表性岗位，并对该岗位主要职责和规格进行描述，这些职责和规格便构成了岗位级别标准。

(2)分类法的优点。

①简单，容易解释，执行起来速度较快，对评价者的培训要求少。

②一旦岗位的等级定义明确，管理起来较为容易。尤其是当在组织中存在大量比较类似的岗位时，可以很容易地将各种岗位容纳到一个系统下。

(3)分类法的缺点。

①岗位等级描述留下的自由发挥空间太大，很容易出现范围过宽或者范围过窄的情形，结果导致一些新的岗位或调整后的岗位只能硬性塞入同一职位评价系统之中去。

②分类法不能排除这样一种可能，即有人试图通过修改或歪曲职位描述来操作职位评价结果的目的。

③分类法对职位要求的说明可能会比较复杂，对组织变革的反应也不太敏感。

④与排序法一样，分类法也很难说明不同等级的职位之间的价值差距到底有多大，因而在用于确定薪酬时不是太好用。

分类法适合于各岗位差别明显的企业。

3. 要素比较法

要素比较法是一种量化的职位评价技术，它将所有的岗位的内容抽象为若干个要素，一般将其抽象为下述五项要素：技能、脑力、体力、责任及工作条件，并对各要素区分成多个不同的等级，然后再根据岗位的内容将不同因素和不同的等级对应起来，最后把每个岗位在各个要素报酬上的得分通过加权得出一个总分，然后得到一个总体职位序列分。

(1)要素比较法的操作步骤。

①选择适当的报酬元素。报酬元素一般包括技能、脑力、体力、责任、工作条件5项因素。

②选择标杆岗位。

③将各种标杆岗位按照各因素对各岗位的要求和重要性进行依次排列，形成标杆岗位分级表。

④将各种标杆岗位的现行工资，按前面所确定的五项要素进行适当的分配，编制标杆岗位工资表和因素工资分配尺度表。

⑤将标杆岗位以外的各岗位逐项与建立起来的标杆岗位工资表和因素工资分配尺度表进行比较，一个要素一个要素地进行判定，找到最类似的相应标杆岗位，查出相应的工资，再将各项因素工资相加，便得到该岗位的工资。

(2)要素比较法的优点。

①要素比较法是一种比较精确、系统、量化的岗位评价方法,其每一个步骤的操作都有详细的说明,将岗位特征具体到报酬要素的做法相对于排序法和分类法而言,更加有助于评价人员作出正确的判断。

②容易向员工解释这种岗位评价方法。

(3)要素比较法的缺点。

①尽管向员工解释要素比较法标准和基本原理比较容易,但对评价小组而言,整个评价过程会异常复杂。

②上述使用的五项报酬要素只是一种普遍的做法,但在不同行业和组织所有的职位都同样使用这五项报酬要素显然并不合适。

要素比较法适合于岗位较为清晰稳定,能经常掌握较为详细的外部市场薪酬标准的企业。

4. 评分法

评分法是目前薪酬设计中运用最广泛的一种工作评价方法,这种方法也是一种定量化的工作评价方法。选择确定岗位关键评价要素和权重,对各薪酬要素划分等级并分别赋予分值,然后对每个岗位进行评估。它需要用到的报酬要素比其他方法更多,实际上,我们可以将要素评分法看成是一种比较复杂的排序法。在一般排序法中,通常是把每个岗位视为整体,并根据某些总体指标来对岗位进行排序。而在要素评分法中则要多次选择报酬要素,并据之分别对岗位进行多次排序。

(1)评分法的操作步骤。

①确定待评价岗位的报酬要素。一般来讲,报酬要素包括劳动技能、劳动责任、劳动强度、劳动环境四类。

②划分等级。把各报酬要素适当地分成若干等级,等级的多少取决于各报酬要素的相对权重及各等级界定与相互区分的难易;因素越重要,权重越大,等级越易界定,相互间越易区分,则级数应越多。

③等级描述。报酬要素的等级划分后,需要对每一因素的整体及各等级分别予以简要的描述和界定,作为每个岗位在一定因素方面的等级的评定依据。

④赋予报酬要素以分值,即确定各付出要素的总分以及这些分数在各报酬要素各等级之间的分值分配。

⑤评分。将待评岗位逐一对照每一个等级的说明,评出相应分数,并将各因素所评分数求和得到岗位分值,此岗位分值即为该岗位对本企业的相对价值。

⑥工资转换。岗位分值必须转换成工资,才能实现岗位价值评估的意义。

(2)评分法的优点。

①评分法是一种比较精确、系统、量化的岗位评价方法,其每一个步骤的操作都有详细的说明,将岗位特征具体到报酬要素的做法,相对于排序法和分类法而言,更加有助于评价人员作出正确的判断。

②容易向员工解释这种岗位评价法。

(3)评分法的缺点:尽管向员工解释要素评分法标准和基本原理比较容易,但对评价小组而言,整个评价过程异常复杂。

此方法适用范围比较广。对岗位价值评估的要求精度较高的企业都可以采用此方法。

7.4.3 岗位价值评估的操作步骤

一套完整的岗位价值评估体系一般包括六个环节，即设计和选择岗位价值评估模型、成立评估小组、岗位价值试评估、岗位价值正式评估，岗位价值评估数据处理、岗位价值评估数据应用。

1. 设计和选择岗位价值评估模型

企业进行岗位价值的目的在于客观公正地对公司所有岗位透过不同的纬度和一系列比较科学的程序进行评估，从而得到各岗位之间的相对价值，所以设计或选择适合企业实际的岗位价值模型是岗位价值评估工作中非常重要的环节之一，当然，设计或选择岗位价值评估模型的时候，需要了解什么是岗位价值评估模型、岗位价值评估模型如何设计、常见的岗位价值评估有哪些、企业如何设计或选择合适的岗位价值评估模型等。

2. 成立评估小组

岗位价值评估模型一旦选定，企业面临的就是如何去运用选定的模型去评价所有岗位价值的问题，根据我们的实际操作经验，企业在进行岗位价值评估的时候需要注意：小组成员选定原则和如何对评估小组成员进行培训，使得他们对评估岗位的工作职责、工作内容、任职资格和模型本身达成比较一致的认识和看法。

知识链接 7-3 **评估小组成员的选择标准**

岗位评估小组成员应满足以下条件：

(1)深刻理解并基本认同公司的战略、策略和价值导向。

(2)支持公司管理变革。

(3)在人格和组织权利上具有一定威望。

(4)能保证培训、演练、正式评估的时间。

(5)在人数选择上要注意以下几点：

①一是代表公司关键价值链的人员要多一些；

②公司高层领导要参与；

③在国企，可考虑吸收党政、工会、基层员工的参与；

④人员的数量以7～15人为宜，且一般为单数。

3. 岗位价值试评估

在完成第二步之后，还不能正式评估岗位展开评估，需要在专家或人力资源部门的指导下选择个别岗位先进行试评估。

4. 岗位价值正式评估

这个环节是岗位价值评估过程中最重要的环节。

5. 岗位价值评估数据处理

同样，对岗位价值评估数据处理也是岗位价值评估过程中的重点工作之一，首先数据处理者需要对评估数据逐个进行核查，在确认数据有效的基础上，进行数据统计工作，如果发现数据存在异常现象，应该立即通知评估小组成员进行再次确认，如果有必要，还要组织评估小组成员对个别岗位进行重新评估。

6. 岗位价值评估数据应用

数据处理完毕后，就进入了岗位价值评估工作中的最后一个环节——评估数据的应用。因为岗位价值评估可以帮助企业岗位价值级别统一标准，还可以成为薪酬水平的基准，为员工薪酬增长提供晋升通道。所以说，岗位价值评估数据的应用主要在：①绘制岗位价值曲线图；②绘制岗位层级关系图；③确定岗位价值系数等。

7.5 员工福利与社会保险

7.5.1 员工福利概述

1. 福利的概念

福利是薪酬制度的重要组成部分，它是企业为满足员工的生活需要，除工资与奖金以外的向员工个人及其家庭所提供的实物和服务等一切待遇。

福利有广义与狭义之分。广义上讲，凡是有关改善人们物质、文化生活的事务和所采取的措施都称为福利，包括员工的工资、医疗卫生、灾害赔偿、再就业辅导、保险、教育、娱乐活动等，它几乎概括了人们所享受的一切物质待遇、社会保险等内容；狭义的福利是指除员工工作报酬、社会保险和社会救济之外，由管理者与员工团体有组织、有计划开展的活动和措施，目的是使员工及其家属在工作及生活中获得更大的便利及部分额外的共同消费。

无论是广义的还是狭义的福利，都是为人们提供免费或优惠的生活消费或服务，对个人而言，是一项额外收益，即在不增加个人代价的前提下，使人们的物质与文化生活水平在原有基础上得到提高。

实务指南 7-3

福利与工资的差异如表 7.2 所示。

表 7.2　福利与工资的差异

项目	福利	工资
分配原则	根据整个社会的生活和消费水平，有条件、有限制地解决和满足员工的物质文化需要	按劳分配的原则，其水平根据员工劳动的数量、质量确定
享受对象	不仅涉及企业的全体员工，还有员工的家属	企业中全体为组织提供劳动力的员工
分配特性	均等性、共享性、补充性和保证性等	具有等量性、差别性

实务指南 7-4　　福利规划设计的内容和程序

(1)福利规划的基本内容：

①福利对象的确定；

②福利项目设计；

③福利水平测算(总额预算和人均水平以及增长需求)；

④福利项目实施与控制。

(2)福利规划设计的基本程序:

①了解国家政策法规;

②开展福利调查(本地区同行业的相关企业福利调查和员工福利需求调查);

③进行福利规划设计;

④分析公司财务状况;

⑤组织福利规划论证;

⑥确定福利规划文本。

2. 福利制度

福利是员工的间接报酬,并且福利在整个报酬体系中的比重将越来越大。

(1)福利项目。一般包括:职工意外伤害保险;职工失业保险;职工养老保险;职工医疗保险、大病统筹;职工个人财产保险;带薪休假;提供职工住房或住房补贴;免费午餐、职工食堂或伙食补助;提供交通接送或交通补贴;带薪培训或教育补助;本企业股份、股票或期权优先权;娱乐或体育活动;厂区整洁园林化,有益员工健康;家庭特困补助;家庭红白事慰问金、抚恤金;工伤残疾、重病补助;组织公司旅游或提供疗养机会;节日礼物或优惠实物分配。

(2)福利权利差异性。对以上这些福利项目不是提供给所有职工享受的,而分为:

①全员福利,对所有职工享有的;

②特种福利,如对高层人员的轿车、飞机、星级宾馆出差待遇;

③特困补助,针对特别困难家庭。

企业应合理划分各类、各级员工的福利项目范围,既要雪中送炭,又要锦上添花。

(3)弹性的职工自助福利计划。为最大满足不同职工的差异性福利需求,可借鉴国外企业的做法,推行弹性的职工自助福利计划。具体类型:

①附加型。除现有的福利计划之外,再提供其他不同的福利措施,供员工选择。

②核心加选择型。"核心福利"是每个员工享有的基本福利,"弹性选择福利"则附有价格供员工任意选择。

③套餐。企业推出项目的优惠水准都不同的"福利组合",每个员工从中择其一。

在给定每个职工福利开支总额前提下,职工在福利项目范围内自行决定福利结构。

7.5.2 社会保险基金

社会保险基金是国家强制征收,用于抵御劳动风险的一项基金。筹集对象包括政府、集体和个人,基金来源包括:企业和投保人依法缴纳的社会保险费和社会滞纳金、社会保险基金的增值性收入、政府投入资金以及各种捐赠收入等。

1. 统筹范围

社会保险基金采取统筹方式。所谓统筹,就是在社会范围内对社会保险基金的来源和用途做出统一的规定、计划和安排,以发挥社会保险的功能,促进保险基金的保值和增值的一种基金管理制度,或基金管理方式。统筹范围表明社会保险的社会化程度和保障水平,从四个角度衡量:

(1)企业或用人单位。是全部企业,还是部分企业纳入统筹范围,我国传统的社会保险主要是国有和城镇集体企业,现逐步扩大到所有企业。

(2)劳动者范围。是全部劳动者,还是部分劳动者纳入统筹范围,与投保企业相对应,我国纳入社会统筹范围的劳动者也在逐步扩大,由原来的国有和城镇集体企业劳动者扩大到所有工资收入者。

(3)保险种类和保险项目。一般而言,养老、失业、工伤、医疗和生育保险是社会保险的基本险种,也是现代企业雇员基本的福利待遇。特别是养老和医疗保险,世界各国都强制性的实行社会统筹。保险项目视国家经济发展水平和企业缴费能力有所不同。经济实力强的国家和企业,保险种类和保险项目相对宽泛,保障水平相对高,反之,则只能保障雇员的基本需要。

(4)地域范围,即在哪一级的行政区域内统筹。例如,在我国养老保险和医疗保险,已经开始实行社会统筹。

按照统筹的原则,社会保险费用由不同的主体承担。例如在我国目前,财政拨款的组织,养老、失业、医疗保险费用由国家负担大部分。个人承担小部分,工伤和生育保险由国家承担;非财政拨款的企业,养老、失业和医疗保险费用由企业和劳动者共同承担,一般企业承担大部分,工伤和生育保险费用具体比例由地方政府规定。

2. 统筹方式

社会保险的统筹方式主要有三种:

第一种,现收现付式,又称统筹分摊式或年度评估式。先对近期(1 年或几年)社会保险基金需求量进行预测,按照以收定支的原则,将基金按比例分摊给企业和劳动者。依这种方式,所筹集的基金与同期的保险金支出基本平衡。

第二种,半积累式,又称部分基金式或混合式。是指在现收现付式的基础上,按收入大于支出,略有节余的原则,比例征收企业的投保费用。其收入大于支出的部分资金用于转投经营,实现保值和增值。这是目前采用较多的一种筹资方式。

第三种,完全积累式,又称全基金式。是指对被保险群体的生命过程和劳动风险及其影响因素进行远期预测,在此基础上计算出被保险人在保险期内所需保险金支出总和,然后按一定比率分摊到每一个年度,投保人则按比率逐月缴纳保险费,同时将积累的保险基金有计划的转投经营,使其保值增值。

7.5.3 雇员社会保险

社会保险是企业雇员主要的社会保障待遇,雇员因为面临的劳动风险不同,所以享受到的保险待遇也有所不同。一般来讲,企业雇员享受的社会保险待遇包括三大类:

第一类:永久无工作能力的保险,包括:残疾保险和养老保险。

第二类:暂时无工作能力的保险,包括:疾病保险或健康保险、伤害保险、生育保险和失业保险。

第三类:死亡后的保险,包括:丧葬保险和遗嘱保险。

鉴于各国的经济发展水平和社会保险制度不同,所提供的承保项目不完全一致。目前我国已经提供或者正在建立的企业雇员社会保险项目包括:

(1)养老保险。老年丧失劳动能力是每一个企业雇员面临的风险,养老保险是我国目前覆盖面最宽,社会化程度最高的社会保险形式。

(2)失业保险。由于社会、企业和个人问题，雇员也会面临着失业，短期失去工作机会的风险，企业必须为雇员支付失业保险费，以备失业后生活必需和接受再就业训练之用。我国的失业保险改革正在启动，但不很完善。

(3)工伤保险。雇员因工受伤和死亡是企业难以避免之事，雇员享受工伤保险待遇是基本权利，国家推行强制性筹集和发放工伤保险费制度。

(4)医疗和死亡保险。医疗保险制度是解决雇员非因工生病之后的治疗和生活保障；死亡保险是解决企业雇员死亡之后，遗属的生活保障问题。我国正在开展大规模的职工医疗保险制度改革，推行新的医疗保险制度。

(5)生育保险。生育保险是为企业女雇员设置的专门保险项目，以解决妇女生育期间的生活保障，体现妇女和儿童的特殊权益。生育保险目前在我国只是开展小规模的试点工作，大规模的改革尚未启动。

知识链接7-4　工伤保险的缴纳

用人单位以上一年度全部职工月平均工资总额为缴费基数，职工个人月平均总额按本人上年度月平均工资收入计算。单位和职工个人月平均工资总额低于上年度本市职工月平均工资60%的，以本市职工月平均工资的60%为缴费基数；高于本市职工月平均工资的30%以上部分，不计入缴费基数。

根据不同行业的工伤风险程度，行业划分为三个类别：一类为风险较小行业，二类为中等风险行业，三类为风险较大行业。三类行业分别实行三种不同的工伤保险缴费率，分别是用人单位职工工资总额的0.5%、1.0%和2.0%。

一类行业包括：银行业，证券业，保险业，其他金融活动业，居民服务业，其他服务业，租赁业，商务服务业，住宿业，餐饮业，批发业，零售业，仓储业，邮政业，电信和其他传输服务业，计算机服务业，软件业，卫生，社会保障业，社会福利业，新闻出版业，广播、电视、电影和音像业，文化艺术业，教育，研究与试验发展，专业技术业，科技交流和推广服务业，城市公共交通业。

二类行业包括：房地产业，体育，娱乐业，水利管理业，环境管理业，公共设施管理业，农副产品加工业，食品制造业，饮料制造业，烟草制品业，纺织业，纺织服装、鞋、帽制造业，皮革、毛皮、羽绒及其制品业，林业，农业，畜牧业，渔业、农、林、牧、渔服务业，木材加工及木、竹、藤、草制品业，家具制造业，造纸及纸制品业，印刷业和记录媒介的复制，文教体育用品制造业，化学纤维制造业，医药制造业，通用机械制造业，专用机械制造业，交通运输设备制造业，电气机械及器材制造业，仪器仪表及文化，办公用机械制造业，非金属矿物制品业，金属制品业，橡胶制品业，塑料制品业，通信设备，计算机及其他电子设备制造业，工艺品及其他制造业，废弃资源和废旧材料回收加工业，电力、热力的生产和供应业，燃气生产和供应业，水的生产和供应业，房屋和土木工程建筑业，建筑安装业，建筑装饰业，其他建筑业，地质勘查业，铁路运输业，道路运输业，水上运输业，航空运输业，管道运辖业，装卸搬运和其他运输服务业。

三类行业包括：石油加工业，炼焦及核心燃料加工业，化学原料及化学制品制造业，黑色金属冶炼及压延加工业、有色金属冶炼及压延加工业、石油和天然气开采业，黑色金属矿采选业，有色金属矿采选业，非金属矿采选业，煤炭开采和洗选业，其他采矿业。

（资料来源：作者根据相关资料整理）

复习思考题

1. 影响薪酬水平的内外部因素中，哪些因素相对重要，为什么？
2. 决定一个员工的薪酬水平主要是哪些因素？
3. 为什么要进行薪酬调查，对于企业薪酬决策有何作用？
4. 在具体的企业中如何选择岗位价值评估方法？
5. 岗位价值评估的主要步骤有哪些？
6. 企业为什么要为员工提供福利？目前我国企业为员工提供的福利主要有哪些？

案例分析

M企业经历十几年艰辛创业和发展，已成长为一家集技术投融资、项目建设和项目托管于一体的综合性专业环境工程公司。凭借雄厚的技术力量，公司拥有多项国家重点环境保护实用技术示范工程，并在印制线路板、废水治理、电镀废水治理、印染废水处理、食品等高浓度有机废水处理和生活污水处理等领域形成了一套成熟、稳定的处理工艺。M公司的人员也由最初的十几人发展到现在的300多人。由于2002年以后发展速度很快，部门也逐渐增加，组织架构也处于经常的调整之中，投资公司、子公司、独立托管项目部也在短短的几年相继成立和运营。

在企业快速成长过程中，老板很困惑：成立一个投资公司/子公司/项目部，各负责人就会说人不够，逼着我签字招人，而且人总是不够。负责人力资源的部门也拿不出很好的建议，能压就压，压不住就逼到我这里来了。财务中心年底利润核算，看不到预期利润。出现营销中心“签单很热闹”，财务中心“资金运营紧张”，总经办“工资成本逐年水涨船高”，员工抱怨“收入偏低”。

部门也很困惑：下属和管理人员抱怨“老板真小气，销售额越来越高，怎么发的工资没见涨多少？”来自财务的利润核算“管理费用太高，能发的工资就这么多，人力资源部怎么不控制人员？”人力资源部：“老板要扩展业务，我能不花钱招人进来吗？再说平均工资涨的很少啊？”

那么到底人力成本多少才合适？

（资料来源：由作者根据相关资料整理）

思考题：

1. 试分析该公司在薪酬管理中存在哪些问题？
2. 面对以上问题，你的解决办法是什么？

实训设计

一、实训项目

请策划一次所在城市的某几个岗位的薪酬调查。

二、实训目的

通过本次实训，使参与者对薪酬调查的操作过程、薪酬调查数据的处理方法有一个较强的实践认知，培养其全局观念和动手能力，使其掌握薪酬调查工作在薪酬设计中的重要作用，为后续学习的开展奠定基础。

三、实训要求

1. 以5～8人为一组选择某一岗位为目标对象。

2. 明确小组各成员在过程中的工作安排及分工情况(包括调查问卷设计、调查实施、数据处理、薪酬调查报告编制等)。

3. 设计调查问卷或调查访谈提纲。

4. 选定调查对象，实施具体的数据调查收集相关工作。

5. 对调查数据进行计算处理。

6. 编制该岗位的薪酬调查报告。

7. 各组派出一名代表，汇报本小组的工作成果和薪酬调查报告。

学习参考

某公司总部薪酬管理制度

第一章 总 则

第一条 薪酬管理制度的目的

按照现代化企业薪酬体系并根据总部的定位和人力资源管理的特点，建立科学规范的职能薪酬收入分配制度，结合绩效系统形成有效的分配激励机制与约束机制，激励员工提升能力及发挥总部职能。

第二条 薪酬管理制度的制定原则

依据《××薪酬体系》规范，结合深圳市及总部实际情况，建立科学工资保障制度和薪酬作业规范。

第三条 薪酬管理制度的适用范围

本制度适用于××实业总部员工。

第二章 动态薪酬

第四条 薪酬的决定因素

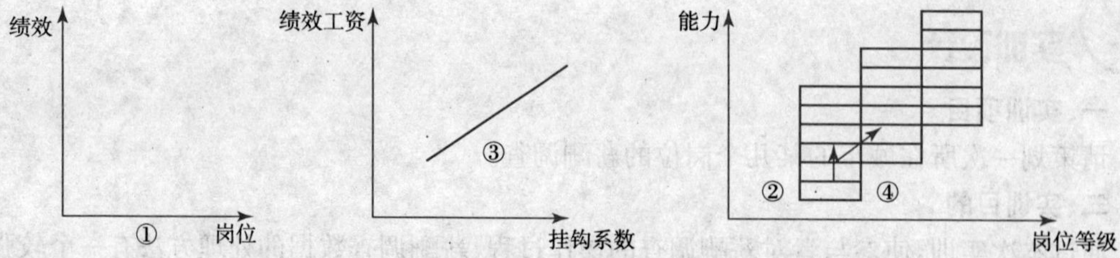

1. ××薪酬主要由两个维度决定，即岗位、绩效。

2. 每个岗位的薪酬水平(基准工资)由岗位价值(等级)结合外部市场水平及内部财务状况来确定。

3. 绩效以员工的绩效考核结果为依据，绩效工资基数为岗位薪酬标准固定比例，绩效工资将随着考核成绩上下浮动。

4. 长期绩效将与晋升、调薪决策结合，具体的基准工资与绩效工资的对应标准，见《××公司薪酬体系表》。

第五条　薪酬结构

1. 员工年收入的总体构成
   - 月工资
   - 年终奖金
   - 特殊奖金
   - 福利

2. 月工资的主要构成
   - 基本工资
   - 工龄工资
   - 加班工资
   - 绩效工资（月/季度发放）
   - 单项奖
   - 全勤奖
   - 管理津贴（兼职有）
   - 学历工资
   - 福利费
     - 住房
     - 车补
     - 话费补助
     - 保险及其他

3. 员工类型不同，薪酬回报策略中，各类人员的薪酬构成情况如下表：

类别	基准工资		工龄工资	学历工资	加班工资	单项奖	全勤奖	管理津贴	年终奖	特殊奖金	福利费
	基本	绩效									
行政后勤	80%	20%	有	可有	有		有		可有		有
管理人员(主管)	70%	30%	有	可有	可有	评定	有	兼职有	可有	评定	有
经理级	60%	40%	有	可有		评定	有	兼职有	有	评定	有
总监级	50%	50%	有	可有					有	评定	有
总裁、副总裁	60%	40%	有	可有					有	评定	有

第六条 薪酬组成细则

1. 基本工资：是对岗位价值的认可，体现所在岗位对企业的影响、创新和沟通能力要求及工作复杂程度等，根据岗位等级所对应《××公司薪酬体系表》起薪标准确定。

2. 岗位基本工资：是基准工资中的固定部分，是对员工担任职位的回报，仅受制度处罚、病事假等影响，基本工资＝基准工资×基本工资比重。

3. 绩效工资：是员工贡献的收入回报，绩效工资也称为绩效奖金，绩效工资与绩效考核结果紧密相关；绩效工资＝基准工资×绩效工资比重×考核挂钩系数。

4. 工龄工资：凡在××公司工作满12个月者享有30元，每增多一年则增加30元，但最多不超过5年。

5. 学历工资：任职者学历高于任职资格条件的方可享受学历工资，学历工资为任职者最高学历减本职学历基本标准(见下表)。

	正式教育	自考	成教脱产	电大函授
博士	1 400元	不接受	不接受	不接受
研究生	1 200元	800元	不接受	不接受
本科	600元	400元	300元	200元
专科	300元	200元	150元	100元

职称代表岗位技能评定，同学历计算方法一样，高于任职资格条件方可享受职称工资，学历、职称两者都具备取其高者。

高级职称：1 200元；中级职称：800元；初级职称：400元。

第七条 总部福利津贴包括住房、车补、话费补助和保险及其他等，随着公司发展进行更具体规定。

1. 按深圳市的有关政策和规定，公司每月为员工支付养老保险、失业保险、工伤保险，其计算基数为本人上年末平均岗位工资，个人需缴纳由公司代扣。

2. 基本医疗保险：按国家有关政策和规定，公司每月为深圳户籍员工支付基本医疗保险，其计算基数为本人上年末平均岗位工资，缴纳比例为12%，个人需缴纳4%；公司为深圳外户籍员工缴纳住院医疗保险，缴纳比例为1%。

3. 住房津贴：公司为员工提供的集体宿舍，宿舍标准及津贴如下：

职级60级以上员工安排单独房间一套，无法解决的给予住房津贴400元/月；

职级55～59级员工安排普通房间一套，无法解决的给予住房津贴300元/月；

职级50～54级员工安排双人宿舍，无法解决的给予住房津贴200元/月；

职级50级以下(含50级)员工安排集体宿舍，无法解决的给予住房津贴100元/月。

4. 话费补贴：根据职位特征上限标准如下，每月凭票报销(见下表)。

职　等	总裁级	总监级	部门正职	采购
话费补贴标准/(元/月)	600	400	300	实报

5. 车补：高层个人车辆用于公事使用的，经公司核定使用频率后给予合理补偿，享受条件如下表所示。

职级	65级以下	60～64	55～59
车补金额/(元/月)	3 000	2 500	2 000

注：较频繁使用的车辆基本保险由公司承担。

第三章　薪酬标准确定

第八条　起薪标准

1. 新员工招聘以基准工资起点的基准招聘，试用期降二级给付，保证内部公平性；急需非核心人才引进可经总裁批准，略高于体系表基准1～2等级议薪。

2. 新员工参加转正考核，根据考核结果，决定工资定级，具体情况见下表：

转正考核成绩	应用	备注
A	正常转正	工资定级高一级
B	正常转正	工资正常定级
C	延期转正	根据时限内的工作表现进行重新评价，评价内容及程序同上述相关条例
D	不予转正	解聘

新体系运行时，现有员工的起薪标准由公司依据《新体系工资切换方案》进行转换。

第九条　绩效工资标准

1. 绩效工资基数确定：

绩效工资基数 ＝ 基准工资× 本岗位绩效比重

2. 绩效工资确定：绩效工资将根据个人考核结果作上下浮动，一般员工个人考核结果由当月岗位KPI考核评分分级确定，参见绩效管理制度。

月绩效工资 ＝绩效工资基数 × 月考核挂钩系数

3. 总部实行季度考核的职位，个人绩效应与部门绩效挂钩。

季度绩效工资 ＝绩效工资基数×（个人考核挂钩系数×0.7＋部门考核系数×0.3）

第四章　薪酬调整

第十条　薪酬调整

1. 转正后的调整分类：转正定级后员工的薪酬调整分为年度调薪、异动调整和特别调整、整体薪酬体系调整四种类型。

2. 年度调整：员工基准工资每年调整一次，根据“能升能降”原则激励员工提升绩效和能力，根据员工个人年度绩效的达成状况进行相应的薪酬调整。

(1)调整规则见下表。

现有薪酬水平	汇总考核结果	强制正态分布	工资应用
基准工资	A	5%	升二级
	B	20%	升一级
	C	50%	不变
	D	20%	降一级
	E	5%	降二级

注:每一级相当于工资的10%。

(2)年度调整程序:

①人力资源部汇总员工各月考核等级换算年度结合成绩;

②绩效薪酬委员会组织述职评估、将绩效、能力、态度综合分析,如考核结果不够精确则全员进行正态分布,提出年度绩效结果应用建议,报公司总裁审核、批准;

③审批后,即由人力资源部组织专门小组进行年度薪酬调整的试算,公司总裁对试算结果进行评审,参见公司绩效管理制度。

3. 确定调整值核定表(见下表)。

姓名	评价等级	调整值	原工资	调整结果

制表人:　　　　人力资源部:　　　　总裁:

4. 员工连续多次因绩效不佳而年度降薪,已降到本岗位薪等最低标准时,公司将给予降职或辞退处理。

第十一条　异动调整

1. 异动调整是指因员工具体担当的岗位发生变化而进行的薪酬调整,不受时间限制,每月都可进行。

2. 调整的基本条件:因工作需要或员工个人因素发生岗位晋升、岗位调整、重大处罚、解职等异动情况而需进行的薪酬调整。

第十二条　特别调整

1. 特别调整是指员工具有特别贡献、突出绩效或外部人才需求状况及薪酬状况有了突发的变化,而对部分岗位、部分人员进行的薪酬调整,不受时间限制。

2. 调整的基本条件为:

(1)员工做出特别贡献或业绩可使公司长远受益。

(2)外部人才需求状况及薪酬状况发生了重大变化,如不调整工资,则面临关键岗位、关键人才流失。

(3)以上情况发生时,距年度例行的工资调整月份还相差三个月以上。

3. 申报规则:

(1)在第本条中1,3的情况下,由各部门经理申报,人力资源部审核,报总裁或总裁授权人批准。

(2)在第本条中2,3的情况下,由人力资源部征求部门经理的意见后直接申报,报总裁或总裁授权人批准后实施。

4. 特别调整的幅度控制:保证工资水平的外部竞争性和内部合理性,既能留住优秀人才又不打破内部总体平衡的原则。在幅度上一般不超过30%,同时辅以其他的物质性或非物质性奖励措施。

第十三条 整体薪酬体系调整

公司根据经营状况、外部薪酬水平变动情况及公司薪酬策略进行公司整体薪酬标准调整,由委员会提议,总裁批准。

以上工资调整只知会当事人、当事人部门经理,不作大范围的通知。

第五章 薪酬核算与发放

第十四条 月工资核算及发放

月工资总额=基本工资+绩效工资+工龄工资+学历工资+奖金
+加班工资+津贴补贴+福利费

实发工资=基本工资+绩效工资+工龄工资+学历工资+奖金+加班工资+津贴补贴
-缺勤工资-纪律罚款-福利费

1. 绩效工资的核算与发放。基准工资按月给付,绩效工资核算参见本制度第九条第二款,如考核周期为季度的,上季度考核结果作为绩效工资核发的依据,在考核后按月平均发放。

2. 加班工资的核算。公司经理级以下员工由公司或部门指定的在休息日或法定节假日的加班,给予加班工资,随月度工资一起发放。具体核算办法按公司加班工资实施办法办理。

3. 岗位津贴、补贴的核算。管理津贴、补贴根据公司相关规定及实际情况,列出本公司享受岗位清单,由人力资源部确定津贴的额度标准并组织申报,总裁批准执行。

4. 福利费的核算。按公司福利管理规定相关文件执行。保险及其他:

(1)医疗保险:员工转正后按深圳市保险条例办理。

(2)养老保险:员工转正后按深圳市保险条例办理。

(3)工伤保险与失业保险:符合本地政府工伤保险、失业保险条件的职工,由公司按规定办理工伤保险、失业保险,缴费按政府主管部门的规定执行。

5. 缺勤工资的核算。缺勤工资的核算(请参见××公司《考勤管理规定》)。

(1)事假期内扣发相应基准工资,并扣除当月全勤奖:

事假扣除额=[(基本工资+绩效工资)/月标准工时]×事假小时数

(2)病假期内扣发70%的基准工资,扣除全部绩效工资,并扣除全勤奖:

病假扣除额=[(基准工资×70%+绩效工资)/月标准工时]×病假小时数

(3)因公负伤而缺勤的,经县级以上医院证明,人力资源部确认,医疗期内付给全额工资,医疗期满后如不能正常工作,经工伤鉴定机构鉴定,公司停发工资,由社保机构给予补贴。

(4)迟到、早退者,旷工者按公司的相关管理制度予以执行。

(5)法定节假日、产假、婚假、丧假等假期待遇,按公司相关管理制度予以执行。

6. 人力资源部负责员工每月的工资核算,完成后按《员工工资发放表》造册,报总裁批准后,由财务部在规定日期统一发放。

第十五条 年薪工资

年薪制计算及核算参见《××公司年薪制管理办法》。

第十六条　其他报酬

1. 年终奖金核算方法，请见每年度的《年终奖金发放规定》。

2. 非物质性报酬。职权、机会、荣誉等非物质性报酬的给付或授予，另行确定操作办法。

第六章　薪酬管理

第十七条　工资报酬管理

1. 管理责任者。总部工资报酬制度的制定及执行，责任者是人力资源部。

2. 决策者。总部工资报酬政策及相关制度、办法的制定和调整的决策者是总裁。

3. 申诉受理及处理。员工对工资报酬制度及执行过程、执行结果有异议、争议或建议时，应直接向人力资源部主管申诉，后者在一周内应予以受理和处理。

第十八条　工资报酬保密

1. 总部工资报酬政策、制度、办法是公开的，人力资源部应主动地作培训、宣传，使每一个员工都了解公司的价值导向、价值评价和价值分配原则。

2. 员工个人的工资报酬数额是保密的，从各部门经理起，对上透明，而对下、对平级都不透明。

3. 任何员工都不能打听、攀比、议论或公开自己(或他人)的工资报酬数据，如有违反者则降薪一至三级，造成不良影响者，处以100～500元的罚款。

4. 任何员工对公司工资报酬的申诉，都只能按公司申诉及处理流程进行，不能不负责任的以任何方式四处散播、挑动，造成严重不良影响的公司将从重处罚甚至开除。

第十九条　工资报酬文档

1. 人力资源部主管每月需对工资状况进行统计分析，出具分析报告报总裁审阅。

2. 工资报酬的相关报表、资料、数据，都须存档备查(包括纸件及电子文档)，保存期限至少为三年。

第七章　附　　则

第二十条　制度修订

本制度每年底修订一次，由人力资源部根据外部环境变化、公司内部的实施情况提出修订建议；本制度的修订、终止权归总裁。

第二十一条　本制度的解释权归人力资源部，争议裁决权归总裁。

第二十三条　本制度经总裁签发后，自××年××月××日起实施，原有工资报酬制度及有抵触的相关规定条款同时失效。

(资料来源：据 www.chinahrd.net 改编)

第 8 章　职业生涯管理

本章学习要点

- 职业生涯和职业生涯管理的概念及相关术语
- 职业生涯管理的相关理论
- 组织职业生涯管理的主要内容
- 组织职业生涯管理实务操作

引入案例

东风汽车股份有限公司的“员工职业生涯规划”

毛家宏是东风汽车股份有限公司铸造分公司的一名青年员工，他在公司人力资源部门的鼓励下，几经培训，岗位成才，先后有十几项技术成果应用于生产实践，由他设计的“多功能游标高度尺”获得国家专利，他还荣获了“全国五一劳动奖章”。小毛的成功是东风汽车股份有限公司实施“员工职业生涯规划”工程的一个生动写照。

在东风汽车股份有限公司，像毛家宏一样沐浴着“员工职业生涯规划”工程“春雨”的员工正在茁壮成长。

2000 年 5 月 3 日，3 名工人班组长进京参加中国铸造学会和清华大学机械系联办的“铸造技术及管理专业”高级技能进修班。之后，首批 21 名赴清华大学攻读工程硕士的业务、技术骨干启程，6 名优秀班组长前往华中科技大学进行本科学历培训。至此，被东风汽车股份有限公司称为“员工职业生涯规划”的工程拉开帷幕。

如此“创意”，缘于公司对人才现状、人才结构、人才预测及如何盘活内部人才的深刻反思和认识：企业间的人才竞争，事实上就是一个发现人才、吸引人才、培养人才，进而合理有效地管理、使用人才的过程，更是市场配置人力资源规律的体现。

如何科学合理地选配人力资源、开掘员工最大潜能，使之在最佳的位置上实现人生价值，从而避免人才的浪费？经过集思广益，具有东风汽车股份有限公司特色的“员工职业生涯规划”工程“出炉”。东风汽车股份有限公司依据企业发展需求并结合个人理想为员工设计未来。“百步之内必有芳草”，这一双向交流设计旨在给每位员工的成长成才创造机会、提供空间，被员工们称为“人生的又一个春天”。

此后，东风汽车股份有限公司面向全体员工下发了“员工培训问卷调查表”，调查的主要内容包括个人现状、个人发展目标、希望就读的学校和专业、目前迫切需要学习的内容等，以确保员工在企业内找到自己所能、市场所需的结合点。一石激起千层浪，调查表在员工中引起强烈反响，人力资源开发部门很快收到2000多份反馈单。伯乐在寻找千里马，千里马也在追寻伯乐。

经过统计、分析、归纳，东风汽车股份有限公司制订了明确的员工培训计划表。依据计划表，公司“员工职业生涯规划”工程中的人才培训工作有序推进。他们首先与清华大学达成了《清华大学——东风汽车股份有限公司全面合作协议书》，2000年3月底落实了论文博士、工程硕士培训等具体事宜。4月17日，他们向公司各基层单位下达了《2000年东风汽车股份有限公司与清华大学联合培训人才工程安排》的通知。经过员工自愿报名、单位考核推荐、人力资源开发部门筛选、培训学校审定，各个层面的参训人员逐步被敲定。员工职业培训是一项长期的、系统的工作。为此，他们坚持“两条腿走路”，一是请进来，二是送出去，聘请高校权威教师来公司举办知识讲座，选派骨干员工去高校培训。同时，强化与高校的联合，建立长期的人才成长双向基地，即：公司利用高校科研开发优势对员工进行培训，高校也可将公司作为自己研究生的社会实践基地。股份公司还将“借船出海”，选出科研课题，请著名高校的研究生来揭榜。

管理大师松下幸之助说过，“企业即人”，深刻地道出了企业和个人命运之间的关系。东风汽车股份有限公司实施的“员工职业生涯规划”工程抓住了这一问题的关键。正如东风汽车股份有限公司总裁李绍烛所言，企业健康地生存和可持续发展，核心竞争力是人才。人才不在乎拥有，而在乎使用和培养，谁善于使用和培养人才，谁就能在市场竞争中赢得主动。

（傅祥友. 为员工设计灿烂的明天：东风汽车有限公司的“员工职业生涯规划”企业管理. 2001）

通过上述案例可以发现，在竞争日趋激烈的环境中，企业通过挖掘员工的需求，将企业的发展和员工的需求紧密结合起来，制定合理的员工职业生涯规划，能为企业健康地生存、可持续发展提供不竭动力。

8.1　职业生涯管理概述

8.1.1　职业生涯的概念

目前，对于职业生涯的定义，在常识范畴和学术范畴都未能达成统一，还没有一个权威的定义。对职业生涯的理解，可以从个人角度和组织角度两个方面加以分析和掌握。

各国研究者对职业生涯概念的有关见解，如表8.1所示。

一般来说，职业生涯概念的发展源于工作环境的变化和员工的变化。

一方面，世界经济、政治、技术和文化等方面正经历着急剧变化，这些变化对工作领域有着深远的影响，同时也带来了相当大的不确定性，一个人很难终其一生服务某一特定组织或者坚守某一特定职业。

表 8.1　职业生涯的概念

定义职业生涯的角度	有关研究者的内容介绍
个人角度	美国罗斌斯博士:职业生涯是一个人在其一生中所承担职务的相继历程
	美国学者罗斯威尔和思莱德:职业生涯是指人的一生中与工作相关的活动、行为、态度、价值观、愿望的有机整体
	美国学者格林豪斯:职业生涯指的贯穿于个人整个生命周期的、与工作相关的经历的组合
	美国组织心理学教授施恩(1987 年):将职业生涯分为内职业生涯和外职业生涯 内职业生涯更多地注重于所取得的成功或满足、主观感情以及工作事务与家庭义务、个人休闲等其他需求的平衡,也就是内心的自我实现感 外职业生涯是经历一种职业的通路,包括招聘、培训、晋升、解雇、退休等各个阶段
	舒伯等职业发展阶段理论专家:认为职业生涯是指与工作或职业相关的整个人生历程。包括从职业兴趣的培养、职业能力的获得、职业的选择、职业的调整,直至最后完全退出职业劳动这样一个完整的职业发展过程
	中国学者程社明:职业生涯是以心理开发、生理开发、智力开发、技能开发、伦理开发等潜能开发为基础,以工作内容的确定和变化、工作业绩的评价、工资待遇、职务职称的变动为标志,以满足需求为目标的工作经历和内心体验的经历
组织角度	法国学者弗兰克·布鲁瓦从组织人力资源管理的角度,总结出职业生涯的不同定义: (1)职业生涯是员工在企业等级中的逐步升级过程,相当于一种垂直方向的上升运动 (2)企业中的职业生涯是一系列逐渐发展的职务组成的 (3)职业生涯被看成是在企业生活中所从事过的一系列工作,所有人都在企业中有一个职业生涯 (4)职业生涯是社会角色的连续行为,是所取得的一系列的职业经验

另一方面,是员工本身的变化。现代人的自我认知水平不断提高,自主性和独立性越来越强,谋求生存、满足生理需要只是个人需求的一部分,而个人感受、兴趣、追求、价值观、自我实现等因素越来越成为影响人们职业选择的重要因素。

在 21 世纪,社会是一个组织型社会,个人的发展离不开组织。从组织的角度来看,员工职业生涯管理是企业人力资源管理的一部分,从属于企业的发展,员工发展通道可以是纵向的,也可以是横向的。

8.1.2　职业生涯管理的概念

正如职业生涯的概念可以从个人的角度和组织的角度加以定义和解读一样,职业生涯管理也可以分别从个人的角度和组织的角度来定义。因此,有个人职业生涯管理和组织职业生涯管理的区别。

个人职业生涯管理,是以个人为中心的职业生涯管理,是个人在了解自己性格、兴趣、能力、价值观的基础上,结合外部环境分析,明确自己的优势与劣势、机会与威胁,有意识的选定职业领域,设定职业目标,围绕目标开展实施计划以及在实施计划的过程中根据个人与环境条件的反馈信息进行调整的行为。

个人职业生涯管理,侧重于个人的职业生涯而非组织的需要。就个人的职业生涯计划来说,员工个人的目标、技能和个性是分析的焦点,在这一分析中,会同时考虑组织内部和外部所有能够扩展个人职业生涯的环境条件。

对于个人来说,决定一个人的职业生涯的因素中有着客观的、随机性的成分,但个人主观因素也会起相当大的作用。多数人对自己未来发展有一定的愿望、设想、预计与准备,还为实现个人抱负设置了目标，并为实现此目标而努力创造条件。

在当今一切都在急剧变化的时代，只有那些理解他们自身，善于学习，知道在特定环境中如何应对变化，并为自己创造机会，懂得从实践中积极总结经验与教训的人，才最有可能谋求到满意的职业、取得职业生涯的成功。因此，对自己的职业生涯进行规划和管理是必要的。

组织职业生涯管理，以组织为中心的职业生涯管理，是从组织的发展与管理的角度出发，建立一套能够识别员工发展需要和职业潜力的系统，并借助该系统引导员工的个人发展目标和组织的目标相一致，在达成组织目标的同时帮助员工实现个人职业目标。

对于组织来说，应该鼓励并帮助员工完善和实现自己的个人目标，同时设法引导这种个人目标与组织的需要相匹配。这一过程需要组织识别员工特别是重要员工的职业理想和职业潜力，通过培养与开发、激励与引导等，使个人的目标和组织的目标相一致。

以组织为中心的职业生涯管理注重职务本身，侧重于设计和提供使员工得以在组织各职务间循序渐进地发展自己的各种路径。这些路径提供的多层次多方向的阶梯，员工可以在组织部门中沿着职业生涯阶梯攀登。

综上所述，个人职业生涯管理和组织职业生涯管理，个人和组织共同努力或相互作用的结果，员工个人和组织都需要将对方的情况纳入考量的范围，制订合理计划。但正是由于组织和员工所处的角度不同，两者所关注的目标可能存在很大的差异，在某些情况下面临以谁为中心的选择。然而，对于那些重视员工发展，希望通过人力资源进行竞争的组织而言，这种中心就变得比较模糊了，他们会更多地考虑员工的个人发展并提供相关支持。

本章主要是从组织的角度阐述职业生涯管理的主要内容，着重探讨组织保证、制度建设、组织实施等方面，建立并实现以组织为主导、以员工为主体的组织职业生涯管理。

8.1.3 职业生涯管理的基本理论

职业生涯管理理论起源于美国，最早是以“职业指导”形式出现的。职业指导是指由专业机构帮助择业者确定职业方向、进行职业选择、并谋求职业发展的咨询指导过程。职业生涯管理理论的奠基人，美国波士顿大学教授帕森斯 1908 年 1 月 13 日，创立了“波士顿职业局”，并于 1909 年 5 月出版了《选择职业》著作。随后，职业生涯管理理论受到苏联、日本、德国等国家的重视和推崇。20 世纪 60 年代以来，职业生涯管理理论和实践获得蓬勃发展。20 世纪 90 年代中期由欧美国家传入中国，逐渐为人们接受。综合具有代表性的职业生涯管理理论，其历史的演进大致可划分为四个阶段：

1. 职业选择理论

职业选择理论是指通过了解人自身的“个性特质”和不同职业的需求和“类型特征”，依照自己的职业期望和兴趣选择职业。该理论又分为以下两种：

(1)人职匹配理论。人职匹配理论由“职业指导之父”帕森斯(Parsons)创立，也称特质因素理论。帕森斯在其所著《选择职业》(1909)一书中认为，一个人的职业选择要考察三个方面的因素：自我的爱好、价值观、能力、资源、限制条件等；不同行业工作性质、要求、成功要素、优缺点、薪酬水平、发展前景和机会；两者的协调和匹配。从此“人职匹配”成为职业指导中的核心理念，广泛应用于人们的职业选择。

(2)职业性向理论。美国霍普金斯大学心理学教授霍兰德(John Holland)于 1971 年提出了具有广泛社会影响的职业性向理论(Career Orientation)。他认为，职业性向即人的价值观、动机和需要等是决定一个人选择何种职业的重要因素。霍兰德经测试研究发现六种基本的职业性向并对应于六种职业类型,即“调研型、艺术型、社会型、企业型、实际型、常规型”。霍兰德认为,某种人格类型的劳动者应与其相同类型的职业相结合,即做到“人格—职业匹配”。

2. 职业生涯发展理论

每个人的职业生涯都要经历许多阶段,每一阶段都有其不同的特征和相应的职业知识能力要求。为了更好地促进个人的职业生涯发展,学者们根据人的生命周期,将人的职业生涯划分为不同的阶段。比较有影响的相关理论主要有萨柏(DonaldE. Super1953)和格林豪斯(Greenhaus1987)的“五阶段理论”,施恩(Edgard H. Sehein1978)的“九个阶段理论”和金斯柏格(EliGinzberg1951)的“三阶段理论”。这些理论虽然有差异,但本质上具有相似性。因此,我们选取萨柏的职业生涯发展五阶段理论作为代表进行阐述。

萨柏是美国一位具有代表性的职业管理学家。他把人的职业生涯规划分 5 个阶段:①成长阶段,属于认知阶段(0~14 岁);②探索阶段,属于学习打基础阶段(15~24 岁);③确立阶段,属于选择、安置阶段(25~44 岁);④维持阶段,属于升迁和专精阶段(45~64 岁);⑤衰退阶段,属于退休阶段(65 岁以上)。

人们可根据上述职业生涯发展不同阶段的特点去进行自己的职业规划。

3. 职业探索决策理论

人的职业生涯的发展充满着许多不确定因素,需要个体不断探索和决策。理想的境界是人们尽快找到符合个人兴趣,能够安身立命的职业,同时也成为一个人无怨无悔的事业。职业生涯的探索决策理论最有代表性的是“职业锚理论”。该理论是美国麻省理工学院斯隆管理研究院的施恩(Schein)教授提出。1978 年施恩了《职业的有效管理》一书,首次提出了职业锚的概念。施恩认为职业锚反映当事人进入成年期的潜在需要和动机,也反映了个人的价值观,更重要的是反映了被发现的才干。在工作实践前职业锚是不存在的,职业锚由实践经验决定,而不只是取决于个人的潜在才干和动机。职业锚是指当一个人不得不做出选择的时候,他无论如何都不会放弃的职业中的那种至关重要的东西或价值观。正如“职业锚”中的“锚”的含义一样,职业锚实际上就是人们选择和发展自己的职业时应该锁定的目标。

职业锚分为以下五种类型:①技术/功能能力型职业锚;②管理能力型职业锚;③创造型职业锚;④安全稳定型职业锚;⑤自主独立型职业锚。

4. 职业发展主动建构理论

美国斯坦福大学教育和心理学教授约翰·克朗伯兹 1996 年从自我效能的角度提出了职业生涯规划的“主动建构理论”。职业生涯的自我效能是指人们相信自己能够成功地完成生涯决策活动。他认为职业生涯发展是一个了解我们自身并作出各种可能性选择的过程。过去的学习、经验以多种方式影响我们的生涯决策。个人信念与期望是职业生涯发展的一个重要组成部分。因此,职业生涯的发展不是被动而是一个主动建构的过程。人们可以主动地寻找生活中的“角色榜样和良师益友”并以此学习有关职业和生涯规划过程的知识。

8.1.4 职业生涯管理的地位与作用

以组织为主导、以员工为主体的组织职业生涯管理,需要与人力资源管理的各个不同环节结合起来,才能发挥其作用。下面从人才组织、人才在组织中发挥绩效作用、退出组织为逻辑线索,归纳整理组织职业生涯管理与组织人力资源管理不同环节的联系。

1. 进入职业领域与人员招聘

在个人职业选择的过程中,考虑是否进入组织职业领域,通常有两个方面的考虑:第一,组织中的具体岗位是否符合自己的特长和爱好。第二，个人价值观与组织的价值观是否一致。

组织在员工选择方面，除了要求个人价值观与组织的价值观一致之外，人员对其岗位的基本胜任也是重要的考虑因素。因此，招聘工作的质量，即是否成功吸纳适宜的人才进入企业组织所需要的岗位，是在源头上决定了职业生涯管理工作的难易程度以及人力资源开发的水平。

当个人通过招聘录用环节进入组织后，由组织所主导的职业生涯管理便成为人力资源开发的开端与重要内容之一。组织如果能通过成功的招聘获得许多优秀的有潜力的员工，配合完善的职业生涯管理，定会显著增强组织的竞争力。

2. 职业探索与员工匹配

员工进入组织后，随着对组织的认识、熟悉程度增加，不少员工会产生探索新岗位的需求；同时，随着自身能力的增强，部分员工会希望得到晋升，或在多个职业领域探索，丰富自己的工作经历。

组织也希望不断改善员工的绩效，进行必要人才储备，以应对由于员工升迁、轮岗、离职、退休等变动而产生的空缺。

通过上述分析，我们可以发现一个供需关系：员工自身的职业生涯管理提供了需求方，而组织的人员调配制度与安排则提供了供给方。员工为了自己的职业生涯发展需要机会，组织则为了弥补人员变动而出现的空缺，也恰好需要合适的员工填补空缺。组织和员工正是在这种变动之中不断地调整，维持动态平衡，最终达到"人尽其才，事得其人"的理想状态。

为了使组织在动态调整中尽可能实现最佳配合，就需要组织有一套科学、公正的人力资源管理制度及政策，保证组织中人员的合理流动。这些人力资源管理政策包括：

(1)建立起组织的职位分析系统，让员工知道组织中各职业岗位的任职资格，为员工提供努力的方向；

(2)定期公布组织的岗位空缺，让有意愿且有条件的员工参与竞聘；

(3)制定科学的评价标准，客观、准确地评价员工的胜任能力，将合适的人配置到合适的工作岗位；

(4)完善绩效考核制度，主动地发现、发展具有潜质的员工。

3. 自我提升与培训

员工主导的自我提升与组织的培训有区别也有联系。区别在于，员工主导的自我提升，是从自己的职业生涯发展角度考虑的，即为了实现自己的职业目标，针对自己的不足专门进行学习，力争尽快达到自己的职业目标；员工的这种学习与自我提升方式是自我主导的，是自发的、个别的。

组织开展的培训通常是从组织的利益出发，目的是为了提高员工的生产绩效或为了适应组织变革的需要。

员工主导的自我提升与组织开展的培训这两者一致的情况下，培训则必然成为职业生涯管理的内容。通过促进员工的职业生涯发展，体现员工的部分利益。组织对员工的培训提高了员工的竞争力和适应性，培养出更多有发展潜力、有协作精神、富于创造的员工，并通过这些员工的努力不断地推出新产品、新观念、新服务，维持组织持久的竞争力，实现员工与组织的双赢局面。

4. 职业生涯发展与绩效考核

人力资源管理中的绩效考核环节是进行职业生涯管理的重要手段。将绩效考核与员工职业发展联系起来，是以绩效考核指标的全面性以及考核结果的准确性为前提的。

对于个人来说，绩效考核的结果是帮助员工提高自我认识的重要途径，同时也是员工制定职业生涯发展目标的现实基础。绩效不等同于工作业绩，它是集中工作能力、工作态度、工作行为、工作业绩结果于一体的综合体。绩效评价所获得的反馈信息可用于两个主要的目的：

一是发展目的，如确定如何激励员工，使其有更好的绩效表现，评估员工的优势与不足，创造条件发挥员工优势，并分析这些不足是否可通过实施适当的培训加以改进，帮助员工形成适宜的职业目标，这些称为发展性评价。它所关注的焦点是被评价者将来的绩效表现，用于确定员工可以改进的知识和技能，从而达到开发员工潜能的目的。

二是评价和决策目的，如员工晋升的决定、薪酬等级的设定及任务分派等，称为评价性评价。它的着眼点在于对员工某一段时间的绩效表现进行历史性的回顾与分析，而后将其与预先确定的管理目标进行比较和判断。两方面的评价结果共同为职业生涯管理活动提供了信息反馈和调整的指标系统。

8.2 组织职业生涯管理

组织落实职业生涯管理，需要从谁来做、做什么、怎么做等几方面进行探讨。主要包括落实组织职业生涯管理的角色与责任分配，设计组织职业生涯管理的基础性工作即设立职业生涯阶梯与通道，构建与运行组织职业信息系统等。

8.2.1 组织职业生涯管理的角色与责任分配

在组织职业生涯管理角色中，员工、直线主管、人力资源管理部门是主要角色。其中，每个角色所处的地位及承担的责任不同，作用也不相同。下面分别介绍各自的角色与责任。三类人员在职业生涯规划与管理过程中承担的角色，如表 8.2 所示。

表 8.2 职业生涯管理角色

角色项目	目的	员工的角色	直线领导的角色	人力资源管理部门的角色
职业生涯目标确定	确定职业生涯努力方向，实现职业理想	剖析自己，分析有关因素规划自我发展目标	为员工提供有关信息，协助员工剖析自己，帮助员工确定目标	职业生涯规划指导，分析员工职业生涯目标的可行性
个人职业生涯发展	创造良好的环境，沟通职业生涯兴趣和职业生涯目标	负起自我职业生涯发展的责任，寻找和获得有关自我和职业生涯趋向的真实信息，完成发展性的计划	组织并指导有关职业生涯发展问题的讨论，提供真实的反馈信息，供有关职业生涯发展方面参阅资料，鼓励和支持员工的职业生涯发展	提供有关职业生涯发展方面的资料及信息，为员工职业生涯发展提供训练、教育的机会，及时通报职位空缺情况，制定并公布有关职位的标准及要求
职业生涯发展评估	定期对员工的工作能力及其潜能进行评估，使其与公司的发展需求相结合，并确保组织效能持续增长	进行自我认识和自我评估，研究分析自我发展存在的问题	根据当前的绩效、潜能和兴趣评价员工，与其他主管沟通信息，确认机会和问题推动员工职业生涯规划的实施	训练直线领导如何对员工进行职业生涯发展，评估组织相关绩效考核工作

续表

角色项目	目的	员工的角色	直线领导的角色	人力资源管理部门的角色
职业生涯调适	使工作、生活、生涯目标密切融合	接受评估意见必要时调整职业生涯目标	根据评估结果，提出调整意见并实施	对调整方案进行备案，协助直线领导完成员工的工作或职业生涯目标的调适

8.2.2　组织职业发展阶梯

职业生涯阶梯设计是现代组织职业生涯管理的关键内容，对调动员工的积极性和创造性、实现组织目标有着非常重要的作用。职业生涯阶梯在帮助员工了解自我的同时，使组织掌握员工的职业需要，以便帮助员工满足需要。职业生涯阶梯通过确立组织内晋升的不同条件和程序，对员工职业生涯发展施加影响，使员工的职业生涯发展目标和规划有利于满足组织的需要。

职业生涯阶梯是组织为内部员工设计的自我认知、成长和晋升的管理方案，为组织的职业生涯规划提供依据，为个人职业生涯规划和发展活动提供了强有力的支持。职业生涯阶梯是决定组织内部人员晋升的不同条件、方式和程序的政策组合，是组织为员工实现其职业生涯计划指明方向、开辟道路并给出实施计划的具体方法。其主要内涵包括以下三个方面：

(1)职业生涯阶梯的宽度。根据组织类型和工作需要的不同，职业生涯阶梯可宽可窄。要求员工在多个职能部门、多个工作环境轮换工作的职业生涯阶梯是宽职业生涯阶梯，它适应对员工较高综合能力的要求。要求员工在有限职能部门和工作环境中工作的职业生涯阶梯是窄职业生涯阶梯，它适应只要求员工具备有限专业经验和能力的需要。

(2)职业生涯阶梯的速度 。根据员工能力和业绩的不同，职业生涯阶梯的设置有快慢之分，即快速梯和慢速梯。正常晋升和破格提升都应做到有政策依据。

(3)职业生涯阶梯的长度。根据组织规模和工作复杂程度的需要不同，职业生涯阶梯可长可短。职业生涯阶梯中的等级在4级及以下者称为短阶梯，在10级以上的称为长阶梯，在5～10级的称为中等长度的阶梯。组织职业生涯阶梯的长短对其员工的发展和潜力的发挥具有重要作用。

对于企业而言，职业生涯阶梯是一个相对静态的体系。在某些情况下，当外部环境或其他因素导致企业业务结构变革、组织结构变革时，组织会重新考虑修订职业生涯阶梯系统。在确立职业生涯阶梯体系后，人力资源部门应为不同职业生涯阶梯制定与之匹配的员工胜任素质要求、绩效考核方式、薪酬制度及晋升机制等。这是组织职业生涯管理中重要的基础性工作。

8.2.3　组织职业信息系统①

1. 职位分析及职位信息发布

进行组织职业生涯规划之前，需要梳理组织的各类职位信息，准备职位信息资料，明确每一种职务的工作内容和任职要求，然后将具有相似工作内容和任职要求的工作归纳为职业群；在职业群内部和职业群之间设计职业途径并把这些职业途径整合成一个网状的职业生涯系统。以职业分析为基础的职业途径系统成为组织职业生涯管理的重要基础，并为员工个人职业生涯规划及发展的实践活动提供重要的参照系。

在职位分析的基础上，组织应根据既定的经营方针和发展战略，预测并做出未来可能

① 林枚，李隽，曹晓丽. 职业生涯开发与管理. 清华大学出版社，2010.

存在的岗位及这些岗位所需的技能的计划，实施岗位分析和岗位描述，通过组织网站、局域网、企业内刊等载体及时向全体员工发布岗位信息，包括组织岗位设置的详细情况、人员变动及近期有可能空缺的职位、各种岗位的报酬等，使员工能够了解到更多有关个人职业生涯机遇的信息。

2. 编制员工职业生涯指导手册

组织应向每名员工发放员工职业生涯管理手册，阐述员工、领导、组织在员工职业生涯开发方面的责任与角色，并明确组织现有的员工职业生涯开发资源，提供一份员工职业生涯关注问题的关系表。员工可以通过职业生涯指导手册学习职业生涯规划的基本理论和方法，明确组织的职位结构和空岗情况，并能够结合职业生涯管理手册提供的分析工具和量表进行个人职业生涯的规划工作。

3. 职业生涯规划培训

为了使员工更好地了解职业生涯规划的具体内容、方法和步骤，组织需要对员工进行职业生涯规划培训。借助培训增进员工对组织开展职业生涯规划活动的认识，掌握进行自我职业生涯规划的方法和技巧。一般职业生涯规划准备阶段的培训活动可通过专题讲座和座谈会的形式展开。

(1)举办专题讲座，开设训练课程。由人力资源部门定期或不定期地邀请专业人士讲授相关课程，包括专家学者、职业顾问或组织内的高层管理者、内部专任讲师等，或举办短期的培训班，让员工根据个人情况自行选择参与。

(2)员工座谈会。座谈会有助于帮助员工理解其所处的复杂的职业生涯发展环境，提高员工的职业管理技巧。通过面对面地提供个人职业生涯指导，以及引导员工有效利用职业信息系统，不断提高员工个人职业生涯设计的参与意识和自主意识。

8.2.4 员工职业评估与管理

1. 员工自我评估

职业生涯规划的过程是从员工个人对自己的能力、兴趣、职业生涯需要及其目标的评估开始的。个人评估的重点是分析自己的性格、兴趣、特长与需求等，考虑性格与职业的匹配、兴趣与职业的匹配及特长与职业的匹配。个人评估是职业生涯规划的基础，直接关系到员工职业成功与否。个人评估可采取多种方法，同时也可以应用相关的计算机软件。美国惠普公司员工自我评价的主要方法和内容(见表 8.3)。

表 8.3 美国惠普公司员工自我评价方法

自我评价方法	内容
撰写自传	了解员工的个人背景，包括接触过的人、居住的地方和生活中发生的事情、已经进行过的工作转换及未来的计划等
斯特朗—坎贝尔志趣考察	包括员工愿意从事的职业、喜欢的课程和喜欢的人的类型，并将员工的志趣与成功者的志趣进行比较，得出员工的志趣形象
奥尔波特—弗农—林赛价值观研究	根据员工选择出的自己认为最有价值的事物来了解员工在理论、经济、审美、社会、政治和宗教信仰方面的价值观
24 小时日记	要求员工记录一个工作日和一个非工作日的活动，从侧面了解员工
“重要人物”面谈	员工与自己的朋友、配偶、同事或亲戚谈自己的想法，并将谈话录音
生活方式描写	员工用语言、照片等方式向他人描述自己的生活方式

从表8.3美国惠普公司员工自我评价方法可以看出，员工自我评价，是以员工为主体展开的。这种自我评价不是个人的主观臆测，主要是基于员工个人在实际生活与工作中所呈现出的具体内容，如撰写自传、24小时日记。通过“人际关系中的重要他人”的面谈，变换角度，更加客观地看到员工个人的现实表现。当然，员工自我评价方法也不是仅仅让员工只看过去和眼前。从表中可以看出，通过斯特朗—坎贝尔志趣考察，奥尔波特—弗农—林赛价值观研究，可以让员工个人意愿、价值观得到关注和尊重。这一点可以用麦克里兰的冰山理论进行解释，即在职业生涯规划与管理的过程中，员工、职业主管、人力资源部门既要从“冰山之上”看得到的部分考量员工，也要通过一些方法从“冰山之下”深度了解员工。

知识链接8-1　通用电器公司的员工自我评估问卷

(1)从下面所列的个人需要中，选择三项你认为在你的下一个工作中对你来说是最重要的，并画圈：自由时间、权力、有兴趣的工作、金钱、独立、安全、专业地位、挑战、无烦恼、朋友、声望、文化氛围、地理位置、消遣、透明度、气候、教育设施、当领导、专家、与家庭在一起的时间。

(2)请加上你在上面所列的个人需要中没有列举出的项目________

(3)你目前的工作安排为满足你下一步最需要的东西提供了可能性吗？

①如果是，请回答细节；

②如果不是，请指出哪种安排提供了这种可能性。

(4)你希望你的下一个工作安排能满足你自己的需要吗？

①如果是，请回答细节；

②如果不是，指出为什么。

(5)确定你下一个工作安排中最需要的东西并加以描述。

(6)描述你能从事的，以及为了实现你的目标而愿意从事的主要活动。但是，不要使用工作名称或工作职位来描述你愿意从事的工作。描述你为获得你需要的东西你将要进行的工作，至少列出4项活动。

(7)为了在下一步工作中增进你的潜力，你是否需要开发一些新技能或能力？如果是，你需要开发哪种技能或能力？

(8)总结你个人的需要和为满足这些需要你能做的或你将要做的工作。

2. 组织对员工的评估

组织对员工的评估是为了确定员工的职业生涯目标是否现实。组织可以通过各种途径获取员工基本信息，利用当前员工的工作情况资料，包括绩效评估结果、晋升记录及参加培训情况等对员工的能力和潜力进行评估。目前，许多国际著名的公司都建立或使用评估中心来测评员工将来从事某种职业的潜力。

3. 环境分析

人具有特定的社会属性，必须生活在一定的社会和组织环境中。环境为每个人提供了活动的空间、发展的条件、成功的机遇。环境分析主要是通过对组织环境、社会环境、经济环境等有关问题的分析与探讨，识别环境对员工职业发展的作用、影响及要求，以便更好地进行职业选择与职业目标规划。

4. 确定员工职业生涯规划目标

职业发展必须有明确的方向与目标，目标的选择是职业发展的关键。目标选择主要包括职业选择和职业生涯路线选择两方面。

职业选择是事业发展的起点，选择正确与否，直接关系到事业的成败。组织应开展必要的职业指导活动，通过对员工与组织岗位的分析，为员工选择适合的职业岗位。

职业生涯路线是指个人选定职业后从什么方向上实现自己的职业目标，是向专业技术方向发展，还是向行政管理方向发展。发展方向不同，要求也就不同。职业生涯路线选择的重点是组织通过对职业生涯路线的选择要素的分析，帮助员工确定职业生涯路线。

值得注意的是，组织帮助员工设立的职业生涯目标可以是多层次、分阶段的，这样既可以使员工保持开放灵活的心态，又可以保持员工的相对稳定性，提高工作效率。

职业生涯方向与目标是紧密相关的。职业生涯方向是通向职业生涯目标的方位，通常指个人要从事的职业类型。职业生涯目标则指要达到的境地和标准，如从事高等教育是职业方向，那么讲师、副教授、教授则是同一职业方向上的不同阶段目标。以从事人力资源的开发与管理这一方向为例，职业生涯目标的具体内容(见表 8.4)。

表 8.4　员工职业生涯目标

目标内容	目标描述
工作内容目标	希望从事人力资源管理工作
职务目标	希望担任人力资源管理部门经理
经济收入目标	希望年收入(参考薪酬行情而定)
工作能力目标	对人力资源的开发和管理达到驾驭自如的程度，具备创新能力
工作成果目标	使本组织人力资源的开发与管理满足组织发展的需要，成为行业标杆

组织职业生涯规划的最终目的是通过帮助员工的职业发展，求得组织的持续发展。只有组织员工的卓越发展，才有组织的目标实现和后续发展。由于员工面临多变的环境及客观机遇的限制，或对自己职业生涯前景的认识不足，因而建立合理、可行的职业生涯方向和目标不是容易的事情。组织在职业生涯规划管理中的一项重要任务就是帮助员工确立职业生涯目标。

5. 职业生涯面谈

员工与管理者进行及时有效沟通是组织职业生涯规划过程的关键，可以提高职业生涯方案制定的客观性。职业生涯面谈为组织和员工提供了相互交流和沟通的平台。

一方面，职业生涯面谈有助于员工充分了解组织内部的岗位情况，从而制定有针对性的职业发展规划；

另一方面，通过职业生涯面谈，组织能更加深入了解员工的需要和职业发展意向。职业生涯面谈一般由人力资源部门的职业生涯专职人员或员工的直线领导实施，步骤如下：

(1)职业生涯面谈准备：为了使职业生涯面谈取得预期效果，做到有的放矢，负责开展职业生涯面谈的人员首先应明确面谈的目的，其次应做好有关资料的准备，从人力资源部门和员工所在部门获取员工的有关信息，如员工的入职情况、在组织期间的绩效表现等，在此基础上拟订面谈提纲。

在职业生涯面谈准备过程中，明确员工的发展阶段和存在的问题是非常重要的。罗双平在《职业选择与事业导航——职业生涯规划技术》中探讨了职业生涯发展的危机与对策，归纳出人生自我失败的12项主要原因(详见知识链接8-2)。这12项原因可以归纳为四个方面:目标错失、自我认知偏差、行动不足,人际应对能力不足等。主管在职业生涯面谈的过程中,主管应针对具体面谈对象存在的问题进行识别,提出有提升计划与措施。针对没有目标的,要引导员工建立目标。对于自我认知存在偏差的员工要通过具体事件来修正认知,对于行动能力不足的要督促员工加强计划性和方法指导。对于人际应对能力欠佳的员工,可以安排相关培训。

知识链接8-2 **人生自我失败的主要原因**

(1)无正确的目标

(2)选错职业

(3)自信心不足

(4)自满自足,故步自封

(5)行动不够

(6)应变能力差

(7)不能正确对待他人的评价

(8)目中无人,不善合作

(9)人际关系不佳

(10)心胸狭窄,强求公平

(11)身体不佳

(12)想失败就会失败

(资料来源:罗双平《职业选择与事业导航——职业生涯规划技术》职业生涯发展的危机与对策)

(2)营造良好的交流氛围。好的开始是成功的一半。面谈开端的好坏,将影响面谈的氛围和局面。应在上述准备环节的基础上,根据面谈场景的具体情况,选择合适的切入点启动面谈。

(3)沟通职业生涯规划方案内容。在开场白结束后,直接切入组织、个体发展的相关内容,帮助员工建立职业生涯规划方案。在面谈过程中,需要始终注意面谈氛围的营造。对性格、资历和态度不同的员工,采取不同的基调、营造不同的气氛展开面谈。针对不同的员工特征,面谈者在面谈过程中可采用启发型、情感型和鞭策型三种不同的基调,如表8.5所示。

表8.5 职业生涯面谈类型

类型	展开面谈的要点	备注
启发型	通过启发、诱导、暗示、提示和点拨,让员工自我认识、自我反省、自我觉悟,通过启发的方式推进面谈	这是一种基本的类型,突出尊重。但不能适合任何性格、资历和态度的人
情感型	在尊重对方人格的前提下,或褒扬,或呵斥,"嬉笑怒骂皆成文章",以真情实意打动对方,推进面谈	适合于那些自尊心很强或老资格的人
鞭策型	骤然使用严厉态度,予以训斥和无情鞭策;给对方以强烈的震撼,给对方以强大的压力,以求对方的觉醒和奋起	适合于那些缺乏干劲,没有压力或尚不成熟的人

面谈者在面谈过程中应该注意区别对待，对那些责任心强、问题意识强及以往工作业绩高的员工，可不必面面俱到、给予详细的指导。只需予以信任，提出要求，点到为止，由员工本人去做出努力。

(4)面谈结束。在结束面谈之际，面谈者应该把事先准备的“谈话要点”和在谈话后的记录作一总结，形成备忘录，这样会使面谈出现“乘数”效应。通过将这种程序贯彻于面谈实施过程，可以巩固面谈效果。相反，一些领导者在结束面谈时草草收场，不做总结，对重要谈话内容不作概括和相互确认，致使员工在离开面谈现场之后，不知所措，依然故我，我行我素，过去的错误得不到纠正。

6. 制订员工职业生涯规划方案

职业生涯方案是指员工为实现职业目标采取的各种行动和措施，涉及对员工职业生涯各个阶段的管理策略，从员工走上工作岗位开始，到员工在中年时所碰到的种种工作生活问题，一直到员工退休之前的退休管理。职业生涯策略是职业生涯方案的具体实施内容和步骤，为提高员工的职业生活质量及增加组织的经济效益指明方向。

员工在自我定位和环境分析的基础上，确定自己的职业生涯目标后，需要制定具体的执行计划和实施步骤。由于员工对于组织认知的不全面，职业生涯方案单纯由员工本人制订显然是片面的，就需要人力资源部门和员工所在部门的直接主管给予相应的建议和支持，需要双方以职业生涯规划面谈的方式进行深入的研究和探讨，见图 8.1 员工与主管认知橱窗。在个人与组织的关系中，橱窗 1 是个人与主管都知道；橱窗 2 属个人隐私，个人知道，而主管不知道；橱窗 3 是主管与员工个人均不知道的部分；橱窗 4 主管知道，而员工不知道。借着双方的讨论，订立出明确可执行的计划及预定的进度。要达到适时适人的目标，还有赖于员工本身对职业生涯规划的重视。若员工自己的规划不在意，只是将它视为形式上的表格填写、仅仅为了交差了事，则主管也多不愿意花心思做深入的沟通。如此一来，对于员工及整个组织都将是一大损失。

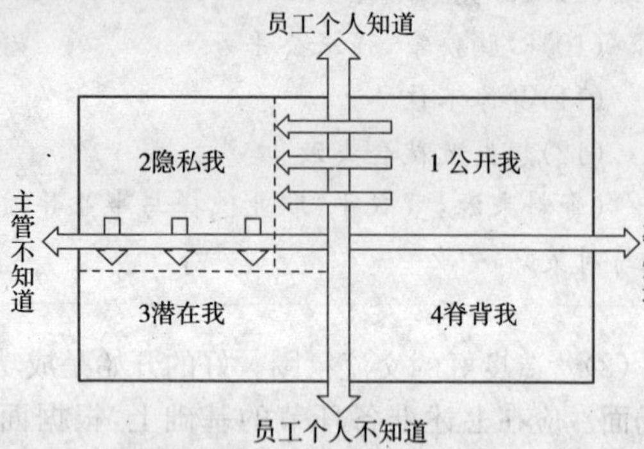

图 8.1　员工与主管认知橱窗

8.3　员工职业生涯发展

组织视角下的员工职业生涯发展，从员工进入组织系统就开始了。职业生涯的发展离不开具体的活动形式，本节从组织和员工个人的角度分别探讨促进职业生涯发展的相关活动，分析员工的发展阶段与特点。

8.3.1　员工职业生涯发展主要内容

促进和实现员工职业发展的活动有很多，可以从组织与个人两方面进行探讨。

1. 组织实施的职业生涯发展内容

组织实施的职业生涯发展，目的在于把员工的个人需要与组织的需要统一起来，做到人尽其才，并最大限度地调动员工的积极性。同时使员工感觉到在组织中大有所为，前程远大，从而提高员工的组织归属感。这方面的活动涉及人力资源规划、指导与考评、培训与开发、奖励等一系列人力资源管理职能的发挥。

人力资源规划，包括通过仔细评估与选拔找出重点培养对象（“苗子”、接班人或后备梯队），认真安排他们的岗位与升迁路线。指导与考评，包括帮助他们做好自我分析，提供企业中可供选择的发展途径的信息，考核他们的绩效并及时给予反馈等。培训与开发，让员工自己凭感觉摸索提高自己的机会，见效小且慢；组织若有预见地拟订正式的培养计划，则能起到事半功倍的效果。奖励措施，包括合理奖酬制定的建立与实施，鼓励员工在发展道路上任何取得的进展。

2. 员工实施的职业生涯发展内容

员工实施的职业生涯发展内容，包含了个人职业生涯中一系重大转折性的选择，如我国高中毕业填报志愿时面临专业发展方向的选择，大学毕业时面临就业单位的选择、进入工作单位后面临职务的选择等。

所有上述选择，都有一个基本的逻辑起点，即需要做好自我分析（包括个人的优势、弱点、经历、绩效、喜恶等），在本人价值观的指导下，确定自己的长期与近期发展目标，进而拟出具体的发展道路规划。此规划应有一定灵活性，以便根据自己实际的表现而加以调整。

企业主导的员工职业生涯规划和个人主导的个人职业生涯规划，这两类活动需密切配合与协调。美国以管理闻名的 IBM 公司有一句名言：“员工能力与责任的提高，是企业的成功之源。”现代企业意识到了员工职业生涯的开发对企业发展的推动作用，通过发现人才，尤其是后备管理人才，保证了企业领导层的连续性；通过合理安排员工从业岗位，实现人尽其才，能充分开发本企业人力资源的潜力；满足职工个人的荣誉、自尊与自我发展需要，引导其个人目标与组织目标一致，保证员工的积极性、创造性与对组织的忠诚与归属感。

8.3.2 员工职业发展的阶段和特点

1. 职业发展阶段理论

员工职业发展过程要经历若干阶段。不同学者有不同的阶段划分模式，有的还标明每一阶段的年龄界限。事实证明，把职业发展阶段与年龄关系固定起来，不但无实际意义，而且由于这个过程中有关的主客观因素众多，固定后还容易误导人们。实际上，在现代社会里，一个人的职业一直是其自我概念的核心，是其自尊的来源。舒伯（D. E. Super）和波恩（M. J. Bohn）认为，职业发展的本质就是人们自我概念的实现与完成。据此，他们提出了职业发展过程六阶段模型：

（1）探索期：自我概念在童年及青少年期的发展。

（2）现实测试期：从学校转换到工作岗位及早期工作经历。

（3）试验期：试图通过尝试出一种或几种职业道路，来实现自己的自我概念。

（4）立业期：在职业生涯的中期，实现并改变自我概念。

（5）守业期：保持并继续实现自己的自我概念。

（6）衰退期：随着职业角色的终结，对自我概念进行新的调整。

这个职业发展理论的启示之一，是一个人的童年和少年时代所带来的需要模式、动机与价值观，对于职业选择过程只是一套初步的目标与制约条件而已。以后，这个人会一直处于一种变化的动态过程之中，不断地试图把自己内在的驱动力与冲动，去实现各种新的经历，而结果也总是在不断变化与扩展。

2. 个人特点与职业发展道路

职业发展就是一系列个人需要与组织需求取得恰当配合的过程。个人与组织都有各自不同的需要与特点，而组织中又有多种备选的发展途径，这些途径各要求特定的心理素质与职业资历，这些差异会在职业发展的选择中呈现出来。霍兰德经过多年研究和测试，找出了六种职业兴趣类型，分别与六种对应的职业环境相匹配。

8.4 职业生涯管理实务操作

8.4.1 组织职业生涯管理的步骤和方法①

早在20世纪初，美国波士顿大学教授帕森斯(Frank Parsons)通过研究，指出人职匹配的过程具体包括三个步骤：第一，个体特性分析。第二，职业因素分析。第三，个体特性与职业因素之间进行匹配，从而选择某种职业。对于组织而言，一般来说主要遵循的原则是因事设人，也就是说立足现有岗位，寻找、选拔适合现有岗位工作的人。

但是，该理论不足之处在于只是强调个人特质和工作要求相匹配，忽视了社会因素对职业选择的影响和制约作用。它以静态的观点来看待个人的特质，忽略了个人和职业都是不断变化的这一基本事实。因为，一方面，员工从招聘进入企业之日起，会在工作中进一步展现和发展自己，企业和员工自身都需要根据一段时间内的绩效表现来调整对员工的认知。另一方面，现代社会发展变化非常快，组织发展业务和方向也可能会变化，因此，企业会根据变化的环境制定相应的发展策略，这就会影响企业的组织结构以及岗位要求。

另外，组织还应从企业整体的角度保证企业人力资源适应企业发展的要求。为此，组织还需要制定较完备的人力资源规划为组织的发展战略提供有效的人力资源。

考虑上述理论及现实因素，本节从组织的角度探讨组织职业生涯管理的步骤和方法，按照完成岗位分析——员工素质测评与分析——建立与职业生涯管理相配套的员工培训与开发体系——制定较完备的人力资源规划——制定完整、有序的职业生涯管理制度与方法五个步骤逐一探讨，并在这些步骤中介绍职业生涯管理的有关方法。

1. 完成岗位分析

完成岗位分析是为了获得与工作相关的信息，是为员工制定有效的职业发展策略的起点。这一步骤主要是运用“岗位分析问卷”“任务调查表”“岗位分析面谈”和“关键事件调查”等方法获得岗位分析的基础数据，包括：

(1)每个岗位的基本材料：岗位编号、岗位名称、岗位类别、所属单位、直接上级、定员人数、管辖员工数、工资等级、工资水平、直接升迁的岗位、可相互转换的岗位、由什么岗位升迁至此、其他可担任的岗位。

(2)岗位描述：将各岗位的工作细分成条目，输入每个条目的编号，工作内容，基本功能和工作基准。其中，工作基准的确定是一项至关重要的工作。

(3)岗位要求：使之胜任某一工作的最低要求，比如学历要求、职称要求、专业要求、经验要求、工作行为要求、气质要求、一般职业能力要求、特殊职业能力要求、领导类型、管理能力要求等。

---

① 徐笑君. 职业生涯规划与管理. 成都：四川人民出版社，2008：300－302.

2. 员工素质分析与评估

员工素质分析与评估包括基于专业化、结构化测评量表的素质测评和非结构化的员工个体分析方法。下面分别进行介绍。

专业化、结构化测评量表的素质测评是借助专业测评题目对员工的个性特点、气质特征、智力水平、管理能力、职业兴趣、领导类型等方面的测评，对员工有一个全面的了解，便于安排适合他所做的工作；针对他的不足，拟订相应的培训方案；最后，结合员工的上述特点与职务分析的结果，对其进行具体的职业生涯规划。

测评可以通过纸笔答题和计算机测评软件进行。最常用的测评工具包括气质与性格测试、职业能力倾向测试、职业适应性测试、职业价值观测试等。表 8.6 介绍了几类主要的测试项目。

表 8.6 员工素质测评项目

测试类型	测试项目名称	测试目的
气质与性格测试	卡特尔 16PF 人格测试	16 种人格因素测验：从 16 个相对独立的性格维度对人进行评价，较全面地反映人的性格特点
	PDP 行为风格测试	了解个人优劣势，最擅长的行事风格
	陈会昌气质类型量表	了解个人气质类型：胆汁质、黏液质、多血质、抑郁质
	迈尔斯—布里格斯类型指标 MBTI 测试	了解个人获取能量的方式、获取信息的方式、对获取信息如何做决定并得到结果、行动态度。识别个人这个“信息处理系统”的偏好
	五大人格测试	了解人格的五个维度：外倾、随和、情绪稳定、责任心、经验开放度
	DISC 行为方式测试	了解个人行为模式：支配型、影响型、稳定性、服从型
职业能力倾向测试	瑞文标准推理测验	了解个人在推理、清晰知觉、思维、发现和利用信息等方面的能力
	韦氏成人智力量表	了解成人智力水平
职业适应性测试	生活特性问卷	了解个人动机水平：风险动机、权力动机、亲和动机、成就动机
	个体需求测验	了解个体对生理、安全、归属和爱、自尊、自我实现等生活需要的程度
	霍兰德职业兴趣测试	了解员工职业兴趣类型：现实型、研究型、艺术型、企业型、社会型、常规型
职业价值观测试	职业锚问卷	了解员工的职业锚类型

除了利用专业测评软件快速了解员工之外，还可以借助以下工具和方法增进员工的自我认知。

(1)橱窗分析法。橱窗分析法，借助直角坐标不同象限来表示人的不同部分的分析方法。它以别人知道或不知道为横坐标，以自己知道或不知道为纵坐标，坐标橱窗如表 8.7 橱窗分析法简介所示。

表 8.7 橱窗分析法

序号	类型	特征
橱窗 1	公开我	自己知道、别人也知道的部分，其特点是个人展现在外，无所隐藏
橱窗 2	隐私我	自己知道、别人不知道的部分，其特点是属于个人私有秘密，不外显
橱窗 3	潜在我	自己不知道、别人也不知道的部分，其特点是开发潜力巨大
橱窗 4	背脊我	自己不知道、别人知道的部分，其特点是自己看不到，别人却看得清清楚楚

生活在具体社会环境中的个人，一生都处于不断发展变化之中。事实上，橱窗的 4 个方格并不是严格等分的，这些方格的大小会随着个人沟通与交流增加而发生变化。通过他人提供的反馈信息，可以了解到原来个人已经展现而个人并不知悉的领域，如橱窗 4。同时，随着个人对他人信任度增加，也会提高个人的开放度，增强他人对自己的了解，如橱窗 2。比较理想的情况是，个人随着工作生活阅历的增加，变得更加接纳自己，独立而坦诚，不断挖掘自我的潜能，实现自我价值最大化。详细见图 8.2 橱窗分析及自我认知演化趋势。

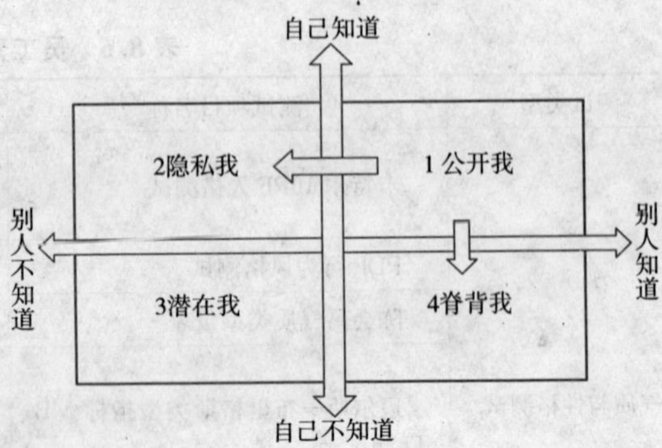

图 8.2 橱窗分析及自我认知演化趋势

实务指南 8-1　　橱窗分析法在职业生涯管理中的应用

橱窗分析法，可以在员工工作一段时间之后，结合其绩效表现，由员工和直接主管共同来完成，比如在绩效面谈环节可以使用橱窗分析法。

针对某一时间周期，如一个月、一个季度、半年或一年等，结合员工在这一时间段内的绩效表现进行面谈。

(1)在面谈之前，围绕面谈的主题，用橱窗分析法的原理做好准备工作，首先让员工和直线主管分别独立完成一份员工绩效评价，包括工作业绩、个人动机、主要优势与尚待提升之处等。由此生成橱窗 1 公开我和橱窗 4 脊背我。

(2)然后进行面对面的交谈，使员工了解"主管眼中的我"橱窗 4，也让主管更多了解员工橱窗 2。

(3)通过增进主管与员工之间的了解，建立更好的信任关系，最终实现橱窗 3"潜在我"的开发。

(2)员工 SWOT 分析表。SWOT 分析表是帮助员工对自己和环境进行全面客观分析、建立合理的自我认知和环境认知的重要工具(见表 8.8)。

表 8.8　员工 SWOT 分析表

姓名		员工编号	
年龄		性别	
专业		学历	
所在部门		任职岗位	
部门负责人			

职业类型(在选定种类的题号上打√,可选中两个或以上)
1 管理　2. 技术　3. 营销　4. 操作　5. 辅助

优势(表现出的优点) ◇ 我具备的优秀品质 ◇ 我在本岗位做过什么 ◇ 我在本岗位学习了什么 ◇ 我在本岗位最成功的是什么 ◇ 我还有什么潜力	劣势(存在的不足) ◇ 我在性格上的缺点 ◇ 我在本岗位上还缺乏哪些技能
机会(促进发展的因素) ◇ 行业发展新政策 ◇ 公司发展新趋势、新举措 ◇ 部门发展规划 ◇ 新项目开发 ◇ 组织结构调整	威胁(阻碍发展的因素) ◇ 什么样的环境是我的威胁 ◇ 公司的新规定新要求 ◇ 公司组织人事变动 ◇ 比较优势的挑战

总体评价(综合分析上述因素,对自己做一个整体评估):

个人核心竞争力(分析自己的核心竞争力,保持并发展优势):

3. 建立与职业生涯管理相配套的员工培训与开发体系

培训是职业发展与管理的重要手段,用以改变员工的价值观、工作态度和工作行为与方法,以便使他们能够在自己现在或未来工作岗位上的表现达到组织的要求。一般来说,员工培训方案的设计的逻辑线路是:根据公司及岗位工作要求,将员工素质测评结果或实际绩效表现与之相比较,从中找到差距,从而制定相应的培训方案设计。

(1)以素质测评为基础的培训方案设计。在公司原有的培训管理的基础上,对员工基本素质测评和职务分析的结果,找出员工在能力、技能、经验等方面与本职工作所存在的差距,以及今后职业发展路线会面临的问题,有针对性地拟定员工培训与开发方案。

(2)以绩效考核为基础的培训方案设计。依照绩效考核的结果,发现员工在工作中出现的问题,有针对性地拟定员工培训与开发方案,以适应本职工作和今后职业发展的需要。通过培训,进一步发现员工的潜在能力与特长,为其职业生涯的规划打下良好的基础。

4. 制定较完备的人力资源规划

在公司原有的人力资源规划的基础上,注意以下内容:

(1)晋升规划。根据企业的人员分布状况和层级结构,拟定员工的提升政策和晋升路线。包括晋升比例、平均年薪、晋升时间、晋升人数等指标。在实施中,根据人事测评、员工培训、绩效考核的结果，并根据企业的实际需要对各个结果赋予相应的权重系数，得出各个职位的晋升人员次序。

(2)补充规划。是公司能合理地、有目标地把所需数量、质量、结构的人员填补在可能产生的职位空缺上。

(3)配备规划。在制定配备规划时，应注意解决两个问题：当上层职位较少而待提升人员较多时，则通过配备规划增强流动。这样，不仅可以减少员工对工作单调、枯燥乏味的不满，又可以等待上层职位空缺的出现；在超员的情况下，通过配备规划可改变工作的分配方式，从而减少负担过重的职位数量，解决工作负荷不均的问题。

5. 制定完整、有序的职业生涯管理制度与方法

(1)要让员工充分了解单位的企业文化、经营理念、管理制度。

(2)要为员工提供内部劳动力市场信息。在提供职业信息方面，主要采取的方法是：

①公布工作空缺信息。

②介绍职业阶梯或职业通道，包括垂直或水平方向发展的阶梯。为了使职业通道不断满足组织变化的需要，对职业通道要常作修订；另外，还要适当考虑跨职能部门的安排。

③建立职业资源中心(兼作为资料和信息发布中心)。内容涉及公司情况、政策、职业规划自我学习指南和自我学习磁带等。

为了主动地获取组织人力资源信息，组织还可设立技能档案。档案中主要记录员工的教育、工作史、任职资格、取得的成就，有时还包括职业目标的信息。

(3)帮助员工分阶段制定自己的职业生涯目标。

员工分阶段职业生涯目标是员工自我发展的指南，表 8.9 给出了员工分阶段职业生涯目标的基本内容。

表 8.9 员工分阶段职业生涯目标

1. 短期目标(0～3 年)
◇ 要具体做好哪些工作？ ◇ 在能力上有什么提高？ ◇ 准备升迁到什么职位？ ◇ 具体的业绩指标？
2. 中期目标(3～5 年)
◇ 在能力上有什么提高？ ◇ 准备升迁到什么职位？ ◇ 在知识、技能方面拟接受哪些具体的培训？ ◇ 是否需要进修或出国学习？
3. 长期目标(5～10 年)
◇ 准备升迁到什么职位？ ◇ 在知识、技能方面要接受哪些具体的培训？ ◇ 是否需要进修或出国学习？ ◇ 为公司做出哪些较突出贡献？ ◇ 个人在公司处于什么样的地位？ ◇ 个人的价值观与公司的企业文化、经营理念融合的程度如何？

8.4.2　组织职业生涯规划工具①

组织职业生涯规划的实施需要借助于科学的工具，通过科学合理地选取实施工具，提高组织职业生涯规划的有效性。目前，组织内部普遍使用的职业生涯规划工具包括职业生涯规划指导手册、职业生涯规划表、职业生涯发展文件等。

1. 职业生涯规划指导手册与职业生涯规划表

职业生涯规划指导手册是组织在展开员工职业生涯规划之前编制的参考性文本，向员工提供职业生涯规划相关理论、岗位信息、规划方法和工具的介绍，辅助员工顺利展开职业生涯规划工作。

实务指南 8-2　　员工职业生涯规划指导手册主要内容

(1)职业生涯管理理论介绍；
(2)公司组织结构图；
(3)工作描述与工作说明书；
(4)组织环境信息、外部环境信息；
(5)评估方法和评估工具；
(6)职业生涯规划方法和工具；
(7)案例介绍和分析。
(8)职业生涯相关表格。

在编制员工职业生涯规划指导手册的同时，还要编制相关配套的职业规划表格，如职业生涯规划表、员工职业生涯机会评估表、组织职业生涯通道表等，方便员工进行职业生涯设计和路径选择。

职业生涯规划表是组织对员工实施职业生涯规划与管理的主要工具之一，也是设计、实施和观察职业生涯规划与管理的重要依据。职业生涯规划表可以有不同的内容和模式，要根据组织的具体情况和职业生涯规划需要选择和制定。马士斌基于职业类别、职业生涯目标体系内容和职业生涯通道的综合考虑，对“人生”、“中期”、“短期”各个规划时期的目标与实施内容列项，设计了职业生涯规划表，参见表 8.10。

表 8.10　职业生涯规划表

第　次职业生涯规划　　　　　　上次计划时间：　　　　　　年　月　日

姓名		员工编号	
年龄		性别	
专业		学历	
目前任职岗位		岗位编号	
目前所在部门		部门编号	
计划制定时间	年　月　日	部门负责人	

① 林枚，李隽，曹晓丽. 职业生涯开发与管理. 清华大学出版社，2010.

续表

职业类型
（在选定种类的题号上打√，可选中两个或以上）
1 管理　2. 技术　3. 营销　4. 操作　5. 辅助
如选择的职业类别更具体、细化，请进一步说明：

人生目标
1. 岗位目标：
2. 技术等级目标：
3. 收入目标：
4. 社会影响目标：
5. 重大成果目标：
6. 其他目标：
人生通道：
(1)图示：
(2)简要文字说明：
实现人生目标的战略要点：

长期目标（通常在 10 年以上）

1. 岗位目标：
2. 技术等级目标：
3. 收入目标：
4. 重大成果目标：
长期通道：
(1)图示：
(2)简要文字说明：
实现长期目标的战略要点：

中期目标（通常在 5～10 年）

1. 岗位目标：
2. 技术等级目标：
3. 收入目标：
中期通道：
(1)图示：
(2)简要文字说明：
实现中期目标的战略要点

短期目标（通常在 5 年以下）

1. 岗位目标：
2. 技术等级目标：
3. 收入目标：

短期通道：
(1)图示：
(2)简要文字说明：

续表

短期计划细节： (1)短期内要完成的主要任务： (2)有利条件： (3)主要障碍及其对策： (4)可能出现的意外和应急措施： 年度目标及年度计划的细节通常另行安排，以保持职业生涯计划的相对稳定性和可保存性。 备注： 如是修改稿，请说明理由，如有其他需要说明的情况，请附在本表后。 部门负责人(签字)： 人力资源部(签章)： 职业生涯规划负责人(签字)：

(资料来源：改编自，马士斌．生涯管理．北京：人民日报出版社，2001,60－63)

2. 员工职业生涯规划方案

一份职业生涯规划方案，是个人在组织中发展的行动计划，应该对企业内部环境、企业外部社会环境进行分析，同时评估个人在工作中的绩效表现，参考重要他人的反馈与建议，制定目标，在目标和现状之间找到差距，并为此制定行动计划。因此，比较完整的、客观理性的员工职业生涯规划方案内容包括以下4个部分10方面的内容项目，详见表8.11员工职业生涯规划方案内容项目。该表针对已经正式入职的员工在制定职业生涯规划方案时用，具体表格形式可根据公司具体情况来设计，但是这10项内容都需要包含而不遗漏。

表8.11　员工职业生涯规划方案内容项目

第一部分：基础信息	
(1)题目	职业生涯方案的题目，包括方案人姓名、专业、学历、工作经历、规划时间等基本信息
第二部分：内外部环境分析	
(2)社会环境分析结果	包括宏观的政治经济发展趋势及其对职业的影响
(3)所在组织环境分析结果	这部分内容应当比较细致，尤其是要有个人培训机会、晋升可能性等方面的材料
第三部分：个人发展评估	
(4)设定个人职业方向	指职业类别的方向，主要依据公司的有关制度文件，了解公司的职业体系，各种职业体系不同岗位的工作内容、任职条件和晋升制度
(5)审视成功标准	通过价值观测评、价值观澄清等方式，结合生活中各种选择与决策行为，审视自己的决策模式，以及对成功标准的个人定义
(6)评估自身的条件、潜力	自身的条件、潜力包括多个方面，主要通过绩效考核与素质测评得出
(7)相关人物的建议	包括直接主管、职业生涯管理工作人员、高层领导及家人的建议
第四部分：目标/差距/计划	
(8)职业生涯目标及其实现时间	该目标可以包括多项并不互相排斥的目标，形成一个目标体系，主要是专业目标、工作能力目标、工作成果目标和经济收入目标、职务晋升目标
(9)目前状态与职业生涯目标之间的差距	通过工作中的绩效表现，与直接主管、职业生涯管理工作人员、高层领导及家人的反馈与建议，准确找到需要继续发挥的优势，以及需要注意的不足
(10)行动计划	行动计划：教育培训、讨论交流和在实践中锻炼等，根据个人情况和公司情况，业余时间自费培训和参加公司培训项目相结合

知识链接 8-3　某通信设备股份有限公司员工职业生涯规划方案样本

一、个人基本情况

可用简历代替。

二、测评分析

(1)人格特质：

(2)管理技能：

(3)人际技能：

(4)专业知识：

(5)动机与价值观：

三、生涯机会评估分析

(1)组织发展战略：

(2)人力资源需求：

(3)生涯机会评估分析：

四、三年生涯目标

(1)职业选择方向的分析：

(2)生涯路线选择：

(3)人生目标：

(4)三年生涯目标：

五、行动计划

(1)工作岗位发展路线(绘制路线图)：

(2)继续教育培训发展路线(绘制路线图)：

(3)具体执行计划：

六、评价与反馈

(1)自我评价：

(2)直线领导评价：

(3)人力资源部门评价：

(4)职业生涯规划修订意见：

复习思考题

1. 分别从个人与组织的角度阐述职业生涯规划与发展的意义。

2. 请分析员工职业生涯管理与招聘、培训、绩效考核等之间的联系。

3. 简述员工自我认识的主要方法。

4. 请分析员工职业生涯规划与管理过程中，人力资源管理者、主管部门、员工本人之间的角色与定位。

案例分析

3M公司的雇员职业生涯规划管理

一、背景

多年以来，3M公司的管理层始终积极对待其雇员职业生涯发展方面的要求。从20世纪80年代中期开始，公司的雇员职业生涯咨询小组一直向个人提供职业生涯问题咨询、测试和评估，并举办个人职业生涯问题公开研讨班。通过人力资源分析过程，各级主管对自己的下属进行评估。公司采集有关岗位稳定性和个人职业生涯潜力的数据，通过计算机进行处理，然后用于内部人选的选拔。

人力资源部门虽然成立较晚，但已自成体系，并负责对雇员职业生涯开发中的各种作用关系进行协调。公司以往的重点更多地放在评估和人力资源规划上，而不是雇员职业生涯开发的具体内容上，新的方法强调公司需求与雇员需求之间的平衡。

二、系统组成部分

3M公司最新设计的员工职业生涯规划与管理工作包括10项内容，这10项内容共同构成了一套卓有成效的员工职业生涯开发与规划体系。

1. 岗位信息系统

多年以来，3M公司的全体雇员民意调查显示，雇员要求有更多的有关个人职业生涯际遇的信息。因此，在大环境非常适合的情况下，3M公司于1989年年底开始试行了岗位信息系统。雇员们的反应非常积极，这一示范项目被推广，从此该系统在全公司全面实施。在试行阶段，人力资源部、一线部门及雇员组成了一个专题工作小组，进行为期数月的规划工作。这一“岗位信息系统”的初步目标是使3M公司的用人经理可以在内部发现人选，同时帮助雇员明确竞争不同岗位所需的技能和资格。

该系统的组成部分包括岗位通告系统和反馈系统。管理层中的所有岗位，最高到总监级别，均在全公司中通报，仅最高层1.5%的岗位不在通告之列，所有经批准的空位均被列出。空出岗位的通告时间为10个工作日，岗位需求信息发布采取电子方式，雇员们可以通过自己的计算机调阅这方面的内容。销售代表及其他现场工作人员通过拨打一个电话号码来获得岗位信息。另外还开通一条电话热线，专门解答人们对岗位需求信息发布系统的疑问。

雇员们可以申请自己认为有资格的任何所列出的岗位。在申请之前他们必须在自己目前的岗位上已经工作满24个月，除非他的主管放弃这一要求。他们以书面的方式填写申请表，这些申请表直接送交用人经理进行筛选。用人经理打电话给自己希望进行面试之申请人的经理，然后再直接打电话给申请者本人。

反馈是本系统的一个重要部分。用人经理对所有候选人均作出回应，未被面试者至少会收到一份格式化的信函。所有参加面试但未能获得申请岗位的人将收到一份备忘录或者一次电话通知。这一项目由雇员职业生涯资源部门进行协调。

2. 绩效评估与发展过程(PADP)

绩效评估与发展过程涉及各个级别（月薪和日薪雇员）和所有职能的雇员，1989年它开始适用于月薪雇员，1990年开始适用于日薪雇员。当这一过程扩大到日薪雇员时，公司为此召开会议并提供了培训。

每一位雇员都收到一份供明年使用的雇员意见工作表。雇员填入自己如何看待自己的工作内容，指出明年的4～5个主要进取方向和期待值。这份工作表还包括一个岗位改进计划和一个职业生涯开发计划。

然后，雇员们与自己的主管一起对这份工作表进行分析，就工作内容、主要进取领域和期待值以及明年的发展过程达成一致。在第二年中，这份工作表可以根据需要进行修改。此过程旨在根据实现目标过程中的相关因素，突出需要强化和改进业绩的领域。到年底时，主管根据以前确定和讨论的业绩内容及进取方向完成业绩表彰工作，在实施这一绩效评估与发展过程之前，3M公司的评价过程重点不在于具体对发展规划的要求。而上述过程巩固了这样一个观念，即雇员对工作和职业生涯开发负有主要责任，领导者则作为一项关键性资源，提供咨询、建议和辅导。

具有重要意义的是，绩效评估与发展过程促进了3M公司主管与雇员之间的交流。他们定期召开业务研讨会议(一般是一个季度一次)，鼓励雇员根据需要主动与自己的主管进行非正式的商谈。

3. 个人职业生涯管理手册

公司向每一位雇员发放一本个人职业生涯管理手册，它概述了雇员、领导者和公司在雇员职业生涯开发方面的责任。这一手册还明确指出公司现有的雇员职业生涯开发资源，同时提供一份雇员职业生涯关注问题的关系表格。

4. 主管公开研讨班

为期一天的公开研讨班有助于主管们理解自己所处的复杂的雇员职业生涯开发环境，同时提高他们的领导技巧及对各自所担任角色的理解(咨询者、教练、推荐人等)。主管们的反应始终是非常积极的，同时还计划开展一次公开研讨班跟踪过程，这一公开研讨班巩固了这样一个认识，即人才开发是主管工作的一个基本组成部分。这强烈的开发重点还强调对业绩表彰过程的利用。虽然一般性业绩被包容在所有雇员的评估中，但针对主管还增加了额外的评估。"雇员开发与管理"乃是这些新增因素的第一个方面。

5. 雇员公开研讨班

早在1987年3M公司就已经开办了旨在帮助雇员分析自己个人前途的职业生涯发展公开研讨班。经过改进，这一雇员公开研讨班现在为期两天，提供"个人职业生涯指导"，即强调自我评估、目标和行动计划以及平级调动的好处和职位晋升的经验。第三天的内容可以附选，其重点在于内部岗位的求职技巧、如何写简历、如何面试等。如何有效利用岗位信息系统被纳入公开研讨班的内容之中。

有些主管开始时担心，这样的公开研讨班可能会起到鼓励人们跳槽的实际作用。然而事实上，参加过公开研讨班的大部分雇员报告说，他们现在对自己目前的个人前途更加满意了，同时他们还充分地认识到如何更加现实地把握自己的个人职业生涯。充实岗位内容是一个强调的重点，基本方法是，"个人职业生涯的发展始于你目前的岗位公开研讨班结束后，雇员们根据要求回答跟踪问卷调查，而且他们的行动计划也得到跟踪(主管也参与其中)"。为一视同仁地协助雇员和主管，人力资源部准备了一个资料库，其中有与个人职业生涯相关的录像带。3M公司的各个图书室备有关于个人职业生涯话题的业务图书。虽然公司目前尚未使用职业生涯开发软件，但是正在就与个人职业生涯相关的电脑服务进行调整。

6. 一致性分析过程及人员接替规划

接下来的过程达到了顶点，集团副总裁会见各个部门的副总裁，讨论其手下管理人员的业绩情况和潜能。此过程影响到评定结果和人力资源部门的评审过程，因此对于转岗、发展和晋升都具有影响。这是一项重要的信息共享工具，对于管理人员来说也是反馈信息的又一机会。此过程始于总监们与自己的经理们举行会议，执行总监们与自己手下的各位总监举行会议，部门或负责人事的副总裁则与各位执行总监举行会议。

与上述一致性分析过程紧密相连的是一个在执行层面上开展的人员接替规划项目，它已经实行了六七年。公司正考虑将这一高度成功的项目扩大到中级管理层。

7. 职业生涯咨询

公司鼓励员工主动去找自己的主管商谈个人职业生涯问题，也为员工提供专业的个人职业生涯咨询。并为每一个部门指定一个人力资源经理作为咨询资源。这一咨询功能包括一些评估工具。雇员们可以从主管、雇员帮助顾问或人力资源经理处咨询个人职业生涯意见，当然员工也可以自主开展。咨询一般被用作对雇员公开研讨班的跟踪调查，帮助雇员制定深造计划，讲解简历写作技巧和面试技巧，帮助职工在求职失败后重新考虑个人前途问题，或帮助雇员求职或重新确定个人发展方向。

8. 职业生涯项目

作为内部顾问，员工职业生涯开发工作人员根据员工兴趣开发出一些项目，并将它们在全公司推出。一个非常普及的项目涉及如何保持高水平。项目内容包括关于雇员职业生涯资源部门的信息及现有的内部职业生涯开发资源。

9. 合作者重新定位

雇员职业生涯开发工作人员在全公司范围协调本合作者重新定位程序，由于双职工夫妇的原因，则已经成为重要的功能，虽然本项目也解决非工作关系合作者的选择。

10. 学费补偿

这个项目已实行多年，它报销学费和与员工当前岗位相关的费用，以及与某一工作或个人职业生涯相关之学位项目的全部学费和费用。

11. 调职

内部调职的协调通过"3M公司雇员转岗"程序进行。其岗位撤销的雇员自进入一个人生涯过渡公开研讨班，同时还接受具体的过渡咨询，这种方法在过去的八年中挽救了数千名职工的工作热情。根据管理层的要求，还为解除聘用的职工提供岗位外部新职介绍。

三、成果

在3M公司试图更加准确、更加现实地统一雇员需求和公司需求的努力中，它已经成功地提高了工作效率，更大程度地焕发起职工们为实现公司目标而进行的参与。主管们在雇员职业生涯指导方面更具信心，在改进与雇员的交流方面更具可信性。3M公司的各项雇员职业生涯开发服务和项目，针对的是真正的需求。职业生涯发展规划和当前工作的改进虽然分属不同的领域，但又相互关联。由于公司是根据具体情况对待每一个人，所以它为个人和公司都带来了最大的利益。

（资料来源：王惠忠，企业人力资源管理. 上海：上海财经大学出版社，2004）

思考题：

1. 为什么说3M公司的员工职业生涯开发与规划体系是卓有成效的？

2. 3M公司的员工职业生涯规划与管理对我国企业有哪些借鉴意义？

学习参考

员工职业测评
霍兰德职业倾向测验量表

姓名：__________性别：__________年龄：__________学历：__________日期：__________

本测验量表将帮助您发现并确定自己的职业兴趣和能力特长，从而更好地帮助我们做出求职择业或专业选择的决策。

本测验共七个部分，每部分测验都没有时间限制，但请您尽快按要求完成。

第一部分　您心目中的理想职业(专业)

对于未来的职业(或升学进修的专业)，您得早有考虑，它可能很抽象、很朦胧，也可能很具体、很清晰。不论是哪种情况，现在都请您把自己最想干的3种工作或想读的3种专业，按顺序写下来，并说明理由。请在所填职业/专业的右测按其在你心目中的清晰程度或具体程度，按从很朦胧/抽象到很清晰/具体分别用1、2、3、4、5来表示，如5分表示它在你心中的影像非常清晰。

一、职业/专业：__________________清晰/具体程度：________

理由：

二、职业/专业：__________________清晰/具体程度：________

理由：

三、职业/专业：__________________清晰/具体程度：________

理由：

以下第二、三、四部分每个类别下的每个小项皆为是否选择题，请选出比较适合你的，与你的情况相符的项目，并按有一项适合的计1分的规则统计分值，将相应分值填写在第六部分的统计项目中。

第二部分　您所感兴趣的活动

下面列举了若干种活动，请就这些活动判断你的好恶。喜欢的，计1分，不喜欢的不计分。请将答案直接写在第六部分。

R:实际型活动	A:艺术型活动
1. 装配修理电器或玩具	素描/制图或绘画
2. 修理自行车	参加话剧/戏剧
3. 用木头做东西	设计家具/布置室内
4. 开汽车或摩托车	练习乐器/参加乐队
5. 用机器做东西	欣赏音乐或戏剧
6. 参加木工技术学习班	看小说/读剧本
7. 参加制图描图学习班	从事摄影创作
8. 驾驶卡车或拖拉机	写诗或吟诗
9. 参加机械和电气学习班	进艺术(美术/音乐)培训班
10. 装配修理机器	10. 练习书法

续表

I:调研型活动	S:社会型活动
1. 读科技图书或杂志 2. 在实验室工作 3. 改良水果品种,培育新的水果 4. 调查了解土和金属等物质的成分 5. 研究自己选择的特殊问题 6. 解算术或数学游戏 7. 物理课 8. 化学课 9. 几何课 10. 生物课	1. 或单位组织的正式活动 2. 参加某个社会团体或俱乐部活动 3. 帮助别人解决困难 4. 照顾儿童 5. 出席晚会、联欢会、茶话会 6. 和大家一起出去郊游 7. 想获得关于心理方面的知识 8. 参加讲座会或辩论会 9. 观看或参加体育比赛和运动会 10. 结交新朋友
E:企业型活动	C:常规型活动
1. 鼓动他人 2. 卖东西 3. 谈论政治 4. 制订计划、参加会议 5. 以自己的意志影响别人的行为 6. 在社会团体中担任职务 7. 检查与评价别人的工作 8. 结交名流 9. 指导有某种目标的团体 10. 参与政治活动	1. 整理好桌面与房间 2. 抄写文件和信件 3. 为领导写报告或公务信函 4. 检查个人收支情况 5. 打字培训班 6. 参加算盘、文秘等实务培训 7. 参加商业会计培训班 8. 参加情报处理培训班 9. 整理信件、报告、记录等 10. 写商业贸易信

第三部分　您所擅长获胜的活动

下面列举若干种活动,请选择你能做或大概能做的事。请将答案直接写在第六部分。

R:实际型能力	A:艺术型能力
1. 能使用电锯、电钻和锉刀等木工工具 2. 知道万用电表的使用方法 3. 能够修理自行车或其他机械 4. 能够使用电钻订、磨床或缝纫机 5. 能给家具和木制品刷漆 6. 能看建筑设计图 7. 能够修理简单的电气用品 8. 能修理家具 9. 能修理收录机 10. 能简单地修理水管	1. 能演奏乐器 2. 能参加二部或四部合唱 3. 独唱或独奏 4. 扮演剧中角色 5. 能创作简单的乐曲 6. 会跳舞 7. 能绘画、素描或书法 8. 能雕刻、剪纸或泥塑 9. 能设计板报、服装或家具 10. 能写一手好文章
I:调研型能力	S:社会型能力
1. 懂得真空管或晶体管的作用 2. 能够列举三种蛋白质多的食品 3. 理解铀的裂变 4. 能用计算尺、计算器、对数表 5. 会使用显微镜 6. 能找到三个星座 7. 能独立进行调查研究 8. 能解释简单的化学 9. 能理解人造卫星为什么不落地 10. 经常参加学术的会议	1. 有向各种人说明解释的能力 2. 常参加社会福利活动 3. 能和大家一起友好相处地工作 4. 善于与年长者相处 5. 会邀请人、招待人 6. 能简单易懂地教育儿童 7. 能安排会议等活动顺序 8. 善于体察人心和帮助他人 9. 帮助护理病人和伤员 10. 安排社团组织的各种事务

续表

E:企业型能力	C:常规型能力
1. 担任过学生干部并且干得不错 2. 工作上能指导和监督他人 3. 做事充满活力和热情 4. 有效利用自身的做法调动他人 5. 销售能力强 6. 曾作为俱乐部或社团的负责人 7. 向领导提出建议或反映意见 8. 有开创事业的能力 9. 知道怎样做能成为一个优秀的领导者 10. 健谈善辩	1. 会熟练的打印中文 2. 会用外文打字机或复印机 3. 能快速记笔记和抄写文章 4. 善于整理保管文件和资料 5. 善于从事事务性的工作 6. 会用算盘 7. 能在短时间内分类和处理大量文件 8. 能使用计算机 9. 能搜集数据 10. 善于为自己或集体做财务预算表

第四部分　你所喜欢的职业

下面列举了多种职业，请认真地看，请选择你有兴趣的工作，有一项计1分，不太喜欢或不关心的工作不选，不计分。请将答案直接写在第六部分。

R:实际型职业	S:社会型职业
1. 飞机机械师 2. 野生动物专家 3. 汽车维修工 4. 木匠 5. 测量工程师 6. 无线电报务员 7. 园艺师 8. 长途公共汽车司机 9. 电工 10. 火车司机	1. 街道、工会或妇联干部 2. 小学、中学教师 3. 精神病医生 4. 婚姻介绍所工作人员 5. 体育教练 6. 福利机构负责人 7. 心理咨询员 8. 共青团干部 9. 导游 10. 国家机关工作人员
I:调研型职业	E:企业型职业
1. 气象学或天文学者 2. 生物学者 3. 医学实验室的技术人员 4. 人类学者 5. 动物学者 6. 化学者 7. 教学者 8. 科学杂志的编辑或作家 9. 地质学者 10. 物理学者	1. 厂长 2. 电视片编制人 3. 公司经理 4. 销售员 5. 不动产推销员 6. 广告部长 7. 体育活动主办者 8. 销售部长 9. 个体工商业者 10. 企业管理咨询人员
A:艺术型职业	C:常规型职业
1. 乐队指挥 2. 演奏家 3. 作家 4. 摄影家 5. 记者 6. 画家、书法家 7. 歌唱家 8. 作曲家 9. 电影电视演员 10. 电视节目主持人	1. 会计师 2. 银行出纳员 3. 税收管理员 4. 计算机操作员 5. 簿记人员 6. 成本核算员 7. 文书档案管理员 8. 打字员 9. 法庭书记员 10. 人员普查登记员

第五部分　您的能力类型简评

下面两张表是您在6个职业能力方面的自我评定表。您可先与同龄人比较出自己在每一方面的能力，然后斟酌后对自己的能力作评估。请在表中适当的数字上画圈，数值越大表明您的能力越强。

注意，请勿画同样的数字，因为人的每项能力不会完全一样的。

A

R型	I型	A型	S型	E型	C型
机械操作能力	科学研究能力	艺术创作能力	解释表达能力	商业洽谈能力	事务执行能力
7 6 5 4 3 2 1	7 6 5 4 3 2 1	7 6 5 4 3 2 1	7 6 5 4 3 2 1	7 6 5 4 3 2 1	7 6 5 4 3 2 1

B

R型	I型	A型	S型	E型	C型
体育技能	数学技能	音乐技能	交际技能	领导技能	办公技能
7 6 5 4 3 2 1	7 6 5 4 3 2 1	7 6 5 4 3 2 1	7 6 5 4 3 2 1	7 6 5 4 3 2 1	7 6 5 4 3 2 1

第六部分　统计和确定您的职业倾向

请将第二部分至第五部分的全部测验分数分别计入相应栏目，并进行纵向累加。

测试内容		R型 实际型	I型 调研型	A型 艺术型	S型 社会型	E型 企业型	C型 常规型
第二部分	兴趣						
第三部分	擅长						
第四部分	喜欢						
第五部分A	能力						
第五部分B	技能						
总分							

请将上表的6种职业倾向总分按照从大到小顺序，从左到右依次排列。

________型、________型、________型、________型、________型、________型

第七部分　您所看重的东西——职业价值观

这一部分测验列出了人们在选择工作时通常会考虑的9种因素(见所附工作价值标准)。现在请您在其中选出最重要的两项因素,并将填入下面相应空格上。

最重要:__________次重要:__________最不重要:__________次不重要:__________

附:工作价值标准

1. 工资高、福利好　2. 工作环境(物质方面)舒适　3. 人际关系良好

4. 工作稳定有保障　5. 能提供较好的受教育机会　6. 有较高的社会地位

7. 工作不太紧张、外部压力少　8. 能充分发挥自己的能力特长　9. 社会需要与社会贡献大

以上全部测验完毕。

现在,将你测验得分居第一位的职业类型找出来,对照下表,判断一下自己适合的职业类型。

职业索引——职业兴趣代号与其相应的职业对照表:

R(实际型):木匠、农民、操作X光的技师、工程师、飞机机械师、鱼类和野生动物专家、自动化技师、机械工(车工、钳工等)、电工、无线电报务员、火车司机、长途公共汽车司机、机械制图员、修理机器、电器师。

I(调研型):气象学者、生物学者、天文学家、药剂师、动物学者、化学家、科学报刊编辑、地质学者、植物学者、物理学者、数学家、实验员、科研人员、科技作者。

A(艺术型):室内装饰专家、图书管理专家、摄影师、音乐教师、作家、演员、记者、诗人、作曲家、编剧、雕刻家、漫画家。

S(社会型):社会学者、导游、福利机构工作者、咨询人员、社会工作者、社会科学教师、学校领导、精神病工作者、公共保健护士。

E(企业型):推销员、进货员、商品批发员、旅馆经理、饭店经理、广告宣传员、调度员、律师、政治家、零售商。

C(常规型):记账员、会计、银行出纳、法庭速记员、成本估算员、税务员、核算员、打字员、办公室职员、统计员、计算机操作员、秘书。

下面介绍与你3个代号的职业兴趣类型一致的职业表,对照的方法如下:首先根据你的职业兴趣代号,在下表中找出相应的职业,例如你的职业兴趣代号是RIA,那么牙科技术人员、陶工等是适合你兴趣的职业。然后寻找与你职业兴趣代号相近的职业,如你的职业兴趣代号是RIA,那么,其他由这三个字母组合成的编号(入IRA、IAR、ARI等)对应的职业,也较适合你的兴趣。

RIA:牙科技术员、陶工、建筑设计员、模型工、细木工、制作链条人员。

RIS:厨师、林务员、跳水员、潜水员、染色员、电器修理、眼镜制作、电工、纺织机器装配工、服务员、装玻璃工人、发电厂工人、焊接工。

RIE;建筑和桥梁工程、环境工程、航空工程、公路工程、电力工程、信号工程、电话工程、一般机械工程、自动工程、矿业工程、海洋工程、交通工程技术人员、制图员、家政经济人员、计量员、农民、农场工人、农业机械操作、清洁工、无线电修理、汽车修理、手表修理、管工、线路装配工、工具仓库管理员。

RIC:船上工作人员、接待员、杂志保管员、牙医助手、制帽工、磨坊工、石匠、机器制造、机车(火车头)制造、农业机器装配、汽车装配工、缝纫机装配工、钟表装配和检验、电动器具装配、鞋匠、锁匠、货物检验员、电梯机修工、托儿所所长、钢琴调音员、装配工、印刷工、建筑钢铁工作、卡车司机。

RAI:手工雕刻、玻璃雕刻、制作模型人员、家具木工、制作皮革品、手工绣花、手工钩针纺织、排字工作、印刷工作、图画雕刻、装订工。

RSE:消防员、交通巡警、警察、门卫、理发师、房间清洁工、屠夫、锻工、开凿工人、管道安装工、出租汽车驾驶员、货物搬运工、送报员、勘探员、娱乐场所的服务员、起卸机操作工、灭害虫者、电梯操作工、厨房助手。

RSI:纺织工、编织工、农业学校教师、某些职业课程教师(诸如艺术、商业、技术、工艺课程)、雨衣上胶工。

REC:抄水表员、保姆、实验室动物饲养员、动物管理员。

REI:轮船船长、航海领航员、大副、试管实验员。RES:旅馆服务员、家畜饲养员、渔民、渔网修补工、水手长、收割机操作工、搬运行李工人、公园服务员、救生员、登山导游、火车工程技术员、建筑工作、铺轨工人。

RCI:测量员、勘测员、仪表操作者、农业工程技术、化学工程技师、民用工程技师、石油工程技师、资料室管理员、探矿工、煅烧工、烧窑工、矿工、保养工、磨床工、取样工、样品检验员、纺纱工、炮手、漂洗工、电焊工、锯木工、刨床工、制帽工、手工缝纫工、油漆工、染色工、按摩工、木匠、农民建筑工作、电影放映员、勘测员助手。

RCS:公共汽车驾驶员、一等水手、游泳池服务员、裁缝、建筑工作、石匠、烟囱修建工、混凝土工、电话修理工、爆炸手、邮递员、矿工、裱糊工人、纺纱工。

RCE:打井工、吊车驾驶员、农场工人、邮件分类员、铲车司机、拖拉机司机。

IAS:普通经济学家、农场经济学家、财政经济学家、国际贸易经济学家、实验心理学家、工程心理学家、心理学家、哲学家、内科医生、数学家。

IAR:人类学家、天文学家、化学家、物理学家、医学病理、动物标本剥制者、化石修复者、艺术品管理者。

ISE:营养学家、饮食顾问、火灾检查员、邮政服务检查员。

ISC:侦察员、电视播音室修理员、电视修理服务员、验尸室人员、编目录者、医学实验定检师、调查研究者。

ISR:水生生物学者,昆虫学者、微生物学家、配镜师、矫正视力者、细菌学家、牙科医生、骨科医生。

ISA:实验心理学家、普通心理学家、发展心理学家、教育心理学家、社会心理学家、临床心理学家、目标学家、皮肤病学家、精神病学家、妇产科医师、眼科医生、五官科医生、医学实验室技术专家、民航医务人员、护士。

IES:细菌学家、生理学家、化学专家、地质专家、地理物理学专家、纺织技术专家、医院药剂师、工业药剂师、药房营业员。

IEC:档案保管员、保险统计员。

ICR:质量检验技术员、地质学技师、工程师、法官、图书馆技术辅导员、计算机操作员、医院听诊员、家禽检查员。

IRA:地理学家、地质学家、声学物理学家、矿物学家、古生物学家、石油学家、地震学家、声学物理学家、原子和分子物理学家、电学和磁学物理学家、气象学家、设计审核员、人口统计学家、数学统计学家、外科医生、城市规划家、气象员。

IRS:流体物理学家、物理海洋学家、等离子体物理学家、农业科学家、动物学家、食品科学家、园艺学家、植物学家、细菌学家、解剖学家、动物病理学家、作物病理学家、药物学家、生物化学家、生物物理学家、细胞生物学家、临床化学家、遗传学家、分子生物学家、质量控制工程师、地理学家、兽医、放射性治疗技师。

IRE:化验员、化学工程师、纺织工程师、食品技师、渔业技术专家、材料和测试工程师、电气工程师、土木工程师、航空工程师、行政官员、冶金专家、原子核工程师、陶瓷工程师、地质工程师、电力工程量、口腔科医生、牙科医生。

IRC:飞机领航员、飞行员、物理实验室技师、文献检查员、农业技术专家、动植物技术专家、生物技师、油管检查员、工商业规划者、矿藏安全检查员、纺织品检验员、照相机修理者、工程技术员、编计算程序者、工具设计者、仪器维修工。

CRI:簿记员、会计、记时员、铸造机操作工、打字员、按键操作工、复印机操作工。

CRS:仓库保管员、档案管理员、缝纫工、讲述员、收款员。

CRE:标价员、实验室工作者、广告管理员、自动打字机操作员、电动机装配工、缝纫机操作工。

CIS:记账员、顾客服务员、报刊发行员、土地测量员、保险公司职员、会计师、估价员、邮政检查员、外贸检查员。

CIE:打字员、统计员、支票记录员、订货员、校对员、办公室工作人员。

CIR:校对员、工程职员、海底电报员、检修计划员、发扳员。

CSE:接待员、通信员、电话接线员、卖票员、旅馆服务员、私人职员、商学教师、旅游办事员。

CSR:运货代理商、铁路职员、交通检查员、办公室通信员、簿记员、出纳员、银行财务职员。

CSA:秘书、图书管理员、办公室办事员。

CER:邮递员、数据处理员、办公室办事员。

CEI:推销员、经济分析家。

CES:银行会计、记账员、法人秘书、速记员、法院报告人。

ECI:银行行长、审计员、信用管理员、地产管理员、商业管理员。

ECS:信用办事员、保险人员、各类进货员、海关服务经理、售货员,购买员、会计。

ERI:建筑物管理员、工业工程师、农场管理员、护士长、农业经营管理人员。

ERS:仓库管理员、房屋管理员、货栈监督管理员。

ERC:邮政局长、渔船船长、机械操作领班、木工领班、瓦工领班、驾驶员领班。

EIR:科学、技术和有关周期出版物的管理员。

EIC:专利代理人、鉴定人、运输服务检查员、安全检查员、废品收购人员。

EIS:警官、侦察员、交通检验员、安全咨询员、合同管理者、商人。

EAS:法官、律师、公证人。

EAR:展览室管理员、舞台管理员、播音员、训兽员。

ESC:理发师、裁判员、政府行政管理员、财政管理员、I程管理员、职业病防治、售货员、商业经理、办公室主任、人事负责人、调度员。

ESR:家具售货员、书店售货员、公共汽车的驾驶员、日用品售货员、护士长、自然科学和工程的行政领导。

ESI:博物馆管理员、图书馆管理员、古迹管理员、饮食业经理、地区安全服务管理员、技术服务咨询者、超级市场管理员、零售商品店店员、批发商、出租汽车服务站调度。

ESA:博物馆馆长、报刊管理员、音乐器材售货员、广告商售画营业员、导游、(轮船或班机上的)事务长、飞机上的服务员、船员、法官、律师。

ASE:戏剧导演、舞蹈教师、广告撰稿人,报刊、专栏作者、记者、演员、英语翻译。

ASI:音乐教师、乐器教师、美术教师、管弦乐指挥,合唱队指挥、歌星、演奏家、哲学家、作家、广告经理、时装模特。

AER:新闻摄影师、电视摄影师、艺术指导、录音指导、丑角演员、魔术师、木偶戏演员、骑士、跳水员。

AEI:音乐指挥、舞台指导、电影导演。

AES:流行歌手、舞蹈演员、电影导演、广播节目主持人、舞蹈教师、口技表演者、喜剧演员、模特。

AIS:画家、剧作家、编辑、评论家、时装艺术大师、新闻摄影师、男演员、文学作者。

AIE:花匠、皮衣设计师、工业产品设计师、剪影艺术家、复制雕刻品大师。

AIR:建筑师、画家、摄影师、绘图员、环境美化工、雕刻家、包装设计师、陶器设计师、绣花工、漫画工。

SEC:社会活动家、退伍军人服务官员、工商会事务代表、教育咨询者、宿舍管理员、旅馆经理、饮食服务管理员。

SER:体育教练、游泳指导。

SEI:大学校长、学院院长、医院行政管理员、历史学家、家政经济学家、职业学校教师、资料员。

SEA:娱乐活动管理员、国外服务办事员、社会服务助理、一般咨询者、宗教教育工作者。

SCE:部长助理、福利机构职员、生产协调人、环境卫生管理人员、戏院经理、餐馆经理、售票员。

SRI:外科医师助手、医院服务员。

SRE:体育教师、职业病治疗者、体育教练、专业运动员、房管员、儿童家庭教师、警察、引座员、传达员、保姆。

SRC:护理员、护理助理、医院勤杂工、理发师、学校儿童服务人员。

SIA:社会学家、心理咨询者、学校心理学家、政治科学家、大学或学院的系主任、大学或学院的教育学教师、大学农业教师、大学工程和建筑课程的教师、大学法律教师、大学数学、医学、物理、社会科学和生命科学的教师、研究生助教、成人教育教师。

SIE:营养学家、饮食学家、海关检查员、安全检查员、税务稽查员、校长。

SIC:描图员、兽医助手、诊所助理、体检检查员、监督缓刑犯的工作者、娱乐指导者、咨询人员、社会科学教师。

SIR:理疗员、救护队工作人员、手足病医生、职业病治疗助手。

第9章 员工关系管理

本章学习要点

- 员工关系及其影响因素
- 员工关系管理及其作用
- 劳动关系管理中的劳动合同以及劳动争议处理
- 员工纪律管理、员工冲突管理和员工申诉的流程
- 员工满意度管理

引入案例

某公司在招聘员工时首先与新进员工签订一份试用期合同，试用期满且合格的，公司再与劳动者签订正式的劳动合同。公司与前来应聘的何先生签订了一份6个月的试用期合同，并且约定若何先生通过公司试用期考核，公司将与其签订为期3年的劳动合同。在何先生工作的第5个月，公司认为何先生不符合公司的录用条件，便通知何先生解除试用期劳动合同。何先生不服公司的决定，便申请劳动争议仲裁，要求公司承担违法解除劳动合同的责任。请问，何先生的请求能否获得法律的支持？

（资料来源：作者根据相关资料整理）

本案例中公司与何先生单独签订了一份6个月的试用期合同，将试用期从劳动合同期限中剥离出来，因此，这6个月的试用期就是劳动合同期限，该劳动合同中没有试用期，公司就不得以“不符合录用条件”为由解除公司与何先生之间的劳动合同。根据《劳动合同法》第十九条第四款规定：试用期包含在劳动合同期限内。劳动合同仅约定试用期的，试用期不成立，该期限为劳动合同期限。因此该公司的做法是违法的。

9.1 员工关系管理概述

9.1.1 员工关系

1. 员工关系的含义

员工关系，是指个人与工作组织之间动态的相互影响的关系，这种关系在企业中表现为经

济关系、法律关系、社会关系和心理关系。具体如下：

(1)在本质上体现为经济关系。表面上，员工关系是员工个人与企业的关系。而实质上，员工关系是劳动与资本的关系，是资本雇佣劳动，因此说是一种雇佣关系。

(2)包含法律关系。从法律上，员工关系是一种契约关系或合同关系。双方一经确定了雇佣关系，双方的行为就要受到法律的约束。双方在法律上是平等的法律主体，要根据自愿、平等、协商的原则签订劳动合同。

(3)体现一种社会关系。

(4)包含心理关系。员工与企业之间的契约，除了法律层面的劳动契约(即劳动合同)，还有心理层面的契约，即心理契约。

对任何一个组织来说，建立积极正向的员工关系可以吸引且留住优良员工、提高员工生产力、增加员工对组织的忠诚度、提升工作士气、提升组织绩效、降低旷工、缺席率。

实务指南 9-1　**员工关系相关的概念辨析**

(1)雇佣关系，是指雇主与雇员约定在一定期限内雇员向雇主提供劳务并由雇主给付报酬所形成的权利义务关系。

(2)劳动关系，是指劳动者与用人单位(包括各类企业、个体工商户、事业单位等)在实现劳动过程中建立的社会经济关系。

(3)产业关系，是人们和他们的组织在工作场所乃至在整个社会的相互作用，以确定就业条件和就业待遇的一个过程。

(4)劳务关系(Service Relations)，是指提供劳务的一方为需要的一方以劳动形式提供劳动活动，而需要方支付约定的报酬的社会关系。

2. 影响员工关系的因素

有些管理者认为对员工的积极正确评价是员工关系计划的基础。这些计划在一定程度上是有效的，但是这并不是员工关系的核心。员工关系的核心是一个不断建立关系的过程。这需要花费较多的时间和精力来建立。要想建立积极正向的员工关系，首先要明确影响员工关系的因素有哪些？然后根据影响因素制定管理措施从而改进员工关系。

(1)沟通是影响员工关系最重要的因素。如果沟通渠道不畅，缺乏必要的反馈，将会引起很多矛盾，进而导致员工工作热情和积极性下降，影响工作效率。不断进行的双向沟通将会增进员工关系，减少冲突，增加员工对企业的信任，如果员工不信任管理者，上行沟通将会受到阻碍；如果管理者不信任员工，下行沟通将会受到影响。

实务指南 9-2　**沟通过程自检问题**

(1)双方是否都能够阐明各自所担心的问题；

(2)是否积极并愿意解决问题；

(3)是否共同研究解决问题的方案；

(4)沟通过程中是否对事不对人，不揭短，不指责；

(5)是否达成双赢的目的，使双方都获益。

(2)管理者的管理理念影响员工对企业的信念和管理者的动机,进而影响员工关系。如果员工不支持或不理解管理者的道德理念,他们将间接地对管理者的动机产生疑问。这将使员工产生压力,进而影响员工的工作绩效,同时也影响员工对组织的信念,在员工关系中,信念比现实更重要。员工将根据他们对组织的信念履行工作职责,员工应当被明确地告知工作的真实情况,尽管有时这对管理或员工是不合适的。员工的信念,不管正确与否,以及其不确定性将会影响工作绩效。良好的沟通将确保员工的信念与组织的现实相关联。另外重视和关心与工作问题有关的员工情感是建立员工关系的重要部分之一。

(3)冲突是产生负向的员工关系的直接起因。冲突是由于工作群体或个人,试图满足自身需要而使另一群体或个人受到挫折时的社会心理现象。组织内冲突表现为由于双方的观点、需求、欲望和利益的不相容而引起的激烈争斗。组织内部的冲突既可发生在个人与个人之间,也可发生在群体与群体之间。如:上下权力层次间的冲突,同一权力层次各部门之间的冲突,职能部门和一线班组之间的冲突等。组织必须解决冲突从而避免不适当的压力对员工或绩效产生负面影响。

(4)管理者对员工的期望不明确将增加员工的压力,进而影响员工关系。员工需要知道管理者对他们的期望是什么。员工不喜欢得到特别的惊喜。知道管理者的期望将极大地减少员工的工作压力。

(5)是否公平地对待所有员工是影响员工关系的关键因素。公平可以简单地认为在相同的情况下,对所有的员工都一视同仁,不存在厚薄。这并不意味较高的绩效不应当得到较高的报酬。对员工来说,公平也意味着获得公平的工资和福利。

9.1.2 员工关系管理

员工关系管理是构建在人力资源管理的整体机制之下,通过绩效管理、薪酬管理等各种制度发挥作用,合力营造组织内部良好的员工关系,维系组织与员工之间正面的心理契约,为组织的健康成长以及绩效的持续提升提供有力保障。

1. 员工关系管理的含义

从广义的概念上看,员工关系管理是指通过消除障碍使员工积极参与公司事务并且遵守公司纪律以达到提高公司效率的活动,其内容涉及了企业文化和人力资源管理体系两大领域。所有涉及企业与员工、员工与员工之间联系和影响的方面,都是员工关系管理体系的内容,包括企业核心价值观体系的确立、组织体系的设计和调整、工作分析、人力资源制度的制定和实施等。

从狭义的概念上看,即从人力资源管理职能看,员工管理关系是在企业人力资源体系中,各级人力资源管理者和人力资源职能管理人员代表企业,通过拟订和实施各项人力资源政策和管理行为以及其他管理沟通手段,协调企业和员工之间、员工和员工之间的相互关系,从而提高员工满意度,建立良好的工作环境,最终完成企业组织的预订目标。主要包含劳动关系管理、员工人际关系管理、沟通管理、员工状况管理、企业文化建设、服务与支持、员工关系管理培训等内容。

2. 员工关系管理的主体

员工关系管理的主体,即劳动关系的主体,是指劳动关系中劳动力的所有者和劳动力的使用者。其中劳动者称为劳动主体,用人单位称为用人主体。从狭义上讲,员工关系管理的主体包括两方:一是雇员以及以工会为主要形式的雇员团体,另一方是雇主以及雇主协会。从广义上讲,员工关系管理的主体还包括政府。

(1)员工:是指在就业组织中,本身不具有基本经营决策权力并从属于这种权力的工作者。

员工，也称为雇员、雇工、受雇人、劳工，员工的范围相当广泛，包括工人、医务工作者、办公人员、教师、社会工作者、中产阶级的从业者和底层管理者，不包括自由职业者、自雇用者。

(2)工会：工会是劳动者(雇员)组成的，旨在维护和改善其就业条件、工作条件、工资福利待遇以及社会地位等权益的组织。工会主要通过集体谈判方式来代表劳动者(雇员)在就业组织和整个社会中的权益。

①工会的职能与行动方式。工会是员工的集体组织，其主要目的在于维护员工的合法权益。工会的职能具体表现为代表职能，经济职能，社会民主职能和服务职能。工会的行动方式主要有劳动立法、集体谈判、直接行为、互保互助、政治行动等。

②中国的工会和职工代表大会。工会的任务有：代表和组织职工参与国家社会事务管理和参加企事业的民主管理；维护职工的合法权益；代表和组织职工实施民主监督；协助政府开展工作，巩固人民民主专政的政权与支持企业行政的经营管理；动员和组织职工参加经济建设；教育职工不断提高思想政治觉悟和文化技术素质。

工会的职权主要包括：通过职工大会、职工代表大会等形式，参与民主管理或与用人单位进行平等协商；代表职工与企业谈判和签订集体合同；对劳动合同的签订和履行进行监督；对企业遵守劳动法律、法规进行监督；参与劳动争议的调解和仲裁。职工代表大会是中国劳动者参与企业民主管理的一种基本形式，是职工行使民主管理权力的机构。

(3)雇主：也称雇用者，是指在一个组织中，使用雇员进行有组织、有目的的活动，并向雇员支付工资报酬的法人或自然人。在中国，雇主是一个新的概念，在现行的劳动立法中没有使用这一概念，而是普遍用“用人单位”。企业是社会经济的细胞，企业和谐稳定是社会和谐稳定的基础。

(4)政府：在现代社会中，政府的行为已经渗透到社会经济、政治生活的各个方面，政府作为劳动关系的主体一方，在劳动关系的运作过程中扮演着重要的角色。具体体现为：

①作为雇主的政府。

②作为调解者、立法者的政府。

③三方机制中的政府。

所谓三方性原则，是强调法律不仅要规定当事人双方的权利、义务，而且要同时规定作为第三方的政府的权利和义务。三方性原则表明了劳动关系制度对公共权力的承认。

3. 员工关系管理的途径

(1)让员工认同企业的愿景，是员工关系管理的起点。企业中所有利益相关者的利益都是通过企业共同愿景的实现来达成的。因此，员工关系管理的起点是让员工认同企业的愿景。没有共同的愿景，缺乏共同的信念，就没有利益相关的前提。

企业的价值观规定了人们的基本思维模式和行为模式，或者说是习以为常的东西，是一种不需要思考就能够表现出来的东西，是一旦违背了它就感到不舒服的东西。因此，可以说是企业的价值观是企业的伦理基准，是企业成员对事物共同的判定标准和共同的行为准则，是组织规范的基础。有了共同价值观，对某种行为或结果，组织成员都能够站在组织的立场做出一致的评价。这种一致的价值观既是组织特色，也是组织成员相互区分的思想和行为标识。

所以，认同共同的企业愿景和价值观，是建设和完善企业员工关系管理体系的前提和基础。

(2)完善激励约束机制，是员工关系管理的根本。企业有多种利益相关者，但其创立和存在的核心目标在于追求经济价值，而不是单纯为了满足员工个体利益需求。因此，企业组织的目标和其所处的竞争状况，并建立企业与员工同生存、共发展的命运共同体，是处理员工关系的根本出发点。如何完善激励约束机制，建立科学合理的薪酬制度包括晋升机制等，合理利用利益关系就成了员工关系管理的根本。

(3)构建双方的心理契约，是员工关系管理的核心部分。20 世纪 70 年代，美国心理学家施恩提出了心理契约的概念。虽然心理契约不是有形的，但却发挥着有形契约的作用。心理契约是由员工需求、企业激励方式、员工自我定位以及相应的工作行为四个方面的循环来构建而成的，并且这四个方面有着理性的决定关系。心理契约给员工关系管理带来的思考是：企业在构建心理契约时，要以自身的人力资源和个人需求结构为基础，用一定的激励方法和管理手段来满足、对应和引导员工的心理需求，促动员工以相应的工作行为作为回报，并根据员工的反应在激励上做出适当的调整；员工则依据个人期望和企业的愿景目标，调整自己的心理需求，确定自己对企业的关系定位，结合企业发展目标和自身特点设定自己的职业生涯规划，并因此决定自己的工作绩效和达成与企业的共识：个人成长必须依附企业平台，离开企业这个平台谈员工个人目标的实现只能是一句空话，这好比大海与溪水的关系，企业是海，个人是水，离开大海，溪水是会干枯的。这就是现代人力资源管理的心理契约循环过程，也是企业员工关系管理的核心部分。

(4)搭建职能部室负责人和人力资源部门的桥梁。在企业员工关系管理系统中，职能部室负责人和人力资源部门处于联结企业和员工的中心环节。他们相互支持和配合，通过各种方式，一方面协调企业利益和员工需求之间的矛盾，提高组织的活力和产出效率；另一方面他们通过协调员工之间的关系，提高组织的凝聚力，从而保证企业目标的实现。因此，职能部室负责人和人力资源部门是员工关系管理的关键，是实施员工关系管理的首要责任人，他们的工作方式和效果，是企业员工关系管理水平和效果的直接体现。

4. 员工关系管理的作用和意义

从组织发展的角度来看，员工关系管理是实现人与事的最佳配合、保证组织目标顺利完成的重要手段；同时也是一个组织照顾员工各方面的合理需求，留住并激励优秀人才，鞭策或淘汰不合格员工的重要手段。从员工个人发展来看，员工关系管理是帮助员工实现其自我职业规划的必要措施。

(1)良好的员工关系管理是实现人与事的最佳配合的重要手段。为了实行员工关系管理，必须进行合理的组织设计，为员工提供发展的平台，组织设计是指根据企业目标和业务特点，确定各部门或岗位的工作任务、所应承担的职责、权限，与其他职位间的工作联系、管理关系和方式，以及承担这些工作对员工的能力素质要求、任职资格要求等，组织设计明确了员工应该做什么和如何做才能达到要求，有利于实现人与事的最佳配合。

(2)良好的员工关系管理所形成的企业文化是激励优秀、鞭策后进的重要手段。良好的员工关系管理能促进企业形成积极向上的企业文化，这样的文化往往蕴涵着进取、诚信、合作、创新等因素，这些理念能教化人的心灵，使争先创优成为所有员工的共同目标。

(3)良好的员工关系管理有利于建立畅通的沟通机制。知识经济时代，员工追求尊重和平等，畅通的沟通机制有助于员工和管理层及时交流信息、沟通思想，员工可以自由地表达自己的见解和情绪，表达自己的需要，满足员工社交的需要；同时，沟通有利于知识的共享，员工可以在这样的群体中相互学习，共同提高。

个案分析 9-1 摩托罗拉公司的沟通方式

摩托罗拉公司的内部沟通在业界是一个范本，值得所有的企业认真学习。摩托罗拉的员工每人都有一个塑料的小卡片，穿孔后可以挂在钥匙上随身携带，这个小卡片真正的独特之处在于它正反两面的内容，卡片正面是公司所有重要部门的联系地址和电话；背面印有一些可以促进员工内部沟通的具有代表性的提醒性问题，它的作用在于时时督促员工改进自身，实现与他人的良好沟通，并且能够有效促进员工内部的凝聚力，宣传了积极向上而且富有竞争意味的企业文化。

(4)良好的员工关系管理是帮助员工实现自我职业规划的必要措施。吸引员工留在企业的一个非常重要的因素，是员工在企业中能够感觉到职业在不断发展和提升，这种发展和提升只有和企业的发展相一致时才能实现。根据调查，影响人才流动的各项因素中公平的晋升机会居第一位，比值是 21.2%，从中可以看出，职业发展是员工关注的第一要素。通过员工关系管理，企业能帮助员工寻找到个人发展与企业发展的结合点，帮助员工进行职业生涯的规划，并为实现这些规划而有目的地安排相应的培训，帮助员工尽快实现其个人发展目标，进而促进企业的长足发展。

(5)良好的员工关系管理能使员工更多体会到被尊重的感觉。尊重和认同是员工情感管理中最重要的部分。按照马斯洛的需求理论，人到了一定的阶段就有了被尊重和认同的需要。现代企业中员工越来越知识化、信息化、国际化，因此要求被尊重和认同成为他们工作是否快乐的最基本要素。企业在面对他们时，要善用换位思考的方式，斟酌如何对待同事、处理“人事”，公平地对待他们，让员工感觉到被重视和尊重。

9.2 劳动关系管理

劳动关系管理是指通过规范化、制度化的管理，使劳动关系双方的行为得到规范，权益得到保障，协调双方关系，避免或解决劳动关系中的劳动争议，维护稳定和谐的劳动关系，促进企业经营的稳定发展。

9.2.1 劳动合同管理

1. 劳动合同的订立

(1)订立劳动合同用人单位。根据《劳动合同法》第二条规定，下列组织属于劳动合同法意义下的用人单位：

①企业，包括国有企业、民营企业、外资企业、个人独资企业、合资企业、公司等。

②个体经济组织，在我国主要指个体工商户。

③民办非企业，指根据《民办非企业单位登记管理暂行条件》的规定，企事业单位、社会团体和其他社会力量以及公民个人利用非国有资产举办的，从事非营利性社会服务活动的社会组织。如民办幼儿园、民办医院、民办科技馆、民办博物馆等。

④其他组织，根据《劳动合同法实施条例》第三条规定为，依法成立的会计师事务所、律师事务所等合伙组织和基金会。

⑤与劳动者建立劳动关系的国家机关、事业单位、社会团体等。

(2)劳动合同的内容。

劳动合同的内容分为必备条款和约定条款。

①劳动合同的必备条款。根据《劳动合同法》第十七条规定，劳动合同应当具备以下条款：用人单位的名称、依据和法定代表人或者主要负责人；劳动者的姓名、住址和居民身份证或者其他有效身份证件号码；劳动合同期限；工作内容和工作地点；工作时间和休息休假；劳动报酬；社会保险；劳动保护、劳动条件和职业危害防护；法律、法规规定应当纳入劳动合同的其他事项。

当然，劳动合同的必备条款不完备并不导致劳动合同无效。用人单位与劳动者事后协商予以补充。

②劳动合同的约定条款。劳动合同的约定条款是由用人单位与劳动者协商确定的条款。实践中，约定条款一般包括试用期条款、商业秘密条款、专项培训条款、竞业限制条款、违约金条款、补充保险和福利条款等

实务指南 9-3 **可约定违约金的情形**

《劳动合同法》第二十五条规定，除用人单位与劳动者提供专项培训费用进行专业技术培训和在合同中约定竞业限制条款且劳动者在离职后企业依约支付了竞业限制补偿这两种情形以外，用人单位不得与劳动者约定由劳动者承担违约金。

(3)劳动合同的形式要求。用人单位与劳动者建立劳动关系，应当订立书面劳动合同。

①建立了劳动关系，用工之日起 1 个月内未与劳动者签订劳动合同的：

a. 用人单位不用承担任何法律责任。

b. 劳动者拒绝签订书面劳动合同，用人单位应当书面通知劳动者终止劳动关系，无须支付劳动者经济补偿金。但应当依法向劳动者支付其实际工作时间的劳动报酬。

②用工之日起超过 1 个月不满 1 年未与劳动者签订书面劳动合同的：

a. 用人单位应与劳动者补签书面劳动合同，并向劳动者每月支付 2 倍工资(起算日为用工之日起满 1 个月的次日，截止日为补订书面劳动合同的前 1 日)。

b. 劳动者拒绝签订书面劳动合同，用人单位可以终止用工合同，但须支付劳动者每月 2 倍工资以及法定的补偿金。

③用工之日起满 1 年未与劳动者签订劳动合同的：

a. 用人单位须向劳动者每月支付 2 倍工资(即 11 个月 2 倍工资)，并基于劳动者的要求，与劳动者签订无固定期限劳动合同。

b. 劳动者拒绝签订劳动合同，用人单位可以终止劳动合同。但仍须承担 2 倍工资和法定经济补偿金。

个案分析 9-2

2009 年 10 月，成都某机械制造公司在新进员工入职一周后，公司人力资源部与新员工签订 3 年期的劳动合同。但有 5 名员工明确表明不愿意与公司签订书面合同，其理由是签订 3 年的书面合同会限制他们以后找工作。公司告诉他们，即使签订了 3 年劳动合同后，他们也可以提前 30 天行使单方解除权。但这 5 名员工仍然坚持不签订劳动合同。公司则同意他们的行为要求。

本案中用人单位要求劳动者签订劳动合同，而劳动者拒绝签订的情况下。用人单位操作不当，仍会面临着补偿劳动者双倍工资的风险。因此，用人单位面临此种情况下，应根据上述规定灵活操作。

实务指南9-4 **劳动合同管理注意事项**

(1)树立正确的用工制度。摒弃没有签订劳动合同则没有劳动关系的错误看法。

(2)设置劳动合同生效要件制度。用人单位在用工前先与劳动者签订劳动合同，但双方可以约定合同生效要件。即生效要件未成立，劳动合同未生效，以此规避用人单位不履行劳动合同承担的法律风险。

(3)为减少手续的繁杂，可以建立“签约与录用同步”制度。

(4)建立合同到期预警制度。设定一个固定时间或员工到期前一个确定时间段作为预警时间，由专人或办公系统自动提醒人事部处理。

(5)可以在前一次签订劳动合同中约定本期合同到期时，如无异议，劳动合同自动顺延。同时也在合同中约定异议一方当事人应当在合同到期前一个确定时间段内提出。

(6)对于非全日制用工形式，劳动合同法规定可以采取灵活性、简易性方式，可以用口头协议的形式建立劳动关系。

(4)劳动合同的种类。《劳动合同法》第12条规定，劳动合同分为固定期限劳动合同、无固定期限劳动合同和以一定工作任务为期限的劳动合同。同时，《劳动合同法》对不同劳动合同中用人单位的要求不同，因此，掌握每种劳动合同的核心内容和法律规定，对用人单位有着重要的影响。

①固定期限劳动合同。根据《劳动合同法》第十三条规定，固定期限劳动合同是指有固定起始日和终止日的劳动合同。用人单位与劳动者协调一致则可以签订固定期限劳动合同。但根据《劳动合同法》第十四条第二款第三项规定，用人单位与劳动者连续订立两次固定期限劳动合同，而且无第三十九条和第四十条第一项、第二项规定的情形下，劳动者可以选择采取无固定期限劳动合同进行续订合同。

固定期限是劳动合同中最为普遍的劳动合同。特别是对用人单位来说，是其首选劳动合同。因为相对其他两种劳动合同，无固定期限劳动合同更灵活、更方便，而且有利于用人单位用工机制的新陈代谢，防止用工机制的僵化。

②无固定期限劳动合同。根据《劳动合同法》第十四条第一款规定，无固定期限劳动合同是指用人单位与劳动者约定无确定终止劳动合同时间的劳动合同。这是《劳动合同法》最大亮点之一。

根据《劳动合同法》第十四条第二款规定，用人单位与劳动者可以基于以下情形签订无固定期限劳动合同：双方协商一致；强制性订立，有以下情形，劳动同意续订劳动合同的，除劳动者提出订立固定期限劳动合同外，应当订立无固定期限劳动合同：劳动者在该用人单位连续工作满10年的；用人单位实效被告劳动合同制度，国有企业改制重新订立劳动合同时，劳动者在该用人单位连续工作满10年且距法定退休年龄不足10年的；连续订立两次固定期限劳动合同，且劳动者没有本法第三十九条和第四十条第一项、第二项规定的情形，续订劳动合同的。

个案分析 9-3

张某于 1984 年进入江苏水利工程技术总队工作，并在 1994 年与水利总队签订了劳动合同。2001 年，水利总队改制，改为江苏水利发展有限公司，水利总队为其股东之一。张某进入水利公司后仍从事原来工作。2007 年 10 月，水利公司通知张某不与其继签合同。张先生不服公司决定，向当地劳动仲裁委员会提出仲裁，请求公司撤销终止劳动合同的决定，并提出签订无固定期限劳动合同的请求。

本案中张某于 1984 年起与水利总队建立了事实上的劳动关系，改制后，劳动者的权益仍应当得以保护，其在水利总队工作时间应计算在他为水利公司的工作时间内。因此，水利公司应当与张某签订无固定期限劳动合同。

《劳动合同法》第八十二条第二款规定了用人单位违反本法规定不与劳动者签订无固定期限劳动合同的，将面临高昂的成本，即自应当订立无固定期限劳动合同之日起向劳动者每月支付两倍的工资。因此，用人单位在选择签与不签无固定期限劳动合同时，应当仔细斟酌和评估，理性看等无固定期限劳动合同的利弊。无固定期限劳动合同一方面限制了用人单位的用工机制，增加用工单位的隐性成本；另一方面，这种方式可以保持团队的稳定性，提高员工工作经验的积累，从而提高用人单位的效率。而且，无固定期限劳动合同的劳动者达到退休年龄的，不需要支付经济补偿金，可以节约用工成本。

实务指南 9-5　　**签订无固定期限劳动合同的防险技巧**

(1)用人单位应当注重对合同形式的管理，避免因未签书面劳动合同而导致无固定期限劳动合同的强制性产生。

(2)用人单位谨慎选择签订无固定期限劳动合同的劳动者。应当遵守“绩效原则”和“诚信考核原则”。

(3)用人单位选择固定期限劳动合同的，最多选择一次 9 年的劳动合同，避免连续工作 10 年而导致强制性签订固定期限劳动合同情形。对于不需要签订无固定期限劳动合同的岗位，可以采取多种用工方式，如劳务派遣用工方式、非全日制工或业务外包等。

(4)用人单位应当针对无固定期限劳动合同下的劳动者设计专门的薪酬制度、考核制度、奖惩制度等来提高劳动者的积极性，发挥其最大的价值。

③以完成一定工作任务为期限的劳动合同。根据《劳动合同法》第十五条第一款规定，以完成一定工作任务为期限的劳动合同是指用人单位与劳动者约定完成一定工作确定为劳动合同的开始日和终止日的劳动合同。

在实践中，有以下情形之一，用人单位和劳动者都可以采用以完成一定工作任务为期限的劳动合同：以完成单项工作任务为期限的劳动合同；以项目承包方式完成劳动合同；因季节原因临时用工的劳动合同；其他双方约定的以完成一定工作任务为期限的劳动合同。

2. 劳动合同的变更

劳动合同变更是指在劳动合同履行期间，用人单位和劳动者依法或协商对合同内容(包括工种的变更、工作地点的变更、工资福利、休假、工作时间等)进行修改、补充和废止的行为。基于以下三种情况，用人单位与劳动者可依法变更劳动合同内容。须注意的是，劳动合同变更需以书面形式。

(1)劳动力能力受影响情况。《劳动合同法》第四十条第一款规定，劳动者因患病或非因工负伤，在规定的医疗期满不能从事原工作，用人单位可以为其调整岗位，另行安排工作。实践中，用人单位单方面给劳动者另行安排工作岗位时，需要注意合理性。

(2)劳动者不能胜任工作。《劳动合同法》第四十条第二款规定，劳动者不能胜任工作，经过培训或调整工作岗位，仍不能胜任工作的，用人单位可以提前30日通知解除劳动合同。因此，因劳动者不能从事原来工作，用人单位可以为其调整工作。

(3)客观情况变化。《劳动合同法》第四十条第三款规定，劳动合同订立时的客观情况发生变化后，用人单位与劳动者可以协商变更劳动合同，若未能就变更事项达成协议，用人单位方可解除劳动合同。

3. 劳动合同解除

劳动合同解除是指劳动合同订立后，期限届满之前，由某种原因导致合同一方或双方当事人提前解除劳动关系的法律行为。劳动合同解除包括协商解除、法定解除、约定解除。

(1)协商解除。协商解除是指在劳动合同订立，期限届满之前，用人单位和劳动者一致同意解除合同。《劳动合同法》第三十六条明确规定当事人协商一致，可以解除劳动合同。

实务指南9-6 **协商解除劳动合同的防范技巧**

(1)协商解除适用范围广，没有适用范围的限制，甚至对处于"三期"内的女职工、工伤职工都可以适用。

(2)协商解除劳动合同可以弱化用人单位的用工风险和成本。比如，不用承担举证责任和支付劳动者经济补偿金。

(3)协商解除劳动合同的关键点是要分清哪一方先提出解除协议的提议。如果是用人单位先提出协商解除劳动合同，需向劳动者支付经济补偿金；如果是劳动者先提出来协商解除劳动合同，用人单位不需要支付经济补偿金。

(2)劳动者的法定解除权。

①辞职权。劳动者的辞职权主要体现在试用期间的辞职权和劳动合同履行过程的辞职权。《劳动合同法》第三十七条规定，劳动者提前三十日以书面形式通知用人单位，可以解除劳动合同。劳动者在试用期内提前三日通知用人单位，可以解除劳动合同。

劳动者在行使辞职权时需注意两点：一是，如果劳动合同中合法约定了违约金的，劳动者须支付违约金；二是，劳动者须掌握行使辞职权的时间限制。并用做交接工作，避免给用人单位造成损失，以免承担赔偿责任。

②特别解除权。《劳动合同法》第三十八条规定，用人单位有下列情形之一的，劳动者可以解除劳动合同：未按照劳动合同约定提供劳动保护或者劳动条件的；未及时足额支付劳动报酬

的；未依法为劳动者缴纳社会保险费的；用人单位的规章制度违反法律、法规的规定，损害劳动者权益的；因本法第二十六条第一款规定的情形致使劳动合同无效的（以欺诈、胁迫的手段或乘人之危，使对方在违背真实意愿的情况下订立或变更劳动合同）。法律、行政法规规定劳动者可以解除劳动合同的其他情形。用人单位以暴力、威胁或非法限制人身自由的手段强迫劳动的，或者用人单位违章指挥、强令冒险作业危及劳动者人身安全的，劳动者可以立即解除劳动合同，不需事先告知用人单位。

（3）用人单位的法定解除权。

①过失性解除劳动合同。过失性解除劳动合同是指在劳动者存在一定的过失，用人单位可以单方解除劳动合同。《劳动合同法》第三十九条规定，劳动者有以下情形之一的，用人单位可以解除劳动合同：在试用期间被证明不符合录用条件的；严重违反用人单位的规章制度；严重失职，营私舞弊，给用人单位造成重大损害的；劳动者同时与其他用人单位建立劳动关系，对完成本单位的工作任务造成严重影响，或者经用人单位提出，拒不改正的；因《劳动合同法》第二十六条第一款规定的情形致使劳动合同无效的（以欺诈、胁迫的手段或乘人之危，使对方在违背真实意思的情况下订立或变更劳动合同）；被依法追究刑事责任的。

实务指南 9-7　过失性解除劳动合同的防险技巧

（1）用人单位建立员工工作状况记录制度，作为解除劳动合同的证据，以此降低劳动纠纷的成本。

（2）用人单位注重规章制度的科学性和公示性。在规章制度中明确界定“严重违反”“严重失职”“严重影响”“重大损害”。并在用工合同或员工工作空间予以公示，以便员工了解该制度并遵守该制度。

（3）因劳动者严重违纪解除劳动合同的，用人单位必须写一份调查后由员工签字确认（员工拒绝签字的，可以由其他同事写几份证词）。

②非过失性解除劳动合同。非过失性解除劳动合同是指劳动者一方未有过失，但是由于劳动者自身或客观情况的变化，用人单位提前三十日以书面形式通知劳动者本人或额外支付劳动者一个月工资后，可以解除劳动合同：劳动者患病或非因工负伤，在规定的医疗期满后不能从事原工作，也不能从事由用人单位另行安排工作的；劳动者不能胜任工作，经过培训或调整工作岗位，仍不能胜任工作的；劳动合同订立时所依据的客观情况发生重大变化，致使劳动合同无法履行，经用人单位与劳动者协商，未能就变更劳动合同内容达成协议。

实务指南 9-8　非过失性解除劳动合同的防险技巧

用人单位应当建立员工非过失解除劳动合同制度，特别是注重程序的合法性，并以书面形式确定以下程序：

（1）分清“因工伤或职业病而不能胜任岗位”和“劳动者患病或非因工负伤而不能胜任岗位”的区别。

(2)解除合同的程序：劳动者因自身或客观情形不能胜任原来工作岗位，用人单位也不能立即解除劳动合同，应当先调整劳动者的岗位或进行培训，劳动者仍不能胜任现从事的工作的，用人单位方可解除合同。

(3)通知本人方式和经济补偿方式的选择。即在通知个人程序方面，用人单位有两种选择，可根据具体情况而定。如果员工的工作岗位重要而且工作量大，用人单位可以选择提前一个月以书面形式通知员工，方便工作交接；如果员工的工作不重要，而且素质不好，可选择额外支付一个月工资的方式通知员工，以防产生纠纷。

(4)用人单位在制度中明确非过失性解除劳动合同的限制：①从事接触职业病危害作业的劳动者未进行离网前职业健康检查，可疑似职业病病人在诊断或医学观察期间的；②在本单位患职业病工负伤并被确认丧失或者部分丧失劳动能力的；③患病或非因工负伤，在规定的医疗期内的；④女职工在怀孕、产期、哺乳期的；⑤在本单位连续工作满15年，且距法定退休年龄不足5年的；⑥法律、行政法规规定的其他情形。

③经济性裁员。

a. 用人单位可以进行经济性裁员的情形：依照企业破产法规定进行重整的；生产经营发生严重困难的；企业转产、重大技术革新或经营方式调整，经变更劳动合同后，仍需裁减人员的；其他因劳动合同订立时所依据的客观经济情况发生重大变化，致使劳动合同无法履行的。

b. 经济性裁员的程序。用人单位需提前三十日向工会或者全体职工说明情况，提供生产经济状况的资料，提出裁员方案、名单、时间、经济补偿方案以及实施步骤，以征求工会或全体职工的意见。并报当地劳动行政部门，征求部门意见。然后公布裁减名单，按相关规定向被裁减人员支付经济补偿金，并出具裁减人员说明书。

c. 经济性裁员的限制。用人单位进行经济裁员时须遵守《劳动合同法》第四十二条规定，对以下六种人不得裁减：第一，从事接触职业病危害作业的劳动者未进行离网前职业健康检查，可疑似职业病病人在诊断或医学观察期间的；第二，在本单位患职业病工负伤并被确认丧失或者部分丧失劳动能力的；第三，患病或非因工负伤，在规定的医疗期内的；第四，女职工在怀孕、产期、哺乳期的；第五，在本单位连续工作满15年，且距法定退休年龄不足5年的；第六，法律、行政法规规定的其他情形。

d. 经济性裁员中需要优先保留的三类人。从与本单位订立较长期限的固定期限劳动合同的；与本单位订立无固定期限劳动合同的；家庭无其他就业人员，有需要扶养的老人或未成年人的。

e. 经济性裁员后的义务。《劳动合同法》第四十一条第三款规定，用人单位依照本法第二款规定裁减人员，在六个月内重新招用人员的，应当通知被裁减人员，并在同等条件下优先招用被裁减人员。

9.2.2　劳动争议管理

1. 劳动争议的范围

劳动争议是指用人单位与劳动者之间就劳动的权利义务发生歧义而引起的争议，也称劳动纠纷。劳动争议中有的属于既定权利的争议，即因适用《劳动法》或《劳动合同法》和劳动合同、集体合同的既定内容而发生的争议;有的属于要求新的权利而出现的争议,是因制定或变更劳动条件而发生的争议。

根据《中华人民共和国企业劳动争议处理条例》第二条规定,劳动争议主要包括以下四类:

(1)因企业开除、除名、辞退职工和自动离职发生的争议。在实践中,因为"开除"和"除名"的条件很严格,同时还要通过职工代表大会等手续,程序很复杂,也很容易陷入劳动纠纷中。

(2)因履行劳动合同争议发生的争议。这种纠纷是劳动纠纷中最为常见的,表现形式多样化。主要包括对劳动合同主要条款和约定条款方面的纠纷。比如、工资、劳动时间、工作地点、福利、培训等。为避免产生劳动纠纷,企业在与劳动者订立合同时,对合同中的一些具体内容可以具体化,比如工资、工作岗位等,而对合同中一些条款可以采取原则性方式,给用人单位与劳动者双方都有解释的空间。

(3)因执行国家有关工资、保险、福利、培训、劳动保护的规定发生的争议。工资方面易产生的争议主要体现在加班工资方面。用人单位对技术性劳动者的加班工资都有确定的规章制度,争议较少。争议主要是发生在管理型劳动者的加班工资方面。对于此种类型的劳动者,用人单位可以采取综合计算工时制或不定时工作制。

实践中,关于保险、工伤等产生的纠纷,往往是用人单位处于被动地位,因此,纠纷产生后,用人单位只需按法律程序解决纠纷则可。关于公司的福利、培训等属于公司内部事务,在操作中只要做到书面化,签字确认等原始材料的整理和相应流程的完善。

(4)法律、法规规定应当依本法处理的其他劳动争议。除以上三类劳动争议外,《劳动法》《劳动合同法》和《劳动法实施条例》中规定的其他劳动争议,比如离职争议。离职争议主要体现在用人单位与劳动者单方解除劳动合同的争议,特别是用人单位与劳动者单方有过失情况下解除劳动合同产生的争议。

2. 劳动争议的防范

(1)掌握并灵活运用劳动法律、法规。现代企业在科学管理理论的影响下,都非常注重法律对公司管理的影响。在人力资源管理方面,用人单位顺应劳动关系发展的趋势,关注劳动法律、法规的演进、变迁和发展,学会灵活运用法律、法规调整劳动关系,把握劳动关系变化的规律,进一步健全适应新变化的劳动关系自主协调和管理制度。这是有效防范劳动争议的基本前提。

(2)确保用工单位规章制度的有效性。《劳动合同法》第四条规定:用人单位应当依法建立和完善规章制度,保障劳动者享有劳动权利和履行劳动义务。有效的劳动规章制度是用人单位正常运作的前提,是劳动者的行为准则;无效的劳动规章制度对劳动者无约束力。因此,为了降低用工成本,防范劳动争议的产生,用人单位的人力资源部门的首要工作就是审查企业的规章制度,明确管理权限的合法性、管理内容的合法性以及管理手段的合法性。同时,用人单位的劳动规章制度的制定经过一定的民主程序,即经过企业职工代表大会或职工大会讨论通过。通过对用人单位劳动规章制度的合法性、规范性、实用性、协调性的审查,有利于本单位的规范管理,实现用人单位和劳动者的双赢,有效防范劳动争议的产生。

(3)规范劳动合同。

①注重合同的形式要件。尊重《劳动合同法》第十条的规定。

②注重合同的一般性和特殊性的有效结合。实践中,很多用人单位将劳动管理部门规定

的规范性劳动合同直接用于本单位。这种合同一般都太大众化，忽略了用人单位的特殊情况，缺乏对劳动合同的程序性的规定。合同在实际的履行过程中流于形式。因此，一旦发生劳动争议，用人单位则面临着极大的风险。

③权利义务的确定化和具体化。第一，依法规定试用期中劳动者的权益；第二，劳动报酬的约定须遵守同工同酬、与工作绩效和企业效益挂钩；第三，明确细化劳动保险条款，不得回避；第四，不得违规收取劳动者的抵押金、保证金、定金等任何形式的金钱，但可以约定收取培训费用。不得扣押劳动者的身份证。第五，加班的认定和工资计算方式。等等。

④注重对合同特殊条款的订立和管理。主要是专项培训协议、竞业限制、商业秘密保护管理。

(4)开创多元化的人资源管理。《劳动合同法》的颁布大大促进了劳动者自由择业的权利，人才流动日益频繁。用人单位的人力资源部门应当与时俱进，突破传统的终身制用工制度，科学设置薪酬分配制度、合理建设员工职业生涯规划和职务晋升制度，将企业的效益与员工的回报紧密结合在一起，真正实现员工与企业为一家的企业文化。同时，针对不同的岗位，人力资源管理部门采取多种用工制度，将劳动合同制度、劳务合同制度、派遣员工制度有效地应用于不同的岗位。

(5)注重用工制度的程序性。

①基于劳动者过失，用人单位根据《劳动合同法》解除劳动合同前，应当给予劳动者本人申辩的权利，并经过一定会议讨论决定并征求工会意见；同时，在辞退书上增加“本人申辩”、“调查结果”、“工会意见”等栏目。

②注意收集证据和管理证据。《最高人民法院关于民事诉讼证据的若干规定》第六条“在劳动争议纠纷案件中，因用人单位作出开除、除名、辞退、解除劳动合同、减少劳动报酬、计算劳动者工作年限等决定而发生劳动争议的，由用人单位负举证责任”。每次违纪处罚都要被处分人签名确认，并作为重要资料加以管理。

③实行签收制度。即将开除、除名等处分通知要送达劳动者。根据《最高人民法院关于劳动争议案件适用法律若干问题的解释》第十九条“用人单位根据《劳动法》第四条的规定，通过民主程序规定的规章制度，不违反国家法律、行政法规及政策规定，并已向劳动者公示的可以作为人民法院审理劳动争议案件的依据”。

3. 化解劳动争议途径

(1)劳动争议调解。劳动争议调解是指调解委员会对用人单位与劳动者之间发生的劳动争议，在查明事实、分清、明确责任的基础上，依照国家劳动法律、法规以及依法制定的企业规章和劳动合同，通过民主协商的方式，推动双方互谅互让，达成协议，消除纷争的一种活动。劳动争议调解是在企业劳动调解委员会主持下，将劳动争议解决在用人单位内部的一种解决方式。劳动争议调解流程如图 9.1 所示。

特别强调两点：第一，调解不是仲裁或诉讼解决方式的先决条件；第二，调解须遵守中一方或双方不履行协议时，任何一方可以向当地劳动仲裁提出仲裁申请。

(2)劳动争议仲裁。劳动争议仲裁是指劳动争议仲裁机构依法对争议双方当事人的争议案件进行居中公断的执法行为，其中包括对案件的依法审理和对争议的调解、裁决等一系列活动或行为。劳动争议仲裁是劳动争议诉讼的法定前置程序。作为劳动争议处理的最重要的一种方式之一。劳动争议仲裁流程如图 9.2 所示。

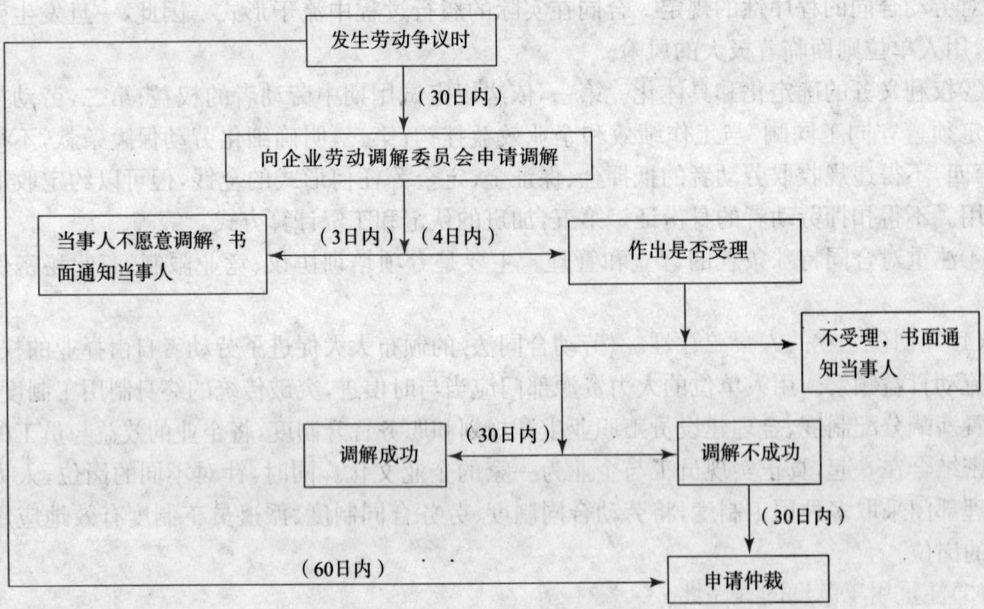

图 9.1　劳动争议调解流程图

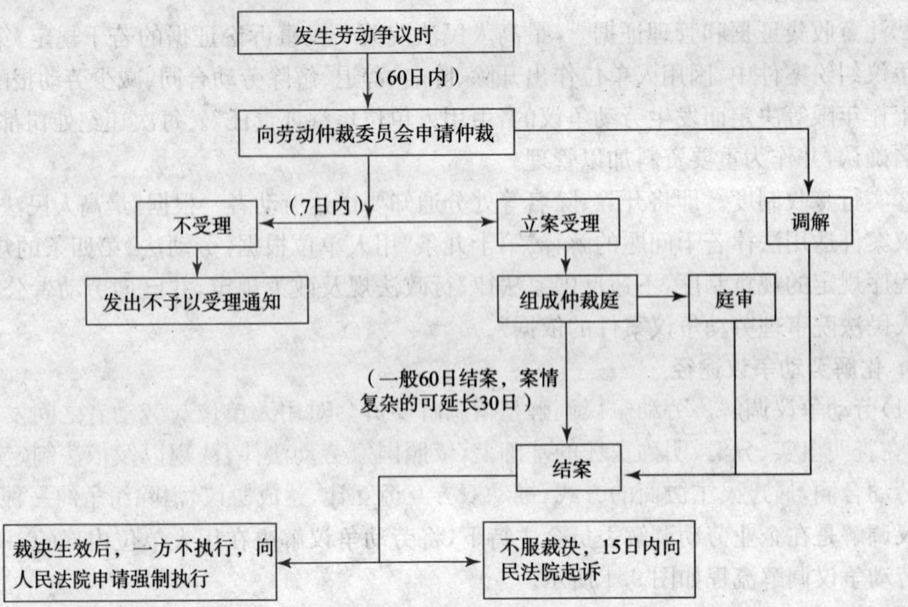

图 9.2　劳动争议仲裁流程图

(3)劳动争议诉讼。劳动争议诉讼是指人民法院对当事人不服劳动争议仲裁机构的决定而起诉的劳动争议案件，依照法定程序进行审理，并对当事人具有强制执行力一种劳动争议处理方式。劳动争议诉讼流程如图 9.3 所示。

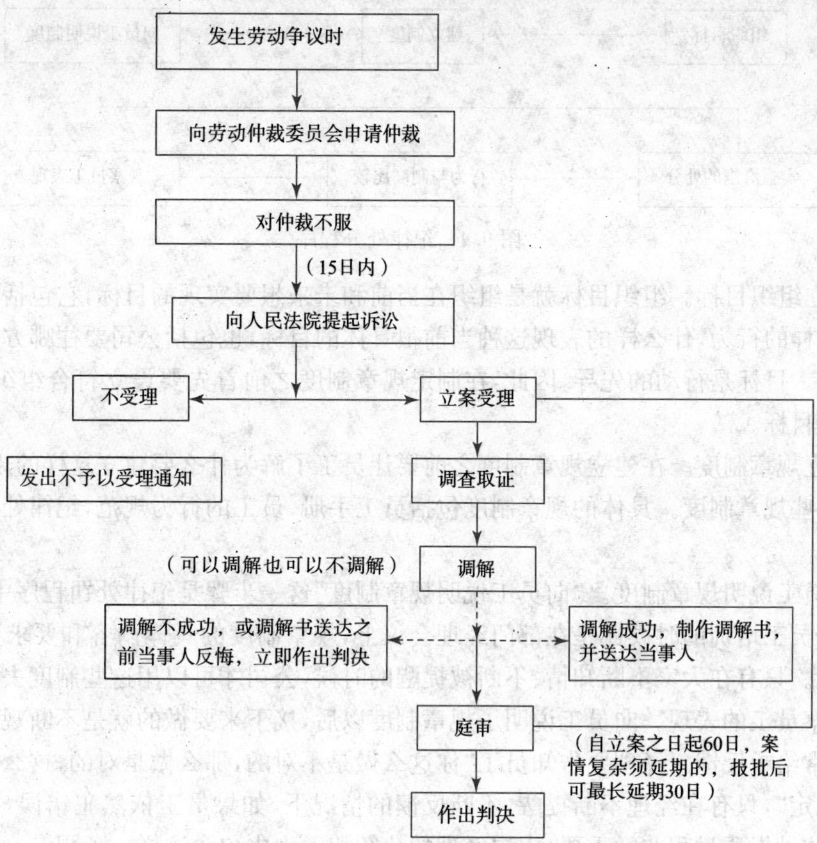

图 9.3　劳动争议诉讼流程图

实务指南 9-9　　员工申诉与劳动争议的区别

(1)员工申诉是一种内部沟通渠道，是依据企业制定的申诉制度和程序在企业内部进行的；劳动争议是在劳动仲裁机构的主持下，依照国家法律、法规进行的。

(2)员工申诉的范围一般是指员工对奖惩、晋升、降级、调动等处理过程和结果有异议；劳动争议的范围指因劳动时间、劳动强调、劳动报酬以及伤病与劳动合同不符等原因。

9.3　员工纪律管理、冲突管理和员工申诉制度

9.3.1　员工纪律管理

员工关系管理的一个重要的相关职能是员工的纪律管理，当员工触犯了组织纪律时，组织的有关部门就要遵照一定的程序对其实施相应的处罚。

1. 纪律处分的程序

在实施处罚时首先需要明确设置纪律处分程序的两个要点：第一，在进行处分前一定要向员工明确什么样的情况下会被处罚；第二，处分时要将完全不归咎于员工、不由员工控制的责任提取出来。在明确了设置纪律处分程序的两个要点之后，就要了解纪律处分的具体程序，如图 9.4 所示。

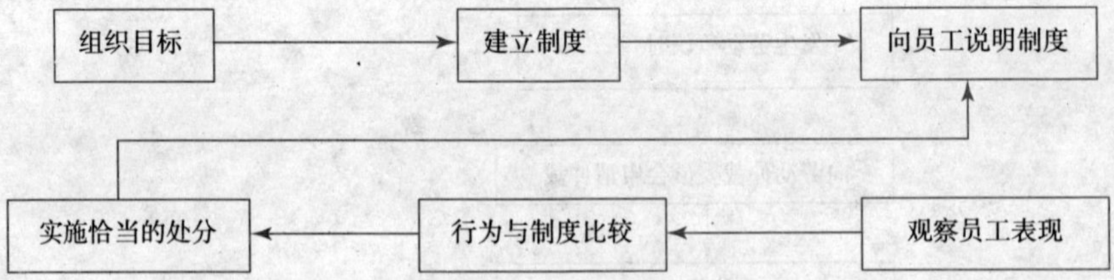

图 9.4　纪律处分程序

(1)设立组织目标。组织目标就是组织在当前和未来想要实现的目标,它包括类似公司认可员工什么样的行为,什么样的表现这种当前很具体的目标,也包括公司要往哪方面发展这样的长远目标。目标是行动的先导,因此,在制定规章制度之前首先要设立符合组织实际、明确清晰的组织目标。

(2)建立规章制度。在建立规章制度之前要让员工了解为什么要建立这样的规章制度,让员工认同这些规章制度。具体的规章制度包括员工手册、员工的行为规范,纪律处罚条例等成文的制度。

(3)向员工说明规章制度。"向员工说明规章制度"这一步骤是纪律处罚程序中最重要的,无论是在新员工培训的时候还是在部门经理会议上,规章制度的具体内容和要求要不断地告知新老员工。只有在大家不断知情、不断被提醒的时候,公司才可以用这些制度去处罚员工。

(4)观察员工的表现。向员工说明了规章制度以后,接下来要做的就是不断观察员工的表现,并且经常给予反馈。经理要告知员工"你这么做是不对的,那么做是对的;这么做可能违反了哪一条规定",只有在经理不断提醒,不断反馈的情况下,如果员工依然犯错误,才可能对其实施惩罚;这种提醒过程非常重要,中层经理的执行权益力中包含这样一条规定——指导员工不断的反馈,如果员工依然做不到才能惩罚或辞退员工。

(5)表现与规章制度相比较。在实施惩罚前,还要将犯错员工的表现和成文的规章制度作对比,比较二者是否相差很多,差距表现在什么地方,这样可以为下一步骤的实施提供有力的依据。

(6)实施恰当的处分。如果员工的行为背离规章制度很远,就要遵照规章制度对其实施恰当的处分。处罚结束并不意味着真正的结束,这个纪律处分程序其实是一个封闭的循环,所以,处分结束后要进行再次说明、再反馈、再对比,如果还是不行,只能再处分。

2. 纪律处分的方式

(1)纪律处分的方式 1——热炉原则。所谓热炉原则是指员工一旦犯错,最好能在 30 秒内飞速给予反馈,也就是要趁着炉火没灭,燃烧的时候,提出警告并给予惩罚,这种惩罚不能受个人情感左右,强调的就是趁热打铁。这种处分方式的最大好处就在于能令员工深刻记忆。一般来说,员工都比较繁忙,在他做错事情的时候,如果仅仅是偷偷记在小本子上,准备等到绩效考核的时候再对其实施处分,那就为时已晚,所以,热炉原则强调的是指批评的即时性,但是这种反馈也有缺点,就是处罚人当时太过着急,不过这个缺点能够有效克服。

(2)纪律处分的方式 2——渐进的纪律处分。渐进的纪律处分强调的是一点一点渗透、一点比一点厉害、它的目的在于确保对员工所犯的错误施以最轻的惩罚。也就是能惩罚轻的时候,绝不采取更重的措施。

(3)纪律处分的方式 3——无惩罚的纪律处分。无惩罚的纪律处分在国外比较常见,现在在国内还不是很流行。它是指当员工犯错误的时候,公司采取的策略是对其既不警告也不处罚，而是给其一段时间无薪休假，比如三天或者一个星期，让员工在家里自我反省"我还愿意遵守规章制度吗？我还愿意继续为这个公司工作吗？"如果不愿意休假结束后他就会主动辞职了，如果愿意，就要向公司承诺自己以后不再犯类似的错误。这种惩罚方式的高明之处，就在于一旦员工自己做出承诺，比经理盯着的效果要好得多，从而也就变相达到了惩戒的目的。

个案分析 9-4

有一个老工人，兢兢业业、勤勤恳恳地为公司服务了5年，但是这个人大错不犯、小错不断，比如他被经理连续逮到两次违反安全制度，第一次公司给了一个书面警告，并且白纸黑字写下"如果犯第二次就马上终止合同"；结果，这位老工人第二次又犯了同样的错误，经理为此很犹豫，不知道应该留着他，还是辞退他。

遇到上例中的两难情况，为了维护公司纪律的权威性，恐怕需要忍痛割爱。因为，当一个优秀员工犯错的时候，会比普通员工受到大家更多的关注，几乎所有的人都在看公司管理层会如何处理这名员工。在这种情形下，即使是再优秀的员工，也要按照员工手册中白纸黑字的制度去执行。

如果通过这次事件发现了制度上的不完善，可以从下一次开始采取预防性管理，可以修改制度的某些条款。比如规定5年以上的老员工可以警告3次。但是，这种修改是建立在执行完上次的处分之后的，为了维护纪律的严肃性，对犯错误的老员工只能按以前的规定办事。这件事情结束后，经理还要以此为典型案例对其他员工进行预防性警示，这样可以取得很好的效果。

（资料来源：张晓彤，员工关系管理．北京大学出版社，2006）

9.3.2 员工冲突管理

1. 什么是冲突

冲突的含义很广，它既包括人们内心的动机斗争，也包括外在的实际斗争。员工冲突，就是由于员工与员工之间、员工与组织之间的目标、认识或情感互不相容或相互排斥而产生的结果。

知识链接 9-1

传统冲突观念与现代冲突观念的比较如表9.1所示。

表9.1 传统冲突观念与现代冲突观念的比较

冲突	传统观念	现代观念
基本观念	冲突可避免	冲突不可避免
起因	管理不善、经营失误、人为因素	众多原因，有消极的也有积极的
对组织的影响	妨碍组织正常运作，最佳绩效无法获得	可能导致绩效降低或者提升
对人际关系的影响	导致人与人之间排斥、对立	有时会增加相互间的吸引力，可能增强内部凝聚力
管理者的任务	消灭冲突	缓和、避免冲突，使之转好

2. 冲突产生的原因

(1)信息沟通出现障碍。这是冲突最常见的原因，也是大部分组织经常犯的毛病。认真分析组织中出现的问题或发生的冲突，其根源常是缺乏必要的沟通，从而使不同的人或部门间出现了信息不对等，当这种信息涉及有关个人或群体的利害关系时，冲突自然就发生了。这种冲突相对容易解决，冲突双方坐到一块谈开来，或第三方出面说明情况，冲突一般都会得到解决。所以说，这类冲突的化解或防止药方是沟通。

(2)利益发生矛盾。这也是常见的冲突原因，但化解难度较第一种要难得多。解决的出路是找到双方接受的行为评价和利益分配标准，否则只能走谈判和妥协之路。

(3)认识、价值观、个性具有差异。这类冲突产生原因尽管常见，但却比较难以化解。因为“江山易改，本性难移”，改变人的个性、对事物的认识，特别是价值观是非常不容易的。所以，有些单位喜欢要同质性的人，这虽然利于冲突的化解，但人员结构的同化却会影响组织的创造性。

(4)竞争带来的社会躁动和人性的浮躁。我国正处于经济体制改革的过程中，社会制度和人的行为习惯都在发生着巨大转变，对新生事物的不适应、竞争的压力等使很多人都有很强的浮躁情绪，遇事不够理性、冷静，从而较易导致冲突。

(5)体制或组织制度上存在缺陷。体制和制度的不完满也常会引发冲突，且这种冲突的消除依赖于体制的变革和制度的完善。

(6)人们的上进心和争强好胜心理。这实际上是领导制造和引发建设性冲突的基础。

上述原因会引发形形色色的冲突，但其外在表现形态无外乎四种：隐性、显性、激化、消退。领导的重要职责首先是根据冲突产生的原因，采取正确的策略，控制破坏性冲突，发展建设性冲突；其次，当破坏性冲突出现后，应根据其所处的状态，以恰当的方式化解之。如对隐性冲突不要设法掩盖，可能使其显化、然后再化解才是上策；对于激化了的冲突先要冷却，再采取分化策略；对于处于消退状态的冲突若顾不过来可以置之不理，若有精力则可加速其消退过程。

3. 冲突的解决策略

(1)解决员工冲突的方法。一般情况下，解决员工冲突的方法包括：协商法、上级仲裁法、拖延法、和平共处法、目标转移法及教育法。

①协商法，这是一种常见的解决冲突方法，也是最好的解决方法。当冲突双方势均力敌，并且理由合适时，适合采用此种方法。具体做法是：管理者分别了解双方的意见、观点和理由，然后组织一次三方会谈，让冲突双方充分的了解对方的想法，通过有效地沟通，最终达成一致。

②上级仲裁法，当双方敌视情况严重，并且冲突的一方明显不合情理，这时应该采用上级仲裁法，由上级直接进行仲裁比较合适。

③拖延法，双方的冲突不是十分严重，并且是基于认识的冲突，这些冲突如果对工作没有太大的影响，采取此法效果较好。随着时间的推移和环境的变化，冲突可能会自然而然的消失。

④和平共处法，对于价值观或者宗教信仰的冲突，宜采用此法。冲突双方求同存异，学会承认和接受对方的价值观和信仰，这样才能共同发展。

⑤目标转移法，当员工自身产生冲突时，采取此法更为有效。

⑥教育法，如果员工是因为一些不切实际的想法而产生自身冲突时，管理者可以帮助员工认清自身的现实情况，教育员工用正确的方法来看问题、认识问题。从而帮助员工缓解冲突。

知识链接 9-2　　**托马斯冲突处理模型**

托马斯认为，处理冲突的模式是二维的。一维是武断程度，另一维是合作程度。这两维相互作用产生五种处理方式(见表9.2)

表9.2　五种处理方式

策略类型	适用的冲突类型
强制策略	1. 遇紧急情况,必须采取果断行动时; 2. 需要采取特殊手段处理重要问题时; 3. 反对采取不正当竞争手段的人; 4. 处理严重违纪行为和事故时
妥协策略	1. 双方各持己见且势均力敌时; 2. 形势紧急,需要马上就问题达成一致时; 3. 问题很严重,又不能采取独裁或合作方式解决时; 4. 双方有共同的利益,但又不能用其他的方法达成一致时
和解策略	1. 需要维护稳定大局时; 2. 计划矛盾会导致更大的损失时; 3. 自己犯了错误或不如对方时; 4. 做出让步会带来长远利益时; 5. 对方的利益比自己的利益更重要时
合作策略	双方有共同的利益,且可以通过改变方法策略满足双方的意愿时
回避策略	1. 处理无关紧要的问题时; 2. 处理没有可能解决的问题时; 3. 解决问题的损失可能超过收益时

(2)组织冲突的解决方法。

①职权法,就是运用职权控制来解决冲突的方法。当组织发生冲突时,管理者可以运用自己的职权来对冲突进行裁决,从而解决冲突。典型的例子就是,当各部门争夺组织有限的资源时,往往由部门高层管理者做最后决定资源的分配。

②隔离法。垂直管理体系实际上就是隔离法的具体运用。当一个部门需要其他部门的合作时,通常不是直接向该部门提出请求,而是向自己的直接上级进行汇报,由自己的上级向对方的上级进行协调,由对方的上级向该部门进行安排。这种隔离的方式减少了部门之间的冲突。但是缺点也是显而易见的,它不适合现代企业快速反应的需要,并且缺乏团队的主动协作精神。

③缓冲法,具体可以分为储备缓冲、以联络员作缓冲、以调节部门作缓冲三种形式。

储备缓冲:在两个关联部门之间进行一些储备,从而减少部门间的冲突。比如,行政部门负责公司的办公用品的采购,如果行政部门对物品有所储备,当其他部门需要领取办公用品时可以及时领到,自然就会减少它们之间发生冲突。

以联络员作冲突:各部门的部门经理充当联络员的角色,负责处理本部门和其他部门的协作和协调问题。当然,也可以设置经理助理的职务,让其充当联络员的角色。

以调解部门作缓冲;对于比较的大企业,有专门的协调部门负责对部门间的冲突进行协调。实际上,各企业的办公例会往往就是一个临时的调解部门,在办公例会上,由于公司决策层和冲突的相关代表都在场,所以比较容易解决部门间的冲突。

9.3.3　员工申诉制度管理

1. 建立员工申诉制度的意义

员工申诉制度是由用人单位与员工方共同建立一种用于处理和解决员工所遭受的不公正待遇的制度。通过这种正常的渠道,可以使员工能够由低到高、逐层向不同管理层反映自己对工作的真实意见,以此得到管理层的公正裁决。一方面可以为员工提供一个渲泄口,同时也为管理层提供了一个及时了解员工工作现状以及所遇到的问题，主动介入问题之中，以避免事态恶化，从而提高组织内部自行解决问题的能力，有效实现人力资源管理的合理性。

2. 员工申诉制度的基本内容

(1)规定员工的申诉范围。申诉的起因是员工觉得自己受到不公正的对待，内容是多样化的，具体主要是针对企业的人事制度及在具体的动作过程的不公平现象。例如：

员工对劳动合同约定产生的异议；员工对劳动安全卫生等问题产生的异议；员工对从事岗位的技能所必需的培训或指导产生的异议；员对外出、培训、加班等活动产生的费用争议；员工认为劳动用工方面受到的不公正待遇等。

对于要求加薪及升迁、政治性问题、涉及他人生活隐私以及其他无凭据的批评及怨言，用人单位的申诉管理部门一般不予以受理。

(2)规定员工申诉的渠道。为广泛采纳员工的意见，将员工的不满风险降到最低，用人单位往往会为员工多样化的申诉渠道。如意见箱投件；来访接待、信函；电话；电子邮件等。

(3)规定员工申诉的权责。员工有申诉的权利，同时也应承担相应的责任。特别是针对申诉不符合事实，无中生有的申诉，员工必须承担相应的法律责任。如果由于员工假借申诉，实质是蓄意制造事端，无事生非，挑拨离间、陷害他人的，用人单位应当给予其严厉的惩罚，若造成用人单位财产损失的，还应承担经济赔偿责任。

(4)员工申诉的受理权限。一般来讲，总经理拥有员工考核申诉的最终裁决权。一般申诉由人力资源管理人员负责调查协调，提出建议。

(5)申诉的保密协定。为了保护申诉人的权益，应当在员工提出申诉后和调查期间对有关事情严格保密。

(6)申诉的程序。

3. 申诉的流程(见图 9.5)**及表单**

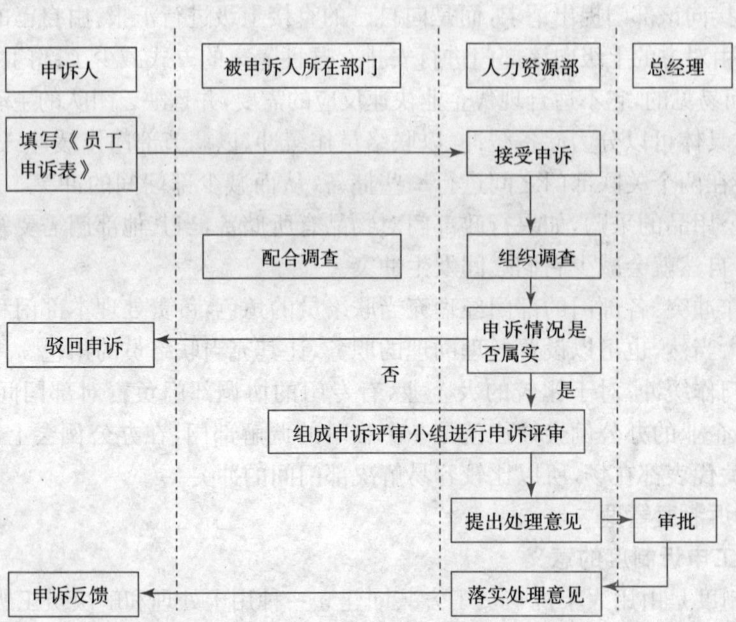

图 9.5 员工申诉流程图

(1)提交申诉表。申诉人采取书面形式向人力资源管理人员提交《员工申诉表》(见表9.3)。申诉书应当写明理由,并尽量详细列举可靠依据。

表9.3　员工申诉表

编号：　　　　　　　　　　　　　　时间：

申诉人姓名		所在部门		职位	
被申诉人姓名		所在部门		职位	
申诉事项	◇考核　◇薪资 福利　◇其他				
申诉内容					
接待人			申诉日期		

(2)申诉受理。人力资源管理人员接到部门或员工申诉后,应在一定时间内做出是否受理的答复。对于申诉事项无客观事实依据,仅凭主观臆断的申诉不予受理。

(3)申诉调查和面谈。首先由人力资源管理人员对部门或员工申诉内容进行调查,调查的同时进行协调,填写《员工申诉调查协调表》(见表9.4)。

表9.4　员工申诉调查协调表

编号：　　　　　　　　　　　　　　调查时间：

申诉人姓名		部门		职位	
被申诉人姓名		部门		职位	
申诉事项	◇考核　◇薪资 福利　◇其他				
申诉内容					
面谈时间			接待人		
处理记录	问题简要描述：				
	调查情况：				
	建议解决方案：				
经办人：					
备　注：					

(4)申诉评审。人力资源部与申诉人核实后,对其申诉报告进行审核,并组织被申诉人领导和人力资源部经理组成的申诉评审会,对申诉评审处理。填写《员工申诉评审表》(见表9.5)。

表 9.5　员工申诉评审表

编号：　　　　　　　　　　　　　　　时间：

申诉人姓名		部门		职位	
被申诉人姓名		部门		职位	
申诉事项	◇考核　◇薪资 福利　◇其他				
申诉内容					
评审小组成员	所在部门		职位	与被申诉人关系	
评审意见					

总经理评审意见：

(5) 申诉反馈。人力资源部在申诉评审完成后，应在规定的时间内将申诉评审处理结果反馈给申诉人，可以填写《员工申诉反馈表》(见表 9.6)

表 9.6　员工申诉反馈表

您好！

您于　　年　　月　　日提出的申诉(见员工申诉表编号　　)经过受理、调查、评审后，处理结果如下。

特向您反馈！

人力资源部

年　月　日

原申诉内容

申诉人姓名		部门		职位	
被申诉人姓名		部门		职位	
申诉事项	◇考核　◇薪资 福利　◇其他				
申诉内容					

申诉处理结果和依据

9.4 员工满意度管理

企业的最终目标是做到三个满意:员工满意、顾客满意和股东满意。其中员工满意是顾客满意和股东满意的基础,只有员工满意了才能为工作投入更大的热情,从而创造出更大的顾客满意,才能保证企业的持续生存和发展,保证企业的利润,从而保证股东满意。美国奥辛顿工业公司的总裁对此总结出一条"黄金法则"——关爱你的客户,关爱你的员工,那么市场就会对你倍加关爱。

9.4.1 员工满意度的含义

员工满意,是和用户满意相对而言的,员工满意是指一个员工通过对企业所感知的效果与他的期望值相比较后所形成的感觉状态,是员工对其需要已被满足程度的感受。员工满意度则是指个体作为职业人的满意程度,也就是个体对他所从事的工作的一般态度。是组织成员对其工作特征的认知评价,是员工通过比较实际获得的价值与期望获得的价值之间的差距后,对工作各方面满足与否的态度和情绪的反映。一般来说,对员工的满意程度主要从以下几方面来进行考察:

第一,工作本身的满意程度。其中包括工作合适度、责任分配度、工作挑战性以及工作胜任度等。

第二,对工作回报的满意程度。其中包括工作认可度、事业成就感、薪酬公平感以及晋升机会等。

第三,对工作背景的满意程度。其中包括工作空间质量、工作时间制度、工作配备齐全度以及福利待遇满意度等。

第四,对工作群体的满意程度。其中包括合作和谐度、非正式组织活动度、意见沟通度以及信息开放度等。

第五,对企业整体的满意程度。其中包括企业了解以及组织参与度等。

9.4.2 影响员工满意度的因素

员工满意度是一个相对的概念,是一种态度,而不是一种行为。但员工的满意度影响着员工的个体行为。由于员工满意度带有强烈的主观因素,员工满意度分值并非越高越好,而且员工的满意度随着环境的变化而变化,企业的不同背景条件对员工期望值完全不同。因此,企业在做员工满意度调查时,首先应当考虑以下几个基本因素。

1. 工作本身

工作本身的内容在决定员工的工作满意度有重要的作用,其中影响满意度的两个最重要的方面是工作的多样化和职业培训。工作的多样化能为员工提供更多施展才能的环境和机会,由此提升员工的愉悦情绪和满意度。企业也可从员工的工作中得出反馈,可以从中进行管理的改革或改进,提高整个企业的效率。定期或专项专业培训可以提高员工的技能素养,增强员工在工作中的创造性和挑战性,使其人生价值在职业生涯得到充分的发挥。

2. 公平的报酬

薪酬是决定员工工作满意的重要因素,它不仅能满足员工生活和工作的基本需求,而且还是公司对员工所做贡献的尊重。员工对报酬的基本满意建立在工作要求、个人技能水平、地区工资标准、企业薪酬制度的公平基础上。薪酬的多少与员工的满意度并没有必然联系，但薪酬制度的公平性能让员工感觉到满意，看到职业成长的空间，从而体会到满足。

3. 公平的晋升

工作中的晋升机会对工作满意度有一定程度的影响，它会带来管理权利、工作内容和薪酬方面的变化。为了提高员工的积极性，企业应当营造出一种公平、公正、公开的竞争机制，规范公司员工的晋升、晋级工作流程，特制定本制度。

4. 科学民主的管理

科学民主的管理对员工满意有着重要的影响。其中体现在两方面：一是管理者与员工关系的和谐。管理者与员工建立融洽、和谐的关系，将会在团队中形成互相帮助、协调开展工作的良好氛围，增强团队凝聚力、向心力、战斗力，从而促进团队整体工作效率的提高。提高员工的满意度。二是员工参与和影响决策的力度，以考察管理体制的民主性。员工积极有效的参与管理决策，有利于促进管理制度的科学性和民主性，提高管理效率，促进员工对管理制度的满意度。

5. 良好的人际关系

员工的工作环境不仅仅是工作场所，同时也是其社交场所。所以友好的和支持性的同事关系会提高员工对工作的满意度。上级管理者的行为也是影响员工满意度的主要因素。研究发现，当员工的直接主管善解人意，信任下属，对员工的绩效进行赞扬并倾听员工的意见时，员工满意度也得到很大的提高。

9.4.3 员工满意度调查的流程

1. 根据影响员工满意度的指标来设计员工满意度调查问卷

问卷的设计非常重要，满意度调查的关注点主要集中在员工对公司和工作的满意度，按照这一基本框架并结合公司调查的目标，企业可以先设计一份初步问卷，然后在公司内选取部分员工参与问卷测试，再对问卷的措辞和问题等进行调整，形成最终的一个调查问卷(参见附录：员工满意度调查问卷)。

一般来说，员工满意度调查的问卷需要紧紧围绕企业文化、价值观等内容来进行，企业需要结合自身的实际情况，建立一套科学的员工评价指标体系，并定期进行调查，以了解员工满意度动态的变化。通常，进行员工满意度调查时，需要对员工的观念、对企业价值观、企业管理总体质量等进行了解。

研究发现，以下指标是影响员工满意度的重要方面，在设计员工满意度调查时需要加以重点考虑：

(1)组织的目标：是否企业中每个职工对组织目标都有所了解、确认，且对此感到自豪。

(2)组织机构：企业是否有严密的规章制度、管理政策和程序、管理体系与管理实践、正规的组织机构与请示报告制度。

(3)组织的效率：员工对组织的整体能力和取得成功的自信心程度以及组织实现其目标的成功程度。

(4)沟通：组织内信息的纵向和横向沟通。

(5)协调与合作：组织的全体成员在为共同目标而有效合作奋斗的同时，各自的能力得到了极大的发挥，各个独立群体之间能相互协调，并能的效地完成共同的工作目标。

(6)报酬制度：对当前的报酬是否满意。

(7)关心制度:在企业是否受到管理层的关心。

(8)环境:组织内部气氛使职工感到愉快,得到拥护和支持,员工对自己的工作感到满意。

2. 做好调查实施前的沟通

员工满意度调查能否达到很理想的效果,要求员工有强烈的参与意识,因此在进行员工满意度调查的时候,需要让每个相关的人员都了解到调查的重要性,同时需要得到部门经理的支持。在调查实施前的沟通期间,下面的要点应当被告知和强调:

(1)参加调查的重要性。需要向员工说明这是一个表达民意的机会,并强调员工的每一个意见都对公司未来的管理改善有着很大影响力。

(2)调查过程和数据的保密和匿名性。使员工确信他们的反馈将会严格保密。

(3)调查需要花多少时间来完成。说明时间可以让员工安排合理的时间来进行填写,一般来说,大多数这种类型的调查,如果设计的比较合理,需要 15～20 分钟。

(4)调查的信息将如何使用。告诉员工大家的意见都会体现于最终的分析结果中,并得到回答。

(5)给出截止日期,并感谢员工花费时间来参与。还可以采取参加调查的人员可能有机会得到抽奖的机会的方法激励员工进行认真的填写。

3. 采用定性与定量相结合的调查方法,保证调查深度和广度

从解决问题的深度来看,调查有两种方法,定性研究和定量研究,定性研究主要通过设定开放式不断深入的题目对员工进行访谈,获得企业中存在的问题类型和员工的深切感受,具体的方法有员工座谈和员工一对一访谈,员工座谈由于有些话题不便于公开讨论,因此比较适用的是员工一对一深度访谈;而定量研究则是揭示不同问题的程度和规模,具体的方法有网络调查和自填式问卷调查。当样本比较小,员工比较集中时,两种方法的成本是差不多的,但是当一个公司有上千名的员工并且员工分布在不同地方的时候,互联网调查的成本优势就显而易见了,如果大多数的员工在工作场所都能够登录互联网,这时候,互联网就是首选的方法,互联网的调查会带来很高的回复率以及更快的反馈结果,而且容易控制调查的进程以及自动的逻辑检查的能力。如果公司只有一小部分员工能够上网,则建议采用传统的自填式问卷调查的方式。从解决问题的深度来看,企业采取定性现行,通过定性挖掘一些员工对企业的评价,再通过定量调查去测试问题的程度,就能够起到相互印证的效果,同时也能更好的分析问题产生的深层次原因。

4. 员工满意度调查完成后做好及时的反馈

在调查结束之后,企业需要保证调查的结果能够畅通地传递到每个员工的手上,很多企业在员工满意度调查中犯的最大错误是没有把调查的结果传递给公司的每个员工,因为作为企业来说,如果想通过员工满意度的调查来全面改善公司的生产力,就必须让每个员工知道公司的总体情况和他们个人对组织机构的影响力,同时员工也能够感受到他们花费在填写问卷的时间是非常有价值的。当然企业并不一定需要完整的把报告发布给每个员工 ,但是公司用诚实和公开的态度揭示调查中发现的问题和不足,并对员工的参与表示感谢是非常重要的。

5. 调查结束后需要切实的制订出员工满意度改善的执行计划

一些满意度调查没起到作用的关键问题往往在于企业只关注调查的本身,而没有拿出实实在在的解决方案,如果企业只是为了拿个数据看看,了解一下员工对公司的反映,而不准备采取任何行动,那么员工满意度调查的意义就不是很大,员工会把满意度调查看成“形式主义”，今后调查的效果也会大大削弱，甚至会适得其反。因此，要让满意度调查真正起作用并能不断深入，制订解决问题的行动计划是尤为关键的一步。只有制订出满意度的改善 计划并加以落实，员工才会积极主动的反映企业存在的各个层面的问题，以促进企业信息的沟通。

一个较为完整的员工满意度调查流程如图 9.6 所示。

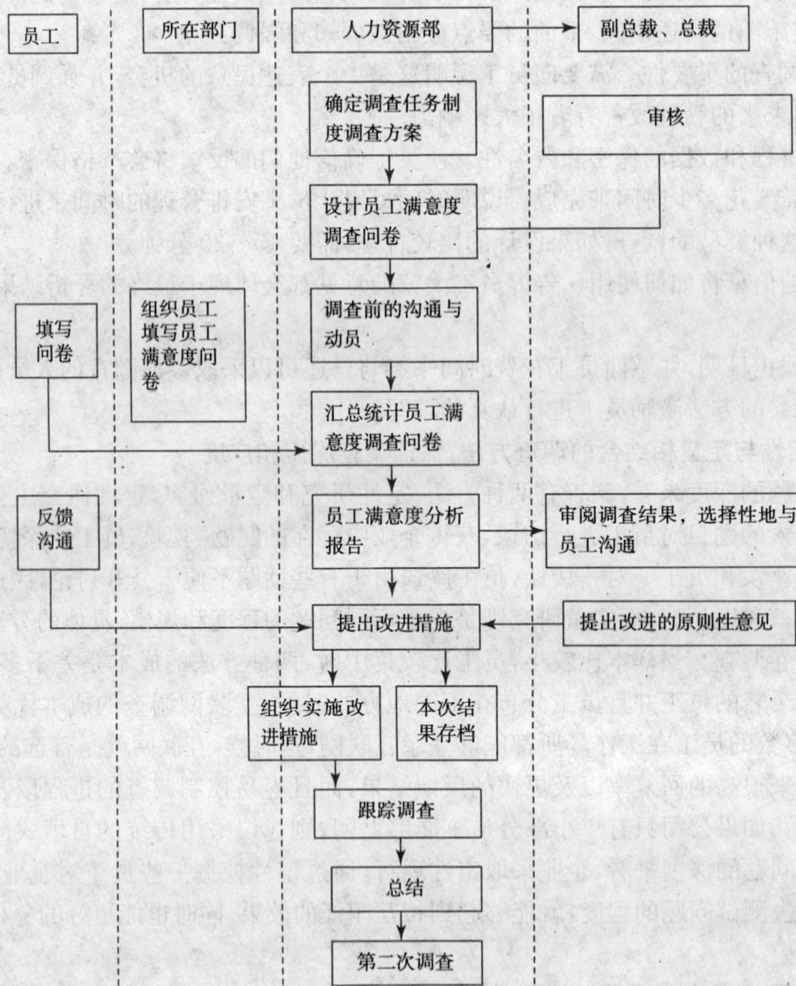

图 9.6　员工满意度调查流程

9.4.4　员工满意度的提升方法

提升员工满意度的工作重点应紧紧围绕影响它的六个主要因素展开，具体着手于以下几方面：

1. 分配工作时考虑员工能力、兴趣与特长

用人的关键就在于从员工的能力、兴趣爱好、专业特长、性格特征等差异性出发，适才量用，使员工各得其所，各遂其志。如果企业提供的岗位，超过员工的能力所及，或者不是员工自己所感兴趣的岗位，就会既不利于企业充分发掘人力资源的效用，也会使员工觉得才非所用从而不利于他的发展。因此，新员工招聘时就应注意 这一点，对老员工可调整岗位，适才量用，真正人尽其才。

2. 工作应丰富化

企业可通过工作扩大化和工作丰富化，提高员工的工作目标。如让一个人同时承担几种工作，使工作的技术性和复杂性大大提高，员工的表现机会也随之增加。它还可以通过“技能多样性”来实现，让员工做不同事件，在工作中运用不同的技术、能力和智慧。同时。让员工及时了解组织运行状况，鼓励他们积极参与管理，让员工体验到工作的意义和赋予的责任。另外岗位轮换制能给企业员工带来工作的新鲜感和挑战性也有助于发现员工的优点和不足，有助于提高其工作满意度。

个案分析 9-5

一位著名企业家在做报告。当听众咨询他最成功的做法时，他拿起粉笔在黑板上画了一个圈，只是并没有画圆满，留下一个缺口。他反问道：“这是什么？”“零”“圈”“未完成的事业”“成功”，台下的听众七嘴八舌地答道。他对这些回答未置可否：“其实，这只是一个未画完整的句号。你们问我为什么会取得辉煌的业绩，道理很简单：我不会把事情做得很圆满，就像画个句号，一定要留个缺口，让我的下属去填满它。”

事必躬亲，是对员工智慧的扼杀，往往事与愿违。长此以往，员工容易形成惰性，责任心大大降低，把责任全推给管理者。情况严重者，会导致员工产生逆反心理，即使工作出现错误也不情愿向管理者提出。何况人无完人，个人的智慧毕竟是有限而且片面的。为员工画好蓝图，给员工留下空间，发挥他们的智慧。多让员工参与公司的决策事务是对他们的肯定，也是满足员工自我价值实现的精神需要。赋予员工更多的责任和权利，他们会取得意想不到的成绩。

3. 加强员工培训，提供学习进修机会

对员工来说，培训可提高其技能，使之能更有效的发挥潜能，实现自身价值。企业培训应结合员工个人的发展要求，针对不同对象，采用不同的培训方式。例如，对于一线操作人员，可以采取岗位轮换培训的方法，定时进行工作轮换，在轮换过程中进行岗位培训，提高员工的操作能力；对于管理人员，可以采取脱产进修、集中 培训等办法来更新知识与观念，提高管理水平。培训不仅提高了员工的素质，还使他们感受到了企业对自己的重视和企业的发展，从而提高员工对工作环境的满意度和对企业的归属感。

4. 建立公平合理的薪酬制度并引导机会均等

根据期望理论和公平理论，为了让有限的薪酬条件给员工带来最大满意，企业应该让薪酬制度具有公平合理的特性。首先，可以通过改善薪酬体系、结构，使之合理化，确保现有报酬体系的公平合理；可以让员工参与到绩效评估体系和薪酬设计体系中来完善薪酬制度。其次，可以通过公布同行业的薪酬和福利水平的情况报告，全面对比以佐证企业薪酬的合理性；最后，由于公平感具有主观性，因此，企业应注意引导员工注重机会均等而不是结果均等，也就是说要给员工相同的机会，然后通过评价淘汰，尽量避免领导点将安排工作任务。

5. 建立公平竞争的晋升机制

晋升无疑会带来管理权力、工作内容和报酬方面的积极变化，因此它是对员工满意度影响最强的因素。要提高员工在“晋升机会”上的满意度，首先必须建立一套比 较完善的公平竞争的晋升机制，确保“能者上、平者让、庸者下、劣者撤”；其次是设立多条晋升渠道，如将晋升渠道分为管理、技术、业务等，让从事不同工作的员工在公平竞争的环境下均有自己的晋升通道；最后要充分尊重并满足员工自我发展的需要，为员工在工作中的竞争、职务晋升提供公平的机会和条件；此外，企业 应重视内部提升，这样不仅有利于鼓舞士气，提高员工的工作热情，也有利于降低用人成本，减少用人风险。

6. 为员工创造良好的工作条件

企业要给予员工良好的工作环境，给员工以生理和心理上的舒适，使员工安心地在企业工作。企业可以通过改善企业绿化环境、改善办公室条件、升级办公设备、减少噪声、安排喝咖啡或喝茶时间等形式来改进工作环境条件，提升员工满意度。

7. 创造关心爱护员工的企业氛围

人是社会性动物，需要群体的温暖，因此企业需要关心爱护自己的员工。关心爱护员工的企业善于鼓舞员工的士气，会有合理的员工评估体系，根据员工出色完成工作的情况给予及时评价和奖励；鼓励员工参与管理的过程，促进管理者与员工之间的相互信任；在对员工进行奖励时，不仅应给予物质上的奖励，更重要的是适时地 给予荣誉上和精神上的激励，比如在员工做出成绩时向员工公开地、及时地表示感谢，并组织一些联欢活动使员工分享成功的喜悦。从而在员工中形成一种相同价值取向、道德准则，使员工有工作自豪感。

关心爱护员工的企业重视员工的身心健康，注意缓解员工的工作压力。企业可以在制度上做出一些规定，如带薪休假、医疗养老保险、失业保障等制度，为员工解除后顾之忧；许多跨国公司都为员工提供一定文体活动场所或其他活动机会，既丰富员工的生活，增加与同事交流的机会，同时又强健他们的体魄，培养他们勇于奋斗 的竞争精神，使职工在体育运动和爱好的世界中寻求自己的另一种快乐；有的企业还大力提倡社团活动，如车间娱乐部、女子部等，促进人与人的关系融洽，培养员工的领导能力。

复习思考题

1. 简述用人单位对试用期风险防范事项。
2. 简述《劳动合同法》关于用人单位单方解除劳动合同的情形以及风险防范。
3. 简述《劳动合同法》关于违约金的规定情形。
4. 简述用人单位关于劳动争议预防措施。
5. 简述员工满意度调查的流程

案例分析

某网络公司是一家专门从事通信产品和计算机网络服务的中日合资企业。公司自 1991 年成立以来发展迅速；销售额每年增长 50%以上。与此同时，公司内部也存在着不少冲突，影响着公司绩效的继续提高。

因为是合资企业，尽管日方管理人员带来了许多先进的管理方法。但是日本式的管理模式未必完全适合中国员工。例如，在日本加班加点不仅司空见惯，而且没有报酬。该公司经常让中国员工长时间加班，引起了大家的不满，一些优秀员工还因此离开了公司。

该公司的组织结构由于是直线职能制，部门之间的协调非常困难。例如，销售部经常抱怨研发部开发的产品偏离顾客的需求，生产部的效率太低，使自己错过了销售时机；生产部则抱怨研发部开发的产品不符合生产标准，销售部的订单无法达到成本要求。研发部经理虽然技术水平首屈一指，但是心胸狭窄，总怕他人超越自己。因此，他常常压制其他工程师，这使得工程师人心涣散，士气低落。

（资料来源：作者根据相关资料整理）

思考题：

1. 该公司的冲突有哪些？原因是什么？
2. 如何解决该公司存在的冲突？

学习参考

员工满意度调查问卷

您好！

此调查的目的是为了了解本单位员工的满意程度，包括（对工作汇报回报的满意度、对工作本身的满意度、对工作背景的满意度、对工作关系的满意度、对企业管理的满意度和对企业经营的满意度）。与员工的满意度在整个人力资源管理系统的设计中起到了非常重要的作用，可以帮助我们发现问题以及从员工的角度出发，建立以人为本的人力资源管理模式，达 到员工和企业共同发展的目的。

整个问卷的设计、发放、回收、统计、分析、销毁过程均由调查组独立完成，所以，在填写问卷时，请您不要有任何顾虑。对这项调查的回答无所谓正确与错误，这里最重要的是您的回答尽可能的反映您的真实感受和想法。

谢谢您的合作！

一、基本资料

性别：　　年龄：

婚姻状况：　　学历：

所在部门：　工作职位：

参加工作时间：　年　月

到本单位的时间：　年　月

您的年收入大约是：　万　千　百

二、满意度调查

请您对目前工作的满意度进行评价，并在各评价项目相应的满意度上画“√”号。

编号	您对目前工作的感觉	非常满意	比较满意	一般	不太满意	很不满意
1	对目前工作的整体评价					
2	对工资收入的感受					
3	对福利待遇的感受					

续表

编号	您对目前工作的感觉	非常满意	比较满意	一般	不太满意	很不满意
4	工作中得到的成就感					
5	别人对我工作的认可程度					
6	工作中个人能力及特长的发挥					
7	别人对我的尊重与关怀					
8	工作中取得的社会地位					
9	对企业培训机制的感受					
10	对企业晋升机会的感受					
11	目前工作提供的发展空间					
12	工作中学习新知识、新技能的机会					
13	企业对我职业生涯的规划					
14	奖惩制度的公平合理性					
15	对工作数量的感受					
16	对工作难度的感受					
17	自己工作的重要性					
18	工作具有的挑战性					
19	对工作本身的兴趣					
20	工作具有的创新性					
21	从事不同工作的机会					
22	独立工作的机会					
23	工作任务的完整性					
24	工作技能的多样性					
25	工作提供的稳定就业感					
26	技能及兴趣爱好与目前工作的合适性					
27	完成工作所赋予的相应权利					
28	工作场所的安全、整洁性					
29	工作设施的齐全、可得性					
30	工作休息时间和加班制度					
31	工作群体的人际关系					
32	工作群体的员工士气及心态					
33	工作群体的团队精神					
34	上级对待员工的方式					
35	上级对我的支持与帮助					
36	人事决策的公平性					
37	相关决策的参与程度					
38	监督机制的合理性					
39	工作职责的明确程度					

续表

编号	您对目前工作的感觉	非常满意	比较满意	一般	不太满意	很不满意
40	上级的经营管理能力					
41	对企业的认同感和归属感					
42	绩效考评的客观公正性					
43	绩效沟通与反馈的及时性					
44	工作绩效与待遇的相关性					
45	不同领导分配工作的冲突					
46	企业经济指标的达成情况					
47	企业的发展远景及规划					

三、工作期望调查

以下是一项工作可能提供的不同机会，对您来说，从一份工作中获得什么最为重要，请您依照您的真实想法在它们相应的重要程度上画"√"号。

编号	工作特征的重要性	非常重要	比较重要	一般	不太重要	极不重要
1	公平的回报					
2	好的薪酬收入					
3	良好的个人发展空间					
4	学习新知识的机会					
5	公平的晋升机会					
6	工作具有成就感					
7	适当的工作负荷					
8	工作具有多重性					
9	丰富的工作内容					
10	多样化的工作技能					
11	自主地完成工作					
12	完整的工作任务					
13	强烈的工作兴趣					
14	安全整洁的工作环境					
15	充足的工作资源					
16	灵活的工作时间、空间安排					
17	上司对工作的支持					
18	良好的人际关系					
19	明确的工作职责					
20	工作中多指导、少监督					
21	客观公正的业绩考评					
22	相关决策的参与					
23	及时的业绩沟通与反馈					
24	良好的企业发展前景					

四、组织承诺调查

编号	项　　目	完全符合	基本符合	说不清	不太符合	完全不符合
1	效益差也不离开					
2	对单位感情深					
3	对单位愿意贡献全部心血					
4	认为对单位负有义务					
5	跳槽不道德					
6	应该忠诚于一个单位					
7	对单位全心全意体现个人的道德操守					
8	工作本身提供了自己学有所用的机会					
9	工作中学习、接触新知识的机会较多					
10	晋升机会比较多					
11	工作中面临许多的挑战					
12	在这里工作有利于实现自己的理想					
13	其他单位没有这么好的福利待遇					
14	其他单位很难有这么高的工资					
15	整个家都在这里，离职成本太高					
16	技术水平或学历不高，难找其他工作					
17	别的单位效益不好					
18	找不到适合自己的工作					
19	自己已适应所在组织文化和行为方式					
20	不愿舍弃单位内熟悉的人际关系网络					
21	领导和自己关系不错					
22	工作中已和同事之间形成默契的配合					

五、最后几个问题

请您依照您的真实感受在选项后面画“√”号。

Q1. 如果您对工作整体感到满意，您会：

1. 增加抱负，提高绩效　2. 保持原状

Q2. 如果您对工作整体感到不满意，您会：

1. 降低抱负水平，离职或缺勤，达到心理满意
2. 抱负水平不变，进行自我心理调节
3. 保持不满，但不表现出来
4. 积极尝试改变现状

Q3. 您对目前工作的总体满意度为：

1. 非常满意　2. 比较满意　3. 不确定　4. 不太满意　5. 很不满意

Q4. 您对目前工作压力的总体感受为：

1. 非常大　2. 比较大　3. 不确定　4. 不太大　5. 根本没有

Q5. 您对组织中的的现实经历与预期比较的整体感觉为：

1. 远比预期好　2. 比预期稍好　3. 和预期一样　4. 有点不如预期　5. 远不如预期

Q6. 您在组织中前一个季度的绩效水平为：

1. 优秀　2. 良好　3. 中等　4. 需改进　5. 不令人满意

Q7. 您在未来一年内离开企业的可能性为：

1. 完全不可能　2. 不太可能　3. 不确定　4. 有可能　5. 很可能

Q8. 您在未来三年内离开企业的可能性为：

1. 完全不可能　2. 不太可能　3. 不确定　4. 有可能　5. 很可能

Q9. 如果您知道其他单位有合适的职位是否会积极应聘？

1. 完全不可能　2. 不太可能　3. 不确定　4. 有可能　5. 很可能

Q10. 最近 3 个月您缺勤的次数为[　]次，其中病假[　]次，事假[　]次，没有请假[　]次。

Q11. 您是否更换过工作单位？

1. 是　2. 否(跳到 Q13)

Q12. 您更换工作单位的主要原因是(可以多选)：

1. 工作压力太大　2. 缺乏工作自主权　3. 收入太低

4. 没有提升机会　5. 工作没意义　6. 同事关系紧张

7. 难以实现个人抱负　8. 工作期望受挫　9. 工作条件差　10. 其他

Q13. 您认为您目前在职业生涯中处于一个什么样的阶段？

1. 正在逐步适应工作

2. 目前工作已完全适应

3. 介于前两种阶段之间

Q14. 您认为目前在处理与同事之间的关系时，处于一种什么样的阶段？

1. 正在逐步适应组织内部的各种关系

2. 完全熟悉组织内部的各种关系

3. 介于前两种阶段之间

六、结束语

问卷中的问题可能还没有覆盖您对整个人力资源管理的所有感受，我们非常希望您能表达您更多的感受和期望：

1.

2.

3.

参考文献

[1] 毛国涛．人力资源管理[M]．天津：天津科学技术出版社，2009.
[2] 林忠，金延平．人力资源管理[M]．大连：东北财经大学出版社，2009．
[3] 张德．人力资源开发与管理[M]．北京：清华大学出版社，2007.
[4] 莫寰，张延平．人力资源管理：原理、技巧与应用[M]．北京：清华大学出版社，2007.
[5] 毛国涛，余俊波．管理学概论[M]．北京：经济管理出版社，2006.
[6] 朱舟．人力资源管理教程[M]．上海：上海财经大学出版社，2001.
[7] 于桂兰．人力资源管理[M]．北京：清华大学出版社，北京交通大学出版社，2008.
[8] 董克用．人力资源管理概论[M]．北京：中国人民大学出版社，2008.
[9] 谌新民．人力资源规划[M]．广东：广东经济出版社，2002.
[10] 赵曙明．人力资源战略与规划[M]．北京：中国人民大学出版社，2002.
[11] 安鸿章．企业人力资源管理师[M]．北京：中国劳动社会保障出版社，2007.
[12] 陈京民，韩松．人力资源规划[M]．上海：上海交通大学出版社，2006.
[13] 赵曙明．人力资源管理与开发[M]．北京：中国人事出版社，1998.
[14] 李宝元．人力资源管理案例教程[M]．北京：人民邮电出版社，2002.
[15] 何国玉．人力资源管理案例集[M]．北京：中国人民大学出版社，2004.
[16] 盛骤．概率论与数理统计[M]．北京：高等教育出版社，2001.
[17] 马新建．人力资源管理与开发[M]．北京：石油工业出版社，2003.
[18] 余成凯．人力资源管理[M]．大连：大连理工大学出版社，2001.
[19] 彭剑锋．人力资源管理概论[M]．上海：复旦大学出版社，2004.
[20] 雷蒙德·A·诺伊．人力资源管理：赢得竞争优势[M]．北京：中国人民大学出版社，2001.
[21] Mathis，Jackson. Human Resource Management[M]．北京：电子工业出版社，2003.
[22] James W. Walker. Human Resource Strategy[M]．北京：中国人民大学出版社，2004.
[23] Ian Beardwell. Len Holden. Human Resource Management：a contemporary approach. Pearson Education Limited，2001.
[24] Derek Torrington. Human Resource Management. Prentice Hall，2002.
[25] Luis R. Gomez-Mejia. Managing Human Resource. Prentice Hall，2002.
[26] 王青．工作分析：理论与运用[M]．北京：清华大学出版社，2009.
[27] 萧鸣政．工作分析与评价[M]．北京：北京大学出版社，2011.
[28] 潘泰萍．工作分析：基本原理、方法与实践[M]．上海：复旦大学出版社，2011.
[29] 郑永武，苏志霞．工作分析[M]．杭州：浙江大学出版社，2011.
[30] 萧鸣政．工作分析的方法与技术[M]．3版．北京：中国人民大学出版社，2010.
[31] 顾琴轩．职务分析：技术与范例[M]．北京：中国人民大学出版社，2006.

[32] 郑晓明,吴志明. 工作分析实务手册[M]. 北京:机械工业出版社,2006.
[33] 黄希庭. 人格心理学[M]. 杭州:浙江教育出版社,2002.
[34] 张爱卿. 人才测评[M]. 北京:中国人民大学出版社,2004.105.
[35] 孙健敏. 人员测评理论与技术[M]. 长沙:湖南师范大学出版社,2007.195.
[36] 金瑜. 心理测量[M]. 上海:华东师范大学出版社,2005.
[37] 张厚粲. 实用心理评估[M]. 北京:中国轻工业出版社,2005.
[38] 赵永乐,沈宗军,刘宇瑛等. 招聘与面试[M]. 上海:上海交通大学出版社,2006.
[39] 加里·德斯勒. 人力资源管理[M].10版. 吴雯芳,刘昕译. 北京:中国人民大学出版社,2005.
[40] 曹振杰. 人力资源培训与开发教程[M]. 北京:人民邮电出版社,2006.
[41] 何承金. 人力资本管理[M]. 成都:四川大学出版社,2000.
[42] 黄维德. 人力资源管理[M]. 上海:上海财经大学出版社,2006.
[43] 孙宗虎,姚小风. 培训管理实务手册[M]. 北京:人民邮电出版社,2007.
[44] 王炜. 面向企业培训的E-learning系统设计[D]. 华东师范大学,2006(4):16-32.
[45] 祝智庭,孟琦. 远程教育中的混和学习[J]. 中国远程教育,2003(19):31.
[46] 廖肇弘. 建立有效的在线学习系统[J]. 管理杂志,2002(321):112.
[47] 彼得·圣吉. 第五项修炼—学习型组织的艺术与实务[M]. 郭进隆译. 上海:上海三联书店,2001.
[48] 侯晓虹. 培训操作与管理[M]. 北京:经济管理出版社,2006.
[49] 汪群. 培训管理——企业人力资源管理丛书[M]. 上海:上海交通大学出版社,2006.
[50] 周文,谈毅,方浩帆. 培训管理体系的建立——安盛人力资源管理师操作实务手册[M]. 长沙:湖南科技出版社,2005.
[51] 彭剑锋. 人力资源管理概论——博学·21世纪人力资源管理丛书[M]. 上海:复旦大学出版社,2005.
[52] 董克用. 人力资源管理概论[M].2版. 北京:中国人民大学出版社,2003.
[53] 孙海法. 绩效管理[M]. 北京:高等教育出版社,2010.
[54] 方振邦. 战略性绩效管理[M].2版. 北京:中国人民大学出版社,2007.
[55] 郑晓明. 绩效管理实务手册[M]. 北京:机械工业出版社,2001.
[56] 张晓彤. 绩效管理实务[M]. 北京:北京大学出版社,2006.
[57] 王丽娟,何妍. 绩效管理[M]. 北京:清华大学出版社,2009.
[58] 李宝元. 绩效管理——原理、方法、实践[M]. 北京:机械工业出版社,2009.
[59] 翟海燕. 人力资源管理实验教程[M]. 北京:中国财政经济出版社,2012.
[60] 张岩松,李健等. 人力资源管理案例精选精析[M]. 北京:经济管理出版社,2005.
[61] 赵曙明. 绩效管理与评估[M]. 北京:高等教育出版社,2004.
[62] 林新奇. 绩效管理[M]. 沈阳:东北财经大学出版社,2012.
[63] 陈维政,余凯成,程文文. 人力资源管理[M]. 北京:高等教育出版社,2006.
[64] 马新建等. 人力资源管理与开发[M]. 北京:石油工业出版社,2003.
[65] 冉斌,王清,蔡巍. 薪酬方案设计与操作[M]. 北京:中国经济出版社,2003.
[66] 李建新. 企业雇员薪酬福利[M]. 北京:经济管理出版社,1999.

[67] 王荣奎．成功企业薪酬制度范本[M]．北京：中国经济出版社，2001.
[68] 刘雄，赵延．现代工资管理学[M]．北京：首都经贸大学出版社，1997.
[69] 张一驰．人力资源管理教程[M]．北京：北京大学出版社，1999.
[70] 姚裕群. 人力资源管理[M]. 2 版. 北京：中国人民大学出版社，2005.
[71] 赵曼. 人力资源开发与管理[M]. 北京：中国劳动与社会保障出版社，2002.
[72] 陈全明. 薪酬管理[M]. 深圳：海天出版社，2002.
[73] 孙健. 人力资源开发与管理[M]. 北京：企业管理出版社，2004.
[74] 王凌峰. 薪酬设计与管理策略[M]. 北京：中国时代经济出版社，2005.
[75] 李中斌，曹大友，章守明．薪酬管理理论与实务[M]. 长沙：湖南师范大学出版社，2007.
[76] 王吉鹏．薪酬管理战略性薪酬结构化设计[M]. 中国劳动与社会保障出版社，2005.
[77] 张锦平．浅议中小民营企业薪酬管理的优化策略[J]. 技术与市场，2007(2).
[78] 石金涛. 培训与开发[M]. 北京：中国人民出版社，2002.
[79] 程社明. 你的职业：职业生涯开发与管理[M]. 北京：改革出版社，1999.
[80] 林枚，李隽，曹晓丽. 职业生涯开发与管理[M]. 北京：清华大学出版社，2010.
[81] 徐笑君. 职业生涯规划与管理[M]. 成都：四川人民出版社，2008.
[82] 罗双平. 职业选择与事业导航：职业生涯规划技术[M]. 3 版. 北京：机械工业出版社，2008.
[83] 陈维政，余凯成，程文文. 人力资源管理[M]. 北京：高等教育出版社，2006.
[84] 郭玉辉. 职业生涯规划管理实务[M]. 北京：清华大学出版社. 2011.
[85] 耶胡迪巴鲁. 职业生涯管理教程[M]. 陈涛，孙涛译. 北京：经济管理出版社，2005.
[86] 杨河清. 职业生涯规划[M]. 北京：中国劳动与社会保障出版社. 2007.
[87] 魏秀丽．员工管理实务[M]. 2 版．北京：机械工业出版社，2011.
[88] 石先广．劳动合同法下的员工关系管理[M]. 北京：中国劳动与社会保障出版社，2008.
[89] 刘新民．员工关系管理实务[M]. 北京：机械工业出版社，2011.
[90] 北京市劳动和社会保障法学会．最新劳动争议处理实务与诉讼指引[M]. 北京：法律出版社，2011.
[91] 石晶，周翔．劳动争议处理及其应对策略[M]. 北京：中国民主法制出版社，2009.
[92] 张晓彤．如何进行员工关系管理：软件[M]. 北京：北京大学出版社，2006.